十三經注疏

傳 左丘明 注 杜預 疏 孔穎達
책임번역 許鎬九
공동번역 鄭東和 金廣泰 權津鈺

譯註 春秋左傳正義 1

춘추좌전정의

전통문화연구회

飜譯委員

企劃編輯　東洋古典飜譯編輯委員會
飜譯硏究管理　南賢熙
責任飜譯　許鎬九
共同飜譯　鄭東和 金廣泰 權津鈺
潤　文　南賢熙
校　訂　郭成龍
出　版　白俊哲
裝　幀　김진디자인

東洋古典現代化와 十三經注疏 譯註

본회가 東洋古典의 飜譯과 教育, 情報化 등 古典現代化 사업을 시작한 지 어느덧 25년이 되었다. 그간 우리나라의 고전국역 상황을 보면, 東洋古典에 대한 번역문제는 1960년 중반에 한국고전번역을 정부에서 추진하면서 우선 四書五經 등 기본고전을 모범 번역하자는 논의가 있었지만 우리 고전이 아니라고 무산되었다.

1980년대에 韓國學 연구와 한국고전번역의 先決課題는 물론, 國際政治 관계나 經濟상의 이유로도 필요하다는 논의가 제기되었다. 그 후 1988년 본회가 발족하면서 東洋古典 번역을 착수하여, 1990년대 말경 본회에서 소위 '新注'의 四書三經을 註까지 懸吐完譯함으로써 東洋學과 韓國學徒들의 袖珍本이 되고 教育界와 文化界까지 파급되었다.

그 후 본회 창립 20주년이 되면서 다시 동양고전현대화의 과제와 목표를 논의하면서, 단순한 韓國學의 선결과제를 넘어 東洋文化에 대한 源泉的이며 體系的인 檢討의 필요성이 대두되었으니, 이제 우리는 東洋文化의 先導的 역할을 담당할 준비를 갖추고 21세기에 先進文化强國 건설로 새 歷史를 이루자는 것이었다.

일반적으로 十三經은 核心的 儒家經典의 總稱이지만, 이는 東洋文化의 뿌리라 하겠다. 우리 역사상으로 十三經은 저 멀리 삼국시대에 이미 高句麗의 太學에서 기본 교과로 채택하였고, 百濟에서는 五經博士 制度를 두었고, 新羅 薛聰은 九經을 方言으로 읽었고, 高麗에서는 國子監이나 九齋學堂에서 교육하였으며, 朝鮮朝 成均館과 鄕校, 書堂과 書院에서는 四書五經 등을 교육하여 人材 등용과 국가정책에 절대적 영향을 끼쳤다.

이 十三經의 代表的 註釋書는 漢·唐時期의 '古注'라 일컬어지는 十三經注疏와, 그 후 宋代의 朱子的 世界觀이 반영된 '集註'와 '集傳' 등의 '新注'가 두 개의 軸이라 할 수 있다.

그런데 우리는 조선조에서부터 朱子學 일변도의 學風으로 경도되어, 그 偏向性이 오늘에까지 이르렀음은 심히 不幸이라 하겠다. 中國에서는 明·淸 시기에 訓詁學, 考證學이라는 學風이 일어 十三經注疏가 經學硏究의 標準이 되었고, 日本에서는 反朱子的 見解와 陽明學의 영향을 받아 明治維新 때 이미 漢文大系 등의 古典整理 사업으로 '古注' 연구가 一般

化된 사실을 간과해서는 안 되겠다.

이에 東洋文化의 核心이라 할 수 있는 十三經注疏를 譯註하고, 이를 통해 우리 文化의 傳統에 대해 體系的으로 이해하고 復元함으로써, 그간 편협했던 학술 風土를 넘어 多樣性과 客觀性을 모색하고, 아울러 古典現代化의 水準을 높이고 融合的이고 自生的인 韓國學을 진작시켜야 할 것이다.

오늘날 중국과 일본에서 번역하지 못한 십삼경주소를 본회에서 130여 책으로 10년 안에 完譯하고, 이와 이울러 韓中日 三國의 東洋古典語彙 情報網을 구축함으로써, 우리의 東洋學과 韓國學 연구에 礎石과 架橋가 되어 우리나라가 先進文化强國으로 昇華되고 世界文化 발전에까지 기여하기를 기대한다.

이 十三經注疏의 번역은 三經과 三禮와 春秋三傳과 ≪論語≫, ≪孟子≫, ≪孝經≫, ≪爾雅≫ 등의 十三經을 經은 물론이요 注와 疏까지 譯註하는 것으로, 原典의 傳統性과 번역의 現代性을 기본으로 하여 漢學元老와 新進學者의 協同硏究飜譯으로 추진하고자 한다.

또한 註釋은 宋代의 소위 '新注'와 비교하고, 明淸代의 注와 韓國 先賢의 注와 見解, 그리고 日本의 注를 가급적 반영하며, 深度 있는 硏究解題를 하기로 하였다. 한편 古典의 우리식 讀解文法인 懸吐를 經과 注에 달고 방대한 疏에는 편의상 構文을 이해할 수 있는 標點을 달며, 經·注·疏 전체에 대한 內容索引을 할 계획이다.

끝으로 오랫동안 飜譯과 校閱에 종사하여 오신 元老漢學者와 10여 년 이상 漢學을 연수한 新進學者로서, 이 십삼경주소의 연구번역에 참여하여 難解한 注疏의 譯註에 헌신하시는 모든 분들께 무한한 감사를 드린다.

또한 고전현대화에 대한 政府의 지대한 關心과 支援에 감사를 드리며, 그간 직간접으로 지도편달하여 주신 학계와 교육계 및 문화계 인사 여러분께 심심한 謝意를 표하며, 앞으로도 따뜻한 관심과 엄정한 叱正을 부탁드리며 내내 평강과 행복을 기원한다.

社團法人 傳統文化硏究會 理事長 李啓晃

凡例

1. 본서는 十三經注疏 중 ≪譯註 春秋左傳正義≫의 제1책이다.

2. 본서는 원전의 傳統性과 번역의 現代性을 구현하기 위해 노력하였다.

3. 본서의 底本은 阮元 校刻本 ≪春秋左傳正義≫(淸 嘉慶 21년(1816) 阮元 校刻 十三經注疏, 中華書局, 2009, 이하 '阮刻本'으로 약칭)로 하되, 北京大 整理本 ≪春秋左傳正義≫(十三經注疏整理委員會 整理, 北京大學出版社, 2000, 이하 '北京大本'으로 약칭)를 참고하였다.

4. 原文의 經·傳·注는 우리나라 전통 방식으로 懸吐하고, 疏는 經·傳·注에 대한 字句 해석이 중심이므로 간략하게 標點만 하였다.

5. 原文은 저본의 체제에 따라 經·傳·注·疏를 구분하였고, 經을 제외한 傳·注·疏의 문단 시작에 '【 】'를 사용하여 표기하였다. 또한 ≪春秋≫의 서지 특성상 傳을 經처럼 취급하였기 때문에, 經과 傳을 함께 大字로 표기하였다.

6. 原文의 分節은, 經·傳·注는 저본의 분절을 따르고 疏는 단락이 길 경우에 의미 단락에 따라 역자 재량으로 분절하였다.

7. 독자의 편의를 위해 매년 첫 經文이 시작하는 곳에 재위 연도를 '○公 ○년(B.C. OOO)' 등으로 표기하였다.

   예 隱公 원년(B.C. 722), 隱公 2년(B.C. 721)

8. 글자의 음에 대한 저본의 反切 注는 생략하되, 문맥의 이해를 위해 필요한 경우는 譯註에서 설명하였다. 讀音이 특수하거나 僻字인 경우에는 원문의 해당 글자 뒤의 ( ) 속에 한글로 音을 달았다.

9. 疏에서 설명 대상으로 인용한 經·傳·注의 구절은 번역문에서 원문 그대로 쓰되, 뜻을 풀이하는 부분을 '　'로 묶어주었다.

   예 '史之策書皆君命'은 임금이 명하여 시행한 일이라야 策에 기록할 수 있음을 이른 것이지, 임금이 명하여 기록하게 한 뒤에야 비로소 기록함을 이른 것이 아니다.

10. 飜譯은 原義에 충실하게 하되, 이해가 어려운 부분은 意譯 또는 補充譯을 하였다.

11. 飜譯文은 한글과 漢字를 혼용하였으며, 맞춤법과 띄어쓰기는 한글 맞춤법과 표준어규정을 따르는 것을 원칙으로 하였다.

13. 譯註는 校勘, 異說, 인용문의 出典, 故事, 역사적 사건, 전문용어, 難解語, 難解文, 人物, 制度, 官職 등에 관한 사항을 밝혔다.

14. 校勘은 원문의 誤字, 脫字, 衍字, 倒文 등을 대상으로 하고, 간략히 譯註하였다. 그 외에도 北京大 整理本 및 上海古籍 整理本을 비롯한 여러 原典 자료를 참고하였으며 이를 譯註에 밝혔다. 단 己·已·巳는 별도의 역주 없이 문맥에 맞게 곧바로 수정하였다.

15. 본서의 校勘에 사용된 符號는 다음과 같다.

( )〔 〕: (저본의 誤字)〔교감한 正字〕

〔 〕: 저본의 脫字 보충

( ) : 저본의 衍字 표시

16. 본서에 사용된 주요 부호는 다음과 같다.

“ ” : 對話, 각종 引用

‘ ’ : “ ” 안의 再引用, 强調

〈 〉: ‘ ’ 안의 再引用, 强調

( ) : 原文에서의 讀音이 특수한 글자나 僻字의 音
번역문에서의 간단한 역주

〔 〕: 번역문과 뜻은 같으나 音이 다른 漢字나 句節
疏에서 설명 대상으로 제시한 經이나 注의 단어나 구절
역주에서 인용한 原文

≪ ≫ : 書名, 典據

< > : 篇章名, 作品名 표기, 補充譯

【 】: 傳, 注, 疏의 표시

○ : 저본에 사용된 단락 구분 표시 準用

17. 본서에서 사용된 標點符號는 다음과 같다.

. : 문장의 종결

, : 한 문장 안에서 句나 節의 구분이 필요한 곳

· : 대등한 명사나 구절의 병렬

“ ” : 인용

‘ ’ : “ ” 안의 재인용, 疏에서 설명 대상으로 제시한 經·注의 단어나 구절

「 」 : ‘ ’ 안의 재인용

: : 疏 내용을 포괄하는 ‘正義曰’ 뒤에서 사용

目 次

東洋古典譯註叢書를 발간하면서
凡 例
解 題

欽定四庫全書總目 春秋左傳正義六十卷 / 33
春秋正義序 / 42

春秋左傳注疏 卷1
春秋序 / 51

春秋左傳注疏 卷2
隱公 원년 / 155
隱公 2년 / 263

〔附 錄〕
1. 《春秋左傳正義 1》 參考書目 / 279
2. 《春秋左傳正義 1》 參考圖版 目錄 / 283
3. 春秋地圖 / 284
4. 春秋列國圖 / 286
5. 《春秋左傳正義》 總目次 / 287

解 題

金廣泰*)

1. 개 요

≪春秋左傳正義≫는 ≪春秋左氏傳≫을 注解한 晉나라 杜預의 ≪春秋經傳集解≫에 唐나라 孔穎達이 疏를 붙여 완성한 책으로, 총 60권으로 구성되어 있다. 주지하다시피 ≪春秋≫는 孔子가 魯나라 隱公 원년(B.C. 722)부터 哀公 14년(B.C. 481)까지 242년간의 노나라 역사를 기록한 책이다. 이 ≪춘추≫에는 ≪춘추좌씨전≫, ≪春秋公羊傳≫, ≪春秋穀梁傳≫ 세 종류의 해설서가 전하는데 이를 '春秋三傳'이라고 하며, 그중에서 ≪춘추좌씨전≫은 가장 늦게 성립된 책이다. 그러나 三傳 중에서 후세에 가장 많이 읽힌 책은 바로 ≪춘추좌씨전≫인데, 그 이유는 무엇보다 ≪춘추공양전≫과 ≪춘추곡량전≫이 經文의 訓詁를 중심으로 공자의 의도를 드러내 밝히는 데 치중한 반면, ≪춘추좌씨전≫은 역사적 사실에 대한 기술이 상세하기 때문이다.

孔子行敎像

이러한 까닭으로 진나라 두예는 ≪춘추좌씨전≫에 천착하여 ≪춘추경전집해≫라는 注解書를 지었고, 당나라 공영달은 두예의 ≪춘추경전집해≫를 기본 텍스트로 삼아 그 注文 아래에 疏를 붙여 ≪춘추좌전정의≫를 완성하였다. 공영달은 漢代 이래로 賈誼, 劉歆, 鄭衆, 賈逵 등이 ≪춘추좌씨전≫ 주해서를 전했으나 대부분 ≪춘추공양전≫과 ≪춘추곡

*) 韓國古典飜譯院 飜譯委員

량전≫의 견해를 섞어서 ≪춘추좌씨전≫을 주해한 데 비해 두예만은 ≪춘추좌씨전≫을 충실하게 주해하였다고 높이 평가하였으므로, 春秋三傳 중 ≪춘추좌씨전≫을 가장 중시한 것이다.

2. ≪春秋左傳正義≫의 편찬 과정

1) ≪春秋≫와 ≪春秋左氏傳≫

≪春秋≫는 중국 춘추시대 魯나라 隱公 원년부터 哀公 14년까지 제후국인 노나라 12公 242년간의 역사를 기록한 책이다. '춘추'라는 명칭은 일 년의 네 계절인 春·夏·秋·冬 가운데 '春'과 '秋'만을 뽑아서 인간의 역사를 기록하는 책의 명칭으로 삼은 것이다.

노나라의 역사서로서 ≪춘추≫에 대한 가장 오래된 기록은 ≪春秋左氏傳≫에 보인다. 다만 당시 노나라를 제외한 다른 제후국도 나름의 역사 기록이 있었는데, 그들의 역사서도 '春秋'라고 부른 경우가 있었다. 즉 ≪墨子≫에 의하면 周·燕·齊·宋나라 등의 역사서를 춘추라고 했으며, ≪國語≫에 의하면 孟子가 乘과 檮杌이라 한 晉나라와 楚나라의 역사서도 춘추라고 부른 경우가 있는데, 이것은 춘추가 당시 각국에서 역사서를 부르는 일반적인 명칭이면서 동시에 노나라의 역사책에 붙인 고유한 명칭이라는 이중적 의미를 담고 있는 것임을 알 수 있다. 물론 오늘날 이런 각국의 역사서는 모두 전하지 않고 오직 노나라의 ≪춘추≫만이 전하기 때문에, 지금의 ≪춘추≫는 노나라의 역사서를 의미하는 것으로 한정되었다.

≪춘추≫의 저자로 흔히 孔子를 뽑고 있는데, ≪춘추≫와 공자의 관계에 대한 논의는 대체로 ≪춘추≫가 공자의 修史를 거친 經文이라고 보는 전통적인 관점과 공자의 수사를 부정하여 ≪춘추≫를 단순한 역사서로 보는 관점이 있다. ≪춘추≫를 공자가 수사한 경전으로 보는 관점은 '春秋三傳'의 공통된 입장이다. 특히 맹자는 ≪춘추≫를 공자가 지은 것으로 보고, 그 계기를 '世道가 衰微해져서 邪說과 暴行이 생겨나, 신하로서 그 임금을 죽이고 자식으로서 그 부모를 죽이는 현실을 두려워하여, 이를 극복하려는 의도에서 지은 것'으로 보았다.[1)]

춘추삼전은 기본적으로 ≪춘추≫를, 정확하게는 ≪춘추≫의 수사를 이해할 수 있도록 설명한 해설서, 즉 解經書이다. 이와 같은 ≪춘추≫의 해설서는 漢代 초기에 다섯 종류가

1) "世衰道微 邪說暴行有作 臣弑其君者有之 子弑其父者有之 孔子懼 作春秋"(≪孟子≫ 〈滕文公 下〉)

있었다고 전한다. ≪漢書≫ 〈藝文志〉에 의하면, 지금 전하는 ≪춘추좌씨전≫·≪춘추공양전≫·≪춘추곡량전≫ 이외에 ≪春秋鄒氏傳≫과 ≪春秋夾氏傳≫이 있었는데, ≪춘추추씨전≫은 經師가 없었고 ≪춘추협씨전≫은 책으로 만들어지지 않은 까닭에 그 전승이 끊어졌다고 하였다. 춘추삼전은 기본적으로는 모두 ≪춘추≫에 대한 해설서이지만, 그 대상이 되는 경전에 있어서 약간 차이가 있다.

三傳의 가장 중요한 차이는 이러한 經 자체의 차이보다는 그것을 해설한 삼전 자체의 차이이다. 특히 今文經傳인 ≪춘추공양전≫·≪춘추곡량전≫과 古文經傳인 ≪춘추좌씨전≫은 전혀 다른 모습을 갖고 있다. 우선 문체에 있어서 금문경전인 ≪춘추공양전≫과 ≪춘추곡량전≫은 기본적으로 비슷한 問答體의 형태를 갖추고 있는데 반하여, 고문경전인 ≪춘추좌씨전≫은 전체가 敍述體의 형태를 취하고 있다. 일반적으로 漢代의 학문을 訓詁學이라 하는데, ≪춘추공양전≫과 ≪춘추곡량전≫은 철저하게 ≪춘추≫ 경문의 義例를 해설하는 훈고의 해설서이지만, ≪춘추좌씨전≫의 경우는 그 내용의 대부분이 이런 훈고의 글이 아니라 ≪춘추≫에 기록된 사건의 사실적인 배경을 설명하는 것이기 때문이다. 이 때문에 南宋의 朱熹는 左氏는 史學이고, 公羊과 穀梁은 經學이라고 규정하며, 史學인 ≪춘추좌씨전≫은 기록은 상세하지만 의리에 있어서는 잘못된 것이 있고, 경학인 ≪춘추공양전≫과 ≪춘추곡량전≫은 의리에는 공로가 있으나 사실 기록에는 오류가 많다고 하였다.2)

≪춘추좌씨전≫이 春秋三傳 가운데 가장 늦게 성립한 책이면서도 가장 널리 읽힌 경전이 된 것은 무엇보다 사실 기록에 대한 충실성 때문이다. 다만 이러한 ≪춘추좌씨전≫의 저자에 대해서는 예로부터 다양한 異論이 존재하였다. 저자에 대한 기록은 司馬遷의 ≪史記≫와 ≪漢書≫ 〈藝文志〉에 보이는데, 魯나라 君子인 左丘明이 孔子의 제자들이 제각기 이론을 제기하여 자신의 생각에 安住하고 진실을 잃어버릴 것을 걱정하였기 때문에 孔子의 ≪史記≫를 근거로 하여 그 말을 갖추어 ≪左氏春秋≫를 완성하였다고 하였다.3) 즉 좌구명을 공자가 ≪춘추≫를 지을 때 노나라 史記를 함께 본 史官으로 이해하고 있는 것이다.

이에 따라 ≪춘추좌씨전≫의 저자인 좌구명이 과연 ≪論語≫에 나오는 좌구명과 같은

2) "以三傳言之 左氏是史學 公穀是經學 史學者記得事却詳 於道理上便差 經學者於義理上有功 然記事多誤"(≪朱子語類≫ 권83 〈春秋 綱領〉)

3) "魯君子左丘明懼弟子人人異端 各安其意 失其眞 故因孔子史記 具論其語 成左氏春秋"(≪史記≫ 권14 〈十二諸侯年表〉 第2)

인물인가 하는 의혹이 제기되었다. ≪논어≫ 〈公冶長〉에 공자가 "좌구명이 부끄러워하였는데, 나 또한 이것을 부끄러워하노라."라고 하였는데, 여기의 좌구명은 문장의 흐름으로 보아서 공자 이전이거나 적어도 공자와 같은 연배의 인물로 추측된다. 그러나 ≪춘추좌씨전≫의 기록 내용을 보면 공자 死後 수십 년 뒤의 일까지 기록하고 있기 때문에, 당대 이후 ≪춘추좌씨전≫을 지은 좌구명은 ≪논어≫의 좌구명이 아니라 戰國時代의 인물이라는 주장이 제기되었다. 이런 주장은 ≪춘추좌씨전≫이 완전히 한 사람의 손에서 이루어진 것이라는 전제에서 비롯된 것인데, 이에 대해 明나라 趙汸은 그의 ≪春秋師說≫에서 "左氏는 당시 世襲 史官인데 그 말년에 傳文은 자손들이 당연히 계승하여 기록하였으므로, 이 때문에 합쳐서 ≪춘추좌씨전≫이라고 부르는 것"이라고 하였다. 이를 근거로 하면, ≪춘추좌씨전≫은 공자와 동시대의 사관인 좌구명이 시작하여 그 후손이 이를 계승하여 기록한 것으로 보는 것이 합당할 것이다.

≪춘추좌씨전≫의 성격에 대한 주요한 논쟁은 전통적인 관점처럼 ≪춘추좌씨전≫을 解經書로 볼 것인가, 아니면 경전인 ≪춘추≫와는 별도의 역사서로 볼 것인가 하는 차이인 것이다. 이 논쟁의 시발은 西漢 말기 이른바 춘추삼전 사이에 벌어진 今文·古文 論爭에서 발단하였다. 즉 ≪춘추좌씨전≫을 經學으로 보아 ≪춘추공양전≫이나 ≪춘추곡량전≫처럼 學官을 두려는 일군의 古文經學派는 이 책을 공자의 ≪춘추≫에 대한 해경서로 보려고 한 것에 비해, 今文經學派는 이것이 해경서가 아님을 주장하여 그 학관의 설립에 반대하였다. 이 논쟁은 각 학파에 있어서 사회적 위상과 생존을 건 매우 정치적인 성격을 가진 것이었다. 이 과정에서 ≪춘추좌씨전≫을 해경서로 정착시킨 대표적인 인물은 劉歆이다.

다만 당시까지는 經과 傳을 하나로 통합한 지금의 ≪춘추좌씨전≫ 체제는 아직 형성되지 않았던 것으로 보인다. 經과 傳이 분리된 체제가 지금처럼 통합된 체제로 바뀐 것은 晉代의 杜預에 의해서이다. 그런데 그가 經과 傳을 통합하는 과정에서 경에는 기록이 있는데 전의 기록이 없는 '有經無傳'의 경우와, 반대로 傳에는 기록이 있는데 經에는 기록이 없는 '無經有傳'의 경우가 있게 되었다. 특히 이러한 점은 경에 없는 것을 해설하지 않은 ≪춘추공양전≫이나 ≪춘추곡량전≫과 비교되어, 해경서로서 ≪춘추좌씨전≫의 성격에 대한 비판의 주요한 근거가 되었다. 이 때문에 ≪춘추좌씨전≫의 경우에 있어서는 경과 전이 본래부터 독립된 것이며, 그 성격도 경학이 아니라 사학이라는 주장이 일찍부터 있어 왔던 것이다.

그러나 중국 사학의 출발로 인정되는 司馬遷의 ≪史記≫에서조차도, 사마천은 〈伯夷列傳〉에서 나타나듯이 공자의 春秋修史를 계승한다는 정신을 가지고 있었으며, 이것은 그가 ≪춘추좌씨전≫을 공자의 ≪춘추≫에 대한 해경서로 이해하는 관점에서도 그대로 드러난다. 이런 관점을 더욱 명확하게 한 것은 두예이다. 그는 ≪春秋經傳集解≫ 序文에서 ≪춘추좌씨전≫이 ≪춘추≫ 古經을 공자가 수사하여 좌구명에게 준 '不刊之書'로 보고, 다양한 방식으로 이를 이해시키기 위해 지어진 것이 ≪춘추좌씨전≫이라고 보았다.

또 ≪춘추좌씨전≫ 자체의 경학적 요소를 더욱 분명하게 드러내는 것은 春秋筆法에 대한 해명이다. 두예는 이것을 세 가지 例로 구분하였는데 周公의 ≪周禮≫에 의해 역사기록의 일반적 필법으로 전해진 魯史로서의 춘추 凡例(正例)와, 이 범례를 바탕으로 하되 損益을 가한 필법인 變例, 그리고 공자의 수사에서 처음 들어간 사건들을 기록하는 필법인 非例로 구별하였다.[4)]

또 주요한 논쟁으로 ≪춘추좌씨전≫의 史評이라 할 수 있는 '君子曰' 형태의 기록에 대한 문제가 있다. 이것은 일부에 의해 劉歆의 僞作으로 단정되었지만, 사마천의 ≪사기≫ 이후 중국 역사서의 특성 중 하나인 史贊의 시작으로써 의미를 갖는다. 그러나 이처럼 역사를 편찬하는 史家의 관점에서 그 사건과 인물의 역사적 가치, 즉 역사성을 부여하고 평가하는 방식 자체는 이미 공자의 ≪論語≫를 통해서 시도되고 있다. 즉 ≪논어≫ 가운데 堯・舜・禹와 같은 先王이나 伯夷・叔齊, 殷의 三仁 같은 선현은 물론 管仲과 같은 여러 역사적인 인물에 대한 공자의 평가가 이런 史贊의 원형인 것을 생각하면, ≪춘추좌씨전≫에 이와 같은 사평이 나타나는 것은 조금도 이상할 것이 없다고 하겠다.

2) ≪春秋經傳集解≫와 ≪春秋左傳正義≫

≪春秋經傳集解≫는 일명 ≪春秋左氏傳集解≫ 또는 ≪春秋左氏經傳集解≫라고도 하는데, 晉나라 杜預(222~284)가 ≪春秋左氏傳≫을 注解한 책으로, 총 30권으로 구성되어 있다. 두예의 字는 元凱로, 京兆 杜陵의 名家에서 태어나 晉 文帝(司馬昭)의 누이동생과 결혼하여 父祖의 봉작을 이어받았다. 魏나라 말년 鍾會와 함께 蜀나라를 멸망시켰고, 264년 문제의 명을 받아 賈充과 함께 律令 제정에 참여하여 완성하였는데, 이는 唐나라

4) "其發凡以言例 皆經國之常制 周公之垂法 史書之舊章 仲尼從而修之 以成一經之通體 其微顯闡幽裁成義類者 皆據舊例而發義 指行事以正褒貶 諸稱書・不書・先書・故書・不言・不稱・書曰之類 皆所以起新舊 發大義 謂之變例 然亦有史所不書 卽以爲義者 此蓋春秋新意 故傳不言凡 曲而暢之也 其經無義例 因行事而言 則傳直言其歸趣而已 非例也"(≪春秋左傳正義≫〈春秋左傳序〉)

율령의 원형이 되었다. 뒤에 晉나라가 吳나라를 침공할 때 大將軍都督이 되어 중앙군을 이끌고 襄陽에서 江陵을 거쳐 建業에 이르러, 280년에 오나라를 멸망시켜 當陽縣侯의 봉작을 받았다. 武將으로서도 뛰어나 杜征南·杜武庫라는 호칭을 받았다. 그는 ≪춘추좌씨전≫을 무척 좋아하여 左傳癖으로 불렸는데, ≪춘추좌씨전≫과 관련한 저서로 ≪춘추경전집해≫ 이외에 ≪春秋釋例≫ 등을 남겼다.

≪춘추경전집해≫는 ≪춘추좌씨전≫에 대한 최초의 전문적인 주해서라는 점에서 春秋學史에서 큰 의미를 지닌 책으로 평가받는다. 이 책이 나오기 전까지는 ≪춘추≫의 經文과 ≪좌씨전≫이 별도의 책으로 통용되었는데, 두예가 처음으로 ≪춘추≫ 경문의 각 조목 아래에 그 기사와 관련된 ≪좌씨전≫의 구절을 이어서 붙이고, 그 아래에 다시 자신의 이론을 주석의 형태로 달아서 하나의 책으로 만든 것이다. 이에 대해 두예는 "經의 연대와 傳의 연대를 분리하여 같은 연대끼리 붙이고, 경의 뜻과 전의 뜻을 종류별로 모아 각각 사항에 따라 해석하고 ≪經傳集解≫라 이름하였다."[5]라고 하여 그 편집 방식을 설명하였는데, 宋나라 朱申의 附注에 "≪左傳≫은 본디 ≪춘추≫에 붙어 있지 않고 별개의 책으로 있었는데, 두예가 經과 傳이 따로 있으면 열람하기에 불편하다고 여겨 마침내 연대별로 經文을 나누고서 그 傳을 각각 해당 연대의 經 밑에 붙인 것이다."[6]라고 하였다. 즉 ≪춘추≫의 記事를 ≪좌씨전≫의 傳文 및 두예의 注文과 한 곳에서 일목요연하게 볼 수 있게 된 것이다.

≪春秋左傳正義≫는 두예의 ≪춘추경전집해≫에 唐나라 孔穎達(574~648)이 疏를 붙여 완성한 책으로, 총 60권으로 구성되어 있다. 공영달의 字는 沖遠 또는 仲達, 諡號는 憲이다. 冀州 衡水 사람으로 孔子의 32세 후손이다. 隋나라 煬帝 때 明經科에 급제하여 河內郡博士를 제수받았다가, 唐나라 건국 후 國子博士와 國子祭酒 등을 지냈다. 劉焯에게 학업을 전수받아 ≪춘추좌씨전≫·≪毛詩≫·≪禮記≫와 鄭玄의 注의 ≪尙書≫, 王弼의 注의 ≪周易≫에 밝았고, 曆算에도 뛰어났다. 魏徵과 함께 ≪隋書≫를 편찬하였고, 왕명에 따라 고증학자 顔師古 등과 더불어 五經 해석의 통일을 시도한 ≪五經正義≫를 찬술하였다.

≪춘추좌전정의≫는 이른바 ≪十三經注疏≫의 하나이다. ≪십삼경주소≫는 儒家의 주요 문헌인 13經의 古注에 다시 주석을 붙인 책의 통칭으로, 五經, 九經, 十三經의 역사

5) "分經之年與傳之年相附 比其義類 各隨而解之 名曰經傳集解"(≪春秋經傳集解≫ 〈序〉)

6) "左傳本自爲一書 杜預以經傳異處 不便觀覽 乃逐年分析經文 各以其傳 附於本年之下"(≪春秋經傳集解≫ 〈序〉 朱申 附注)

적 단계를 거쳐 완성되는데 총 416권에 이른다. 당나라 공영달 등이 唐 太宗의 칙명을 받아 漢나라와 魏晉 시기의 학자들이 저술한 古注에 疏를 붙여 ≪五經正義≫를 편찬하는데, ≪춘추좌전정의≫는 五經에 포함된 이후로 십삼경이 갖추어질 때까지 항상 유가의 핵심 경전 해설서로 위상을 확보하였다.

그렇다면 십삼경에 포함되어 있는 ≪春秋公羊傳注疏≫・≪春秋穀梁傳注疏≫와 ≪춘추좌전정의≫의 변별점을 어디서 찾을 수 있는가. 이는 ≪춘추좌씨전≫의 특징과 성과에서 드러나고 있다. 春秋三傳 가운데 ≪춘추좌씨전≫은 가장 늦게 성립한 책이면서도 가장 널리 읽힌 경전인데, 그 이유는 전술한 것처럼 무엇보다 사실 기록에 대한 충실성 때문이다. 이처럼 역사 기록에 있어서 사실에 대한 충실한 장점을 지닌 ≪춘추좌씨전≫을 ≪四庫全書總目提要≫에서는 다음과 같이 평가하고 있다.

> 역사서의 도리는, 찬술은 간략하여야 하고 考證은 자세해야 하니, ≪춘추≫보다 간략한 것이 없고 ≪춘추좌씨전≫보다 상세한 것이 없다.……진실로 事跡이 없다면 비록 聖人이라도 ≪춘추≫를 지을 수 없을 것이고, 진실로 사적을 모른다면 비록 성인이 ≪춘추≫를 읽더라도 褒貶하는 바를 모를 것이다.[7]

이것은 ≪춘추좌씨전≫의 특징에 기인하여 역사서로서의 성과를 높이 평가하는 내용이라 할 수 있다.

≪춘추좌전정의≫는 ≪십삼경주소≫의 하나이기 때문에 ≪십삼경주소≫의 특징과 가치를 고스란히 공유하고 있다. ≪십삼경주소≫는 동양학의 원류이자 국학과 동양학 연구를 위해 반드시 읽어야 할 기본 고전이다. 또한 宋代 이후 集注나 集傳으로 명명되어 朱子學的 世界觀을 담고 있는 新注 유학 문헌과 함께 경학 전통의 두 축을 이루고 있는 기록물로 동양 고전 중에서 문헌 가치가 가장 높은 자료이다. ≪춘추좌전정의≫는 春秋三傳 가운데 가장 널리 인정받은 ≪춘추좌씨전≫의 주석서이므로 우리나라를 비롯한 동양 문화권의 지식인들이 오랜 시간 동안 학술적 성과를 축적하였다. 그뿐만 아니라 정치, 역사, 문화 등 다양한 방면에서 이 책을 활용한 사례를 확인할 수 있다.

---

7) "史之爲道 撰述欲其簡 考證欲其詳 莫簡於春秋 莫詳於左傳……苟無事迹 雖聖人 不能作春秋 苟不知其事迹 雖以聖人讀春秋 不知所以褒貶."(≪四庫全書總目提要≫ 권45 〈史部總敍〉)

3. ≪春秋左傳正義≫의 구성 및 서술 방식

1) 板本 및 善本

주지하다시피 ≪春秋左傳正義≫는 ≪春秋左傳注疏≫의 異稱인데, 판본과 선본에서 통용하는 명칭은 ≪춘추좌전주소≫이다. 그러므로 아래에서는 ≪춘추좌전주소≫라는 명칭을 사용하여 판본과 선본을 설명하기로 한다. 經, 注, 疏를 합쳐서 간행한 경우를 合刻本이라고 하는데, 이러한 합각본 형식의 ≪춘추좌전주소≫를 간행 시기순으로 정리하면 대체로 다음과 같다.

≪附釋音春秋左傳注疏≫(60권)는 南宋 시대 간행된 판본으로 이른바 '宋十行本'이라고도 한다. 이 판본은 남송 시대 이후 元나라와 明나라 때까지 남아 있었다고 한다. ≪閩本春秋左傳注疏≫(60권)는 명나라 嘉靖 연간(1522~1566) 李元陽·江以達이 宋代 판본을 교감한 판본이다. ≪監本春秋左傳注疏≫(60권)는 명나라 萬曆 19년(1591) 盛訥 등이 ≪閩本春秋左傳注疏≫를 교감한 판본이다. ≪重脩監本春秋左傳注疏≫(60권)는 명나라 吳士元·黃錦 등이 ≪監本春秋左傳注疏≫를 重修한 판본이다. ≪毛本春秋左傳注疏≫(60권)는 명나라 崇禎 戊寅年(1638년) 毛晉이 간행한 판본이다. 끝으로 ≪阮元校刻春秋左傳注疏≫(60권)은 淸나라 嘉慶 21년(1816) 阮元이 교감한 판본이다. 이 판본은 ≪阮元重刊宋本春秋左傳注疏≫라고 불리기도 한다. 완원은 이른바 宋十行本 ≪附釋音春秋左傳注疏≫를 저본으로 삼아 唐나라의 石經, 명나라의 판본들, 청나라 盧文弨 등이 교감한 판본들과 비교하여 교감 작업을 하였다. 다만 완원 한 사람이 작업한 것이 아니라 실제로는 그가 교감 작업의 책임을 맡되 段懋堂·何元錫·顧千里·徐新田·臧在東·孫雨人·李尙之·嚴厚民 등 많은 학자들과 공동으로 진행한 결과물이다.

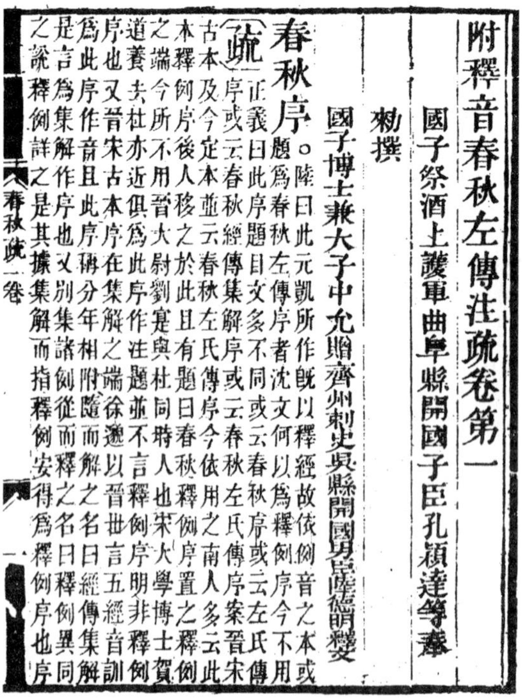
附釋音春秋左傳注疏卷第一
國子祭酒上護軍曲阜縣開國子臣孔穎達等奉
勅撰
國子博士兼太子中允贈齊州刺史吳縣開國男臣陸德明釋
春秋序。陸曰此元凱所作既以釋經故依例音之本或題爲春秋左傳序者沈文何以爲釋例序今不用
[疏]正義曰此序題目文多不同或云春秋序或云左氏傳序或云春秋經傳集解序或云春秋左氏傳序案晉宋古本及今定本並云春秋左氏傳序今依用之南人多云此本釋例序後人移之於此且有題曰春秋釋例序置之釋例之端今所不用晉大尉劉寔與杜同時人也宋大學博士賀道養去杜亦近俱爲此序作注題並不言釋例序明非釋例序也又晉宋古本序在集解之端徐邈以晉世言五經音訓爲此序作音且此序稱分年相附隨而解之名曰經傳集解是言爲集解作序也又別集諸例從而釋之名曰釋例異同之說釋例詳之是其據集解而指釋例安得爲釋例序也序
春秋疏一卷

附釋音春秋左傳注疏

시기적으로 가장 늦게 간행된 점, 교감의 대상으로 삼은 판본이 가장 많다는 점으로 인해 ≪춘추좌전주소≫의 선본은 단연 ≪완원교각춘추좌전주소≫일 수밖에 없다. 이와는 별도로 송나라 때 간행된 八行本이 선본으로 인정받고 있는데, 十行本보다 더 정확한 것으로 평가되기도 한다. 그러나 명나라 이후 청나라 학자들에 이르기까지 ≪춘추좌전주소≫의 저본으로 삼은 판본은 역시 十行本이고, 그리고 이러한 역대 판본들을 비교하여 교감한 것이 완원의 교감본이기 때문에 이 판본이 가장 선본이라 할 수 있다.

2) 구 성

≪춘추좌전정의≫는 총 60권으로 구성되어 있다. 앞에서 얘기했다시피 공영달은 여러 주해서 가운데 杜預의 것을 높이 평가하여 마침내 두예의 ≪春秋經傳集解≫를 기본 텍스트로 삼아 그 注文 아래에 疏를 붙여 ≪춘추좌전정의≫를 완성하였다. 이에 이해를 돕기 위해 ≪춘추좌전정의≫의 구성을 기술하면서 ≪춘추경전집해≫의 구성도 뒤에 덧붙인다. ≪춘추경전집해≫는 총 30권으로 구성되어 있다. ≪춘추좌전정의≫와 ≪춘추경전집해≫의 구성 내용을 다음과 같이 도표로 간략히 제시한다.

卷數	≪春秋左傳正義≫			≪春秋左傳集解≫		
	公	시작	종료	公	시작	종료
卷首	〈四庫全書總目提要〉, 〈春秋左傳正義序〉			〈春秋左傳序〉		
1	〈春秋左傳序〉			隱公	원년	11년
2	隱公	원년	2년	桓公	원년	8년
3		3년	5년	莊公	원년	32년
4		6년	11년	閔公	원년	2년
5	桓公	원년	2년	僖公	원년	15년
6		3년	6년		16년	26년
7		7년	18년		27년	33년
8	莊公	원년	10년	文公	원년	10년
9		11년	22년		11년	18년
10		23년	32년	宣公	원년	11년
11	閔公	원년	2년		12년	18년

<table>
<tr><th rowspan="2">卷數</th><th colspan="3">≪春秋左傳正義≫</th><th colspan="3">≪春秋左傳集解≫</th></tr>
<tr><th>公</th><th>시작</th><th>종료</th><th>公</th><th>시작</th><th>종료</th></tr>
<tr><td>12</td><td rowspan="6">僖公</td><td>원년</td><td>5년</td><td rowspan="2">成公</td><td>원년</td><td>10년</td></tr>
<tr><td>13</td><td>6년</td><td>14년</td><td>11년</td><td>18년</td></tr>
<tr><td>14</td><td>15년</td><td>21년</td><td rowspan="7">襄公</td><td>원년</td><td>9년</td></tr>
<tr><td>15</td><td>22년</td><td>24년</td><td>10년</td><td>15년</td></tr>
<tr><td>16</td><td>25년</td><td>28년</td><td>16년</td><td>22년</td></tr>
<tr><td>17</td><td>29년</td><td>33년</td><td>23년</td><td>25년</td></tr>
<tr><td>18</td><td rowspan="4">文公</td><td>원년</td><td>4년</td><td>26년</td><td>28년</td></tr>
<tr><td>19上</td><td>5년</td><td>10년</td><td>29년</td><td>31년</td></tr>
<tr><td>19下</td><td>11년</td><td>15년</td><td></td><td></td></tr>
<tr><td>20</td><td>16년</td><td>18년</td><td rowspan="7">昭公</td><td>원년</td><td>3년</td></tr>
<tr><td>21</td><td rowspan="4">宣公</td><td>원년</td><td>4년</td><td>4년</td><td>7년</td></tr>
<tr><td>22</td><td>5년</td><td>11년</td><td>8년</td><td>12년</td></tr>
<tr><td>23</td><td colspan="2">12년</td><td>13년</td><td>17년</td></tr>
<tr><td>24</td><td>13년</td><td>18년</td><td>18년</td><td>22년</td></tr>
<tr><td>25</td><td rowspan="4">成公</td><td>원년</td><td>2년</td><td>23년</td><td>26년</td></tr>
<tr><td>26</td><td>3년</td><td>10년</td><td>27년</td><td>32년</td></tr>
<tr><td>27</td><td>11년</td><td>15년</td><td rowspan="2">定公</td><td>원년</td><td>7년</td></tr>
<tr><td>28</td><td>16년</td><td>18년</td><td>8년</td><td>15년</td></tr>
<tr><td>29</td><td rowspan="12">襄公</td><td>원년</td><td>4년</td><td rowspan="2">哀公</td><td>원년</td><td>13년</td></tr>
<tr><td>30</td><td>5년</td><td>9년</td><td>14년</td><td>27년</td></tr>
<tr><td>31</td><td>10년</td><td>12년</td><td></td><td></td><td></td></tr>
<tr><td>32</td><td>13년</td><td>15년</td><td></td><td></td><td></td></tr>
<tr><td>33</td><td>16년</td><td>18년</td><td></td><td></td><td></td></tr>
<tr><td>34</td><td>19년</td><td>21년</td><td></td><td></td><td></td></tr>
<tr><td>35</td><td>22년</td><td>24년</td><td></td><td></td><td></td></tr>
<tr><td>36</td><td colspan="2">25년</td><td></td><td></td><td></td></tr>
<tr><td>37</td><td colspan="2">26년</td><td></td><td></td><td></td></tr>
<tr><td>38</td><td>27년</td><td>28년</td><td></td><td></td><td></td></tr>
<tr><td>39</td><td colspan="2">29년</td><td></td><td></td><td></td></tr>
<tr><td>40</td><td>30년</td><td>31년</td><td></td><td></td><td></td></tr>
</table>

卷數	《春秋左傳正義》			《春秋左傳集解》		
	公	시작	종료	公	시작	종료
41	昭公	원년				
42		2년	4년			
43		5년	6년			
44		7년	8년			
45		9년	12년			
46		13년				
47		14년	16년			
48		17년	19년			
49		20년				
50		21년	23년			
51		24년	25년			
52		26년	28년			
53		29년	32년			
54	定公	원년	4년			
55		5년	9년			
56		10년	15년			
57	哀公	원년	5년			
58		6년	11년			
59		12년	15년			
60		17년	27년			

3) 서술 방식

≪춘추좌전정의≫의 서술 방식은 첫째, ≪春秋≫의 經文이나 ≪左氏傳≫의 傳文을 제시한다. 둘째, 경문이나 전문에 대한 晉나라 杜預의 ≪春秋經傳集解≫ 注文을 제시한다. 셋째, 경문이나 전문 및 주문에 대한 唐나라 陸德明의 ≪經傳釋文≫ 音義를 제시한다. 넷째, 경문이나 전문 및 주문에 대한 당나라 孔穎達의 疏文을 제시한다.

陸德明(550~630)은 蘇州 吳縣 사람으로, 본명은 元朗인데 字인 덕명으로 불렸다. 經學家이자 訓詁學家로서 周弘正에게 수학하였다. 일찍이 陳나라와 隋나라 때에 國子助教를 지냈으며, 당나라 때에는 秦王府 文學館學士를 거쳐, 高祖 때에 國子博士가 되었고 吳縣男에 봉해졌다. 저서로 ≪經典釋文≫,≪周易注≫, ≪周易兼義≫, ≪易釋文≫ 등이 있다.

≪경전석문≫은 經傳의 原文 및 注文의 字音과 字義를 풀이한 책으로, 총 30권이다. ≪周易≫·≪古文尙書≫·≪毛詩≫·≪周禮≫·≪儀禮≫·≪禮記≫·≪左氏傳≫·≪公羊傳≫·≪穀梁傳≫·≪孝經≫·≪論語≫·≪老子≫·≪莊子≫·≪爾雅≫ 및 序錄으로 구성되어 있으며, 문자의 音義뿐만이 아니라 각 板本 문자의 異同·異體를 기록하고 참고한 출전도 밝혔다. 이로써 漢·魏·六朝 시대 230여 家 저서의 音義가 보존되어, 訓詁音韻學 연구에 기초 문헌이 되었다. 또 序錄은 經學의 源流와 傳來를 논한 것으로 학술사적 가치가 매우 크다. 이 책은 예로부터 경전 연구의 중요한 참고서가 되어 ≪十三經注疏≫에도 본서의 音義를 채용하였다.

隱公 원년 條 기사의 일부를 사례로 들어 ≪춘추좌전정의≫의 서술 방식을 정리하면 다음과 같다.

【傳】初, 鄭武公娶于申, 曰武姜①

【注】申國, 今南陽宛縣.② ○宛, 於元反. 娶, 取住反.③

【疏】'初鄭武公娶于申曰武姜'④ ○正義曰：杜以爲凡倒本其事者, 皆言初也. 賈逵云"凡言初者, 隔其年, 後有禍福, 將終之, 乃言初也."⑤

○注'申國今南陽宛縣'⑥ ○正義曰：外傳說伯夷之後曰"申呂雖衰, 齊許猶在", 則申呂與齊許俱出伯夷, 同爲姜姓也. 國語曰"齊許申呂由大姜", 言由大姜而得封也. 然則申之始封, 亦在周興之初, 其後中絶, 至宣王之時, 申伯以王舅改封於謝. 詩大雅崧高之篇, 美宣王褒賞申伯云"王命召伯, 定申伯之宅", 是其事也. 地理志"南陽郡宛縣, 故申伯國". 宛縣者, 謂宣王改封之後也. 以前, 則不知其地.⑦

① ≪左氏傳≫의 傳文이다. 大字로 쓰여 있다.

② 杜預의 ≪春秋經傳集解≫ 注文이다. 雙文小字로 쓰여 있다.

③ 唐나라 陸德明의 ≪經傳釋文≫ 音義이다. "宛, 於元反"은 두예의 注文 "今南陽宛縣"에서 '宛'의 音을 주해한 것이다. "娶, 取住反"은 傳文 "娶于申"에서 '娶'의 음을 주해한 것이다. 본서에서는 해당 부분을 일괄 삭제하고, 본문 이해에 꼭 필요한 경우에만 발췌하여 수록하였다.

④ '疏'자는 저본에 큰 글자로 되어 있는데, 그 이하의 글이 孔穎達의 疏文임을 표시한

것이다. "初鄭武公娶于申曰武姜"은 그 이하의 글이 傳文을 주해하는 것임을 명시한 것이다.

⑤《左氏傳》의 傳文을 주해한 疏文이다.

⑥ 그 이하의 글이 두예의 注文을 주해하는 것임을 명시한 것이다.

⑦ 두예의 주문을 주해한 疏文이다.

4. 중국과 한국의 春秋學[8)]

《漢書》〈儒林傳〉을 참고하면, 前漢 초기에 北平侯 張蒼·賈誼, 京兆尹 張敞·劉公子 등이 《春秋左氏傳》을 배웠다고 하였으며, 그 뒤에 後漢의 劉歆이 尹咸과 翟方進에게 《춘추좌씨전》을 배웠다고 하였다. 漢代의 경학은 이른바 '家學師承'이라는 독특한 방식을 통해서 전해졌기 때문에, 唐나라의 陸德明은 그의 《經典釋文》에서 이를 좀 더 구체화하여, 左丘明·曾申·吳起·吳期(吳起의 子)·鐸椒·虞卿·荀況·張蒼·賈誼·賈嘉(賈誼의 孫)·貫公·貫長卿(貫公의 子)·張敞 및 張禹, 尹更始·尹咸(尹更始의 子) 및 翟方進, 胡常·賈護·陳欽으로 이어지는 가학사승의 관계를 밝히고 있다. 후한의 賈逵는 《左氏長義》를 지어 《春秋公羊傳》과 《春秋穀梁傳》을 비판하였고, 鄭衆은 《春秋左氏傳》의 조례를 분석하여 《左氏條例章句》를 지었다. 또한 《公羊解詁》를 지은 何休의 《左氏膏肓》·《公羊墨守》·《穀梁廢疾》에 대하여 《鍼膏肓》·《發墨守》·《起廢疾》을 지어 반박함으로써 하휴로 하여금 '操戈入室'[9)]이란 탄식을 하게 한 鄭玄도 左傳學派에 속한다고 하겠다.

唐나라 孔穎達의 《春秋正義》는 삼국시대 이후 《춘추좌씨전》이 《춘추공양전》과 《춘추곡량전》의 경학적 위치를 축출해 온 궁극적인 승리의 결과인 동시에, 이른바 '義疏之學' 형태의 경학적 연구의 집적이었다. 즉 이 《춘추정의》의 성립을 통해 《춘추좌씨전》은 五經 가운데 《春秋》에 대한 정통 해석서로서의 위치를 갖게 되었다.

宋나라 左傳學의 주요한 업적으로는 蘇轍의 《春秋集解》, 呂祖謙의 《春秋左氏傳說》

8) 이 장은 다음의 논저를 참조하였다. 권정안, 〈春秋의 根本理念과 批判精神에 관한 硏究〉, 성균관대학교 박사학위논문, 1990 ; 권정안, 〈《春秋左氏傳》의 理解〉, 《譯註 春秋左氏傳 1》, 전통문화연구회, 2002.

9) '창을 잡고 방에 들어간다.'는 말로 그 사람의 학설을 가지고 그 사람을 비판하는 것을 이른다.

및 ≪續說≫, 魏了翁의 ≪春秋左傳要義≫ 등이 있다. 특히 朱子와 함께 ≪近思錄≫을 편찬한 여조겸은 성리학적 관점에서 ≪좌씨전≫의 기록을 대상으로 하는 ≪東萊左氏博議≫를 지었는데, 이 책은 중국은 물론 우리나라에도 큰 영향을 주었다.

元代 이후 春秋學은 朱子學의 사상적 분위기가 형성되면서, 주로 주자가 그 가치를 크게 인정한 胡安國의 傳이 유행하고, 이것이 科擧의 기본 교재가 되었다. 그것은 明代 초기에 胡廣에 의해 완성된 이른바 永樂大全本 ≪春秋大全≫이 ≪春秋胡氏傳≫을 기본으로 하면서 더욱 확고해져서, ≪춘추호씨전≫이 三傳과 어깨를 나란히 하여 春秋四傳으로 불리게 되었다.

淸代에 이르러 趙汸과 같은 경학적 좌전학의 흐름에 있는 것은 毛奇齡의 ≪春秋屬辭比事記≫와 顧棟高의 ≪春秋大事表≫, 高士奇의 ≪左傳紀事本末≫ 등이 있다. 이 저술들은 이른바 '屬辭比事'라는 ≪춘추≫의 독특한 사건 기록 방식을 중심으로 하는 ≪춘추좌씨전≫에 대한 주요 저술들이다. 그러나 청대에는 대체로는 考證學적인 좌전학이 크게 성행하였으니. 그 대표적인 업적으로는 顧炎武의 ≪左傳杜解補正≫과 惠棟의 ≪左傳補注≫, 江永의 ≪春秋地理考實≫ 등이 있다.

우리나라의 春秋學으로 말하면, ≪춘추좌씨전≫에 대한 구체적인 기록은 통일신라에 國學이 세워진 神文王 2년(682)에 나타나니, 여기에서 ≪춘추좌씨전≫은 ≪毛詩≫·≪論語≫·≪孝經≫과 함께 두 번째 등급의 교과로 기록되어 있다. 그리고 이른바 讀書三品科가 설치된 뒤에는 ≪춘추좌씨전≫이 上品科의 고급 과목으로 설정되어 있다. 춘추학 가운데 좌전학만이 대학과 독서삼품과에 설치된 것을 보면, 우리나라의 초기 춘추학은 ≪춘추좌씨전≫을 중심으로 하여 시작한 것임을 알 수 있다.

고려 시대에는 成宗 11년(992) 國子監의 설치로부터 經學敎育이 본격화되었으니, 이때에는 '春秋三傳'이 모두 교과목에 들어 있었다. 또 崔沖의 九齋學堂을 비롯한 12公徒의 학당 교육에도 九經이 기본적인 교과였으니, 이 즈음의 춘추학은 상당한 정도였을 것이다. 고려 전기에 형성된 높은 경학적 기반은 安珦에 의해 性理學이 들어온 뒤에도 상당한 영향을 주어, 사서와 오경이 함께 중시되는 학문적 풍토를 형성하였다. 고려 말 성리학 정착기에 대표적인 학자인 牧隱 李穡과 圃隱 鄭夢周가 모두 오경에 밝았으니, 정몽주의 〈冬夜讀春秋〉를 보면 그의 춘추학적 이해가 상당한 수준임을 알 수 있다.

다만 이때까지 ≪춘추≫에 대한 전문적인 연구서는 나오지 못하였으니, 최초의 전문적인 연구서는 조선 전기 陽村 權近의 ≪春秋淺見錄≫이라 할 수 있다. 다만 이 글은 그의 ≪五經淺見錄≫ 가운데서도 가장 분량이 적어 본격적이고 체계적인 저술이라고 하기 어렵다. 이 시기의 ≪춘추≫에 대한 여타 저술로는 成俔의 〈春秋正天下邪正論〉과 宋欽의 〈春秋義〉, 그리고 權撥의 〈春秋胡傳箚義〉와 朴士憙의 〈讀春秋秋大水無麥苗〉 등이 있는데, 대부분 간단한 논설이나 일정한 주제에 대한 箚記 형식이다.

이처럼 개별적인 주제들에 대한 간단한 차기 형태의 글은 조선 후기에도 계속 지어져, 대부분의 ≪춘추≫에 대한 저술들은 이런 형태를 취하고 있다. 또한 그 주제들도 대부분이 몇 가지로 요약되는데, 가장 많은 것이 춘추학의 중요 쟁점이었던 '春王正月'에 대한 것이다. 南九萬의 〈春秋正月記疑〉, 南國柱의 〈春秋春王正月記疑〉, 金樂行의 〈春秋春王正月記疑〉, 宋文欽의 〈春秋論〉, 成海應의 〈春秋正月解〉, 李圭景의 〈春王正月辨證說〉, 李定稷의 〈春王正月解〉 등이 이에 속한다. 다음으로 많은 것은 ≪춘추≫ 기록이 隱公에서 시작되고 獲麟에서 끝나는 것과 관계된 것인데, 趙翼의 〈獲麟解解〉, 李瀷의 〈獲麟解〉, 韓章錫의 〈獲麟辨〉, 王性淳의 〈春秋始隱論〉이다.

조선 시대의 춘추학은 기본적으로 성리학적 춘추학의 성격을 갖는다. 그것은 미완성인 程子의 ≪春秋傳≫과 주자의 평가를 통해 '春秋四傳'의 하나로 존중된 ≪춘추호씨전≫이 기본적인 춘추 교재가 되었음을 의미한다. 이런 점에서 정자의 ≪춘추전≫의 속편이라 할 수 있는 것이 孤山 李㮭의 ≪春秋輯注≫이며, 춘추사전을 選錄한 저술로는 朴世采의 ≪春秋補編≫, 沈大允의 ≪春秋四傳註疏抄選≫과 續傳, 徐壽錫의 ≪春秋傳註抄纂≫ 등이 대표적이다. 三傳學은 비교적 적은 편인데, 특히 ≪춘추공양전≫과 ≪춘추곡량전≫에 대한 저술은 매우 드물다. 그 가운데 姜獻奎의 ≪春秋義例≫와 차기 형식이기는 하지만 韓章錫의 〈讀公羊傳〉이 있으며, ≪춘추좌씨전≫에 대한 저술로는 李恒福의 ≪魯史零言≫, 崔錫鼎의 ≪左氏輯選≫, 尹植의 ≪條問≫, 成海應의 ≪杜注考異≫ 등이 있다.

우리나라 역대 임금 가운데 君師로 대표되는 正祖는 춘추학에 남다른 관심을 표명하였으며 그에 걸맞은 업적을 이루었다. 정조는 17년(1793)과 20년(1796) 두 차례에 걸쳐 여러 문신과 선비들을 대상으로 하여 總經講義를 거행하였는데, 이 가운데 ≪춘추≫에 관해서 17년에 10조목, 20년에 8조목의 質疑를 통해 조선 시대 춘추학의 새로운 경지를 열었다. 이 18조의 條文은 ≪춘추≫의 성격에서부터 三傳의 우열, 義例와 筆法은 물론 春王正月, 時月例, 公羊學의 三科九旨에 이르는 폭넓은 질문을 통해서 춘추학에 대한 종합적인 이해를 묻고 있다. 또한 정조는 ≪춘추좌씨전≫의 판본을 정리하였는데, 기존의 ≪資治通鑑綱目≫을 본받아 편찬하여 印刊하였다. 이 책은 두예의 ≪춘추경전집해≫와 공영달의 ≪춘추좌전정의≫를 기본으로 하면서, ≪춘추공양전≫과 ≪춘추곡량전≫은 물론 역대 제가의 학설을 참고하여 지은 것이다. 이 책은 卷首에 諸儒姓氏, 凡例, 紀年圖, 地圖, 類例, 世系圖, 國名譜, 人名譜 등을 수록한 ≪춘추좌씨전≫의 교본으로 매우 뛰어난 책이다.

한편 조선 시대의 춘추학은 주로 '春秋大義'라는 명분으로 현실 정치에 영향을 주었다. 개인적인 가치와 국가적인 가치가 충돌한 경우 이 춘추대의는 주로 '大義滅親(대의를 위해 친족의 정을 끊음)'이라는 명분으로 이용되었으니, 光海君의 廢母 사건에서 동원된 경우가 그 대표적인 경우이다. 李恒福의 ≪魯史零言≫도 이런 배경에서 지어진 것이다.[10] 이외에도 ≪춘추≫의 의리는 민족적인 위기에서 큰 힘을 발휘하였다. 壬辰倭亂의 義兵이나 丙子胡亂 뒤의 北伐論을 주장한 학자들의 이념적 기반은 이와 같은 춘추대의와 尊周思想이 기반이 되었음은 물론이고, 일제 침략기에 李恒老 학파의 의병 운동의 기저에도 이런 춘추대의의 정신이 있었던 것이다.

5. 현재의 春秋學 연구 동향

우리나라에서 현재 춘추학에 대한 연구 동향은 원문 텍스트의 국역과 학위 논문을 비롯한 학술지 논문으로 구분할 수 있다. 우선 국내에서 간행된 ≪춘추좌씨전≫의 국역 성과는 1900년대 이후로 꾸준히 집적되어 있다.[11]

---

10) 해당 내용에 대해서는 곽성용, 〈광해군代 春秋논쟁과 李恒福의 ≪魯史零言≫〉, 성균관대학교 석사학위논문, 2018을 참조.

11) 국내에서 간행된 ≪춘추좌씨전≫ 완역서의 목록을 연차순으로 나열하면 다음과 같다.
≪春秋左傳≫(전3책), 이석호 譯註, 平凡社, 1976
≪春秋左氏傳≫(전1책), 권오돈 역주, 平凡社, 1981
≪左氏傳≫(전3책), 남만성 등 역주, 修文書館, 1983
≪春秋左氏傳≫(전4책), 남만성 등 譯註, 修文書館, 1986
≪春秋左氏傳≫(전4책), 삼성문화사 편집부, 삼성문화사, 1993
≪춘추좌전≫(전3책), 남기현 역주, 자유문고, 2003
≪춘추좌전≫(전3책), 신동준 역주, 한길사, 2006
≪春秋左傳解≫(전5책), 이백순 역주, 학민문화사, 2008
≪春秋左氏傳≫(전3책), 문선규 역주, 명문당, 2009
≪춘추좌전≫(전3책), 장세후 역주, 을유문화사, 2013
≪춘추좌씨전≫(전8책), 정태현 역주, 전통문화연구회, 2001~2013
≪춘추좌전≫(전6책), 임동석 역주, 동서문화사, 2015

편역서가 아닌 완역서로서, 제가의 주석을 가장 광범위하게 수록한 국역서를 꼽자면 정태현 譯註의 ≪춘추좌씨전 1~8≫(전통문화연구회, 2001~2013)이라 할 수 있다. 한편 ≪춘추좌전정의≫에 대한 국역서와 주석서는 아직 전무한데, 중국은 우리나라와 마찬가지로 ≪춘추좌씨전≫에 대한 번역서와 주석서만 간행되었고,[12] 일본에서는 ≪춘추좌전정의≫가 번역서로 출간된 사례가 있다.[13]

한편 ≪춘추좌씨전≫을 통해 역사의 측면에서는 이른바 춘추필법이라고 하는 역사 기록의 전형을 구체적으로 확인할 수 있고, 정치의 측면에서는 당대 사회의 정황과 해석을 보여주고 있어 춘추 시대 정치사를 파악하는 데 좋은 자료가 되며, 학문의 측면에서는 '삼전과 사전', '정의'라는 해석학・주석학의 핵심 연구 방법론을 체득할 수 있다. 그러므로 ≪춘추좌씨전≫은 경전 주석서의 성격을 지니지만 그 내용의 다층성과 복합성으로 인해 역사・정치・학문의 분야에서 다양하게 연구가 진행되고 있다.

최근의 연구 성과들을 주제별로 구분하여 간략히 제시하면 다음과 같다. 역사학과 정치학 분야에서는 〈≪左傳≫의 政治思想 硏究〉(복대형, 2015), 〈西晉시기 杜預의 春秋學과 史書에 기초한 經典 해석의 實例〉(김석우, 2015), 〈西晉 시기 杜預 ≪左傳≫ 주석의 몇 가지 형식과 그의 정치적 이상〉(김석우, 2015), 〈≪左傳≫ 杜預 注를 통해본 秦漢 이후의 東夷인식 : 西周시기 銘文의 東夷諸國 考釋을 중심으로〉(이은호, 2012), 〈≪史記≫의 春秋시기 敍事 고찰 : ≪左傳≫과의 비교를 중심으로〉(안예선, 2014) 등 역사서로의 속성과 특징, 정치학의 사상적 측면에 주목한 연구 성과들이 눈에 띈다.

해석학・주석학을 위시한 학문 분야에서는 〈≪左傳≫ 生成硏究〉(갈강암, 2014), 〈西晉 杜預의 服喪論과 ≪左傳注≫ 의혹〉(김선민, 2014), 〈賈・服注와 비교를 통해 본 杜預 ≪左傳≫ 주석의 특징〉(김석우, 2017) 등 서지학과 주석학 측면에서 주로 연구가 되고 있다. 또한 인문 철학의 방면에서도 ≪춘추좌씨전≫이 주요 텍스트로써 자리를 잡고 있다. 〈≪春秋左氏傳≫의 道 槪念 硏究 : 人文化 過程을 中心으로〉(송육, 2019), 〈≪春秋左傳≫의 인문화 과정 연구〉(한아름, 2013), 〈≪春秋左氏傳≫에 내재한 도덕과 전쟁의 정합성〉(윤대식, 2013),

---

≪춘추좌씨전≫(전3책), 허호구 外 역주, 전통문화연구회, 2021.

12) ≪春秋左傳注≫, 楊伯峻, 中華書局, 1981
≪春秋左氏經傳集解序疏證≫, 程元敏, 臺灣學生書局, 1999
≪春秋左傳今註今譯≫, 王雲五 譯註, 臺灣商務印書館, 2002
≪春秋左氏傳舊注疏證續≫, 吳靜安, 東北師範大學出版社, 2005.

13) ≪春秋左傳正義譯注≫, 野間文史 譯註, 明德出版社, 2018.

〈≪春秋左傳≫과 ≪國語≫의 天人關係 연구〉(조원일, 2011) 등은 유학의 도, 인문화, 천인 관계성을 규명한 연구 성과라 할 수 있다. 이뿐만 아니라 〈≪春秋左傳≫ 동의어 연구〉(이미경, 2009)와 같이 어학 분야에까지 연구 텍스트로 활용되고 있으니, ≪춘추좌씨전≫은 향후에도 다양한 학문 분과에서 연구 텍스트로써 스펙트럼을 확장할 것이다.

6. ≪春秋左傳正義≫ 번역의 의의

≪춘추좌전정의≫는 유가의 핵심 경전 주석서로서 예로부터 역사・정치・학문의 분야에서 다양하게 활용되었다. 이는 ≪춘추좌전정의≫라는 책이 그 분량만큼 여러 가지 층위의 내용들이 겹쳐져 있기 때문이다. 역사의 측면에서는 이른바 춘추필법이라고 하는 역사 기록의 전형을 구체적으로 확인할 수 있고, 정치의 측면에서는 당대 사회의 정황과 해석을 보여주고 있어 춘추 시대 정치사를 파악하는 데 좋은 자료가 되며, 학문의 측면에서는 '좌전', '정의'라는 해석학・주석학의 핵심 연구 방법론을 체득할 수 있다. 이렇듯 역사・정치・학문 영역의 다양한 지식 정보들을 수록한 ≪춘추좌전정의≫는 과거 우리나라 역대 왕조에 걸쳐 정치・문화・역사 등의 방면에서 영향을 미쳤고, 현대에도 시사하는 바가 크다.

다만 이러한 제 방면의 영향과 효과는 기본 텍스트인 ≪춘추좌전정의≫의 충실한 역주가 전제되어야 하는데, 국내에 ≪춘추좌전정의≫를 국역한 사례는 전무하고, ≪춘추좌씨전≫만이 여러 종 출간되었을 뿐이다. ≪춘추좌씨전≫ 국역서는 완역서와 편역서의 형태로 출간되었는데, 편역서는 전편을 번역하지 않은 것은 물론이고 전문 국역서・학술서라기보다 교양서의 성격을 띠는 문제점이 있다. 완역서는 1976년에 처음 출간된(이석호 譯註) 이후로 최근까지 여러 종의 국역서가 출간되었다. 그중에서 가장 자세하고 충실한 국역서이자 주석서는 전통문화연구회에서 십여 년에 걸쳐 꾸준하게 출간한 책이다.(정태현 譯註) 이 책의 장점은 무엇보다도 杜預, 林堯叟, 朱申 등의 주석은 물론이고 중국 歷代 註釋家들과 우리나라 先學들의 註說을 충실하게 반영하였다는 점이다. 그렇지만 ≪춘추좌전정의≫에 수록된 주석 가운데 譯者가 필요한 경우에만 일부 내용을 발췌하고 제시하여 실제 풍부한 주석의 내용들을 충분히 반영하지 못한 한계가 있다. 그러므로 ≪춘추≫의 해설서 가운데 역사적으로, 학문적으로 가장 널리 인정을 받았던 ≪춘추좌씨전≫에 대해서 자세하고 충실한 주석을 수록하고 있는 ≪춘추좌전정의≫를 국역하는 작업은 춘추학의 대표적 연구서를 완성하는 기회가 될 것이다.

또한 ≪춘추좌전정의≫는 古注와 義疏를 비롯한 漢唐 계열의 대표 주석서를 근간으로 형성된 방대한 문헌 자료이고, 宋代 이후 주자학적 세계관을 담고 있는 新注 유학 문헌과 함께 경학 전통의 두 축을 이루고 있는 기록물이다. 그러므로 ≪춘추좌전정의≫의 국역 성과는 송대 이후 유학 문헌과의 비교 연구를 통해 경학의 연구 범위를 확대시키고 그 수준을 높일 수 있게 될 것이다.

끝으로 우리나라 고전 연구와 번역의 수준을 제고할 것이다. 지금까지 동양고전의 번역은 古注와 新注를 비롯한 주요 주석을 고르게 반영하지 못하고 특정 주석에 치우치거나 아예 주석이 번역되지 않은 채 진행되어 왔다. 이 같은 관행은 번역의 질을 크게 떨어뜨렸을 뿐만 아니라 번역물에 크게 의존하는 학술 연구의 수준 또한 저하시켰다. 그러므로 ≪춘추좌전정의≫에 근거한 문헌 번역은 기존의 한계를 넘어 학문적 다양성을 확보함으로써 고전 연구와 번역의 수준을 높여줄 것이다.

참고문헌

◇ 한국서 및 논문

- 이석호 譯註, ≪春秋左傳≫(전3책), 平凡社, 1976.
- 권오돈 譯註, ≪春秋左氏傳≫, 平凡社, 1981.
- 남만성 등 譯註, ≪左氏傳≫(전3책), 修文書館, 1983.
- 남만성 등 譯註, ≪春秋左氏傳≫(전4책), 修文書館, 1986.
- 삼성문화사 편집부, ≪春秋左氏傳≫(전4책), 삼성문화사, 1993.
- 남기현 譯註, ≪춘추좌전≫(전3책), 자유문고, 2003.
- 신동준 譯註, ≪춘추좌전≫(전3책), 한길사, 2006.
- 이백순 譯註, ≪春秋左傳解≫(전5책), 학민문화사, 2008.
- 문선규 譯註, ≪春秋左氏傳≫(전3책), 명문당, 2009.
- 장세후 譯註, ≪춘추좌전≫(전3책), 을유문화사, 2013.
- 정태현 譯註, ≪춘추좌씨전≫(전8책), 전통문화연구회, 2001~2013.
- 임동석 譯註, ≪춘추좌전≫(전6책), 동서문화사, 2015.
- 허호구 外 譯註, ≪춘추좌씨전≫(전3책), 전통문화연구회, 2021.

- 갈강암, 〈≪左傳≫ 生成硏究〉, 영남대학교 박사학위논문, 2014.
- 곽성용, 〈광해군代 春秋논쟁과 李恒福의 ≪魯史零言≫〉, 성균관대학교 석사학위논문, 2018.
- 권정안, 〈春秋의 根本理念과 批判精神에 관한 硏究〉, 성균관대학교 박사학위논문, 1990.
- 복대형, 〈≪左傳≫의 政治思想 硏究〉, 공주대학교 박사학위논문, 2015.
- 이미경, 〈춘추 좌전 동의어 연구〉, 성균관대학교 석사학위논문, 2009.
- 임정남, 〈春秋左傳과 國語의 周易 應用에 관한 연구 : 春秋左傳과 國語의 筮例를 중심으로〉, 원광대학교 박사학위논문, 2019.
- 한아름, 〈春秋左傳의 인문화 과정 연구〉, 성균관대학교 석사학위논문, 2013.
- 권정안, 〈≪春秋左氏傳≫의 理解〉, ≪譯註 春秋左氏傳 1≫, 전통문화연구회, 2002.
- 김동민, 〈조선조 간행본 ≪春秋≫ 註解書의 특징〉, ≪한국문화≫73, 규장각한국학연구소, 2016.
- 김석우, 〈西晉 시기 杜預의 春秋學과 史書에 기초한 經典 해석의 實例〉, ≪중국학보≫74, 한국중국학회, 2015.

- 김석우, 〈賈・服注와 비교를 통해 본 杜預 ≪左傳≫ 주석의 특징〉, ≪중국고중세사연구≫43, 중국고중세사학회, 2017.
- 김선민, 〈西晉 杜預의 服喪論과 ≪左傳注≫ 의혹〉, ≪중국고중세사연구≫32, 중국고중세사학회, 2014.
- 박성진, 〈古文의 敍事기법에 대한 전통 시기 文人의 분류 고찰 : ≪左傳≫을 중심으로〉, ≪중국문학연구≫46, 한국중문학회, 2012.
- 박성진, 〈杜預의 春秋經傳集解에 나타난 春秋筆法과 褒貶의 원칙 분석 : 左傳의 凡例・變禮를 중심으로〉, ≪순천향 인문과학논총≫29, 순천향대학교 인문과학연구소, 2011.
- 박인호, 〈한주 이진상의 춘추학 : ≪춘추집전≫과 ≪춘추익전≫을 중심으로〉, ≪한국학논집≫60, 계명대학교 한국학연구원, 2015.
- 심경호, 〈십삼경주소 번역의 필요성과 방법 : 전통문화연구회의 사례 검토〉, ≪고전번역연구≫9, 한국고전번역학회, 2018.
- 안예선, 〈≪史記≫의 春秋 시기 敍事 고찰 : ≪左傳≫과의 비교를 중심으로〉, ≪중국학논총≫46, 고려대학교 중국학연구소, 2014.
- 이은호, 〈≪左傳≫ 杜預注를 통해본 秦漢 이후의 東夷인식 : 西周시기 銘文의 東夷諸國 考釋을 중심으로〉, ≪유교문화연구≫ 20, 성균관대학교 유교문화연구소, 2012.
- 윤대식, 〈≪春秋左氏傳≫에 내재한 도덕과 전쟁의 정합성〉, ≪정치사상연구≫19, 한국정치사상학회, 2013.
- 조원일, 〈≪春秋左傳≫과 ≪國語≫의 天人關係 연구〉, ≪동양문화연구≫7, 영산대학교 동양문화연구원, 2011

◇ 중국서 및 논문

- 顧寶田, ≪左氏春秋譯註≫, 吉林文化史出版社, 1995.
- 杜預, ≪春秋經傳集解≫, 上海古籍出版社, 1986.
- 杜預, ≪春秋釋例≫, 中華書局, 1985.
- 安井衡, ≪左傳輯釋≫, 臺灣廣文書局, 1987.
- 楊伯峻, ≪春秋左傳注≫, 中華書局, 1981.
- 楊伯峻, ≪春秋左氏詞典≫, 中華書局, 1990.
- 吳靜安, ≪春秋左氏傳舊注疏證續≫, 東北師範大學出版社, 2005.

• 阮元 校刻, ≪春秋左傳正義≫, 中華書局, 2009.
• 王雲五, ≪春秋左傳今註今譯≫, 臺灣商務印書館, 2002.
• 王維堤・唐書文, ≪春秋譯註≫, 上海古籍出版社, 1997.
• 張文學, ≪春秋左傳全釋≫, 中州古籍出版社, 1993.
• 程元敏, ≪春秋左氏經傳集解序疏證≫, 臺灣學生書局, 1999.
• 朱宏達, ≪左傳直解≫, 浙江文藝出版社, 2000.
• ≪十三經注疏 整理本 春秋左傳正義≫, 北京大學出版社, 2000.
• ≪十三經注疏 整理本 春秋公羊傳注疏≫, 北京大學出版社, 2000.
• ≪十三經注疏 整理本 春秋穀梁傳注疏≫, 北京大學出版社, 2000.
• ≪通志堂經解≫春秋部, 納蘭成德, 江蘇廣陵古籍刻印出版社, 1996.
• ≪皇淸經解≫春秋部, 學海堂, 復興書局, 1961.

• 康有爲, ≪春秋董氏學≫, 中華書局, 1990.
• 顧棟高, ≪春秋大事表≫, 中華書局, 1983.
• 戴君仁 等, ≪春秋三傳研究論文集≫, 啓明文化事業公司, 1982.
• 童書業, ≪春秋左傳研究≫, 上海人民出版社, 2006.
• 傅隸僕, ≪春秋三傳比義≫, 臺灣商務印書館, 1983.
• 劉正浩, ≪周秦諸子述左傳考≫, 臺灣商務印書館, 1961.

◇ 일본서 및 논문

• 鎌田正, ≪春秋左氏傳≫, 明德出版社, 1968.
• 鎌田正, ≪春秋左氏傳≫, 明治書院, 1981.
• 岩本憲司, ≪春秋左氏傳杜預集解≫(전2책), 汲古書院, 2001.
• 野間文史, ≪春秋左傳正義譯注≫(전6책), 明德出版社, 2017.

• 加藤公達, ≪春秋左氏傳國字辨≫, 早稻田大學出版部, 1911.
• 島田鈞一, ≪春秋左氏傳新講≫, 有精堂出版部, 1937.
• 小倉芳彦 著, ≪春秋左氏伝研究≫, 論創社, 2003.
• 平勢隆郎, ≪左傳の史料批判的研≫, 汲古書院, 1998.

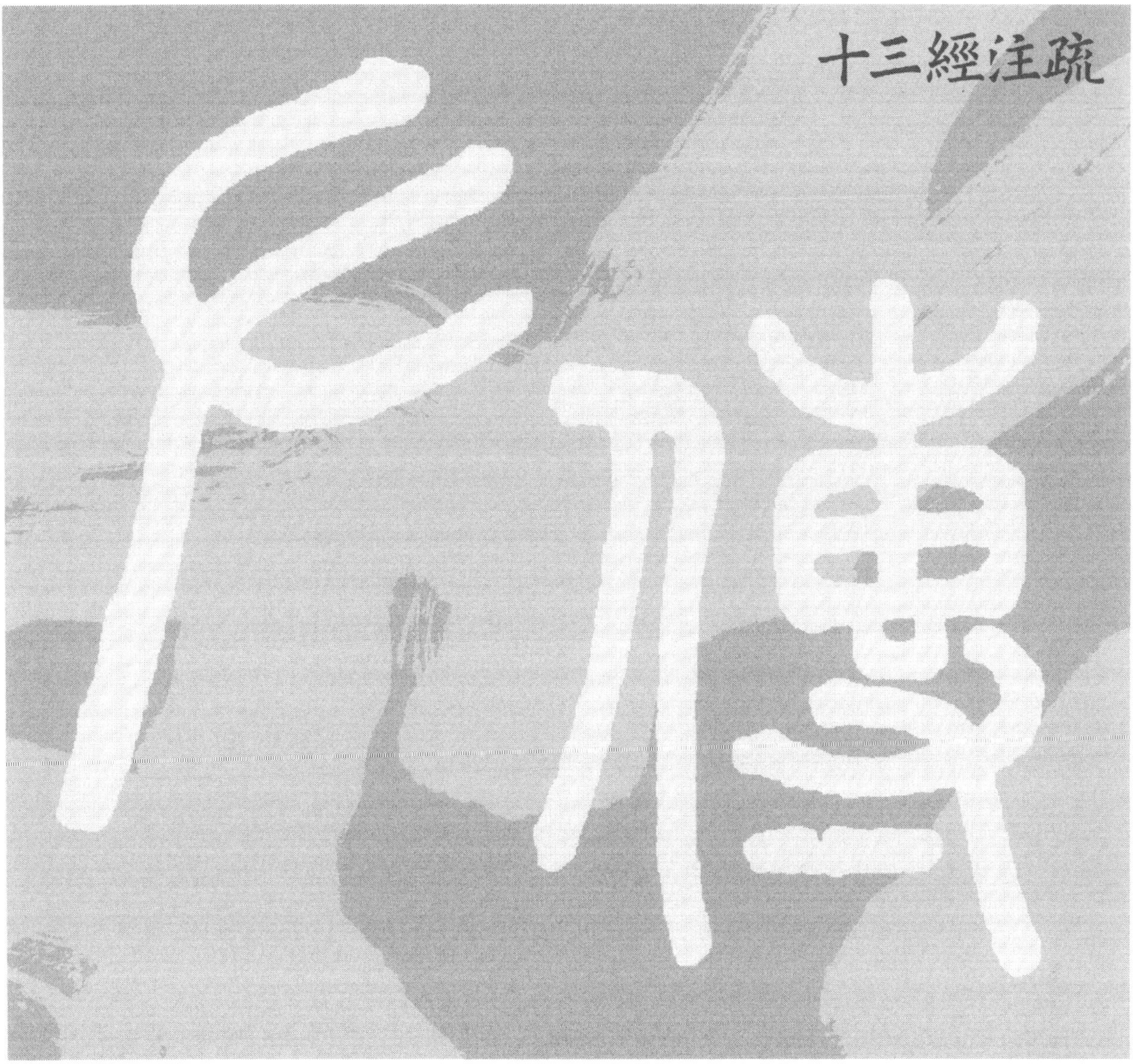

譯註 春秋左傳正義 1

춘추좌전정의

欽定四庫全書總目 春秋左傳正義六十卷[1)]

周左丘明傳하고 晉杜預注하며 唐孔穎達疏라 自劉向劉歆桓譚班固로 皆以春秋傳出左丘明하니 左丘明受經于孔子라하야 魏晉以來儒者 更無異議하니라 至唐趙匡[2)]하야 始謂左氏非丘明이니 蓋欲攻傳之不合經하야 必先攻作傳之人이非受經于孔子니라 與王柏[3)]欲攻毛詩에 先攻毛詩不傳于子夏로 其智一也라 宋元諸儒 相繼並起하니 王安石[4)]有春秋解一卷하야 證左氏非丘明者十一事하며 陳振孫[5)]書錄解題謂出依託이나 今未見其書일새 不知十一事者 何據로라

1) 欽定四庫全書總目 春秋左傳正義六十卷 : ≪四庫全書總目提要≫는 淸나라 乾隆 연간에 紀昀(1724~1805) 등이 편찬한 것으로, 본래 十三經注疏에 수록되어 있지 않다. 다만 각 서목마다 해제를 작성한 필자를 밝혀놓지 않았으므로, 〈春秋左傳正義六十卷〉에 대한 필자도 분명하지 않다.

2) 趙匡 : 조광은 唐나라 河東(지금의 山東省 永濟) 사람이다. 자는 伯循이며, 洋河刺史를 역임하였다. 儒學의 대가인 啖助의 門人으로 ≪春秋≫를 연구하여 정통하였다. 스승에게 받은 옛 訓詁에 얽매이지 않고 자기의 뜻으로 經을 해석하는 학풍을 지녔다. 同門인 陸質과 함께 스승 담조가 지은 ≪春秋集注總例≫를 증보하여 ≪春秋集注纂例≫를 편찬하였고, ≪春秋闡微纂類義疏≫를 지어 微言을 발휘하였으나 逸失되었다.

3) 王柏 : 宋나라 婺州 金華 사람이다. 자는 會之·伯會, 호는 長嘯·魯齋, 시호는 文憲이다. 南宋의 性理學者이며 藏書家·書畫家이다. 何基에게 수학하였고, 經傳에 정통하여 많은 제자를 배출하였다. 저서로 ≪讀易記≫·≪詩疑≫·≪書疑≫·≪魯齋集≫·≪太極衍義≫·≪讀書記≫·≪詩辨說≫·≪天文考≫·≪地理考≫ 등이 있다.

4) 王安石 : 宋나라 撫州 臨川 사람이다. 자는 介甫, 호는 半山, 시호는 文이며 慶曆 연간의 進士를 지냈다. 神宗 때 青苗·均稅 등의 新法을 실시하여 개혁 정책을 추진하였으나 舊法黨의 반대에 부딪쳐 실패하였다. 經傳 해석에서 先學의 학설을 따르지 않았고, 역사 변화의 설을 강조하여 보수주의에 반대하였다. 唐宋八大家의 한 사람에 선정되었으며 文風이 웅거하다는 평가를 들었다. 저서로 ≪周官新議≫·≪詩義鉤沈≫·≪老子注≫·≪字說≫·≪臨川集≫ 등이 있다.

5) 陳振孫 : 宋나라 湖州 安吉 사람이다. 처음 이름은 瑗인데 宋 理宗의 이름을 諱하여 振孫으로 고쳤다. 자는 伯玉, 호는 直齋이며, 여러 벼슬을 거쳐 侍郎·寶章閣待制 등

을 역임하였다. 당시 동남 지역의 최고 藏書家로 장서가 5만 1천여 권에 달하였다고 한다. 저서로 ≪直齋書錄解題≫ 56권이 있다.

周나라 左丘明이 傳을 짓고, 晉나라 杜預가 注를 달았으며, 唐나라 孔穎達이 疏를 撰述하였다. 劉向, 劉歆, 桓譚, 班固로부터 모든 사람들이 ≪春秋左氏傳≫은 左丘明에게서 나왔으니 좌구명은 孔子에게 經을 전수받았다고 생각하여, 魏晉 이후의 학자들은 이에 더욱더 이의가 없었다.

左丘明

당나라 趙匡에 이르러서야 처음으로 左氏가 左丘明이 아니라고 하였으니, 이는 傳이 經과 부합되지 않는 점을 공격하려고 할 때 반드시 傳을 지은 사람이 공자에게서 經을 전수 받은 것이 아니라는 점을 먼저 공격한 것이다. 이것은 王柏이 ≪毛詩≫를 공격하려고 할 때 ≪모시≫가 子夏에게 전수된 것이 아니라는 점을 먼저 공격한 것과 그 지혜가 한가지이다.

杜預

〈좌구명의 저작이 아니라는 주장을〉 宋元의 여러 학자들이 서로 이어가면서 함께 일으켰는데, 王安石은 ≪春秋解≫ 1권을 지어서 좌씨가 좌구명이 아니라는 점 11가지 일을 증명하였고, 陳振孫의 ≪直齋書錄解題≫에서는 〈좌구명이라는 이름에〉 가탁하여 나온 것이라고 했으나, 지금은 왕안석의 책을 볼 수 없기에 11가지 일이 무엇에 의거한 것인지 알 수 없다.

其餘辨論으론 **惟朱子謂虞不臘矣**[1)]는 **爲秦人之語**라하고 **葉**(섭)**夢得**[2)]**謂記事終于智伯**하니 **當爲六國時人**이라하니 **似爲近理**라 **然考史記秦本紀**하면 **稱惠文君**[3)]**十二年**에 **始臘**이라하야늘 **張守節正義**에 **稱秦惠文王始效中國爲之**라하니 **明古有**

臘祭어늘 **秦至是始用**이요 **非至是始創**이니라

1) 虞不臘矣 : 魯 僖公 5년에 晉나라가 虢나라를 침공하기 위해 虞나라에 길을 빌려달라고 하였는데, 虞公이 이를 허락하려고 하자 宮之奇가 불가함을 諫하였으나 우공이 따르지 않았다. 궁지기가 우나라를 떠나면서 "우나라는 연말에 지내는 臘祭를 지내지 못하고 그 전에 멸망할 것이다.〔虞不臘矣〕"라고 하였다. 결국 그해 12월 초에 괵나라를 멸망시킨 晉나라 군대가 귀국하다가 우나라를 습격하여 멸망시키고 우공을 잡아 돌아갔다.

2) 葉(섭)夢得 : 宋나라 蘇州 吳縣 사람이다. 자는 少蘊, 호는 石林이며 南宋 초기의 대표적인 詞의 작가이다. 紹聖 연간의 進士로, 翰林學士를 거쳐 戶部尙書・江東安撫大使 등을 역임하였다. 朋黨의 폐해를 極論하였고, 지방관으로 나가서는 선정을 베풀었다. 또 金나라의 침공을 방어하기 위한 軍備 대책에 노력하였다. 晩年에 湖州의 石林에 은거하여 호를 石林居士라 하고 저술한 詩文을 대부분 석림으로 이름을 삼았다. 저서로 ≪石燕語≫・≪石林詞≫・≪石林詩話≫・≪石林詞≫・≪建康集≫・≪避暑錄話≫ 등이 있다.

3) 惠文君 : 전국시대 秦나라 26대 君主이다. 孝公의 아들로 이름은 駟, 시호는 惠文이다. 蜀을 멸하여 취하고 魏나라의 上郡 15縣을 獻納받았으며, 漢中 600여 리를 차지하는 등 업적을 이루고 진나라에서 처음으로 王을 칭하여 惠文王으로 일컬어진다.

그 나머지 변론으로는, 朱子가 "'虞나라는 臘祭를 지내지 못할 것이다.'라는 말은 秦나라 사람들이 한 말이다."라고 하였고, 葉夢得은 "〈≪春秋左氏傳≫의〉 記事가 智伯에서 끝났으니, 〈좌구명은〉 당연히 六國時代의 사람이다."라고 하였으니, 이치에 맞는 듯하다.

그러나 ≪史記≫ 〈秦本紀〉를 고찰하면 "惠文君 12년에 처음으로 납제를 지냈다."라고 하였는데, 張守節의 ≪史記正義≫에 "秦나라 惠文王이 처음으로 中國(中原)의 문화를 본받아서 납제를 지냈다."라고 하였으니, 이는 옛날부터 납제가 있었는데 진나라는 이때에 와서야 비로소 사용한 것이고, 이때에 와서 창제한 것이 아님을 밝힌 것이다.

閻若璩[1]**古文尙書疏證**에 **亦駁此說**하야 **曰 史稱秦文公始有史以記事**하고 **秦宣公初志閏月**이라하니 **豈亦中國所無**를 **待秦獨創哉**리오하니 **則臘爲秦禮之說**은 **未可據也**니라 **左傳載預斷禍福**하야 **無不徵驗**하니 **蓋不免從後傅合之**니라 **惟(哀公)〔定公〕九年**에 **稱趙氏其世有亂**[2]호되 **後竟不然**하니 **是未見後事之證**

也라 經止獲麟이어늘 而弟子續至孔子卒[3)]하고 傳載智伯之亡[4)]하니 殆亦後人所續이니라 史記司馬相如傳中에 有揚雄之語[5)]나 不能執是一事하야 指司馬遷爲後漢人也니 則載及智伯之說은 不足疑也니라 今仍定爲左丘明作하야 以袪衆惑하노라

1) 閻若璩 : 淸나라 山西省 太原 사람이다. 자는 百詩, 호는 潛邱이며, 明末의 學問家에서 태어나 평생 讀書를 강조하며 空談을 반대하고 考證에 精密하였다. ≪尙書古文疏證≫ 8권을 지어 梅賾이 바친 ≪古文尙書≫가 僞書임을 증명하여 儒學 經傳에 대한 실증적 연구의 선구가 되었다. 또 ≪四書釋地≫를 지어 옛 사람이 잘못 해석한 지명을 校正하였다. 저서로 ≪潛邱箚記≫·≪日知錄補正≫·≪孟子生卒年月考≫·≪毛朱詩說≫·≪博湖掌錄≫·≪眷西堂詩集≫ 등이 있다.

2) (哀公)〔定公〕九年 稱趙氏其世有亂 : 저본에는 '哀公'으로 되어 있으나, 十三經注疏本 ≪春秋左傳正義≫에 의거하여 '定公'으로 바로잡았다. 이 말은 孔子의 말씀이다.

3) 經止獲麟 而弟子續至孔子卒 : ≪春秋≫의 經文은 魯 哀公 14년 "春 西狩獲麟(봄에 서쪽의 大野에서 사냥하다가 기린을 잡았다)"에서 끝마쳤는데, 그 2년 뒤 애공 16년 "夏四月己丑 孔丘卒(여름 4월 기축일에 공구 졸하다)"까지 경문이 이어진 것을 이른다.

4) 傳載智伯之亡 : 智伯은 春秋末期 晉나라의 執政大臣이다. 姓은 姬, 氏는 智, 이름은 瑤이니, 곧 智瑤이다. 지씨는 荀氏에서 나왔기 때문에 荀瑤라고도 하며, 또는 智伯·智伯瑤로도 부른다. 시호는 襄이기 때문에 역사에서 智襄子라고 칭한다. ≪春秋≫의 經文은 魯 哀公 14년에서 끝났는데 後人에 의해 애공 16년까지 이어졌고, 이후 경문은 없이 傳文만 애공 27년의 지백이 멸망하는 일까지 기록하였으니, 이때는 춘추시대를 지나 전국시대에 해당하는 시기이다.

5) 史記司馬相如傳中 有揚雄之語 : ≪史記≫ 〈司馬相如列傳〉의 司馬遷 史評에서 인용한 말인데 그 내용은 다음과 같다. "太史公曰 揚雄以爲靡麗之賦 勸百諷一(태사공이 논하였다. '揚雄은 「아름다운 賦는 경계하는 말은 많으나 결과는 적다.」고 하였다.')" 사마천은 漢初의 사람이고 양웅은 西漢 말의 사람인데 사마천이 양웅의 말을 인용하였으니, 이는 바로 後人이 附會한 것임을 입증한 것이다.

閻若璩는 ≪古文尙書疏證≫에서 또 〈≪春秋左氏傳≫을 左丘明이 지었다는〉 이 說을 반박하여 다음과 같이 말하기를 "史書에서 秦 文公이 처음으로 史官을 두어 政事를 기록하였고, 秦 宣公 때 처음으로 윤달을 기록했다고 말했으니, 어찌 중국에도 없는 일을 진나라만 반드시 독자적으로 처음 만들었겠는가?"라고 하였으니, 납제가 진나라에서 만든 예법이라는 설은 의거할 수가 없다.

≪춘추좌씨전≫에는 禍福을 豫斷하는 내용을 기재하여 후일 實證되지 않은 결과가 없으니, 이는 뒤에 억지로 끌어다 맞춘 것에서 벗어나지 못한다. 오직 定公 9년에 "趙氏 집안은 대대로 亂이 있을 것이다."라고 예단했는데, 이후에 결국 그런 일이 일어나지 않았다. 이는 후일의 일을 보지 못하여 〈예단한 일이 맞지 않게 된〉 증거이다.

經은 기린을 잡은〔獲麟〕 사건에서 끝나는데 제자들이 공자가 卒한 일에까지 이어놓았고 ≪춘추좌씨전≫은 智伯이 멸망한 일을 기재하였으니, 이 역시 아마 후대 사람이 뒤를 이어 기록하였을 것이다. ≪史記≫ 〈司馬相如列傳〉에 揚雄의 말이 있지만, 이 한 가지 사실을 가지고서 司馬遷이 後漢 때의 사람이라고 지적할 수는 없으니, 〈≪춘추좌씨전≫에〉 지백에 관한 이야기를 실어서 언급하고 있는 것에 대해서 의심할 필요가 없다. 지금 그대로 좌구명의 작품으로 확정하여 여러 가지 의혹을 제거하였다.

至其作傳之由하얀 **則劉知幾**[1)]**躬爲國史之言**이 **最爲確論**이라 **疏稱大事書于策者**는 **經之所書**요 **小事書于簡者**는 **傳之所載**라하니 **觀晉史之書趙盾**(돈)[2)]과 **齊史之書崔杼及甯殖**[3)]컨대 **所謂載在諸侯之籍者**는 **其文體皆與經合**이니라 **墨子稱周春秋載杜伯**[4)]하고 **燕春秋載莊子儀**[5)]하고 **宋春秋載祏**(후)**觀辜**[6)]하고 **齊春秋載王里國中里〔徼〕**[7)]하니 **覈其文體 皆與傳合**이라 **經傳同因國史而修**는 **斯爲顯證**이니 **知說經去傳**이면 **爲舍近而求諸遠矣**니라

1) 劉知幾 : 唐나라 徐州 彭城 사람이다. 자는 子玄, 시호는 文이다. 저명한 史學家로 30년간 역사 편수를 담당하면서 역사가는 秉筆直書를 해야 하고, 才와 學과 識의 三長을 반드시 갖추어 한다고 주장하였다. 進士에 급제하여 著作郎·左散騎常侍·工部尙書 등을 역임하였다. 대표 저서로 ≪史通≫이 있고, 그 밖에 ≪氏族志≫·≪姓族系錄≫·≪中宗實錄≫ 등이 있다.

2) 趙盾(돈) : 춘추시대 晉나라 正卿인 趙宣子로, 시호가 宣이기 때문에 당시에 尊稱으로 趙孟 또는 宣孟이라 불렸다. 趙衰(조최)의 아들로 걸출한 政治家이며 軍事指揮이다. 文公 이후 최초의 權臣이 되어 軍政大權을 장악하고 執政大臣이 되어 법으로 다스렸다. 襄公이 죽은 뒤 秦나라에서 公子 雍을 맞이하여 靈公으로 즉위시켰으나, 영공이 자신을 죽이려고 하자 달아났다. 從弟 穿이 영공을 시해하자 돌아와서 영공의 아우

黑臀을 成公으로 세웠다.

3) 崔杼及甯殖 : 崔杼는 춘추시대 齊나라의 大夫이다. 崔子・崔武子로도 일컬어지며 惠公 때 執政이 되었다. 혜공이 죽은 뒤 衛나라로 달아났다가 뒤에 돌아와서 靈公이 위독하자 莊公을 옹립하였으나, 장공을 시해하고 장공의 아우 景公을 세운 뒤 右相이 되었다. 뒤에 慶封에게 공격 당하여 목매어 죽었다.
甯殖은 춘추시대 衛나라 대부이다. 시호가 惠이므로 甯惠子라고도 한다. 定公 때 대부가 되어 정공의 명을 받아 孔成子와 함께 獻公을 세웠으나, 헌공이 無禮를 자행하자 孫林父(보)와 함께 헌공을 추방하고 殤公을 옹립하였다.

4) 杜伯 : 周 宣王 때의 대부이다. 아무 죄없이 선왕에게 살해되었는데, 선왕이 후일 圃에서 사냥하다가 두백이 활로 자신을 쏘는 환영을 보고 활집에 엎어져 죽었다. 그 후손이 晉나라에서 范氏가 되었다.

5) 莊子儀 : 춘추시대 燕 簡公의 신하이다. 아무 죄도 없이 살해당하자, 죽으면서 "죽은 자가 지각이 없으면 그만이지만, 지각이 있다면 3년이 안 되어 임금에게 나를 만나게 할 것이다."라고 하였다. 그 이듬해 간공이 祖澤에서 제사 지낼 때 장자의가 길옆에서 붉은 몽둥이로 간공을 공격하여 간공이 수레 위에서 죽었다.

6) 祐(후)觀辜 : 춘추시대 宋 文公의 신하이다. 厲神(西方神인 金天氏)의 제사를 주관하다가 圭璧이 禮制에 맞지 않고, 祭酒와 粢盛이 정결하지 않으며, 四時 제사의 날짜를 어겼다 하여 祝史에게 맞아 죽었다.

7) 王里國中里〔徼〕 : 저본에는 '徼'가 없으나 ≪墨子≫ 〈明鬼〉와 ≪經義考≫ 〈春秋 百國春秋〉에 의거하여 보충하였다. 두 사람 모두 춘추시대 齊 莊公 때 신하이다. 두 사람이 조정에서 訟事를 벌여 3년 동안 판결을 하지 못하였는데, 神羊에게 판결을 맡기자 신양이 中里徼를 뿔로 들이받아 중리요가 패소하였다.

〈左丘明이〉 傳을 지은 이유에 대해서는 劉知幾가 "〈左氏가〉 스스로 나라의 史官이 되어 〈傳을 지었다.〉"라고 한 말이 가장 정확한 의론이다. 疏에서 "策(여러 竹簡을 연결해 엮은 것)에 쓴 큰일은 經을 기록한 것이고, 簡(竹으로 만든 牒)에 쓴 작은 일은 傳을 기재한 것이다."라고 하였다. 晉나라 역사에서 趙盾을 기록한 것과 齊나라 역사에서 崔杼 및 寗殖을 기록한 것을 살펴보건대 이른바 제후의 史籍에 기재되어 있는 내용은 그 문체가 모두 經과 부합한다.

≪墨子≫에서는 周나라 ≪春秋≫에 杜伯에 관한 내용이 실려 있고, 燕나라 ≪춘추≫에는 莊子儀에 관한 내용이 실려 있으며, 宋나라 ≪춘추≫에는 祐觀辜에 관한 내용이 실려 있고, 齊나라 ≪춘추≫에는 王里國과 中里徼에 관한 내용이 실려 있

다고 하였는데, 그 문체를 살펴보면 모두 傳과 부합한다. 經과 傳이 모두 國史에 근거해서 編修되었음은 이것이 분명한 증거가 되니, 經을 설명하면서 傳을 제거하는 것이 가까이 있는 것은 내버려두고 멀리서 구하는 것이라는 점을 알 수 있다.

漢志載春秋古經十二篇과 **經十一卷**하고 **注曰公羊穀梁二氏**라하니 **則左氏經文**은 **不著于錄**이니라 **然杜預集解序**에 **稱分經之年與傳之年相附**하고 **比其義類**하야 **各隨而解之**라하니라 **陸德明經典釋文**에 **曰 舊夫子之經**과 **與丘明之傳各異**러니 **杜氏合而釋之**하니 **則左傳又自有經**이라하니라 **考漢志之文**컨대 **旣曰古經十二篇矣**인댄 **不應復**(부)**云經十一卷**이라 **觀公穀二傳**컨대 **皆十一卷**으로 **與經十一卷相配**하니 **知十一卷**은 **爲二傳之經**이라 **故有是注**하니라

≪漢書≫ 〈藝文志〉에는 “春秋古經 12편과 經 11권”이라 기재하고, 注에 “≪公羊傳≫과 ≪穀梁傳≫ 二家이다.”라고 하였으니, 그렇다면 ≪左氏傳≫의 經文은 기록에서 드러나지 않는다. 그러나 杜預의 ≪春秋經傳集解≫ 序文에 “經의 연대와 傳의 연대를 분리하여 같은 연도끼리 서로 붙이고, 經의 뜻과 傳의 뜻을 종류끼리 모아서 각각 그 일에 따라 해석하였다.”라고 하였다. 陸德明의 ≪經典釋文≫에 “예전에 孔子의 經과 左丘明의 傳이 각기 따로 있었는데, 두예가 경과 전을 합하여 해석하니, 그래서 ≪춘추좌씨전≫도 스스로 經이 있게 되었다.”라고 하였다.

公羊高

穀梁赤

≪한서≫ 〈예문지〉의 내용을 고찰하건대 이미 ‘春秋古經 12편’이라고 말했으면, 다시 ‘經 11권’이라고 말하는 것은 온당치 않다. ≪공

양전≫과 ≪곡량전≫ 두 傳을 살펴보건대 모두 11권으로 '經의 11권'과 서로 일치하니, 11권이 ≪공양전≫과 ≪곡량전≫ 두 傳의 經이라는 것을 알 수 있다. 그러므로 이 주석이 있게 된 것이다.

徐彦公羊傳疏曰 左氏先著竹帛이라 **故漢儒謂之古學**이라하니 **則所謂古經十二篇**은 **卽左傳之經**이라 **故謂之古**라 **刻漢書者誤連二條爲一耳**라하니라 **今以左傳經文與二傳校勘**하니 **皆左氏義長**일새 **知手錄之本確于口授之經也**로라

徐彦의 ≪春秋公羊傳≫ 疏에 "≪春秋左氏傳≫이 먼저 竹帛에 기록되었기 때문에 漢나라 유학자들이 그것을 '古學'이라고 했으니, 이른바 '春秋古經 12편'은 바로 ≪춘추좌씨전≫의 經이다. 그러므로 이를 '古'라고 말한 것이다. 그런데 ≪漢書≫를 판각하는 자가 두 조목을 하나로 잘못 연결했을 뿐이다."라고 하였다.

지금 ≪춘추좌씨전≫의 經文과 ≪춘추공양전≫·≪春秋穀梁傳≫ 두 傳을 교감해 보니 ≪춘추좌씨전≫의 意義가 더 뛰어나기 때문에 손으로 기록된 책이 입으로 전수된 책보다 명확하다는 것을 알 수 있다.

言左傳者에 **孔奇孔嘉**[1]**之說**은 **久佚不傳**하고 **賈逵**[2]**服虔**[3]**之說**도 **亦僅偶見**(현) **他書**하니 **今世所傳**은 **惟杜注孔疏爲最古**니라 **杜注**는 **多强經以就傳**하고 **孔疏**도 **亦多左杜而右劉**하니[4] **是皆篤信專門之過**라 **不能不謂之一失**이니라

1) 孔奇孔嘉 : 두 사람 모두 後漢 사람으로, 孔奇는 孔奮의 아우이고, 孔嘉는 공분의 아들이다. 공기는 經傳에 정통하였고, ≪春秋左氏刪≫을 지었으나 전하지 않는다. 공가는 城門校尉를 지냈고, ≪左氏說≫을 지었으나 전하지 않는다.

2) 賈逵 : 後漢 扶風 平陵 사람으로 經學家이다. 家學을 전수하여 약관의 나이에 ≪左氏傳≫과 五經에 통하였다. 今文經學家 李育과의 논쟁을 통하여 古文經學의 지위를 끌어올렸다는 평가를 받았다. 한편 天文에도 밝아 編訢·李梵·李崇 등과 함께 四分曆을 수정하였다. 저서로 ≪春秋左氏傳解詁≫·≪國語解詁≫가 있다.

3) 服虔 : 後漢 滎陽 東北 사람으로 經學家이다. 처음 이름은 重이고 일명은 祇인데, 뒤에 虔으로 고쳤다. 일찍 太學에 들어가 수업하였고, 孝廉에 뽑혀 尙書侍郞·九江太守 등을 지냈다. 문장을 잘 짓고 ≪春秋≫에 능통하였다. 저서로 ≪春秋左氏解誼≫·≪春秋左氏音≫·≪通俗文≫·≪漢書音訓≫ 등이 있다.

4) 〔原注〕 案 劉炫*)作規過하여 以攻杜解어늘 凡所駁正을 孔疏皆以爲非라

살펴보건대 劉炫이 〈잘못된 해석을 바로잡는다는〉 '規過'를 지어 杜預의 해석을 공격했는데, 유현이 반박하여 바로잡은 것들을 孔穎達의 疏에서 "모두 잘못이다."라고 하였다.

*) 劉炫 : 隋나라 河間景城 사람으로 經學에 조예가 깊었다. 자는 光伯, 私諡는 宣德先生이다. 칙명으로 國史 編纂에 참여하였고, 뒤에 諸儒들과 五禮를 수정하여 旅騎尉에 제수되었다가 太學博士에 임명되었다. ≪連山易≫과 ≪魯史記≫ 등을 위조하여 제명되었고, 杜預의 ≪春秋左傳集解≫가 잘못 해석한 곳 150여 조를 지적하여 바로잡는 의론을 제시하여 後世에 큰 영향을 끼쳤다. 저서로 ≪論語述議≫ · ≪春秋攻昧≫ · ≪五經正名≫ · ≪孝經述議≫ · ≪春秋述議≫ · ≪尙書述議≫ · ≪毛詩述議≫ · ≪詩序注≫ 등이 있다.

≪춘추좌씨전≫을 말한 자 중에 孔奇와 孔嘉의 說은 오래전에 逸失되어 전하지 않고, 賈逵와 服虔의 설도 겨우 다른 책 속에서 우연히 보일 뿐이다. 지금 세상에 전하는 것은 오직 杜預의 注와 孔穎達의 疏가 가장 오래되었다.

두예의 注는 대부분 억지로 經을 가지고 ≪左氏傳≫에 나아가 해석하였고, 공영달의 疏도 대부분 두예의 주를 폄하하고 劉炫의 주장을 두둔하였다. 이는 모두 전문적인 영역만을 독실하게 믿은 잘못이니, 동일한 실수라고 말하지 않을 수 없다.

然有注疏而後에 **左氏之義明**하고 **左氏之義明而後**에 **二百四十二年內**의 **善惡之跡**이 **一一有徵**하니라 **後儒妄作聰明**하야 **以私臆談褒貶者**도 **猶得據傳文以知其謬**하니 **則漢晉以來**로 **藉左氏以知經義**하고 **宋元以後**로 **更**(갱)**藉左氏以杜臆說矣**라 **傳與注疏**는 **均謂有大功于春秋可也**니라

그러나 注疏가 있은 뒤에 ≪春秋左氏傳≫의 의미가 분명해졌고, ≪춘추좌씨전≫의 의미가 분명해진 뒤에 춘추시대 242년간의 善惡의 자취가 낱낱이 증명되었다. 後儒 중에 함부로 자신의 총명을 발동하여 사사로운 의견으로 褒貶을 말한 자도 오히려 ≪춘추좌씨전≫의 내용에 의거하여 자신의 잘못을 알게 되었다. 그래서 漢晉 이래로 ≪춘추좌씨전≫에 의지하여 經의 뜻을 알았고, 宋元 이후로 다시 ≪춘추좌씨전≫에 의지하여 억지로 우겨대는 말을 막았다. 그러니 ≪춘추좌씨전≫과 注疏는 똑같이 ≪春秋≫에 큰 공적이 있다고 말할 수 있을 것이다.

春秋正義序

國子祭酒 上護軍 曲阜縣開國子 臣 孔穎達 奉勅撰

夫春秋者는 紀人君動作之務니 是左史[1]所職之書라 王者는 統三才[2]而宅九有하고 順四時而治萬物하나니 四時序則玉燭[3]調於上하고 三才協則寶命[4]昌於下라 故可以享國永年하고 令聞長世니 然則有爲之務를 可不愼與아 國之大事는 在祀與戎하니 祀則必盡其敬하고 戎則不加無罪하며 盟會協於禮하고 興動順其節이니 失則貶其惡하고 得則褒其善하니 此春秋之大旨요 爲皇王之明鑑也니라

1) 左史 : 周나라 때 둔 史官이 하나이다. 좌사와 右史가 있었는데 좌사는 임금의 활동한 일을 기록하고 우사는 임금이 말한 내용을 기록하였다.

2) 三才 : 天·地·人을 말한다. ≪周易≫ 〈說卦傳〉에 “이 때문에 하늘의 도를 세웠으니 陰과 陽이라 하고, 땅의 도를 세웠으니 柔와 剛이라 하고, 사람의 도를 세웠으니 仁과 義라고 한다.〔是以立天之道曰陰與陽 立地之道曰柔與剛 立人之道曰仁與義〕”라고 하였다.

3) 玉燭 : 화창한 기운이 온화하고 윤택하여 밝게 비친다는 뜻으로, 四時의 기운이 화창함을 이르는 말이다. 태평성세를 형용하는 말로 쓴다.

4) 寶命 : 天命을 아름답게 이르는 말이다.

≪春秋≫는 임금의 활동한 일을 기록한 것이니, 이는 左史가 맡아 쓴 책이다. 王은 三才를 통할하고 九有(九州)를 집으로 삼아 四時의 기운을 순응하여 만물을 다스리니, 사시가 차례대로 운행하면 玉燭이 위에서 조화롭고 삼재가 화협하면 寶命이 아래에서 창성한다. 그러므로 기나긴 세월 동안 나라를 향유하고, 장구한 세대에 훌륭한 명성이 전할 수 있으니, 그렇다면 대단

孔穎達

한 일〔有爲〕을 신중히 하지 않을 수 있겠는가.

나라의 큰일은 제사와 전쟁에 있으니, 제사는 반드시 공경하는 마음을 다하고 전쟁은 죄 없는 자에게는 행하지 않으며, 會盟에는 禮節에 맞게 하고 군사 출동은 절도에 따라야 하니, 잘못하면 나쁜 일을 들어 폄하하고 잘하면 좋은 일을 들어 표창하였다. 이것이 ≪춘추≫의 중요한 뜻이고 帝王의 밝은 거울이다.

若夫五始之目[1]은 **章於帝軒**하고 **六經之道**는 **光於禮記**하니 **然則此書之發**이 **其來尙矣**로되 **但年(祀)〔紀〕**[2]**綿邈**하야 **無得而言**이니라 **暨乎周室東遷**하야 **王綱不振**하니 **楚子北伐**하야 **神器將移**[3]하고 **鄭伯敗王**[4]**於前**하고 **晉侯請隧**[5]**於後**하니 **竊僭名號者**는 **何國不然**이며 **專行征伐者**는 **諸侯皆是**라 **下陵上替**하고 **內叛外侵**하니 **九域騷然**하야 **三綱遂絶**하니라

1) 五始之目 : ≪春秋≫에서 事實을 기록할 적에 처음 시작하는 元年·春·王·正月·公卽位 등의 다섯 가지 일을 이른다. ≪漢書≫ 〈王褒傳〉에 "삼가 생각하건대 ≪춘추≫는 五始의 요점을 법으로 삼아 자기의 정통을 살피는 데 있을 뿐이다.〔共惟春秋法五始之要 在乎審己正統而已〕"라고 하였는데, 顔師古의 注에 "'元'은 氣의 처음이고, '春'은 四時의 처음이고, '王'은 천명을 받은 처음이고, '正月'은 교화를 바로잡는 처음이고, '公卽位'는 한 나라의 처음이니 이것이 오시가 된다."라고 하였다.

2) (祀)〔紀〕 : 저본에는 '祀'로 되어 있으나, 阮元의 교감기에 의거하여 '紀'로 바로잡았다.

3) 楚子北伐 神器將移 : 魯 宣公 3년에 楚 莊王이 북쪽의 陸渾을 토벌하고 洛水가의 周나라 영토에 가서 무력시위를 하자 周 定王이 大夫 王孫 滿을 보내어 위로하였는데, 이때 초 장왕이 周鼎의 크기와 무게를 물음으로써 주나라를 압박하여 천하를 취하려는 뜻을 은연 중 드러낸 일을 이른다. 초나라는 子爵이므로 楚子라 하였고, 神器는 국가의 권력을 대표하는 실물로 周鼎을 가리키는데, 帝位나 정권을 이른다.

4) 鄭伯敗王 : 魯 莊公 5년에 周 莊王이 鄭 莊公의 정권을 빼앗자 정 장공이 朝見하지 않았다. 이에 주 장왕이 諸侯의 군사를 거느리고 정나라와 전쟁하였는데 장왕의 군대가 크게 패배하고, 장왕 자신도 정나라 장군 祝聃이 쏜 화살에 어깨를 다쳤다.

5) 晉侯請隧 : 魯 僖公 25년에 周 襄王이 王子 帶(周 惠王의 아들로 叔帶·太叔·甘昭公이라고도 한다)의 亂으로 鄭나라에 나가 있다가 晉侯(晉 文公)의 도움으로 다시 王宮으로 복귀하였는데, 이때 진후가 자신이 세운 공로의 보상으로 天子의 장례 제도인 '隧道'를 쓰게 해 달라고 요청하였으나 양왕이 거절한 일을 말한다. '수도'는 무덤 앞이나 墓室 앞에 낸 천자의 墓道를 말한다.

五始의 조목은 黃帝 軒轅氏에서 드러났고, 六經의 道는 ≪禮記≫에서 밝아졌다. 그렇다면 이 책의 발생이 그 유래가 오래되었으나 다만 연대가 아득히 멀어서 설명할 수가 없다. 周나라 왕실이 東遷하여 왕의 기강이 떨치지 못하니 楚子가 北伐하여 神器를 옮겨가려 하였고, 앞서는 鄭伯이 莊王의 군대를 패배시켰으며, 뒤에는 晉侯가 襄王에게 隧道를 달라고 요청하였다. 그러니 名號를 참람하게 훔친 것은 어느 나라인들 그렇지 않았으며, 정벌을 제멋대로 시행한 것은 제후가 모두 이런 사람들이다. 아랫사람은 윗사람을 능멸하고 윗사람은 衰微해졌으며, 안에서는 반란이 일어나고 밖에서는 적국이 침공하니, 九域(九州)이 소란하여 三綱이 마침내 단절되었다.

夫子內韞大聖이나 **逢時若此**하야 **欲垂之以法則無位**요 **正之以武則無兵**이요 **賞之以利則無財**요 **說**(세)**之以道則不用**이라 **虛歎銜書之鳳**[1]하고 **乃似喪家之狗**[2]라 **旣不救於已往**이나 **冀垂訓於後昆**이라 **因魯史之有得失**하야 **據周經以正褒貶**하시니 **一字所嘉**에 **有同華袞之贈**하고 **一言所黜**에 **無異蕭**(숙)**斧**[3]**之誅**라 **所謂不怒而人威**하고 **不賞而人勸**[4]이니 **實永世而作則**(칙)이요 **曆百王而不朽者也**라

1) 銜書之鳳 : 제왕이 天命을 받을 것을 암시하는 祥瑞의 應驗이다. ≪藝文類聚≫ 권99에 ≪春秋元命苞≫를 인용하여 "火離(鸞)가 봉황이 되어 글씨를 입에 물고 文王의 國都에 와서 놀았기 때문에 武王이 鳳書를 받은 것을 기록하였다."라고 하였다.
2) 喪家之狗 : 초상집의 개라는 뜻으로, 의지할 곳도 없고 몸 둘 곳을 몰라 경황없는 사람을 비유적으로 이르는 말이다. 춘추시대 鄭나라 사람이 東門에 있는 孔子의 모습을 보고 누구인지를 모른 채 子貢에게 한 말이다.(≪史記≫ 〈孔子世家〉)
3) 蕭(숙)斧 : 사나운 도끼인 兵器의 일종인데, 죄인을 처형하는 刑具로도 썼다. '蕭'는 ≪說文解字≫ 艸部에 "'蕭'는 쑥을 베는 것이니, '艸'를 따르고 '肅'의 음이다.〔蕭 艾蒿也 從艸 肅聲〕"라고 하였고, 淸나라 段玉裁 注에 "'肅'과 음이 같고 통용이니, '蕭牆'·'蕭斧'는 모두 '肅'으로 새긴다.〔與肅同音通用 蕭牆蕭斧皆訓肅〕"라고 하였다.
4) 不怒而人威 不賞而人勸 : ≪中庸≫ 33장에 보인다.

孔子는 마음에 큰 聖德을 간직하였으나, 이와 같은 시대를 만나 法을 전하고자 하면 지위가 없고, 무력으로 바로잡고자 하면 군대가 없고, 이익으로 상을 주고

자 하면 재물이 없고, 道理로 유세하고자 하면 등용되지 않았다. 글을 입에 문 봉황의 祥瑞를 탄식하고 초상난 집의 개와 흡사하였으니, 이미 지나간 일은 바로잡을 수 없으나 후손에게 교훈이 전해지기를 희망하였다.

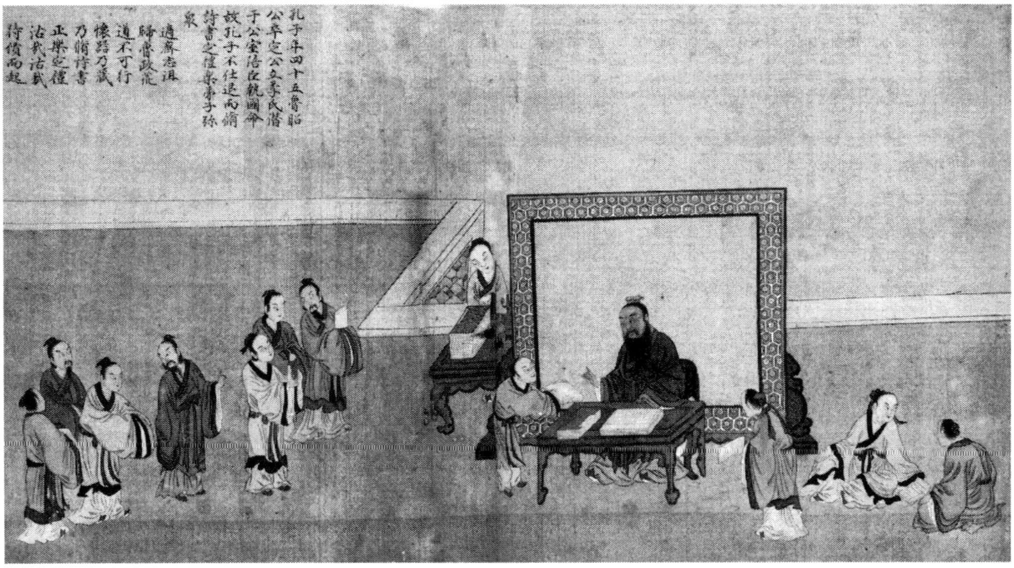

退修詩書

魯나라 史書의 잘잘못을 이용하여 儒家 經傳에 의거하여 표창과 폄하를 바로잡으시니, 표창한 한 글자에 마치 최고의 영광〔華袞〕을 준 것과 같고, 폄하한 한 마디의 말에 엄숙한 처벌〔蕭斧〕을 내린 것과 다름이 없다. 이른바 "노하지 않아도 사람들이 두려워하며 상을 내리지 않아도 사람들이 권면된다."는 것이니, 실로 영원한 世代의 법이 되고 百代의 왕을 지나도 없어지지 않는 표준이다.

至於秦滅典籍하야 鴻猷遂寢이러니 漢德旣興에 儒風不泯이라 其前漢傳左氏者에 有張蒼[1)]賈誼[2)]尹鹹[3)]劉歆[4)]하고 後漢有鄭衆[5)]賈逵[6)]服虔[7)]許惠卿[8)]之等하야 各爲詁訓이나 然雜取公羊穀梁以釋左氏하니 此乃以冠雙屨요 將絲綜麻며 方鑿圓枘(예)니 其可入乎아 晉世杜元凱又爲左氏集解할새 專取丘明之傳하야 以釋孔氏之經하니 所謂子應乎母요 以膠投漆이니 雖欲勿合이나 其可離乎아 今校先儒優劣컨대 杜爲甲矣라 故晉宋傳授하야 以至於今하니라

1) 張蒼 : 西漢 초기의 丞相으로 荀卿 문하에서 수학하고 律曆・圖書・計籍에 밝았다. 秦나라에서 御使로 있다가 죄에 걸려 도망쳤다. 劉邦을 따라 起義하여 공을 세우고, 漢나라가 건국되자 北平侯에 봉해지고 國相이 되었다. 시호는 文이고 賈誼가 그 제자이다.
2) 賈誼 : 西漢 洛陽 사람이다. 일찍 文才로 이름을 날려 약관의 나이에 博士가 되고 얼마 후 太中大夫에 올라 律令・官制・禮樂 등의 제도를 개정하고, 時政의 폐단을 개혁하기 위한 많은 상소를 올렸다. 周勃・灌嬰 등의 질투로 長沙王 太傅로 좌천되었다가 梁王 太傅로 복귀하였으나 불우한 신세를 이기지 못한 울분으로 죽었다. 鵩鳥賦・弔屈原賦・陳政事疏・過秦論 등을 지었고, 저서로 ≪新書≫・≪賈長沙集≫이 있다.
3) 尹鹹 : 西漢 汝南 사람이다. 아버지 尹更始의 ≪左傳≫學을 전수 받아 ≪左傳≫에 능하였다. 劉歆과 함께 ≪春秋≫ 經傳을 교정하였다. '鹹'은 주로 '咸'으로 쓴다.
4) 劉歆 : 西漢 長安 사람이다. 劉向의 아들이다. 成帝 때 아버지와 함께 秘書의 교정을 지휘하였으며, 六藝群書를 분류하여 편찬한 七略은 중국 목록학의 효시가 되었다. 벼슬은 哀帝 때 侍中太中大夫를 지냈고, 王莽이 찬위한 뒤 國師가 되었으나 왕망이 자기의 세 아들을 죽인 일에 앙심을 품고 암살하려다가 누설되어 자살하였다.
5) 鄭衆 : 後漢 開封 사람이다. 아버지 鄭興에게 ≪春秋≫를 배우고 ≪周易≫・≪詩經≫에도 통달하였다. 벼슬은 給事中・大司農을 지냈다. 후대의 정현과 구별하기 위하여 先鄭이라고 하며, 또 환관 鄭衆과 구분하기 위하여 鄭司農이라고도 한다.
6) 賈逵 : 後漢 扶風 사람이다. 家學을 전수하여 약관에 ≪春秋左氏傳≫과 五經에 능통하였다. 今文經學家 李育과 논쟁하여 古文經學의 위치를 한 단계 높였다. 天文에 밝아 四分曆을 수정하는 작업에 참여하였다. 벼슬은 侍中을 역임하였고, 저서로 ≪春秋左氏傳解詁≫・≪國語解詁≫ 등이 있다.
7) 服虔 : 後漢 滎陽 사람이다. 經學에 조예가 깊어 존숭을 받았고, ≪春秋≫에 능하여 ≪春秋左氏解誼≫・≪春秋左氏音≫・≪通俗文≫・≪漢書音訓≫ 등을 지었다.
8) 許惠卿 : 後漢 魏郡 사람이다. 이름은 淑이고 惠卿은 字인데, 세상에서 혜경으로 일컬어졌다. 古文經學家의 대표 인물로 ≪左氏傳注解≫를 지었으나 逸失되었고, 陸德明에게 ≪春秋左氏傳≫을 전수하였다.

秦나라가 典籍을 없앤 때에 이르러 큰 공업〔鴻猷〕이 마침내 그치고 말았는데, 漢나라의 功德이 일어난 뒤에 儒風이 사라지지 않게 되었다. 前漢시대 ≪春秋左氏傳≫을 전한 사람 중에 張蒼・賈誼・尹鹹・劉歆이 있고, 後漢시대에 鄭衆・賈逵・服虔・許惠卿 등이 있어서 각각 註釋하였다. 그러나 ≪春秋公羊傳≫・≪春秋穀梁傳≫을 뒤섞어 ≪춘추좌씨전≫을 해석하였으니, 이는 곧 신 두 짝을 머리에 쓴 꼴이고 명주실을 가져다가 삼실에 꼰 것이며 모난 구멍에 둥근 자루를 박으려는 격이니, 어찌 들어가겠는가.

晉나라 시대에 杜元凱(杜預)가 또 ≪春秋左氏經傳集解≫를 지을 적에 오로지 左丘明의 傳을 취하여 孔子의 經을 해석하였으니, 이른바 자식이 어머니에게 호응하고 아교를 옻칠 속에 투입한 격이다. 비록 합하지 못하게 하려고 하나 어찌 떼어놓을 수 있겠는가. 지금 先儒들의 우열을 따져보자면 두예가 으뜸이다. 그러므로 晉나라와 宋나라 때에 傳授하여 오늘에 이르게 되었다.

其爲義疏者는 **則有沈文(何)〔阿〕**[1]**蘇寬**[2]**劉炫**이라 **然沈氏於義例粗可**나 **於經傳極疏**하고 **蘇氏則全不體本文**하고 **惟旁攻賈服**하야 **使後之學者**로 **鑽仰無成**하니라 **劉炫於數君之內**에 **實爲翹楚**나 **然聰惠辯博**하야 **固亦罕儔**로되 **而探賾鉤深**하야 **未能致遠**이라 **其經注易(이)者**는 **必具飾以文辭**하고 **其理致難者**는 **乃不入其根節**하니라 **又意在矜伐**하고 **性好非毀**하야 **規杜氏之失**이 **凡一百五十餘條**로 **習杜義而攻杜氏 猶蠹生於木而還食其木**이니 **非其理也**라 **雖規杜過**나 **義又淺近**하니 **所謂捕鳴蟬於前**에 **不知黃雀於其後**[3]라

1) 沈文(河)〔阿〕: 저본에는 '河'로 되어 있으나, ≪春秋正義序考證≫에 의거하여 '阿'로 바로잡았다. 沈文阿는 南朝 陳 吳興 사람이다. 三禮와 春秋三傳을 전공하였다. 南朝 梁에서 孝廉에 선발되어 五經博士·步兵校尉를 지내고, 진나라에 들어와 文帝 때 通直 散騎常侍 兼 國子博士에 올랐다. 저서로 ≪儀禮≫·≪經傳大義≫ 등이 있다.
2) 蘇寬: 人名인 듯하나 행적이 미상이다.
3) 捕鳴蟬於前 不知黃雀於其後: 자기 눈앞에 있는 것만 집중하느라 뒤에서 자기를 해치려는 자가 있는 줄을 모른다는 말이다. ≪韓詩外傳≫ 권10과 ≪說苑≫ 권9에 보인다.

義疏(經義의 해석한 책)를 지은 자는 沈文阿·蘇寬·劉炫이 있다. 그러나 沈氏는 義例(義理에 관한 事例)에 대해는 대략 괜찮으나 經傳에 대해서는 몹시 소략하고, 蘇氏는 본문을 전혀 체득하지 못하고는 오직 곁으로 賈逵와 服虔을 공격하여 후세의 학자들이 깊이 있는 연구를 이루지 못하게 하였다.

유현은 몇몇 사람들 중에서 실로 걸출하나, 총명하고 지혜로우며 박학하여 본디 짝할 사람이 드물어서 깊고 은미한 것을 탐색하느라 멀리 나아가지 못하였

다. 經文의 쉬운 注는 반드시 文辭로 빠짐없이 문식하고, 이치가 어려운 것은 마침내 가장 중요한 곳에 들어가지 못하였다. 또 자기의 재주를 자랑하는 데 뜻이 있고 천성이 남을 비난하고 헐뜯기를 좋아하여 杜氏의 실수를 規正한 것이 모두 150여 條로써, 두씨가 해석한 뜻을 익혀서 두씨를 공격한 것이 마치 나무에 생긴 좀 벌레가 되레 그 나무를 파먹는 격이었으니 도리가 아니다. 두씨의 잘못을 바로잡았으나 뜻이 또 淺近하니 이른바 〈사마귀가〉 앞에서 우는 매미를 잡을 적에 그 뒤에서 黃雀이 〈자신을〉 노리는 걸 모른다는 것이다.

案僖公三十三年經云 晉人敗狄於箕[1)]라하야늘 杜注云 郤缺[2)]稱人者는 未爲卿이라한대 劉炫規云 晉侯稱人與(殽)〔肴〕戰同[3)]이라하니라 案(殽)〔肴〕戰在葬晉文公之前이라야 可得云背喪用兵일새 以賤者告니라 箕戰在葬晉文公之後하니 非是背喪用兵이어늘 何得云與(殽)〔肴〕戰同이리오 此則一年之經이 數行而已니 曾不勘省(생)上下어늘 妄規得失하니라 又襄公二十一年傳云 邾庶其以漆閭丘來奔[4)]이어늘 以公姑姊妻之라하야늘 杜注云 蓋寡者二人이라한대 劉炫規云 是襄公之姑요 成公之姊니 只一人而已라하니라 案成公二年에 成公之子公衡爲質이라가 及宋逃歸라 案家語本命云 男子十六而化生[5)]이라하니 公衡已能逃歸면 則十六七矣라 公衡之年如此면 則於時成公三十三四矣니 計至襄二十一年하면 成公七十餘矣라 何得有姊而妻庶其리오 此等皆其事曆然이어늘 猶尙妄說하니 況其餘錯亂은 良可悲矣로다

1) 晉人敗狄於箕 : 魯 僖公 33년(B.C. 627)에 狄이 진나라를 침공하자 晉 文公이 箕(지금의 山西省 太谷縣 陽邑鄕)에서 狄軍을 패배시키고, 郤缺이 白狄子를 사로잡은 전쟁이다. 여기서 '人'을 杜注에는 "극결이 아직 卿이 되지 않았기 때문에 '人'이라고 하였다."라고 하였다.

2) 郤缺 : 춘추시대 晉나라 大夫로 冀缺·郤成子라고도 한다. 冀 땅에서 밭을 갈 때 점심밥을 내온 아내와 손님을 대하듯 서로 공경한 인품으로 등용되어 下軍大夫를 거쳐 中軍元帥를 역임하였다.

3) 晉侯稱人與(殽)〔肴〕戰同 : 저본에는 '殽'로 되어 있으나, 同字로 쓰이는 '肴'로 바로잡았다. 아래도 같다.

晉나라가 狄과 箕에서 전쟁하기 바로 전에 殽山(지금의 河南省 洛寧縣 北쪽에 있다. '殽'는 '崤'·'殽'로도 쓰며, 또 嶔崟山·嶔岑山이라고도 하는데 동서로 나뉘어 두 효산이 있다)에서 秦나라와 크게 싸워 승리한 전쟁이다.

4) 邾庶其以漆閭丘來奔 : '庶其'는 邾나라 大夫이다. '漆'은 지금의 山東省 鄒城市 동북쪽에 있고, '閭丘'는 그 서북쪽에 있었다.

5) 化生 : 천지·음양·남녀 등의 精이 生長하거나 化育함을 이른다.

살펴보건대 魯 僖公 33년 經에 "晉人이 箕에서 狄을 패배시켰다."라고 하였는데, 杜注에 "郤缺을 '人'이라고 일컬은 것은 〈극결이 당시에〉 卿이 되지 않아서이다."라고 하였다. 그런데 劉炫은 이를 바로잡아 "晉侯(襄公)를 '人'이라 일컬은 것은 殽戰에서 〈'人'이라 일컬은 용례와〉 같다."라고 하였다.

살펴보건대 효전이 晉 文公을 장사 지내기 전에 있었던 일이라야 喪事를 위배하고 출병하였기 때문에 미천한 사람으로 고한 것이라고 말할 수 있다. 그런데 箕의 전쟁은 진 문공을 장사 지낸 이후에 있었으니 상사를 위배하고 출병한 것이 아닌데 어떻게 효전과 같다고 말할 수 있는가. 이때에는 1년 동안의 경문이 몇 줄 뿐이니, 일찍이 위아래를 교감하여 줄일 수 없는 것인데 함부로 잘잘못을 바로잡았다.

또 魯 襄公 21년 傳에 "邾나라 庶其가 漆邑과 閭邑을 가지고 노나라로 도망쳐 오기에, 〈季武子가〉 公의 고모와 누님을 그의 아내로 삼아주었다."라고 하였는데, 두주에 "과부된 두 사람이다."라고 하였다. 그러자 유현이 바로잡아 "이는 양공의 고모이자 成公의 누님이니, 단지 한 사람일 뿐이다."라고 하였다.

살펴보건대 성공 2년에 성공의 아들 公衡이 〈楚나라에〉 인질로 가다가 宋나라에 이르러 도망쳐 돌아왔다. 살펴보니 ≪孔子家語≫ 〈本命解〉에 "남자 나이 16세에 化生한다."라고 하였으니, 공형이 이미 도망쳐 돌아왔다면 16~17세일 것이다. 공형의 나이가 이와 같다면 이때 성공의 나이는 33~34세일 것이니, 양공 21년을 계산해 올라가면 성공의 나이는 70여 세이다. 〈이 나이에〉 어떻게 누님이 있어서 서기에게 아내로 삼아주었겠는가. 이런 따위는 그 일이 명백한데도 오히려 함부로 그릇된 말을 하고 있으니, 하물며 그 나머지 난잡하여 질서 없는 주장은 진실로 서글플 만한 일이다.

然比諸義疏에 猶有可觀일새 今奉勅刪定하며 據以爲本호되 其有疏漏는 以沈氏補焉하니라 若兩義俱違면 則特申短見하니 雖課率庸鄙나 仍不敢自專하고 謹與朝請大夫〔守〕國子博士臣谷那律과 故四門博士臣楊士勳과 四門博士臣朱長才等으로 對共參(참)定하니라 至十六年하야 又奉勅與前脩疏人及朝散大夫行大(태)學博士上騎都尉臣馬嘉運과 朝散大夫行大(태)學博士上騎都尉臣王德韶와 給事郎守四門博士上騎都尉臣蘇德融과 登仕郎守太學助教雲騎尉臣隨德素等으로 對勅使趙弘智하야 覆更(갱)詳審하야 爲之正義하니 凡三十六卷이라 冀貽諸(저)學者하야 以裨萬一焉하노라

그러나 여러 義疏와 견주었을 때 그래도 볼만한 점이 있기 때문에, 지금 勅命을 받들어 刪定하면서 이를 의거하여 基本을 삼되 소략하거나 누락된 부분은 沈氏의 해석으로 보완하였다. 만일 〈劉炫과 沈文阿〉 두 사람의 해석이 둘 다 어긋난 곳이면 특별히 나의 얕은 견식으로 진술하였다. 감독하여 영도하는 일은 용렬하지만 감히 마음대로 독단하지 않고, 삼가 朝請大夫 守國子博士 臣 谷那律과 故 四門博士 臣 楊士勳과 四門博士 臣 朱長才 등과 함께 공동 대조하여 參酌하고 헤아려 결정하였다.

16년에 이르러 또 칙명을 받들어 前賢 중의 注疏한 사람 및 朝散大夫 行太學博士 上騎都尉 臣 馬嘉運과 朝散大夫 太學博士 上騎都尉 臣 王德韶와 給事郎 守 四門博士 上騎都尉 臣 蘇德融과 登仕郎 守 太學助教 雲騎尉 臣 隨德素 등과 함께 勅使 趙弘智와 상대하여 거듭 다시 상세히 살펴서 ≪春秋左傳正義≫를 지으니, 모두 36권이다. 학자에게 주어서 만분의 일이나마 도움이 되기를 바란다.

國子祭酒 上護軍 曲阜縣開國子 臣 孔穎達 奉勅撰

春秋序

○ 陸[1]曰：此元凱[2]所作이니 旣以釋經이라 故依例音之하니라 本或題爲春秋左傳序者라 沈文(何)〔阿〕[3]以爲釋例序어늘 今不用이라

1) 陸 : 陸德明(550~630)으로 唐나라 蘇州 吳縣 사람이다. 본명은 元朗이며, 德明은 그의 字이다. 經學者·訓詁學者로 南朝 陳나라에서 始興國左常侍·國子助敎를 지냈고, 隋나라에서 秘書學士·國子助敎를 지냈으며, 唐나라에서 文學館學士·太學博士·國子博士 등을 지내고, 吳縣男에 봉해졌다. 秦王府 18學士 중 한 사람이다. 저서로 ≪經典釋文≫·≪老子疏≫·≪易疏≫ 등이 있다. 그중 ≪경전석문≫은 고대 經典의 音義를 주석한 것이다.

2) 元凱 : 晉나라 杜預의 字이다. 司馬師의 누이동생과 결혼하여 河南尹, 秦州刺史 등을 역임하고 鎭南大將軍이 되었다. 吳나라를 공격하여 평정하는 등 군사전략가로서 실력을 발휘하였다. 저서로 ≪春秋左氏經傳集解≫, ≪春秋釋例≫ 등이 있는데, 특히 ≪춘추좌씨경전집해≫는 종래 별개의 책이었던 ≪春秋≫의 經文과 ≪左氏傳≫을 한 권의 책으로 정리한 것이다. 이를 통해 경문에 대응하도록 ≪춘추좌씨전≫의 문장을 분류하여 春秋義例說을 확립하고, 春秋學으로서의 左氏學을 집대성하였다. 두예가 늘 王濟는 말을 좋아하는 馬癖이 있고, 和嶠는 돈을 좋아하는 錢癖이 있다고 하기에, 晉 武帝가 두예에게 "경은 무슨 벽이 있는가?"라고 물으니, 두예가 "신은 ≪좌씨전≫을 좋아하는 左氏傳癖이 있습니다."라고 하였다는 일화가 있다.(≪晉書≫ 〈杜預傳〉)

3) 沈文(何)〔阿〕 : 저본에는 '何'로 되어 있으나, 北京大本 ≪春秋左傳正義≫의 校勘에 의거하여 '阿'로 바로잡았다. 沈文阿는 南朝 陳나라 사람으로 자는 國衛이고, 三禮와 春秋三傳에 통달하였다. 梁나라 때에 五經博士·國子博士 등을 지냈고, 陳나라 때에도 관직에 있었다.

○ 陸德明이 말하였다. "이 서문은 元凱(杜預)가 지은 것이다. 이미 經을 풀이하였으므로 범례에 의거하여 音을 밝혔다. 本에 따라 혹 제목이 '春秋左傳序'로 된 것도 있

다. 沈文阿는 '釋例序'라고 하였는데, 지금 수용하지 않는다."

【疏】正義曰：此序題目, 文多不同, 或云春秋序, 或云左氏傳序, 或云春秋經傳集解序, 或云春秋左氏傳序. 案晉宋古本及今定本竝云春秋左氏傳序, 今依用之. 南人多云此本釋例序, 後人移之於此, 且有題曰春秋釋例序, 置之釋例之端, 今所不用. 晉大尉劉寔[1]與杜同時人也, 宋大學博士賀道養[2]去杜亦近, 俱爲此序作注, 題竝不言釋例序, 明非釋例序也. 又晉宋古本, 序在集解之端. 徐邈[3]以晉世言五經音訓, 爲此序作音. 且此序稱"分年相附, 隨而解之, 名曰經傳集解", 是言爲集解作序也. "又別集諸例, 從而釋之, 名曰釋例. 異同之說, 釋例詳之." 是其據集解而指釋例, 安得爲釋例序也. "又別集諸例, 從而釋之, 名曰釋例. 異同之說, 釋例詳之". 是其據集解而指釋例, 安得爲釋例序也. 序與敍, 音義同. 爾雅釋詁云"敍, 緖也." 然則擧其綱要, 若繭之抽緖. 孔子爲書作序, 爲易作序卦, 子夏爲詩作序, 故杜亦稱序, 序春秋名義經傳體例及己爲解之意也.

1) 劉寔：204~294. 魏晉시대 平原君 高唐縣 출신의 학자이자 문신이다. 자는 子眞, 시호는 元이다. 漢 章帝의 다섯째 아들인 濟北惠王 劉壽의 후손이다. 河南尹丞・尙書郞・廷尉正・吏部郞을 지냈고 循陽子에 봉해졌다. 西晉이 건국된 뒤에 少府・太常・尙書 등을 지냈다. 杜預가 吳를 정벌할 때 鎭南軍司를 맡았다가 아들 劉夏가 뇌물을 받은 일로 면관되고, 뒤에 國子祭酒・散騎常侍・太子太保・侍中・右光祿大夫・冀州都督을 역임한 뒤 太傅로 벼슬을 마쳤고, 91세에 졸하였다. 저서로 ≪左氏牒例≫, ≪春秋條例≫, ≪春秋公羊達義≫ 등이 있다.(≪晉書≫ 〈劉寔傳〉)

2) 賀道養：南朝 宋의 학자이자 문신으로, ≪隋書≫ 〈經籍志〉에 그가 지었다는 〈春秋序〉 1권이 나온다.

3) 徐邈：343~397. 위진시대 학자로 자는 景山, 시호는 穆이다. 尙書郞・隴西太守 등을 지냈고, 曹丕가 稱帝한 뒤에 譙國相・安平太守・潁川典農中郞將을 역임하였다. 관리로서의 업적이 있어 關內侯에 봉해졌고 涼州刺史에 임명되었다. 正始 원년(240) 大司農에 오르고 뒤에 司隸校尉・光祿大夫・司空을 지냈고, 78세에 졸하였다. 저서로 ≪正五經音訓≫, ≪穀梁傳注≫, ≪五經同異評≫ 등이 있다.(≪三國志≫ 〈魏書 徐邈傳〉)

○ 正義曰：이 서문의 제목은 많은 책에 다르게 나온다. '春秋序'라고도 하고, '左氏傳序'라고도 하며, '春秋經傳集解序'라고도 하며, '春秋左氏傳序'라고도 한다. 살펴보건대 魏晉南北朝 晉宋의 古本과 지금의 定本에 모두 '春秋左氏傳序'라고 하였으니, 지금 이에 의거하여 사용하였다. 南朝 사람들은 대부분 이것을 본래 '釋例序'라고 하였는데,

후대 사람이 이것을 여기에 옮겨놓고 또 제목을 '春秋釋例序'라고 하여 ≪春秋釋例≫의 앞머리에 두었으니 지금 수용하지 않는다.

晉나라 大尉 劉寔은 杜預와 동시대 사람이고, 宋나라 大學博士 賀道養도 두예와의 시대가 가까워서 모두 이 서문에 주를 지었는데 제목을 모두 '釋例序'라고 쓰지 않았으니, '釋例序'가 아님이 분명하다. 또 晉宋의 古本에는 서문이 ≪春秋經傳集解≫의 첫머리에 있다. 徐邈은 晉代에 五經의 音訓을 정하여 이 서문에 독음을 달았다. 그리고 이 서문에서 "〈經과 傳을〉 연대별로 분리해 같은 연대끼리 붙이고, 〈각기 事項에〉 따라 해석하여 ≪춘추경전집해≫라고 이름을 붙였다."라고 하였으니, 이는 ≪춘추경전집해≫에 서문을 단 것이다. "또 諸例를 따로 모아 〈그 異同의 원인을〉 따라 해석하여 ≪춘추석례≫라고 이름을 붙였다. 이동에 관련된 說은 ≪춘추석례≫에 상세하게 언급하였다."라고 하였다. 이는 곧 ≪춘추경전집해≫에 근거를 두고서 ≪춘추석례≫를 가리킨 것이니, 어찌 '釋例序'가 될 수 있겠는가.

序와 敍는 음과 뜻이 같다. ≪爾雅≫ 〈釋詁〉에 "敍는 실마리이다."라고 하였으니, 그렇다면 綱要를 드는 것을 마치 누에가 실을 뽑듯이 한다는 것이다. 孔子가 ≪尙書≫를 위하여 〈書序〉를 지었고, ≪周易≫을 위하여 〈序卦〉를 지었으며, 子夏가 ≪詩經≫을 위하여 〈詩序〉를 지었으므로 두예도 '序'라고 일컫고 ≪春秋≫의 名義와 經傳의 체례 및 자기가 해석한 뜻을 서술한 것이다.

此序大略, 凡有十一段, 明義以春秋是此書大名, 先解立名之由. 自'春秋'至'所記之名也', 明史官記事之書・名曰春秋之義. 自'周禮有史官'至'其實一也', 明天子諸侯皆有史官・必須記事之義. 自'韓宣子[1]適魯'至'舊典禮經也', 言周史記事・褒貶得失・本有大法之意. 自'周德既衰'至'從而明之', 言典禮廢缺・善惡無章, 故仲尼所以脩此經之意. 自'左丘明受經於仲尼'至'所脩之要故也', 言丘明作傳, 務在解經, 而有無傳之意. 自'身爲國史'至'然後爲得也', 言經旨之表不應, 須傳有通經之意. 自'其發凡以言例'至'非例也', 言丘明傳有三等之體. 自'故發傳之體有三'至'三叛人[2]名之類是也', 言仲尼脩經有五種之例. 自'推此五體'至'人倫之紀備矣', 總言聖賢大趣足以周悉人道, 所說經・傳理畢, 故以此言結之. 自'或曰春秋以錯文見義'至'釋例詳之也', 言己異於先儒, 自明作集解・釋例之意. 自'或曰春秋之作'下盡'亦無取焉', 大明春秋之早晚・始隱終麟・先儒錯繆之意.

1) 韓宣子 : 전국시대 晉나라의 上卿으로 이름이 起인데, 晉 平公의 執政大臣이다. ≪春秋左氏傳≫ 昭公 2년에 "晉侯가 韓宣子를 魯나라에 보내 聘問하고, 또 執政이 된 것을 고하기 위해 와서 魯君에게 朝見한 것이니, 禮에 맞았다. 한선자가 太史氏의 집에 가서 圖書를 구경할 적에 易象과 ≪魯春秋≫를 보고 말하기를 '周나라 禮가 모두 노나라에 있구나. 나는 오늘에야 周公의 德과 주나라가 왕이 된 까닭을 알았다.'라고 하였다.〔晉侯使韓宣子來聘 且告爲政而來見 禮也 觀書於太史氏 見易象與魯春秋 曰 周禮盡在魯矣 吾乃今知周公之德與周之所以王也〕"라고 보인다.

2) 三叛人 : 襄公 21년에 나오는 邾나라의 庶其, 昭公 5년에 나오는 莒나라의 牟夷, 昭公 31년에 나오는 邾나라의 黑肱을 가리킨다.

이 서문의 대략은 모두 11개 단락으로 나뉜다. '春秋'는 곧 이 책의 大名이라는 뜻을 밝혀 책의 이름을 지은 이유를 우선 해설하였다. '春秋'에서 '所記之名也'까지는 史官이 일을 기록한 책과 그것을 '春秋'라고 이름을 붙인 뜻을 밝혔다. '周禮有史官'에서 '其實一也'까지는 天子와 諸侯는 모두 史官을 두었고, 반드시 국사를 기록하였다는 뜻을 밝혔다. '韓宣子適魯'에서 '舊典禮經也'까지는 周나라 史官이 國事를 기록하고 得失을 褒貶함에, 본래 大法이 있었다는 뜻을 말한 것이다. '周德既衰'에서 '從而明之'까지는 典禮가 폐기되고 누락되며 善惡이 제대로 드러나지 않았으므로 仲尼가 이 經(≪春秋≫)을 修撰한 뜻을 말하였다. '左丘明受經於仲尼'에서 '所脩之要故也'까지는 左丘明이 傳을 지은 것은 經을 해석하는 데 힘을 쓴 것이지 傳을 내는 데 목적을 둔 것이 아니라는 뜻을 말하였다. '身爲國史'에서 '然後爲得也'까지는 경문의 뜻이 표면적으로 호응하지 않는 경우는 필수적으로 傳文이 경문의 뜻을 통하게 함이 있다는 뜻을 말하였다. '其發凡以言例'에서 '非例也'까지는 좌구명의 傳에 세 등급의 體例가 있음을 말하였다. '故發傳之體有三'에서 '三叛人名之類是也'까지는 중니가 經을 편수한 데에 다섯 가지 체례가 있었음을 말하였다. '推此五體'에서 '人倫之紀備矣'까지는 聖賢의 큰 뜻이 人道에 주도면밀함을 총괄적으로 말한 것이니, 설명이 經과 傳의 이치를 다 갖추었기 때문에 이 말로 결론지은 것이다. '或曰春秋以錯文見義'에서 '釋例詳之也'까지는 자기의 傳이 先儒와 다름을 말하고 스스로 ≪春秋經傳集解≫와 ≪春秋釋例≫를 지은 뜻을 밝혔다. '或曰春秋之作'에서 아래 끝 '亦無取焉'까지는 ≪춘추≫의 시기적 早晩, 隱公에서 시작해 獲麟에서 끝나는 것, 선유들의 착오에 관한 뜻을 크게 밝혔다.

賈逵[1]大(태)史公十二諸侯年表序云"魯君子左丘明[2]作傳." 據劉向[3]別錄云"左丘明授

曾申[4)], 申授吳起[5)], 起授其子期, 期授楚人鐸椒. 鐸椒作抄撮八卷, 授虞卿[6)], 虞卿作抄撮九卷, 授荀卿[7)], 荀卿授張蒼[8)].” 此經旣遭焚書而亦廢滅. 及魯共王[9)]壞孔子舊宅, 於壁中得古文逸禮有三十九篇, 書十六篇. 天漢之後, 孔安國[10)]獻之, 遭巫蠱[11)]倉卒之難, 未及施行. 及春秋左氏丘明所修, 皆古文舊書, 多者二十餘通, 藏於秘府, 伏而未發. 漢武帝時, 河間[12)]獻左氏及古文周官. 光武之世, 議立左氏學, 公羊之徒上書訟公羊抵左氏, 左氏之學不立.

1) 賈逵 : 30~101. 後漢 平陵 사람으로, 자는 景伯이다. 어려서 부친에게 학업을 배워 ≪春秋左氏傳≫에 통달하고 大夏侯의 ≪尙書≫를 배우고 穀梁說까지 겸하였다. ≪춘추좌씨전≫이 당시의 讖緯書와 부합하는 내용이 많다 하여 古文經의 학술적 지위를 높이고 박사관에 세울 것을 청하였다. 저술로 ≪春秋左氏傳解詁≫와 ≪國語解詁≫가 있다.(≪後漢書≫ 〈賈逵傳〉)

2) 左丘明 : 춘추시대 魯나라 史官으로 ≪左氏傳≫과 ≪國語≫의 저자이며, 공자와 비슷한 시대의 사람이라고 하나 異說이 분분하다. '左丘失明'이라는 司馬遷의 기록에 따라 盲左라고도 부른다.

3) 劉向 : B.C. 77?~B.C. 6. 前漢의 학자로, 본명은 更生이며 자는 子政이다. 漢나라 高祖 劉邦의 이복동생 劉交의 4세손이며 劉歆의 아버지이다. 宣帝 때 名儒로 선발되어 石渠閣에서 五經을 강의하였으며, 先秦 시대의 古籍을 수집하여 직접 교감·분류하고 大意를 기록하여 ≪別錄≫을 만듦으로써 중국 목록학의 鼻祖가 되었다. 춘추전국 시대부터 한나라에 이르기까지 사람들의 언행을 분류하여 ≪新序≫와 ≪說苑≫을 편찬하고, ≪詩經≫과 ≪書經≫에 나타난 여인들 중 모범과 경계로 삼을 만한 사례를 모아 ≪列女傳≫을 저술하였다. 그 밖에 ≪洪範五行傳≫·≪列仙傳≫·≪戰國策≫ 등의 저술이 있다.(≪漢書≫ 〈劉向傳〉)

4) 曾申 : 魯나라 武城 사람으로 자는 子西이다. 東周末 학자이자 사상가로 曾參의 둘째 아들이다. 子夏에게 ≪毛詩≫를 전수받아 李克에게 전하였고, 左丘明에게 ≪左氏傳≫을 전수받아 吳起에게 전하였다고 한다.

5) 吳起 : B.C. 440~B.C. 381. 東周末 衛나라 사람이며, 曾子에게 배우고 魯君을 섬기다가 魏나라에 가 文侯를 섬겨 장군이 되고, 秦나라를 쳐서 5城을 빼앗았다. 위나라를 떠나 楚나라에 가서 悼王의 재상이 되어, 법치적 개혁으로 초나라를 강대하게 만들었으나 초나라 귀족들의 질시를 받아, 도왕이 죽은 뒤 대신들에게 피살되었다. 병법에 뛰어나 ≪吳子≫라는 병법에 관한 책을 남겼다. 曾申에게서 ≪左氏傳≫을 전수받았다고 한다.

6) 虞卿 : 전국시대 유세가로, 이름은 信이다. 일찍이 짚신을 신고 우산을 등에 멘 채로

돌아다니다가 趙나라 孝成王을 만나 유세하였다. 효성왕이 처음 보고는 황금 100鎰과 白璧 한 쌍을 하사하고, 두 번 보고는 上卿으로 삼았다고 한다. 친구인 魏齊의 일로 宰相印을 내던지고 위제와 함께 梁나라로 가서 곤궁하게 지내면서 ≪虞氏春秋≫라는 책을 저술했다고 한다.(≪史記≫ 〈虞卿列傳〉)

7) 荀卿 : B.C. 313~B.C. 238. 전국시대의 儒家 사상가로 趙나라 사람이며, 이름은 況이고 字가 卿이다. 儒學을 기본으로 하였으나 인간의 본성은 악하다는 性惡說을 주장했으며, 法家를 대표하는 韓非子와 李斯는 모두 그의 제자이다. 저서로 ≪荀子≫가 있다.

8) 張蒼 : 전한 초기 河南 陽武 사람이다. 秦나라 때 御史를 지냈다. 高祖 6년(B.C. 201) 北平侯에 봉해졌다. 列侯로 相府에 있으면서 郡國에 대한 계책을 맡았다. 律曆에 정통했고, 圖書를 잘 알아 일찍이 음율과 역법을 개정했다.(≪史記≫ 〈張丞相列傳〉)

9) 魯共王 : 이름은 劉餘로, 漢 景帝의 아들이자 程姬의 소생이다. 孝景帝 前元 2년(B.C. 155)에 淮陽王으로 봉해졌다가 前元 3년에 魯王으로 옮겼다. 王에 봉해진 지 28년이 되던 해에 죽으니, 諡號를 共王이라 하였다. 宮室을 짓기 좋아하여, 궁실을 확장하기 위해 孔子의 舊宅을 철거하다가 壁 속에서 古文으로 쓰인 經과 傳을 얻었다고 한다.(≪漢書≫ 〈景十三王傳〉)

10) 孔安國 : 前漢의 문신이자 학자로, 자는 子國이며 공자의 12대손이다. 武帝 때 博士・諫議大夫를 지냈으며 申公에게서 ≪詩經≫, 伏生에게서 ≪尙書≫를 배웠다. 孔壁에서 나온 古文으로 된 ≪尙書≫・≪孝經≫・≪論語≫를 당시에 해득하는 사람이 없었는데 공안국만이 今文으로 풀어 읽었으므로 칙명을 받아 ≪書傳≫ 58편과 ≪孝經傳≫・≪論語解≫를 지었다.(≪漢書≫ 〈孔安國傳〉)

孔安國

11) 巫蠱 : 巫蠱는 일종의 저주인데, 당시 武帝를 저주한다는 유언비어가 있자 무제가 江充에게 이를 다스리게 하였다. 강충이 무제의 총애를 믿고 평소 사이가 좋지 않던 戾太子를 압박하고자 저주에 사용된 것으로 보이는 木人(나무로 만든 인형)이 太子宮에서 많이 나왔다고 무고하였다. 이에 戾太子는 황제가 도성에 있지 않은 틈을 타 궁중 수비병을 동원하여 강충을 살해하였다. 이를 태자의 반란이라고 여긴 무제가 군대를 보내 체포하려 하자 태자는 虢州로 도망갔으나 죄를 면할 수 없음을 알고 자결하였는데, 이 사건으로 그의 처자식과 수많은 사람이 처형되었다.

12) 河間 : 漢 景帝의 셋째아들인 河間獻王 德을 말한다. 그는 학문을 추구하고 옛것을 좋아하였으며, 古文書나 골동품을 많이 수집하여 대부분 先秦 시대의 진본을 소장하고 있었다. 그리고 孝武皇帝 당시에는 직접 조회를 가서 雅樂을 진상하고 황제가

詔策을 내려 질문한 30여 가지에 대해서도 성실히 답변한 바 있다.(≪漢書≫ 〈景十三王傳〉)

賈逵의 〈太史公十二諸侯年表序〉에 "魯나라 군자 左丘明이 傳을 지었다."라고 하였다. 劉向의 ≪別錄≫에 의거하면 "좌구명은 曾申에게 전수하였고, 증신은 吳起에게 전수하였으며, 오기는 자기 아들 吳期에게 전수하였고, 오기는 楚나라 사람 鐸椒에게 전수하였다. 탁초는 ≪抄撮≫ 8권을 지어 虞卿에게 전수하였고, 우경은 ≪抄撮≫ 9권을 지어 荀卿에게 전수하였으며, 순경은 張蒼에게 전수하였다."라고 하였다. 이 經書는 이미 焚書를 당해 역시 없어져 버렸다.

魯共王이 孔子의 舊宅을 허물다가 벽 속에서 古文逸禮 39篇, ≪尙書≫ 16篇을 얻었는데, 天漢(漢 武帝의 연호) 이후에 孔安國이 그것을 바쳤으나 졸지에 巫蠱의 난을 당해 시행되지 못하였다. 左丘明이 편수한 ≪春秋左氏傳≫에 이르기까지 古文으로 된 옛 책들이 많게는 20여 通이 祕府에 보관되어 묻혀서 세상에 나오지 못하였다. 한 무제 때 河間獻王이 ≪春秋左氏傳≫과 古文 ≪周官≫을 바쳤다. 光武帝 때 左氏學을 세우려고 의논하였는데, 公羊學을 추구하는 무리들이 上書하여 ≪春秋公羊傳≫을 옹호하고 ≪춘추좌씨전≫을 저지하는 바람에 좌씨학이 수립되지 못하였다.

成帝時, 劉歆[1]校秘書, 見府中古文春秋左氏傳, 歆大好之. 時丞相〔史〕[2]尹咸以能治左氏, 與歆共校傳. 歆略從咸及丞相翟方進[3]受, 質問大義. 初左氏傳多古字古言, 學者傳訓詁而已. 及歆治左氏, 引傳文以釋經, 轉相發明, 由是章句義理備焉. 歆以爲左丘明好惡(오)與聖人同, 親見(현)夫子, 而公羊・穀梁在七十二弟子後, 傳聞之與親見, 其詳略不同. 歆數(삭)以問向, 向不能非也. 及歆親近, 欲建立左氏春秋及毛詩・逸禮・古文尙書, 皆列於學官. 哀帝令歆與五經博士講論其義, 諸儒博士或不肯置對, 歆因移書於大(태)常博士, 責讓之. 和帝元興十一年, 鄭興父子[4]及歆創通大義奏上, 左氏始得立學, 遂行於世. 至章帝時, 賈逵上春秋大義四十條, 以抵公羊・穀梁, 帝賜布五百匹. 又與左氏作長義. 至鄭康成, 箴(침)左氏膏肓, 發公羊墨守, 起穀梁廢疾.[5] 自此以後, 二傳遂微, 左氏學顯矣.

1) 劉歆 : B.C. 53?~A.D. 25. 前漢 沛縣 사람으로, 자는 穎叔이다. 궁정의 장서를 정리하고 六藝의 群書를 7종으로 분류하여 ≪七略≫이라 하였다. 이것은 중국 최초의 체계적인 서적 목록으로 현전하지는 않지만 ≪漢書≫ 〈藝文志〉가 대체로 그에 의해서 엮어졌다. ≪春秋左氏傳≫, ≪毛詩≫, ≪逸禮≫, ≪古文尙書≫를 특히 존숭하여

學官에 이에 대한 專門博士를 설정하려고 하였으나 성사하지 못하고 河內太守로 좌천되었다. 王莽의 찬탈 후 國師로 초빙되어 그의 국정에 협력하였으나, 만년에는 왕망의 暴逆에 반대하여 모반을 기도하였다가 실패하여 자살하였다.

2) 〔史〕 : 저본에는 '史'가 없으나, 北京大本에 의거하여 보충하였다.

3) 翟方進 : 漢 成帝 때의 문신으로 字는 子威이고 汝南 上蔡 사람이다. 어렸을 적에 빈한하였으나 《春秋左氏傳》을 깊이 공부하여 博士가 되고, 성제 때에 승상이 되어 高陵后에 봉해졌다.(《漢書》 〈翟方進傳〉)

4) 鄭興父子 : 鄭興은 後漢 開封 사람으로, 어려서부터 《春秋傳》을 배웠고 《周禮》와 曆數에 밝았다. 그의 아들은 鄭衆으로, 12세에 아버지에게서 《춘추전》을 배웠으며 章帝 때 大司農이 되었다. 鄭玄을 後鄭이라 하고, 정중을 先鄭이라 한다.(《後漢書》 〈鄭興傳〉)

5) 至鄭康成……起穀梁廢疾 : 鄭康成은 漢나라 鄭玄(127~200)의 자이다. 그는 馬融에게 배웠으며, 一經 專門의 학풍을 타파하고 訓詁에 힘썼다. 《六藝論》을 저술하였고, 《詩箋》·《禮記》·《周易》·《論語》·《孝經》 등을 주해하였다. 후한의 今文 경학가 何休는 公羊學을 좋아하여 《公羊墨守》·《左氏膏肓》·《穀梁廢疾》을 저술하였다. 唐나라 李賢의 해설에 따르면, '公羊墨守'는 '《춘추공양전》의 의리가 깊어 반박할 수 없으니 墨翟이 성을 지키듯이 지킨다'는 뜻이고, '左氏膏肓'은 '《춘추좌씨전》의 병통은 고황에 병이 든 것처럼 어찌할 수 없다'는 뜻이다. 하휴의 책들에 대해서 정현이 각각 《發墨守》, 《鍼膏肓》, 《起廢疾》을 지어 잘못된 부분을 지적해 바로잡자 하휴는 정현의 책들을 보고 "정강성이 내 집에 들어와 내 창을 들어서 나를 공격하는구나.〔康成入吾室 操吾矛以伐我乎〕"라고 탄식하였다고 한다.(《後漢書》 〈鄭玄列傳〉) 여기에서 '箴'의 음은 '職'과 '深'의 반절로, 의료용 기구인 '鍼'과 같은 뜻으로 쓰였는바, '침'으로 발음해야 한다.

成帝 때 劉歆이 秘書를 교정하면서 祕府에서 古文으로 된 《春秋左氏傳》을 발견하고서는 몹시 그것을 애호하였다. 당시 丞相史 尹咸이 《춘추좌씨전》을 연구할 능력이 있었으므로 유흠과 함께 傳을 교정하였다. 유흠은 윤함과 丞相 翟方進을 좇아 배우며 大義를 질문하였다. 처음에는 《춘추좌씨전》에 古字와 古言이 많아서 학자들이 訓詁 정도를 전수할 뿐이었다. 유흠의 《춘추좌씨전》 연구에 이르러 傳文을 인용해 經文을 해석하면서 서로 참고하여 뜻을 발명하니, 이로부터 章句와 義理가 구비되었다. 유흠은 左丘明의 好惡는 聖人과 같고 夫子를 직접 뵈었으나, 公羊과 穀梁은 공자의 72제자의 후대이니, 전해들은 것과 친히 뵌 것은 그 상세함과 소략함이 같지 않다고 여겼다. 유흠이 자주 그 문제를 가지고 劉向에게 問難하였으나 유향은 부정할 수

없었다. 그는 유흠과 가까이 지내며 ≪춘추좌씨전≫ 및 ≪毛詩≫, 逸禮, ≪古文尙書≫를 세워 모두 學官에 배치하려고 하였다. 哀帝가 유흠으로 하여금 五經博士와 더불어 그 뜻을 강론하게 하자, 여러 儒者와 博士들이 置對하기를 꺼렸으므로 유흠은 太常博士에게 글을 보내 힐책해 나무랐다. 和帝 元興 11년에 鄭興 父子와 유흠이 처음으로 대의를 통해 황제에게 상주함으로써 ≪춘추좌씨전≫이 비로소 學官에 세워져서 마침내 세상에 통행하였다.

章帝 때에 이르러 賈逵가 ≪春秋大義≫ 40條를 올려 ≪春秋公羊傳≫과 ≪春秋穀梁傳≫을 배격하자, 장제가 布 500匹을 하사하였다. 또 ≪춘추좌씨전≫의 大義가 ≪춘추공양전≫·≪춘추곡량전≫보다 뛰어난 점 30조를 뽑아 長義를 지어 올렸다. 鄭康成(鄭玄)에 이르러 ≪左氏膏肓≫에 침을 놓고 ≪公羊墨守≫를 들추어내고 ≪穀梁廢疾≫을 일으켰는데, 이로부터 ≪춘추공양전≫과 ≪춘추곡량전≫ 두 傳은 마침내 미미해졌고 左氏學이 세상에 드러났다.

春秋者는 魯史記之名也라

≪春秋≫는 魯나라 史記의 명칭이다.

【疏】 '春秋'至'名也' ○ 人臣奉主, 品目不同. 掌事曰司, 掌書曰史. 史官記事, 爲書立名, 以春秋二字爲記事之書名也. ○ 正義曰：從此以下至'所記之名也', 明史官記事之書名曰春秋之意. 春秋之名, 經無所見, 唯傳記有之. 昭二年, 韓起聘魯, 稱"見魯春秋". 外傳[1]晉語司馬侯對晉悼公云"羊舌肸習於春秋", 楚語申叔時論傳太子之法云"敎之以春秋". 禮坊記云"魯春秋記晉喪曰殺其君之子奚齊." 又經解曰"屬辭比事, 春秋敎也." 凡此諸文所說, 皆在孔子之前, 則知未修之時舊有'春秋'之目. 其名起遠, 亦難得而詳. 禮記內則(칙)稱五帝有史官, 旣有史官, 必應記事, 但未必名爲春秋耳. 據周世法則(칙), 每國有史記, 當同名春秋, 獨言'魯史記'者, 仲尼修魯史所記, 以爲春秋, 止解仲尼所修春秋, 故指言魯史, 言修魯史春秋以爲褒貶之法也.

1) 外傳：左丘明이 지었다는 ≪國語≫를 가리킨다. ≪春秋外傳≫이라고도 한다. 경전 문구의 뜻풀이에만 중점을 둔 주석서를 內傳이라 하고, 관련 사실을 널리 기록하여 本義를 추론한 주석서를 外傳이라고 하는데, ≪春秋≫의 내전은 ≪春秋左氏傳≫을, 외전은 ≪國語≫를 이른다.

〔春秋〕에서 〔名也〕까지

○ 人臣이 군주를 받드는 것은 품등과 조목이 같지 않다. 일을 맡는 관리를 '司'라고 하고, 글을 맡는 관리를 '史'라고 한다. 史官이 일을 기록하여 책을 만들고 책 이름을 정하여 '春秋' 두 글자로 일을 기록한 책의 명칭을 삼은 것이다.

○ 正義曰 : 여기서부터 '所記之名也'까지는 史官이 일을 기록한 책의 명칭을 '春秋'라고 한 뜻을 밝혔다. '춘추'의 명칭은 經文에는 보이는 곳이 없고 오직 傳文의 기록에만 있다. 昭公 2년에 韓起가 魯나라에 聘問하였을 적에 "≪魯春秋≫를 보았다."라고 칭하였다. ≪春秋外傳≫(≪國語≫)의 〈晉語〉에 司馬侯가 晉 悼公에게 대답하여 "羊舌肹이 ≪春秋≫에 익숙하다."라고 하였고, 〈楚語〉에 申叔時가 태자를 가르치는 법도를 논하면서 "≪춘추≫를 가르친다."라고 하였다. ≪禮記≫ 〈坊記〉에 "≪魯春秋≫에 晉나라 喪事를 기록하여 '그 임금의 아들 奚齊를 죽였다.'라고 하였다."라고 하였고, 또 ≪예기≫ 〈經解〉에 "〈褒貶을 가하여〉 文辭를 엮고 사건을 차례대로 배열하는 것은 ≪춘추≫의 가르침이다."라고 하였다.

대체로 여러 글에서 말한 것은 모두 孔子 이전에 해당하니, 공자가 ≪춘추≫를 편수하기 오래 전부터 '春秋'라는 名目이 있었음을 알 수 있다. 그 명칭의 기원은 오래되었으니, 또한 자세히 알아내기 어렵다. ≪예기≫ 〈內則〉에 五帝에게 史官이 있었다고 하였으니, 이미 사관이 있었다면 필시 일을 기록하였을 터이나 반드시 '春秋'라고 명명하지는 않았을 것이다.

周나라 시대의 법칙에 의거하면 나라마다 史記가 있었고 응당 똑같이 '春秋'라고 명명하였을 것이다. 그런데 〈韓起가〉 유독 '魯史記'라고 말한 것은 仲尼가 魯나라 사관이 기록한 것을 편수하여 ≪春秋≫를 지었기 때문이니, 이는 단지 중니가 ≪춘추≫를 편수하였다는 것만을 해석한 것이다. 그러므로 '魯史記'라고 가리켜 말해서 노나라 사관이 기록한 ≪춘추≫를 편수하여 포폄의 법도를 세웠음을 말한 것이다.

記事者 以事繫日하고 **以日繫月**하고 **以月繫時**하고 **以時繫年**하니 **所以紀遠近別同異也**라

사건을 기록하는 자가 사건을 〈그 사건이 일어난〉 날짜에 매어 기록하고, 날짜를 그 달에 매어 기록하고, 달을 그 철에 매어 기록하고, 철을 그 해에 매어 기록하였으니, 이는 年月의 遠近을 기록하여 사건의 異同을 구별하기 위해서이다.

【疏】'記事'至'異也'〔○〕[1] 旣辨'春秋'之名, 又言記事之法. 繫者, 以下綴上・以末連本之辭. 言於此日而有此事, 故以事繫日, 月統日, 故以日繫月, 時統月, 故以月繫時, 年統時, 故以時繫年, 所以紀理年月遠近, 分別事之同異也. 若"隱三年, 春, 王二月, 己巳, 日有食之", "二年, 秋, 八月, 庚辰, 公及戎盟于唐"之類, 是事之所繫年時月日四者皆具文也. 史之所記, 皆應具文, 而春秋之經文多不具, 或時而不月, 月而不日, 亦有日不繫月, 月而無時者. 史之所記, 日必繫月, 月必繫時, 春秋二百四十二年之間, 有日無月者十四, 有月無時者二, 或史文先闕而仲尼不改, 或仲尼備文而後人脫誤. 四時必具, 乃得成年, 桓十七年五月, 無夏, 昭十年十二月, 無冬, 二者皆有月而無時. 旣得其月, 時則可知, 仲尼不應故闕其時, 獨書其月, 當是仲尼之後寫者脫漏. 其日不繫於月, 或是史先闕文, 若僖二十八年冬下無月, 而有壬申丁丑, 計一時之間再有此日, 雖欲改正, 何以可知. 仲尼無以復(부)知, 當是本文自闕, 不得不因其闕文, 使有日而無月. 如此之類, 蓋是史文先闕, 未必後人脫誤. 其時而不月, 月而不日者, 史官立文, 亦互自有詳略, 何則. 案經朝聘・侵伐・執殺大夫・土功之屬, 或時或月未有書日者, 其要盟・戰敗・崩薨・卒葬之屬, 雖不盡書日, 而書日者多, 是其本有詳略也. 計記事之初日月應備, 但國史總集其事, 書之於策, 簡其精麤, 合其同異, 量事而制法, 率意以約文, 史非一人, 辭無定式, 故日月參差(참치), 不可齊等. 及仲尼修(故)〔改〕[2], 因魯史成文, 史有詳略, 日有具否, 不得不卽因而用之.

1) 〔○〕: 저본에는 '○' 부호가 없으나, 저본의 체제에 의거하여 보충하였다. 이하도 모두 같다.
2) (故)〔改〕: 저본에는 '故'로 되어 있으나, 宋本・監本・毛本에 의거하여 '改'로 바로잡았다.(阮元의 〈校勘記〉 참조)

〔記事〕에서 〔異也〕까지

○ 이미 '春秋'의 명칭을 논변하고 또 사건을 기록하는 법칙을 말하였다. '繫'는 아래에 있는 것을 위로 이어 붙이고, 지엽적인 것을 근본적인 것에 연결시킨다는 표현이다. 이날에 이 사건이 있었기 때문에 사건을 그날에 매었고, 달로 날을 통괄하였기 때문에 그날을 그달에 매었고, 철로 달을 통괄하였기 때문에 그달을 그 철에 매었고, 해로 철을 통괄하였기 때문에 그 철을 그 해에 매었으니, 이는 年月의 遠近을 기록하여 사건의 異同을 분별하기 위함이라는 말이다. "隱公 3년 봄 周王 2월 己巳日에 日食하

였다."라고 한 것과 "2년 가을 8월 庚辰日에 은공이 戎과 唐에서 結盟하였다."라고 한 것 따위는 사건을 맨 해, 철, 달, 날 네 가지가 모두 구비된 글이다. 史官이 기록하는 것은 모두 구비된 글이어야 하는데 ≪春秋≫의 經文은 대부분 구비되지 않았으니, 어떤 경우에는 철은 있는데 달이 없거나 달은 있는데 날이 없기도 하며, 또는 날이 달에 매여 있지 않고 달은 있으되 철이 없는 경우도 있다.

사관이 기록하는 것은 날은 반드시 달에 매고 달은 반드시 철에 매야 하는데, ≪春秋≫ 242년 동안에 날은 있고 달이 없는 경우가 14번, 달은 있고 철이 없는 경우가 2번이다. 혹은 사관의 글에 먼저 빠져 있었는데 중니가 고치지 않았거나, 혹은 중니가 글을 구비하였는데 후대 사람이 잘못 빠뜨렸을 수도 있다. 사계절이 반드시 구비되어야 한 해를 이루는데, 桓公 17년 5월에 여름이 없고, 昭公 10년 12월에 겨울이 없으니, 이 두 경우는 모두 달은 있는데 철이 없다. 이미 그 달을 파악하면 철은 알 수 있으니, 중니가 고의로 그 철을 빠뜨리지는 않았을 것인데, 단지 그 달만 기록된 것은 응당 중니의 후대에 옮겨 쓴 자가 빠뜨린 것이리라. 그 날을 달에 매지 않은 것은 혹 사관이 먼저 글을 빠뜨렸을 경우도 있다. 僖公 28년 겨울 아래에 달이 없고 임신일・정축일이 나오는데, 따져보면 한 철 사이에 이 날이 두 번 있으니, 비록 改正하려고 해도 어떻게 알 수가 있었겠는가. 중니는 다시 알 수가 없었을 것이다. 그래서 당연히 본래의 글에서 빠져 있었던 것이니, 어쩔 수 없이 빠져 있는 글을 따를 수밖에 없었으므로 날은 있고 달은 없게 한 것이다. 이와 같은 유형은 대체로 史官의 글에서 먼저 빠진 것이지 꼭 후대 사람이 잘못 빠뜨린 것은 아니다.

철은 있는데 달이 없고 달은 있는데 날이 없는 것은 사관이 글을 적을 때 각기 경우에 따라 자세하게도 하고 간략하게도 하기 때문이니, 어째서인가? 經文을 살펴보면 朝聘, 侵伐, 대부를 잡아 죽인 사건, 토목공사 따위는 간혹 철이나 달은 쓰고 날은 쓰지 않았고, 要盟(강압에 의한 결맹), 패전, 崩과 薨, 卒과 葬 따위는 날을 다 쓰지는 않았더라도 날을 쓴 경우가 많으니, 본래 자세하게도 하고 간략하게도 하는 것이다.

생각건대 사건을 기록하는 처음의 날과 달은 구비되어야 하지만, 다만 國史는 그 사건을 총괄해 모으기 때문에 簡策에 기록할 때 세밀하고 조잡한 것을 간략하게 하고 다르고 같은 것을 통합하며, 사건을 따져 법을 세우며 뜻에 따라 글을 요약한다. 그런데 사관은 한 사람이 아니고 文辭는 정해진 법식이 없었으므로 날과 달이 엇갈려서 똑같이 될 수가 없었다. 중니가 수정할 적에는 노나라 사기의 문장에 나와 있는 역사의 상세함과 간략함, 날이 구비됨과 구비되지 않음에 따라서 어쩔 수 없이 그대로 따라서 쓴 것이다.

案經傳書日者, 凡六百八十一事. 自文公以上, 書日者二百四十九, 宣公以下亦俱六公, 書日者四百三十二. 計年數略同, 而日數向倍, 此則久遠遺落, 不與近同, 且他國之告有詳有略, 若告不以日, 魯史無由得其日而書之, 如是, 則當時之史亦不能使日月皆具. 當時已自不具, 仲尼從後脩之, 舊典參差, 日月不等, 仲尼安能盡得知其日月皆使齊同. 去其日月, 則或害事之先後, 備其日月, 則古史有所不載, 自然須舊有日者因而詳之, 舊無日者因而略之, 亦旣自有詳略, 不可以爲褒貶, 故春秋諸事皆不以日月爲例. 其以日月爲義例者, 唯卿卒・日食二事而已. 故隱元年, 冬, 十有二月"公子益師卒". 傳曰"公不與小斂, 故不書日". 桓十七年"冬, 十月, 朔, 日有食之". 傳曰"不書日, 官失之也". 丘明發傳, 唯此二條. 明二條以外, 皆無義例. 旣不以日爲例, 獨於此二條見義者, 君之卿佐, 是謂股肱, 股肱或虧, 何痛如之. 病則親問, 斂則親與. 卿佐之喪, 公不與小斂, 則知君之恩薄. 但是事之小失, 不足以貶人君. 君自不臨臣喪, 亦非死者之罪, 意欲垂戒於後, 無辭可以寄文, 而人臣輕賤, 死日可略, 故特假日以見義也. 日食者, 天之變. 甲乙者, 歷之紀. 朔是日月之會, 其食必在朔日, 是故史書日食必記月朔. 朔有甲乙, 乃可推求, 故日有食之, 須書朔日. 日與不日, 唯此而已. 月與不月, 傳本無義. 公羊・穀梁之書, 道聽塗說之學, 或日或月, 妄生褒貶. 先儒溺於二傳, 橫爲左氏造日月褒貶之例, 故杜於大夫卒例備詳說之. 仲尼刊定日月無褒貶, 而此序言史官記事必繫日月時年者, 自言記事之體須有所繫, 不言繫之具否皆有義例也.

살펴보건대, 經文과 傳文에 날을 기록한 것은 모두 681개 사건이다. 文公 이상으로는 날을 기록한 것이 249개 사건이고, 宣公 이하도 모두 6公인데 날을 기록한 것은 432개 사건이다. 年數를 계산해보면 대략 같은데, 날수는 배에 가깝다. 이는 세월이 오래 지나 遺落되어 가까운 시기와 같지 않은 것이고, 또 他國에서 고해준 것은 상세하기도 하고 간략하기도 해서 만약 날짜로써 고해주지 않았다면 魯나라 史官이 날을 파악해서 기록할 방법이 없었을 것이다. 이러한 경우에는 당시의 사관도 날과 달을 다 구비하도록 할 수 없었다. 당시에 이미 구비하지 않았다면 중니가 후대에 편수할 적에 옛 전적이 차이가 나고 날과 달이 고르게 되지 않은 것을 중니라고 어찌 그 날과 달을 다 파악해서 똑같이 할 수 있었겠는가.

날과 달이 없어졌으면 혹 사건의 선후를 아는 데 해가 되기도 하거니와, 날과 달이 구비되어 있으면 옛 史官이 記載하지 않은 것이 있어도 자연히 예전에 날짜가 있는 것은 따라서 상세하게 될 수 있고 예전에 날짜가 없는 것은 따라서 간략하게 하는 것이니, 또한 이미 본래 상세함과 간략함이 있어서 그것으로 포폄을 삼을 수 없다. 그래서 ≪춘추≫의 여러 사건에 모두 날과 달을 기록하는 것으로 例를 삼지는 않은 것이다. 날과 달로 義例를 삼은 경우는 오직 卿의 죽음과 日食 두 가지 사례뿐이다. 그러므로 隱公 원년 겨울 12월에 "公子 益師가 죽었다."라고 하였는데, 傳에 "은공이 小斂에 참여하지 않았기 때문에 經에 사망일을 기록하지 않은 것이다."라고 하였다. 桓公 17년에 "겨울 10월 초하루에 일식하였다."라고 하였는데, 傳에 "經文에 日辰을 기록하지 않은 것은 史官이 잊고 기록하지 않은 것이다."라고 하였다. 左丘明이 傳에 밝혀 놓은 것은 오직 이 두 條뿐이다. 확실히 두 조 외에 모두 義例가 없다.

이미 날로 의례를 삼지 않아 놓고 유독 이 두 조에서만 의례를 보인 것은 군주에게 卿佐는 股肱이라 할 만하니, 고굉이 혹 없어지게 되면 얼마나 비통하겠는가. 병이 들면 친히 위문하고 斂에는 친히 참여할 것이다. 卿佐의 喪事가 났는데 公이 小斂에 참여하지 않았다면 군주의 은혜가 박하다는 것을 알 수 있다. 다만 이 사건처럼 작은 실수로 군주를 폄하할 수는 없다. 군주가 스스로 신하의 喪事에 가지 않았고 또한 죽은 자의 죄가 아니라면 후대에 경계를 전하고자 의도해도 무어라고 글을 쓸 수가 없으며, 신하는 임금에 비해 輕賤하기 때문에 죽은 날짜를 생략할 수 있다. 그래서 특별히 날짜를 빌려 뜻을 드러낸 것이다. 日食은 하늘의 변고이고, 甲乙(干支)은 曆을 기록하는 법이며, 朔은 해와 달이 만나는 시기이니, 그 일식은 반드시 朔日에 있다. 이 때문에 사관이 일식을 적을 때 반드시 月朔을 기록하는 것이다. 朔에 甲乙이 있어야 추산해낼 수 있기 때문에 일식에는 반드시 삭일을 기록한다. 날을 적거나 적지 않는 것을 〈의례로 삼는 것은〉 오직 이 경우 뿐이다.

달을 적거나 적지 않는 것은 傳本에 의례가 없다. ≪春秋公羊傳≫과 ≪春秋穀梁傳≫ 따위의 책은 길에서 떠도는 것을 주워 모은 학설이니, 혹은 날을 쓰거나 혹은 달을 써서 함부로 褒貶을 만들어내었다. 先儒들이 이 두 傳에 빠져서 함부로 ≪春秋左氏傳≫을 위해 날과 달에 대한 포폄의 例를 조작하였다. 따라서 杜預는 대부가 죽은 例에 대해 상세히 갖추어 해설한 것이다. 仲尼가 날과 달을 고쳐 정할 적에 褒貶이 없었는데, 이 서문에서 史官이 사건을 기록할 때 반드시 날, 달, 철, 해를 매어 기록한다고 말한 것은 사건을 기록하는 체제는 필수적으로 매어 기록하는 바가 있어야 한다고 스스로 말한 것이지, 매어 기록하는 것이 구비되거나 구비되지 않은 것에 모두 義例가 있음을 말한 것은 아니다.

春秋感精符[1)]曰"日者, 陽之精, 耀魄[2)]光明, 所以察下也." 淮南子曰"積陽之熱氣生火, 火氣之精者爲日." 劉熙釋名[3)]曰"日, 實也, 光明盛實." 是說日之義也. 日之在天, 隨天轉運, 出則爲晝, 入則爲夜, 故每一出謂之一日. 日之先後, 無所分別, 故聖人作甲乙以紀之. 世本[4)]云"容成造歷, 大橈作甲子." 宋忠注云"皆黃帝史官也." 感精符曰"月者, 陰之精, 地之理也." 淮南子曰"積陰之寒氣久者爲水, 水氣之精者爲月." 劉熙釋名曰"月, 闕也, 滿而闕也." 是說月之義(缺)〔也〕[5)]. 月之行天, 其疾於日十三倍有餘, 積二十九日過半而行及日與月相會. 張衡靈憲[6)]曰"日譬火, 月譬水, 火外光, 水含景, 故月光生於日之所照, 魄生於日之所蔽. 當日則光盈, 就日則明盡." 然則以明一盡謂之一月, 所以總紀諸月也. 三月乃爲一時, 四時乃爲一年, 故遞相統攝, 紀理庶事. '紀遠近'者, 前年遠於後年, 後月近於前月, 異其年月, 則遠近明也. '別同異'者, 共在月下, 則同月之事, 各繫其月, 則異月之事, 觀其月則異同別矣. 若然, 言正月二月則知是春, 四月五月則知是夏, 不須以月繫時, 足明遠近同異. 必須以月繫時者, 但以日月時年各有統屬, 史官記事, 唯須順敍, 時旣管月, 不得不以月繫時. 案經未有重書月者, 日則有之. 桓十二年, 冬, 十有一月, "丙戌, 公會鄭伯, 盟于武父. 丙戌, 衛侯晉卒". 一日再書者, 史本異文, 仲尼從而不改, 故杜云"重書丙戌, 非義例, 因史成文也."

1) 春秋感精符 : 漢나라 말기에 夏賀良의 무리가 "經書가 있으면 반드시 緯書가 있다."고 하며 만들어낸 春秋經의 위서 중의 하나이다. 춘추경의 위서는 ≪演孔圖≫·≪元命包≫·≪文耀鉤≫·≪運斗樞≫·≪感精符≫·≪合誠圖≫·≪考異郵≫·≪保乾圖≫·≪漢含孳≫·≪佑助期≫·≪握誠圖≫·≪潛潭巴≫·≪說題辭≫ 등이 있다.

2) 耀魄 : 별 이름으로, 天帝星이다. 북극 五星 중에서 가장 높은 별이다. 耀魄寶라고도 한다.(≪星經≫ 〈天皇〉)

3) 劉熙釋名 : 劉熙는 후한 말기의 훈고학자로, 자는 成國이며, 鄭玄의 제자라고 알려져 있으나 분명하지 않다. ≪釋名≫은 그가 지은 訓詁字書의 일종으로, 모두 8권이다. ≪逸雅≫라고도 한다. 釋天, 釋地 등 27類로 나누어 기술하였다.

4) 世本 : ≪漢書≫ 〈藝文志〉에 보이는 "≪世本≫은 모두 15篇이다."라는 구절의 주석에 의하면 "고대 史官이 黃帝 이래로 春秋시대의 諸侯와 大夫에 이르기까지 그들의 世系

를 기록한 책이다."라고 하였다. 지금은 전하지 않으며 여러 서적에 인용된 구절이 있을 뿐이다.

5) (缺)〔也〕: 저본에는 '缺'로 되어 있으나, 阮元의 교감기에 의거하여 '也'로 바로잡았다.

6) 張衡靈憲 : 張衡(78~139)은 後漢의 천문학자·지리학자·수학자이다. 수력으로 작동하는 天球儀인 渾天儀를 제작하여 渾天說의 우주론을 확립하고, 지진계인 候風地動儀를 만들었으며, 월식의 원인을 발견하고, 2,500개의 星體를 담은 星圖를 제작하였다. ≪靈憲≫은 그가 지은 천문학 서적으로, 천지의 생성, 우주의 변화, 천지의 구조, 일월성신의 본질과 운동 등을 다루었다.

≪春秋感精符≫에 "해〔日〕는 陽의 精이니, 耀魄이 빛을 내는 것은 아래를 관찰하기 위해서이다."라고 하였다. ≪淮南子≫ 〈天文訓〉에 "陽의 열기가 쌓이면 불이 생기며 火氣 중에 精한 것이 해가 된다."라고 하였다. 劉熙의 ≪釋名≫에 "해는 實이니, 빛이 가득한 것이다."라고 하였다. 이는 해의 뜻을 설명한 것이다. 해가 하늘에 있으면서 하늘을 따라 운행해서, 나오면 낮이 되고 들어가면 밤이 된다. 그래서 한번 나올 때마다 하루〔一日〕라고 한다. 날의 선후는 분별할 바가 없으므로 성인은 甲乙을 만들어 기록한 것이다. ≪世本≫에 "容成이 曆書를 만들고 大橈가 갑자를 만들었다."라고 하였는데, 宋衷의 注에 "모두 黃帝의 史官이다."라고 하였다.

≪춘추감정부≫에 "달〔月〕은 陰의 精이니, 땅의 이치이다."라고 하였다. ≪회남자≫ 〈천문훈〉에 "陰이 쌓인 寒氣가 오래된 것이 물이 되니, 水氣의 精이 달이 된다."라고 하였다. 劉熙의 ≪釋名≫에 "달은 이지러짐〔闕〕이니, 가득하면서도 이지러짐이다."라고 하였다. 이는 달의 뜻을 설명한 것이다. 달이 하늘을 운행함에 해보다 빠르기가 13배 남짓이고, 29일을 쌓아 반을 넘어 운행해서 해와 달이 만나게 된다. 張衡의 ≪靈憲≫에 "해는 불에 비유하고 달은 물에 비유하니, 불은 빛을 바깥으로 보내고 물은 그림자를 품는다. 그래서 달빛은 해가 비추는 곳에서 생기고 月魄은 해가 가려지는 곳에서 생긴다. 해를 마주하면 빛이 가득하고 해가 가면 밝음이 다한다."라고 하였다. 그렇다면 밝음이 한 번 다하는 것을 한 달〔一月〕이라고 하니, 여러 달을 총괄하여 기록한 것이다. 석 달〔三月〕이 곧 한 철〔一時〕이 되니, 四時가 곧 1년이 된다. 그래서 번갈아 서로 統攝하여 여러 사건을 기록해 정리하였다.

'원근을 기록한다.〔紀遠近〕'는 것은 前年은 後年보다 멀고 後月은 前月보다 가까우니, 해와 달을 다르게 하면 원근이 분명해진다. '〈사건의〉 異同을 구별한다.〔別同異〕'는 것은 달 아래에 함께 있으면 같은 달의 사건이고, 각기 해당 달 아래 매어 있으면 다른 달의 사건이니, 그 달을 보면 이동이 구별된다. 그렇다면 정월・2월을 말하면 봄임을 알고, 4월・5월을 말하면 여름임을 아니, 꼭 달로 철을 맬 필요는 없고 원근과 동이를 밝히면 충분하다. 반드시 달을 철에 매어 기록하는 것은 단지 날, 달, 철, 해가 각기 統屬이 있어서 史官이 사건을 기록할 적에 오직 순서가 필요해서이니, 철에 이미 달을 管束시켰으면 어쩔 수 없이 달로 철에 매어 기록하였다.

살펴보건대 經에 달을 거듭 쓴 경우는 없고, 날을 거듭 쓴 경우는 있다. 桓公 12년 겨울 11월에 "병술일에 환공이 鄭伯과 회합하여 武父에서 結盟하였다. 병술일에 衛侯晉이 卒하였다."라고 한 경우이다. 하루를 두 번 쓴 것은 사관의 기록은 본래 다른 글이었는데 仲尼가 따라 쓰면서 고치지 않은 것이다. 그러므로 杜預가 "丙戌을 거듭 기록한 것은 義例가 아니고, 史策의 舊文에 따라 글을 만든 것이다."라고 한 것이다.

故史之所記에 必表年以首事하니 年有四時라 故錯(착)擧以爲所記之名也니라

그러므로 史官이 기록할 때 반드시 年을 표시하여 記事를 시작하였다. 年에는 四時가 있기 때문에 〈春과 秋를〉 번갈아들어서 기록한 책의 이름으로 삼은 것이다.

【疏】'故史'至'名也' ○ 將解名曰'春秋'之意, 先說記事主記當時之事. 事有先後, 須顯有事之年. 表, 顯也. 首, 始也. 事繫日下, 年是事端, 故史之所記, 必先顯其年, 以爲事之初始也. 年有四時, 不可遍擧四字以爲書號, 故交錯互擧, 取'春秋'二字, 以爲所記之名也. 春先於夏, 秋先於冬, 擧先可以及後, 言春足以兼夏, 言秋足以見冬, 故擧二字以包四時也. '春秋'二字是此書之總名, 雖擧'春秋'二字, 其實包冬夏四時之義. 四時之內, 一切萬物生植孕育, 盡在其中. 春秋之書, 無物不包, 無事不記, 與四時義同, 故謂此書爲春秋. 孝經云"春秋祭祀, 以時思之." 詩魯頌云"春秋匪解, 享祀不忒." 鄭箋云"春秋, 猶言四時也." 是擧春秋, 足包四時之義.

〔故史〕에서 〔名也〕까지

○ 장차 책의 이름을 '春秋'로 지은 뜻을 풀이하려고 하면서, 먼저 사건을 기록하는 자가 당시의 사건을 기록하는 업무를 주관하는 것에 대해 말한 것이다. 사건에는 先後가 있으니, 반드시 사건이 있었던 年을 드러내야 한다. '表'는 드러낸다는 뜻이고, '首'는 시작한다는 뜻이다. 사건을 날짜 아래에 매어 기록하니, 年은 사건의 실마리가 되기 때문에 史官이 기록할 때 반드시 먼저 그 年을 드러내어 사건의 시초로 삼는다.

年에는 四時가 있으니, 4자(春夏秋冬)를 두루 들어서 책의 이름으로 삼을 수 없기 때문에 번갈아들어서 '春秋' 2자를 취해 기록한 책의 이름으로 삼은 것이다. 봄은 여름보다 앞서고 가을은 겨울보다 앞서니, 앞을 들면 뒤까지 미칠 수 있으므로 봄을 말하면 여름을 겸할 수 있고, 가을을 말하면 겨울을 알 수 있기 때문에 '춘추' 2자를 들어서 四時를 포함한 것이다. '춘추' 2자는 이 책의 總名이니, 비록 '춘추' 2자만 들기는 하였지만 실제로는 冬・夏와 四時의 뜻까지 포함한 것이다. 사시의 안에 모든 萬物이 生殖하고 生育하여 그 가운데에 다 들어 있다. ≪春秋≫란 책은 포함하지 않은 물건도 없고 기록하지 않은 사건도 없어 사시와 뜻이 같기 때문에 이 책을 ≪춘추≫라 일컬은 것이다. ≪孝經≫에 "춘추에 제사를 지내어 철에 따라 어버이를 그리워한다."라고 하였고, ≪詩經≫ 〈魯頌〉에 "춘추로 제사를 게을리 하지 않아 향사를 올림에 어긋나지 않도다."라고 하였는데, 鄭玄의 箋에 "'춘추'는 사시라 말한 것과 같다."라고 하였으니, 이것이 춘추만 들어서 사시의 뜻까지 포함한 것이다.

【疏】 年・歲・載・祀, 異代殊名, 而其實一也. 爾雅釋天云"載, 歲也. 夏曰歲, 商曰祀, 周曰年, 唐虞曰載." 李巡[1]曰"夏歲, 商祀, 周年, 唐虞載, 各自紀事, 堯舜三代示不相襲也." 孫炎[2]曰"載, 始也, 取物終更始也. 歲, 取歲星行一次也. 祀, 取四時祭祀一訖也. 年, 取年穀一熟也." 是其名別而實同也. 此四者, 雖代有所尙, 而名興自遠, 非夏代始有歲名, 周時始有年稱, 何則. 堯典云"期三百有六旬有六日, 以閏月定四時, 成歲", 禹貢"作十有三載, 乃同". 是於唐虞之世, 已有年歲之言. 記事者則各從所尙, 常語者則通以爲言, 故虞亦稱年, 周亦稱歲. 周詩唐風稱"百歲之後", 是周之稱歲也.

1) 李巡 : 後漢 汝陽 출신의 宦官으로서 少府에 소속되어 있던 관리이다. 저서로 ≪爾雅注≫ 3권이 있다.(≪後漢書≫ 〈宦者呂强傳〉)
2) 孫炎 : 三國時代 魏나라 樂安 사람으로, 자는 叔然이다. 鄭玄의 문하에서 수학하였으며, 東州의 大儒로 칭해졌다. 저서로 ≪爾雅音義≫, ≪周易春秋例≫ 등이 있다. ≪隋書≫ 〈經籍志〉에 의하면 "≪爾雅音義≫ 8권은 孫炎이 지었다."라고 하였다.

年, 歲, 載, 祀는 다른 시대의 다른 명칭이기는 하지만, 실제로는 똑같은 뜻이다. ≪爾雅≫ 〈釋天〉에 "載는 歲의 뜻이니, 夏나라는 歲라 하고, 商나라는 祀라 하고, 周나라는 年이라 하고, 唐虞에는 載라고 하였다."라고 하였는데, 李巡은 "하나라의 歲, 상나라의 祀, 주나라의 年, 당우의 載는 각자 사건을 기록한 것이니, 堯舜의 당우와 夏商周 三代

가 서로 傳襲하지 않았음을 보여준다."라고 하고, 孫炎은 "載는 시작한다는 뜻이니, 物이 끝났다가 다시 시작하는 뜻을 취한 것이다. 歲는 歲星이 한 차례 운행하는 뜻을 취한 것이며, 祀는 四時의 제사가 한 번 끝나는 뜻을 취한 것이며, 年은 당년 곡식이 한 번 익는 뜻을 취한 것이다."라고 하였으니, 이는 명칭은 다르지만 실질은 같은 것이다.

이 네 가지는 비록 시대마다 숭상하는 바가 있어 명칭이 생긴 것이 절로 멀기는 하지만, 하나라 시대에 처음으로 '歲'라는 명칭이 있게 되고, 주나라 시대에 처음으로 '年'이라는 명칭이 있게 되었다는 것은 아니다. 어째서인가? ≪書經≫ 〈堯典〉에 "朞는 366일이니 윤달을 두어야 四時를 정하여 歲를 이룬다."라고 하였고, 〈禹貢〉에 "13載를 다스려야 〈다른 州와〉 같게 된다."라고 하였으니, 이는 당우 시대에 이미 '年'과 '歲'의 말이 있었던 것이다. 사건을 기록하는 자는 각자 숭상하는 바를 따르지만, 평상시에 말하는 자는 통용하여 말하기 때문에 당우 시대에도 '年'을 칭하고 주나라 시대에도 '歲'를 칭한 것이다. 주나라 詩(≪詩經≫) 〈唐風〉에 "百歲의 뒤"라고 칭하였으니, 이는 주나라 시대에 '歲'를 칭한 것이다.

【疏】 四時之名, 春夏秋冬, 皆以時物爲之號也. 禮記鄕飮酒義曰"春之爲言, 蠢也. 夏之爲言, 假也. 秋之爲言, 揫(추)也. 冬之爲言, 中也, 中者藏也." 漢書律歷志云"春, 蠢也, 物蠢生也. 夏, 假也, 物假太也. 秋, (𪏰)〔龝(추)〕[1]也物(𪏰)〔龝〕斂也. 冬, 終也, 物終藏之也." 是解四時異名之義也. 史之記事, 一月無事, 不空擧月, 一時無事, 必空擧時者, 蓋以四時不具, 不成爲歲, 故時雖無事, 必虛錄首月, 其或不錄, 皆是史之闕文. 隱六年空書"秋, 七月", 注云"雖無事而書首月, 具四時以成歲." 桓四年不書秋冬, 注云"國史之記, 必書年以集此公之事, 書首時以成此年之歲, 故春秋有空時而無事者. 今不書秋冬首月, 史闕文." 是其說也. 然一時無事則書首月, 莊二十二年書"夏, 五月"者, 杜雖於彼無注, 釋例以爲闕謬.

1) (𪏰)〔龝(추)〕 : 저본에는 '𪏰'로 되어 있으나, "'𪏰'는 字書에 없는 글자이고, ≪漢書≫ 〈律曆志〉에는 '龝'로 되어 있다. 諸本에는 '𪓝'로 되어 있는데, ≪玉篇≫에서 '龝'를 '𪓝'로도 쓴다고 되어 있다."라고 한 阮元의 교감기에 의거하여 '龝'로 바로잡았다.

四時의 명칭인 春夏秋冬은 모두 時物을 가지고 이름을 삼은 것이다. ≪禮記≫ 〈鄕飮酒義〉에 "'春'이란 말은 움직인다는 뜻이며, '夏'란 말은 크다는 뜻이며, '秋'란 말은 거둔다는 뜻이며, '冬'이란 말은 中의 뜻으로 中이란 갈무리한다는 것이다."라고 하였고,

≪漢書≫ 〈律歷志〉에 "春은 움직인다는 뜻으로 物이 움직여 생겨나는 것이다. 夏는 크다는 뜻으로 물이 커지는 것이다. 秋는 거둔다는 뜻으로 물이 거두어지는 것이다. 冬은 갈무리한다는 뜻으로, 물이 갈무리되는 것이다."라고 하였는데, 이는 사시의 異稱의 뜻을 풀이한 것이다.

史官이 사건을 기록할 때 한 달에 사건이 없으면 공연히 달을 열거하지 않지만, 한 계절에 사건이 없다 하더라도 반드시 계절을 공연히 열거한다. 이는 사시가 갖추어지지 않으면 歲를 이루지 못하기 때문이다. 그러므로 한 계절에 비록 사건이 없다 하더라도 반드시 〈계절의〉 첫 달을 虛錄하니, 혹 기록하지 않았으면 모두 사관의 闕文이 된다. 隱公 6년에 "가을 7월이다."라고 공연히 썼는데, 그 注에 "비록 사건은 없지만 첫 달을 써서 사시를 갖추어 歲를 이룬 것이다."라고 하였다. 桓公 4년에 가을과 겨울을 쓰지 않았는데, 그 주에 "國史의 기록은 반드시 年을 써서 此公의 사건을 모으고, 첫 계절을 써서 此年의 歲를 이루기 때문에 ≪春秋≫에는 사건이 없는데 시절만 공연히 있는 경우가 있다. 지금 가을과 겨울의 첫 달 쓰지 않았으니, 사관이 궐문한 것이다."라고 하였으니, 이것이 그 설이 된다. 그러나 한 계절에 사건이 없으면 첫 달을 써야 한다. 莊公 22년에 "여름 5월이다."라고 하였는데, 杜預는 비록 저 기사에 대하여 주를 달지 않았지만, ≪春秋釋例≫에서는 빠뜨리고 잘못된 것이라고 하였다.

【疏】 春秋之名, 錯擧而已, 後代儒者, 妄爲華葉. 賈逵[1]云"取法陰陽之中. 春爲陽中, 萬物以生. 秋爲陰中, 萬物以成. 欲使人君動作不失中也". 賀道養[2]云"春貴陽之始, 秋取陰之初". 計'春秋'之名, 理包三統[3], 據周以建子爲正言之, 則春非陽中, 秋非陰中, 據夏以建寅爲正言之, 則春非陽始, 秋非陰初, 乃是鑿混沌[4]而畫蛇足[5], 必將天性命而失卮酒.

1) 賈逵 : 30~101. 後漢 때의 儒學者로 字는 景伯이고, 陝西省 平陵 출생이다. 家學을 통해 약관의 나이에 ≪春秋左氏傳≫과 五經에 능통하였다. 齊·魯·韓 三詩와 ≪毛詩≫의 異同을 밝히고, ≪經傳義詁≫과 ≪論難≫을 저술함으로써 뒷날 馬融과 鄭玄 등이 古文經書의 학문을 대성할 수 있는 길을 닦아놓았다. 또한 ≪左氏傳解詁≫와 ≪國語解詁≫를 저술하였다.

2) 賀道養 : 南朝 宋나라의 학자이자 문신으로, ≪隋書≫ 〈經籍志〉에 그가 지었다는 ≪春秋序≫ 1권이 나온다.

3) 三統 : 三代 때의 세 가지 正朔인 人統, 地統, 天統을 통칭하는 말이다. 곧 인통은 寅

月(1월)로 歲首를 삼은 夏나라의 정삭을, 지통은 丑月(12월)로 세수를 삼은 商나라의 정삭을, 천통은 子月(11월)로 세수를 삼은 周나라의 정삭을 말한다.

4) 鑿混沌 : 渾沌은 중앙의 神이었는데, 南海의 신인 儵(숙)과 北海의 신인 忽이 그를 위하여 보고 듣게 하려고 하루에 하나씩 구멍을 뚫어 7개의 구멍을 뚫었더니 그만 죽어버렸다고 한다.(≪莊子≫ 〈應帝王〉)

5) 畫蛇足 : 옛날 楚나라 사람이 제사를 지내고 나서 舍人들에게 卮酒를 내리자, 사인들이 서로 말하기를 "여러 사람이 마시기엔 부족하고, 한 사람이 마시면 넉넉하겠으니, 우리 서로 땅에다 뱀을 그리되 먼저 그린 사람이 술을 마시기로 하자."라고 하고 뱀을 그렸다. 그중 한 사람이 먼저 그리고는 술을 가져다 마시려 하면서, 왼손에는 술잔을 잡고 오른손으로는 뱀의 발을 그리면서 "내가 뱀의 발까지 그려 내겠다."라고 하였다. 그가 발을 미처 다 그리기 전에 다른 한 사람이 뱀을 먼저 그리고는 그 술잔을 뺏어 가면서 "뱀은 본디 발이 없는데, 자네가 어찌 발을 만들 수 있단 말인가."라고 하고 마침내 그 술을 마셨다는 고사가 있다.(≪戰國策≫ 〈齊策 2〉)

≪春秋≫의 명칭은 〈四時인 春夏秋冬을〉 번갈아 들어서 '春秋' 2자를 취했을 뿐인데, 후대의 儒者들은 망령되이 근거 없는 浮華한 말만 일삼았다. 賈逵는 "陰陽의 中에서 법을 취한 것이다. 春은 陽中이 되니 萬物이 이로써 생겨나고, 秋는 陰中이 되니 만물이 이로써 이루어진다. 임금으로 하여금 동작하면서 中을 잃지 않게 하고자 한 것이다."라고 하고, 賀道養은 "春은 陽의 시작을 귀히 여기고, 秋는 陰의 처음을 취한 것이다."라고 하였다.

생각건대 춘추의 명칭은 그 이치가 三通을 포함하니, 周나라가 建子로써 正月을 삼은 것에 의거하여 말해보면 春은 陽中이 아니고 秋는 陰中이 아니며, 夏나라가 建寅으로써 정월을 삼은 것에 의거하여 말해보면 春은 陽의 시작이 아니고 秋는 음의 처음이 아니다. 이들의 설은 混沌에게 구멍을 뚫고 蛇足을 그린 것과 같아 반드시 性命을 해치고 卮酒를 잃게 될 것이다.

周禮에 **有史官**하야 **掌邦國四方之事**하고 **達四方之志**요 **諸侯亦各有國史**라

≪周禮≫에 〈天子國에는〉 史官이 있어 邦國과 四方의 일을 맡고, 사방의 기록을 전달하였으며, 諸侯國에도 각각 國史(사관)가 있었다.

【疏】 '周禮'至'國史' ○ 旣解名曰春秋之意, 又顯記事之人. 春官宗伯之屬有大(태)史下大夫二人・小史中士八人・內史中大夫一人・外史上士四人・御史中士八人. 雖復各

有所職, 俱是掌書之官. ○ 正義曰：周禮春官小史職曰"掌邦國之志." 內史職曰"凡四方之事書, 內史讀之." 外史職曰"掌四方之志, 掌達書名于四方." 今杜氏序云"掌邦國四方之事"者, '掌邦國', 取小史職文, '四方之事', 取內史職文, 杜總括兩史, 共成此語. 諸侯官屬, 雖難備知, 要傳記每說諸侯之史, 知諸侯亦各有國史也.

〔周禮〕에서 〔國史〕까지

○ 이미 책의 이름을 '춘추'로 지은 뜻을 풀이하고, 또 사건을 기록하는 사람을 드러낸 것이다. ≪周禮≫ 〈春官 序官〉에 따르면 宗伯의 官屬 가운데 太史인 下大夫 2人, 小史인 中士 8인, 內史인 中大夫 1인, 外史인 上士 4인, 御史인 중사 8인이 있다. 또 각각 맡은 직무가 있으나 모두 문서와 記事를 맡은 관리이다.

○ 正義曰：≪주례≫ 〈춘관 小史職〉에 "邦國의 기록을 맡는다.〔掌邦國之志〕"라고 하고, 〈內史職〉에 "四方에서 보고해 온 사건을 內史가 〈王 앞에서〉 읽는다.〔凡四方之事書 內史讀之〕"라고 하고, 〈外史職〉에 "사방의 기록을 맡고, 사방에 書名을 전달하는 것을 맡는다.〔掌四方之志 掌達書名于四方〕"라고 하였다. 지금 杜預의 序에 "방국과 사방의 일을 맡는다.〔掌邦國四方之事〕"라고 한 것 가운데 '掌邦國'은 〈소사직〉의 글에서 취하고, '四方之事'는 〈내사직〉의 글에서 취한 것으로, 杜氏가 兩史를 총괄하여 이 말을 合成한 것이다. 諸侯의 官屬은 비록 자세히 알기가 어렵지만, 요컨대 傳記에서 매양 제후의 사관에 대해 말하곤 하니 제후에게도 각자 國史가 있었음을 알 수 있다.

【疏】 周禮言'邦國'者, 乃謂畿外諸侯之國也. 國在四表, 故言四方. 云'凡四方之事書, 內史讀之'者, 謂四方有書來告, 內史讀以白王也. 告王之後, 則小史主掌之, 故云"掌邦國之志". 內史雖云讀四方之事書, 其實國內史策, 皆內史所掌, 故其職掌八柄及策命之事也. 然則內史・小史, 既主國內, 又主四方來告之事, 故僖二十三年杜注云"國史承告而書"是也. 杜此序又云"達四方之志", 取外史職文. 案外史職云"掌四方之志, 掌達書名四方", 今移達字於四方之志上, 如杜之意, 外史達此國內之志, 以告四方, 故僖二十三年杜注云"同盟然後告名, 赴者之禮"是也. 然則'掌邦國四方之事'者, 據此承受他國之赴也, '達四方之志'者, 據己國有事赴告他國也.

≪周禮≫에서 '邦國'이라 말한 것은 畿外에 있는 諸侯의 나라를 이른다. 나라가 四表에 있기 때문에 '四方'이라 말한 것이다. '凡四方之事書 內史讀之'라고 한 것은 사방에서 보고해 온 사건을 내사가 읽어서 왕에게 아룀을 이른다. 왕에게 고한 뒤라면 小史

가 주관하기 때문에 "邦國의 기록을 맡는다."라고 한 것이다. 내사가 비록 사방에서 보고해 온 사건을 읽는다 하더라도, 실제로 국내의 史策은 모두 내사가 맡기 때문에 그 직임이 八柄 및 策命의 일을 맡는 것이다. 그렇다면 내사와 소사는 이미 국내의 일을 주관하고 또 사방에서 보고해 온 사건도 주관하기 때문에, 僖公 23년의 杜注에 "國史가 赴告를 받고서 史策에 기록한다."라고 한 것이다. 杜預의 이 序에 또 "사방의 기록을 전달한다."라고 한 것은 〈外史職〉의 글에서 취한 것이다.

살펴보건대 〈외사직〉에 "사방의 기록을 맡고, 사방에 書名을 전달하는 것을 맡는다."라고 하였는데, 지금 '達'자를 '四方之志'의 앞으로 옮겼으니, 두예의 뜻과 같다면 外史가 이 국내의 기록을 전달하여 사방에 고하는 것이기 때문에, 희공 23년의 두주에 "同盟을 맺은 뒤에 이름을 기록해 부고하는 것은 부고하는 자의 禮이다."라고 한 것이다. 그렇다면 '掌邦國四方之事'라는 것은 이렇게 他國의 부고를 받는 것에 의거하여 말한 것이고, '達四方之志'라는 것은 자기 나라의 일을 타국에 부고하는 것에 의거하여 말한 것이다.

【疏】 春秋旣有內外二種, 故杜翦撮天子之史, 取外史・內史兩文. 周禮諸史, 雖皆掌書, 仍不知所記春秋定是何史. 蓋天子則內史主之, 外史佐之, 諸侯蓋亦不異. 但春秋之時, 不能依禮, 諸侯史官多有廢闕, 或不置內史, 其策命之事, 多是大史, 則大史主之, 小史佐之. 劉炫以爲尙書周公封康叔, 戒之酒誥, 其經曰"大史友, 內史友". 如彼言之, 似諸侯有大史・內史矣. 但遍檢記傳, 諸侯無內史之文, 何則. 周禮內史職曰"凡命諸侯及孤卿大夫, 則策命之". 僖二十八年傳說"襄王使內史叔興父(보), 策命晉侯爲侯伯", 是天子命臣, 內史掌之. 襄三十年傳稱"鄭使大史命伯石爲卿", 是諸侯命臣, 大史掌之. 諸侯大史當天子內史之職, 以諸侯兼官無內史故也. 鄭公孫黑强與薰隧之盟, 使大史書其名, 齊大史書崔杼弑其君, 晉大史書趙盾弑其君, 是知諸侯大史主記事也. 南史聞大史盡死, 執簡以往, 明南史是佐大史者, 當是小史也. 若然, 襄二十三年傳稱"季孫召外史掌惡臣", 言外史, 則似有內史矣. 必言諸侯無內史者, 閔二年傳稱"史華龍滑與禮孔曰'我, 大史也'", 文十八年傳稱"魯有大史克", 哀十四年傳稱"齊有大史子餘", 諸國皆言大史, 安得有內史也. 季孫召外史者, 蓋史官身居在外, 季孫從內召之, 故曰外史, 猶史居在南, 謂之南史耳. 南史・外史, 非官名也.

≪춘추≫에 이미 內史와 外史 두 種이 있기 때문에 杜氏가 天子의 史官을 나누어 모

아 외사와 내사 두 글을 취하였다. ≪周禮≫의 여러 史官은 비록 모두 쓰는 일을 맡고 있지만 어떤 사관이 ≪춘추≫를 기록하였는지를 정확히 알지 못한다. 대개 천자의 경우에는 내사가 주관하고 외사가 보좌하며, 諸侯의 경우도 다르지 않다. 다만 춘추의 시대에는 禮를 제대로 따르지 못하여 제후의 사관은 폐기함이 많거나 혹 내사를 설치하지 않았는데, 그 策命하는 일은 太史가 많으면 태사가 주관하고 小史가 보좌하였다. 劉炫은 "≪尙書≫에 周公이 康叔을 封할 때 〈酒誥〉로 경계하였는데, 그 經에 '太史를 벗으로 대하며, 內史를 벗으로 대하라.' 하였다."라고 하였다. 그의 말과 같다면 제후에게는 태사와 내사가 있었을 것이다.

다만 두루 記傳을 살펴보면 제후에게 내사가 있다는 글을 찾을 수 없으니, 어째서인가? ≪주례≫ 〈內史職〉에 "제후 및 孤·卿·大夫를 임명할 때에는 策命한다."라고 하였다. ≪春秋左氏傳≫ 僖公 28년에 周 襄王이 내사 叔興父로 하여금 晉侯를 책명하여 侯伯으로 삼게 하였다고 하였는데, 이는 天子가 신하를 임명할 때 내사가 그 일을 맡은 것이다. ≪춘추좌씨전≫ 襄公 30년에 鄭나라가 태사로 하여금 伯石을 책명하여 卿으로 삼게 하였다고 하였는데, 이는 제후가 신하를 임명할 때 태사가 그 일을 맡은 것이다. 제후의 태사가 천자의 내사의 직임을 담당한 것은 제후는 兼官시켜서 내사가 없기 때문이다. 정나라 公孫黑이 강제로 薰隧의 盟約에 참여하면서 태사로 하여금 자신의 이름을 사책에 쓰게 하고, 齊나라 태사는 崔杼가 그 임금을 시해한 사건을 사책에 기록하며, 晉나라 태사는 趙盾이 그 임금을 시해한 사건을 사책에 기록하였는데, 여기에서 제후의 태사가 사건을 기록하는 직무를 주관하였다는 것을 알 수 있다.

〈≪춘추좌씨전≫ 양공 25년에〉 南史가 태사가 모두 다 죽었다는 소식을 듣고 竹簡을 들고 갔다고 하였는데, 남사는 바로 태사를 보좌하는 자로 응당 小史임을 알 수 있다. 만약 그렇다면 ≪춘추좌씨전≫ 양공 23년에 季孫이 惡臣의 일을 맡은 외사를 불렀다고 하였는데, 외사를 말했다면 내사가 있을 듯하지만, 반드시 제후에게 내사가 없다고 말하는 까닭은 다음과 같다. ≪춘추좌씨전≫ 閔公 2년에 史官인 華龍滑과 禮孔이 "우리는 太史이다."라고 하였고, 文公 18년에 魯나라에 태사 克이 있다고 하였으며, 哀公 14년에 齊나라에 태사 子餘가 있다고 하였다. 여러 나라에서 모두 태사를 말하니 어찌 내사가 있을 수 있겠는가. 계손이 외사를 부른 것은 대개 사관은 거처가 밖에 있고 계손은 안에서 부르기 때문에 '外史'라 이른 듯하다. 이는 거처가 남쪽에 있는 史官을 '南史'라고 이르는 것과 같다. 남사와 외사는 官名이 아니다.

【疏】藝文志云"古之王者, 世有史官, 君擧必書, 所以愼言行, 昭法戒. 左史記言, 右史記事, 事爲春秋, 言爲尙書, 帝王靡不同之." 禮記玉藻云"動則左史書之, 言則右史書之." 雖左右所記二文相反, 要此二者皆言左史右史. 周禮無左右之名, 得稱左右者, 直是時君之意, 處之左右, 則史掌之事因爲立名. 故傳有"左史倚相", 掌記左事, 謂之左史, 左右非史官之名也. 左是陽道, 陽氣施生, 故令之記動. 右是陰道, 陰氣安靜, 故使之記言. 藝文志稱"左史記言, 右史記動", 誤耳. 上言魯史記, 則諸侯各有史可知, 又言諸侯各有國史者, 方說諸侯各有春秋, 重詳其文也.

≪漢書≫ 〈藝文志〉에 "옛날의 王者는 대대로 史官을 두어서 임금의 거동을 반드시 쓰게 하였으니, 이 때문에 말과 행동을 삼가고 법과 경계를 밝힐 수 있었다. 左史는 말을 기록하고 右史는 일을 기록하여 일은 ≪春秋≫가 되고 말은 ≪尙書≫가 되었으니, 帝王들이 이를 똑같이 하지 않음이 없었다."라고 하고, ≪禮記≫ 〈玉藻〉에 "임금이 거동하면 좌사가 기록하고, 말을 하면 우사가 기록하였다."라고 하였다. 비록 좌사와 우사가 기록하는 바는 두 글에서 상반되기는 하지만, 요컨대 이 두 글은 모두 좌사와 우사를 말하고 있다.

≪周禮≫에는 좌사와 우사의 명칭이 없는데도 좌우를 칭할 수 있는 것은 단지 임금의 뜻을 따른 것이니, 〈사관을〉 좌우로 배치하면 각각 일을 담당하였으므로 이 명칭(좌사 · 우사)을 붙인 것이다. 그러므로 〈昭公 12년〉 傳에 '左史 倚相'이라는 기록이 있고, 좌측에서 일을 기록하는 직무를 맡았으므로 '좌사'라 이르는 것이니, 좌와 우는 史官의 명칭이 아니다.

左는 陽道이니 陽氣는 生을 베풀기 때문에 좌사로 하여금 거동을 기록하게 한 것이고, 右는 陰道이니 陰氣는 安靜하기 때문에 우사로 하여금 말을 기록하게 한 것이다. 〈예문지〉에 "좌사는 말을 기록하고 우사는 거동을 기록한다."라고 한 것은 그릇된 것이다. 위에서 魯나라 사책을 말했으니 제후에게 각기 사관이 있음을 알 수 있고, 또 제후에게 각기 國史가 있다고 말한 것은 비로소 제후에게 각기 ≪춘추≫가 있다고 말한 것이니 그 글을 거듭 상세히 한 것이다.

大事는 書之於策하고 小事는 簡牘而已라

큰 사건은 策에 기록하고, 작은 사건은 簡牘에 기록하였다.

【疏】‘大事’至‘而已’ ○ 既言尊卑皆有史官, 又論所記簡策之異. 釋器云“簡謂之畢”, 郭璞云“今簡札也”. 許愼說文曰“簡, 牒也. 牘, 書版也.” 蔡邕獨斷曰“策者, 簡也. 其制, 長二尺, 短者半之. 其次一長一短, 兩編下附.” 鄭玄注中庸亦云“策, 簡也”. 由此言之, 則簡・札・牒・畢, 同物而異名. 單執一札, 謂之爲簡, 連編諸簡, 乃名爲策, 故於文‘策’或作‘冊’, 象其編簡之形. 以其編簡爲策, 故言策者簡也. 鄭玄注論語序以鉤命決云“春秋二尺四寸書之, 孝經一尺二寸書之”, 故知六經之策皆稱長二尺四寸. 蔡邕言二尺者, 謂漢世天子策書所用, 故與六經異也.

〔大事〕에서 〔而已〕까지

○ 이미 존귀한 天子國과 비천한 諸侯國에 모두 史官이 있음을 말하였고, 또 기록하는 簡과 策의 차이를 논한 것이다. ≪爾雅≫ 〈釋器〉에 “簡은 畢을 이른다.”라고 하였고, 郭璞은 “지금의 簡札이다.”라고 하였다. 許愼의 ≪說文解字≫에는 “簡은 牒이고, 牘은 書版이다.”라고 하였다. 蔡邕의 ≪獨斷≫에는 “策은 簡이다. 그 제도는 긴 것은 2尺이고 짧은 것은 긴 것의 半切이다. 그 다음은 긴 것 1개와 짧은 것 1개를 양쪽으로 엮어서 아래로 붙인다.”라고 하였다. 鄭玄이 注釋한 ≪中庸≫에도 또한 “策은 簡이다.”라고 하였다.

이를 통해 말한다면 簡・札・牒・畢은 物種은 같은데 명칭만 다른 것이다. 札 1개만 홑으로 잡은 것을 簡이라 이르고, 여러 簡을 잇달아 엮은 것을 策이라 명명한다. 그러므로 글에서 策이 더러 冊으로 되어 있는 것은 그 簡을 엮은 모양을 본뜬 것이다. 簡을 엮은 것이 策이 되기 때문에 ‘策은 簡이다.’라고 한 것이다. 정현이 주석한 〈論語序〉에 ≪孝經緯鉤命決≫을 가지고 말하기를 “≪春秋≫는 2尺 4寸의 策에 썼고, ≪孝經≫은 1척 2촌의 책에 썼다.”라고 하였으므로, 六經의 策은 모두 2척 4촌의 長策이라고 일컬음을 알 수 있다. 채옹이 2척이라 말한 것은 漢나라 시대에 천자가 사용한 策書를 이른다. 그러므로 육경과 다른 것이다.

【疏】簡之所容, 一行字耳. 牘乃方版, 版廣於簡, 可以幷容數行. 凡爲書, 字有多有少, 一行可盡者, 書之於簡. 數行乃盡者, 書之於方. 方所不容者, 乃書於策. 聘禮記曰“若有故則加書將命, 百名以上書於策, 不及百名書於方.” 鄭玄云“名, 書文也, 今謂之字. 策, 簡也. 方, 版也.” 是其字少則書簡, 字多則書策.

簡에 쓸 수 있는 분량은 한 줄의 글자뿐이다. 牘은 方版으로, 版은 簡보다 넓어 몇 줄을 아울러 쓸 수 있다. 무릇 글을 쓸 때 글자가 많거나 적은 경우가 있는데, 한 줄에 다 쓸 수 있는 것은 簡에다 쓰고, 몇 줄이라야 다 쓸 수 있는 것은 방판에 쓰며, 방판에 다 쓸 수 없는 것은 마침내 策에다 쓴다. ≪儀禮≫ 〈聘禮記〉에 “만약 有故가 있으면 加書하여 명을 전하는데, 100명 이상이면 策에 쓰고 100명에 미치지 못하면 방판에 쓴다.”라고 하였는데, 鄭玄이 “名은 書文이니 오늘날에는 字라고 한다. 策은 簡이고, 方은 版이다.”라고 하였다. 이는 그 글자가 적으면 簡에 쓰고, 글자가 많으면 策에 쓰는 것이다.

【疏】 此言大事小事, 乃謂事有大小, 非言字有多少也. 大事者, 謂君擧告廟及隣國赴告, 經之所書皆是也. 小事者, 謂物不爲災及言語文辭, 傳之所載皆是也. 大事後雖在策, 其初亦記於簡, 何則. 弑君大事, 南史欲書崔杼, 執簡而往, 董狐旣書趙盾(돈), 以示於朝, 是執簡而示之, 非擧策以示之, 明大事皆先書於簡, 後乃定之於策也.

여기에서 큰 사건과 작은 사건을 말한 것은 바로 일에 크고 작음이 있음을 말한 것이지, 글자에 많고 적음이 있음을 말한 것이 아니다. 큰 사건이란 임금이 告廟를 거행하는 일 및 이웃나라가 赴告하는 일 등을 이르는 것으로 經에 쓰이는 일이 모두 이것이다. 작은 사건이란 物이 재앙이 되지 않는 일 및 言語와 文辭를 이르는 것으로 傳에 기재되는 일이 모두 이것이다.

큰 사건은 나중에 비록 策에 실려 있다 하더라도 그 처음에는 또한 簡에 기록되니, 어째서인가? 임금을 시해하는 것은 큰 사건으로, 南史는 崔杼를 쓰고자 하여 簡을 들고 갔으며, 董狐는 이미 趙盾을 쓰고서 조정에 보였는데, 이는 簡을 들어서 보인 것이지 策을 들어서 보인 것이 아니니, 큰 사건은 모두 簡에 먼저 썼다가 이후에 策에 정하여 쓰는 것이 분명하다.

【疏】 其有小事, 文辭或多, 如呂相絶秦, 聲子說(세)楚, 字過數百, 非一牘一簡所能容者, 則於衆簡牘, 以次存錄也. 杜所以知其然者, 以隱十一年傳例云“滅不告敗, 勝不告克, 不書于策”. 明是大事來告, 載之策書也. 策書不載, 丘明得之, 明是小事傳聞, 記於簡牘也. 以此知仲尼修經皆約策書成文, 丘明作傳皆博采簡牘衆記. 故隱十一年注云“承其告辭, 史乃書之于策. 若所傳聞行言非將君命, 則記在簡牘而已, 不得記於典策. 此蓋周禮之舊制”也. 又莊二十六年經皆無傳, 傳不解經, 注云“此年經・傳各自言其事者, 或策書雖存, 而簡牘散落, 不究其本末, 故傳不復(부)申解”. 是言經據策書, 傳馮簡牘, 經之所言其事大, 傳之所言其事小, 故知小事在簡, 大事在策也.

작은 사건이 있을 때에는 文辭가 혹 많은 경우는 예컨대 呂相이 秦나라에 절교를 통고한 일이나 聲子가 楚나라에 遊說한 경우처럼 수백이 넘는 글자라서 牘 하나와 簡 하나에 쓸 수 있는 분량이 아니라면 여러 簡과 牘에 차례로 기록해둔다.

杜預가 그러한 바를 안 것은 隱公 11년 傳例에 "멸망하여도 敗를 고하지 않거나 승리하여도 克을 고하지 않으면 策에 쓰지 않는다."라고 말했기 때문이니, 큰 사건은 와서 고하여야 策書에 기재한 것이 분명하다. 책서에 기재하지 않은 것을 左丘明이 알았으니, 작은 사건은 전해 듣고서 簡牘에 기재한 것이 분명하다. 이로써 仲尼가 經을 찬수할 때에는 모두 책서의 成文을 요약하였고, 좌구명이 傳을 지을 때에는 모두 간독의 여러 기록을 널리 채택하였음을 알 수 있다. 그러므로 은공 11년 注에 "〈큰 사건이 일어난 나라에서〉 고하는 말을 받아야 史官이 마침내 策에 썼다. 전해 들은 행적이나 언사의 경우는 君命을 받든 것이 아니면 간독에 기록할 뿐이고 典策에는 기록하지 못한다. 이는 대체로 周禮의 옛 제도이다."라고 하였다.

또 莊公 26년의 經에는 모두 傳이 없고 傳은 經을 해설하지 않았는데, 그 注에 "이 해에는 經과 傳이 각자 그 사건을 말하였는데, 혹 책서는 있다 하더라도 간독이 散逸되어 그 〈사건의〉 本末을 궁구하지 않았기 때문에 傳에 다시 해설하지 않았다." 하였다. 이는 經은 책서를 의거하고 傳은 간독을 근거하며, 經에서 말한 것은 그 일이 크고 傳에서 말한 것은 그 일이 작음을 말한 것이다. 그러므로 작은 사건은 簡에 실리고 큰 사건은 策에 실림을 알 수 있다.

孟子曰 楚謂之檮杌(도올)이요 晉謂之乘이요 而魯謂之春秋나 其實一也[1]라

1) 孟子曰……其實一也 : ≪孟子≫ 〈離婁 下〉에 다음과 같은 내용이 나온다. "맹자께서 말씀하였다. '王者의 자취가 종식됨에 詩가 없어졌으니, 시가 없어진 뒤에 ≪春秋≫가 나왔다. 晉나라의 ≪乘≫과 楚나라의 ≪檮杌≫과 魯나라의 ≪春秋≫가 똑같은 것이다. 그 일은 齊 桓公·晉 文公의 일이요, 그 문체는 史官의 문체이다. 孔子께서 말씀하시기를 「그 義는 내가 적이 취했다.」라고 하셨다.'〔孟子曰 王者之跡 熄而詩亡 詩亡然後 春秋作 晉之乘楚之檮杌魯之春秋 一也 其事則齊桓晉文 其文則史 孔子曰 其義則丘竊取之矣〕"

孟子

≪孟子≫에 "〈史書를〉 楚나라에서는 ≪檮杌≫이라 하고 晉나라에서는 ≪乘≫이라 하고 魯나라에서는 ≪春秋≫라 하였으나, 그 실질은 똑같은 것이다."라고 하였다.

【疏】'孟子曰'至'一也' ○ 旣言簡策之異, 又說諸國別名. 孟子, 姓孟, 名軻, 字子輿, 鄒邑人也. 當六國之時, 師事孔子之孫子思, 脩儒術之道, 著書七篇. 其第四離婁篇云"王者之迹息而詩亡, 詩亡然後春秋作. 晉謂之乘, 楚謂之檮杌, 魯謂之春秋, 一也." 其言與此小異, 是杜足其實二字, 使成文也. 彼趙岐注云"乘者, 興於田賦乘馬之事, 因以爲名. 檮杌者, 嚚凶之類, 興於記惡之戒, 因以爲名. 春秋, 以二始擧四時, 記萬事之名." 是三者立名雖異, 記事則同, 故云'其實一也'. 序發首云"春秋者, 魯史記之名也." 故引此以爲證. 且明諸侯之國各有史記, 故魯有春秋, 仲尼得因而脩之也. 案外傳, 申叔時[1]司馬侯[2], 乃是晉楚之人, 其言皆云春秋, 不言乘與檮杌. 然則春秋是其大名, 晉楚私立別號, 魯無別號, 故守其本名. 賈逵云"周禮盡在魯矣, 史法最備, 故史記與周禮同名." 然則晉楚豈當自知不備, 故別立惡名.

1) 申叔時 : 楚나라의 대부이다.
2) 司馬侯 : 晉나라의 대부이다.

〔孟子曰〕에서 〔一也〕까지

○ 이미 簡牘과 策의 차이를 말하였고, 또 諸侯國마다 명칭을 달리했음을 설명한 것이다. 孟子는 성이 孟, 이름이 軻이고 자가 子輿이니 鄒邑 사람이다. 六國의 시대에 孔子의 손자 子思를 스승으로 섬겨 儒學의 道를 닦아 ≪孟子≫ 7편을 지었다. 그 가운데 제4편 〈離婁〉에서 이르기를 "王者의 자취가 종식됨에 詩가 없어졌으니, 시가 없어진 뒤에 ≪春秋≫가 나왔다. 史書를 晉나라에서는 ≪乘≫이라 하고 楚나라에서는 ≪檮杌≫이라 하고 魯나라에서는 ≪春秋≫라 하였으나 똑같은 것이다."라고 하였으니, 그 말이 여기와 조금 다른데 이는 杜預가 '其實' 두 글자를 더 채워서 문장을 완성시킨 것이다.

檮杌

저 趙岐의 注에서 이르기를 "乘이라는 것은 田賦와 乘馬와 관련된 일에서 나왔으므로 이것을 이름으로 삼은 것이고, 檮杌이라는 것은 어리석고 흉악한 부류로서 악행을 기록하는 경계에서 나왔으므로 이것을 이름으로 삼은 것이다. 春秋는 두 계절의 시작점을 가지고 四時를 통틀어 말하여 萬事를 기록하는 이름이 된 것이다."라고 하였다. 이 세 가지는 명칭이 다르지만 사건을 기록하는 점은 똑같기 때문에 '그 실질은 똑같은 것이다.〔其實一也〕'라고 하였다. 序文의 맨 처음에 이르기를 "≪춘추≫는 魯나라 史書의 명칭이다."라고 하였기 때문에 이를 가지고 증거로 삼을 수 있다. 게다가 제후국에는 각기 사서가 있었음이 분명하므로 노나라에는 ≪춘추≫라는 사서가 있었고 仲尼가 이것을 가지고 정리한 것이다.

≪한시외전≫을 살펴보건대 申叔時와 司馬侯는 晉나라와 楚나라 사람인데 이들의 말에 모두 '春秋'는 말하고 '乘'과 '檮杌'은 말하지 않았다. 그렇다면 '春秋'는 史書를 총괄하는 명칭인데 진나라와 초나라에서는 사적으로 별도의 명칭을 만들었고, 노나라에서는 별도의 명칭이 없었기 때문에 그 본래의 명칭인 '春秋'를 그대로 사용한 것이다. 賈逵가 이르기를 "周禮가 모두 노나라에 있다고 하였으니 史法이 가장 잘 갖추어져 있다는 것이다. 그러므로 사서를 주례와 동일한 명칭으로 부른 것이다."라고 하였다. 그러하니 진나라와 초나라가 어찌 응당 〈자국의 사서가 노나라에 비해〉 갖추어지지 않음을 스스로 알고서 일부러 별도로 〈자국의 서재에〉 악명을 붙인 것이겠는가.

韓宣子適魯[1)]하야 **見易象與魯春秋曰 周禮盡在魯矣**로다 **吾乃今**에야 **知周公之德與周之所以王**이라하니

1) 韓宣子適魯 : ≪經典釋文≫ 권15 〈春秋音義〉에 "宣子는 이름이 起이고 晉나라 대부이다. 그가 魯나라에 간 것은 魯 昭公 2년의 일이다.〔宣子 名起 晉大夫 適魯 在昭二年〕"라고 되어 있다.

韓宣子가 魯나라에 가서 ≪易象≫과 ≪魯春秋≫를 보고 말하기를 "周禮가 모두 魯나라에 있도다. 내 이제야 周公의 德과 周나라가 王者가 된 까닭을 알았도다."라고 하였으니,

【疏】'韓宣'至'以王' ○ 旣言諸國有書, 欲明魯最兼備, 故云此. ○ 正義曰：此昭二年傳文也[1)]. 宣子, 晉卿, 名起, 食邑於韓, 因以爲氏. 謚曰宣子者, 有德之稱. 爲昭公新立, 身新爲政, 故來聘魯, 因觀書於大史氏, 見此書而發言. 杜注彼以爲易象卽今周易上下經之象辭也, 魯春秋謂魯史記之策書也. 春秋遵周公之典以序事, 故曰周禮盡在魯矣.

易象・春秋是文王・周公之所制, 故見春秋, 知周公之德, 見易象, 知周之所以王也. 文王能制此典, 卽是身有聖德, 聖不空生, 必王天下. 周室之王, 文王之功, 故觀其書, 知周之所以得王天下之由也. 文王身處王位, 故以王言之, 周公不王, 故以德屬之, 人異, 故文異. 傳言觀書大史, 則所觀非一, 而獨言易象・魯春秋者, 韓子主美文王・周公, 故特言之. 易象, 魯無增改, 故不言魯易象. 春秋雖是周法所記, 乃是魯事, 故言魯春秋也. 春秋・易象, 晉應有之, 韓子至魯方乃發歎者, 味其義, 善其人, 以其舊所未悟. 故云今始知, 示其歎美之深, 非是素不見也. 易下繫辭云, 易之興也, 其當殷之末世, 周之盛德, 當文王與紂之事, 則謂易象, 爻彖之辭也. 鄭玄案據此文, 以爲易是文王所作. 鄭衆・賈逵・虞飜・陸績之徒, 以易有"箕子之明夷"・"東隣殺牛", 皆以爲易之爻辭周公所作. 杜雖無明解, 似同鄭說.

1) 此昭二年傳文也 : ≪春秋左氏傳≫ 昭公 2년에 다음과 같은 내용이 보인다. "봄에 晉侯가 韓宣子를 보내어 魯나라에 와서 聘問하고, 또 執政이 된 것을 고하기 위해 와서 魯君에게 朝見한 것이니, 禮에 맞았다. 한선자가 太史氏의 집에 가서 圖書를 구경할 때 ≪易象≫과 ≪魯春秋≫를 보고서 말하기를 '周禮가 모두 魯나라에 있도다. 내 이제야 周公의 德과 周나라가 王者가 된 까닭을 알았도다.'라고 하였다.〔春 晉侯使韓宣子來聘 且告爲政而來見 禮也 觀書於大史氏 見易象與魯春秋 曰 周禮盡在魯矣 吾乃今知周公之德 與周之所以王也〕"

〔韓宣〕에서 〔以王〕까지

○ 이미 諸侯國마다 史書가 있음을 말하였고, 그 가운데 魯나라의 것이 가장 겸비되었음을 드러내기 위해서 이렇게 말한 것이다.

○ 正義曰 : 이 일은 昭公 2년의 傳文에 보인다. 宣子는 晉나라 卿으로 이름이 起이니, 韓 지역을 食邑으로 하였기 때문에 '韓'을 氏로 삼았다. 시호가 宣子인 것은 有德者를 칭한 것이다. 소공이 새로 왕위에 오르고 자신은 새로 執政이 되었으므로 魯나라에 聘問한 것인데, 이를 이용하여 太史氏를 따라 圖書를 살펴보다가 이 책을 보고 발언한 것이다. 杜注에서는 저 일에 대하여 "≪易象≫은 바로 지금 ≪周易≫ 上經과 下經의 象辭이고 ≪魯春秋≫는 魯나라 역사를 기록한 策書를 가리킨다. ≪春秋≫는 周公의 正典을 존숭하여 그 일을 기록하였으므로 '周禮가 모두 魯나라에 있도다.' 한 것이다."라고 하였다.

≪역상≫과 ≪춘추≫는 文王과 周公이 만든 것이므로 ≪춘추≫를 보고 주공의 德을

알며 ≪역상≫을 보고 周나라가 王者가 된 까닭을 아는 것이다. 문왕이 이 正典을 만들 수 있었던 것은 곧 자신에게 聖德이 있었기 때문이니 聖人은 허투루 태어나지 않기에 반드시 천하의 왕자가 되는 것이다. 주나라 왕실이 왕자가 되고 문왕의 功이 있었기에 그 책을 살펴보면 주나라가 천하의 왕자가 될 수 있었던 까닭을 알 수 있다. 문왕은 자신이 왕의 지위에 있었기 때문에 '王'으로 말한 것이고 주공은 왕이 아니었기 때문에 '德'으로 귀속시킨 것이니, 사람의 처지가 달랐으므로 해당하는 글자도 다른 것이다.

傳文에서 태사씨를 따라 도서를 살펴보았다고 하였는데, 이때 열람한 것이 하나가 아니었을텐데 오직 ≪역상≫과 ≪노춘추≫만을 언급한 이유는 韓子가 문왕과 주공만을 핵심적으로 찬미하였기 때문에 특별히 이것들만 언급한 것이다. ≪역상≫은 노나라에서 보태거나 고친 것이 없기 때문에 ≪魯易象≫이라 말하지 않았고, ≪춘추≫는 비록 주나라의 법을 기록한 것이지만 이는 노나라의 일이기 때문에 ≪노춘추≫라 말한 것이다. ≪춘추≫와 ≪역상≫은 晉나라에도 응당 있었는데, 韓子가 노나라 지역에 도착해서야 비로소 감탄한 것은 그 뜻을 음미하고 그 사람을 善하게 여겨 예전에 미처 깨닫지 못해서였다. 그러므로 지금에서야 비로소 알게 되었다고 하여 깊이 감탄하는 뜻을 드러내었으니 이는 평소 알지 못했던 것이 아니었다.

≪周易≫ 〈繫辭傳〉에서 이르기를 "≪易≫이 일어남은 殷나라 말기와 周나라의 盛德인 때에 해당할 것이니, 문왕과 紂의 일에 해당할 것이다."라고 하였으니, ≪역상≫은 ≪易≫의 爻辭와 象辭를 가리킨다. 鄭玄은 이 글에 근거하여 ≪역≫은 文王이 지은 것이라고 하였다. 鄭衆·賈逵·虞翻·陸績 등은 ≪역≫에 "箕子의 밝음을 감춤〔箕子之明夷〕"이나 "동쪽 이웃집에서 소를 잡아 祭祀함〔東隣殺牛〕"이라는 말이 있으므로 모두 ≪역≫의 爻辭는 주공이 지은 것이라고 하였다. 杜預가 비록 분명하게 해석하진 않았지만 정현의 설과 마찬가지인 듯하다.

韓子所見은 蓋周之舊典禮經也라

韓子가 본 것은 아마도 周나라의 옛 正典과 禮의 大經이었을 것이다.

【疏】'韓子'至'經也' ○ 序言史官所書, 舊有成法, 故引韓子之事, 以此言結之. 韓子所見魯春秋者, 蓋是周之舊日正典·禮之大經也. 韓子之言, 幷歎易象, 此之所見, 唯謂

春秋者, 指說春秋, 不須易象故也. 知是舊典禮經者, 傳於隱七年書名例云"謂之禮經", 十一年不告例云"不書于策"[1), 明書於策必有常禮, 未脩之前, 舊有此法. 韓子所見而說(열)之, 卽是周之舊典, 以無正文, 故言蓋爲疑辭也. 制禮作樂, 周公所爲, 明策書禮經亦周公所制, 故下句每云周公, 正謂五十發凡[2)是周公舊制也. 必知史官所記, 有周公舊制者, 以聖人所爲, 動皆有法, 以能立官紀事, 豈得全無憲章. 定四年傳稱備物典策以賜伯禽[3), 典策則史官記事之法也. 若其所記無法, 何足以賜諸侯, 諸侯得之, 何足以爲光榮而子魚稱爲美談也. 且仲尼脩此春秋以爲一經, 若周公無法, 史官妄說, 仲尼何所可凴, 斯文何足爲典, 得與諸書・禮・樂・詩・易竝稱經哉. 以此知周公舊有定制, 韓子所見是也.

1) 傳於隱七年書名例云謂之禮經 十一年不告例云不書于策 : ≪春秋左氏傳≫ 隱公 7년의 傳文에서 "7년 봄에 滕侯가 卒하였다. 經에 그 이름을 기록하지 않은 것은 魯나라와 동맹하지 않았기 때문이다. 동맹한 제후라야 이름을 기록한다. 그러므로 죽으면 부고에 이름을 기록해 통보한다. 이는 동맹국에 임금의 죽음과 누가 왕위를 계승했는지를 알려 우호를 계속하여 백성을 안식시키기 위함이니, 이를 禮經이라 한다.〔七年春 滕侯卒 不書名 未同盟也 凡諸侯同盟 於是稱名 故薨則赴以名 告終稱嗣也 以繼好息民 謂之禮經〕"라고 하였고, 11년의 傳文에서 "제후국에 大事가 발생했을 때 통고하면 기록하고 통고하지 않으면 기록하지 않는 것이 例이다. 出師의 득실도 그러하다. 비록 한 나라가 멸망에 이르렀어도 멸망한 나라가 敗戰을 통고하지 않고, 승리한 나라가 勝戰을 통고하지 않으면 史策에 기록하지 않는다.〔凡諸侯有命 告則書 不然則否 師出臧否 亦如之 雖及滅國 滅不告敗 勝不告克 不書于策〕"라고 하였다.

2) 五十發凡 : 〈春秋左氏傳序〉에서 "≪春秋左氏傳≫에 '凡'자를 써서 예시를 말한 것들은 모두 나라를 다스리는 불변의 제도와 周公이 전한 법과 史書의 옛 典章을 仲尼께서 그대로 따라 編修하여 ≪春秋≫ 一經의 전체 체제로 삼은 것이다.〔其發凡以言例 皆經國之常制 周公之垂法 史書之舊章 仲尼從而脩之 以成一經之通體〕"라고 하였는데, 그 예가 隱公 7년 傳文에 "대체로〔凡〕 제후가 동맹했어야 이에 이름을 칭한다."라고 한 내용에서 보인다. 이런 부류가 모두 50조항이 보인다.

3) 定四年傳稱備物典策以賜伯禽 : ≪春秋左氏傳≫ 定公 4년의 傳文에 "魯公(伯禽)에게 土田・附庸・祝宗・卜史・備物(服物)・典策・官司・彝器를 나누어주고, 商奄의 백성을 그대로 소유하게 하고서, 이 命書를 '伯禽'으로 命名하고서 少皞의 古墟에 봉하였습니다.〔分之土田陪敦 祝宗卜史 備物典策 官司彝器 因商奄之民 命以伯禽而封於少皞之虛〕"라고 한 子魚의 말이 보인다.

〔韓子〕에서 〔經也〕까지

○ 序文에서 史官의 기록은 예로부터 정해진 법이 있었기 때문에 韓宣子의 일을 인용하여 이 말로써 끝을 맺은 것이다. 한선자가 열람한 ≪魯春秋≫는 周나라의 옛 正典과 禮의 大經이었을 것이다. 한선자의 말에서 ≪易象≫을 아울러 찬미하였지만, 여기서 열람한 것이 오직 ≪春秋≫뿐이라고 이른 것은 ≪춘추≫를 가리켜 설명하면 굳이 ≪역상≫은 말할 필요가 없기 때문이다.

이것이 〈주나라의〉 옛 정전과 예의 대경임을 알 수 있는 것은 傳文 가운데 隱公 7년에 '이름을 기록하는 것〔書名〕'에 대한 예시에서 "이를 禮經이라 한다.〔謂之禮〕"라고 하고, 11년에 '고하지 않는 것〔不告〕'에 대한 예시에서 "史策에 기록하지 않는다.〔不書于策〕"라고 하였으니, 사책을 기록할 적에는 반드시 常禮가 있고 ≪춘추≫를 編修하기 이전에 예로부터 이러한 법도가 있었다는 것을 분명히 알 수 있기 때문이다. 한선자가 보고서 기뻐한 것은 바로 주나라의 옛 정전인데, 正文이 없었기 때문에 '蓋'를 말하여 추측의 언사로 서술한 것이다. 禮樂을 제작한 것은 周公이 한 일이고 策書를 밝힌 禮經도 주공이 만든 것이다. 그러므로 아래의 句에서 매번 '周公'이라고 말한 것은 바로 50차례 '凡'자를 쓴 것들이 주공이 만든 옛 제도임을 가리킨 것이다.

史官이 기록할 당시에 주공의 옛 제도가 있었음을 반드시 알 수 있는 것은, 聖人이 하는 일에는 항상 모두 법도가 있으니 관리를 세우고 일을 기록하는 데 어찌 전혀 법도가 없을 수 있겠는가. 定公 4년의 傳文에서 "備物과 典策을 伯禽에게 주었다."라고 하였으니, 여기서의 '典策'은 사관이 일을 기록하는 법도이다. 일을 기록할 적에 법도가 없다면 어찌 이것을 제후에게 줄 만하겠으며, 제후가 이것을 얻더라도 어찌 이것을 영광으로 여기고 子魚까지 아름다운 얘기로 일컬었겠는가. 게다가 仲尼가 이 ≪춘추≫를 편수하여 하나의 經으로 삼았으니, 주공이 만든 법도가 없고 사관이 함부로 말한 것이라면 仲尼가 어디서 근거했겠으며, 이 책이 어찌 正典이 되어 ≪書≫·≪禮≫·≪樂≫·≪詩≫·≪易≫ 등과 더불어 함께 經으로 일컬어질 수 있었겠는가. 이로써 주공이 옛날에 만든 제도가 있었고 한선자가 본 것이 바로 이것이라는 것을 알 수 있다.

周德旣衰에 **官失其守**하고 **上之人不能使春秋昭明**하야 **赴告策書**[1]와 **諸所記注 多違舊章**이라

1) 赴告策書 : 崩薨을 알리는 것을 '赴'라 하고, 禍福을 알리는 것을 '告'라 한다.

周나라의 德이 쇠퇴하자 史官이 그 직책을 제대로 지키지 못하고, 위에 있는 사람도 ≪春秋≫의 大義를 밝히지 못하여, 赴告・策書와 여러 가지 기록한 것들이 대부분 옛 법도와 어긋났다.

【疏】'周德'至'舊章' ○ 正義曰：此明仲尼脩春秋之由, 先論史策失宜之意. 計周公之垂法典策具存, 豈假仲尼更加筆削. 但爲官失其守, 褒貶失中, 赴告策書, 多違舊典, 是故仲尼脩成此法, 垂示後昆. 襄三十一年傳稱卿大夫"能守其官職"[1], 昭二十年傳曰"守道不如守官"[2], 是言人臣爲官, 各有所守. 周德既衰, 邦國無法, 群小在位, 故官人失其所守也. 雖廣言衆官失職, 要其本意是言史官失其所掌也. 昭三十一年傳曰"春秋之稱, 微而顯, 婉而辨. 上之人能使春秋昭明", 注云"上之人謂在位者也", 彼謂賢德之人在天子諸侯之位, 能使春秋褒貶勸戒昭明. 周德既衰, 主掌之官已失其守, 在上之人又非賢聖, 故不能使春秋褒貶勸戒昭明, 致令赴告記注多違舊章也. 文十四年傳曰"崩薨不赴, 禍福不告", 然則隣國相命, 凶事謂之赴, 他事謂之告, 對文則別, 散文則通. 昭七年傳"衛齊惡告喪于周", 則是凶亦稱告也. 赴告之中違舊章者, 若隱三年, 平王以壬戌崩, 赴以庚戌, 桓五年, 陳侯鮑卒, 再赴以甲戌己丑, 及不同盟者而赴以名, 同盟而赴不以名之類是也. 策書記注多違舊章者, 仲尼既已脩改, 不可復(부)知, 正以仲尼脩之故, 知其多違也.

1) 能守其官職：≪春秋左氏傳≫ 襄公 31년의 傳文에 衛 襄公과 北宮文子의 대화가 나온다. 양공이 威儀에 대해서 묻자, 북궁문자가 대답하기를 "신하에게 신하의 위의가 있으면 그 아랫사람들이 경외하고 사랑합니다. 그러므로 능히 그 관직을 지켜 가족을 보호하고 가정을 화목하게 하였습니다. 君臣으로부터 내려오면서 父子・兄弟・夫婦・朋友에 이르기까지 모두 각각의 위의가 있습니다.〔臣有臣之威儀 其下畏而愛之 故能守其官職 保族宜家 順是以下皆如是 是以上下能相固也〕."라고 하였다.

2) 守道不如守官：≪춘추좌씨전≫ 昭公 20년의 傳文에 다음과 같은 내용이 보인다. "12월에 齊侯가 沛에서 사냥할 때 활을 흔들어 虞人(山澤을 맡은 관리)을 불렀으나 우인이 가지 않으니 齊 景公이 사람을 시켜 그를 잡아오게 하였다. 우인이 해명하기를 '전에 先君께서 사냥하실 때에는 旃을 흔들어 大夫를 부르시고 활을 흔들어 士를 부르시고, 皮冠을 흔들어 우인을 부르셨습니다. 臣은 皮冠을 보지 못했기 때문에 감히 오지 않은 것입니다.'라고 하니, 이에 그를 풀어주었다. 仲尼가 이에 대해 '도리를 지키는 것이 관리의 제도를 지키는 것만 못하다.'라고 말하였다.〔十二月 齊侯田于沛 招

虞人以弓 不進 公使執之 辭曰 昔我先君之田也 旃以招大夫 弓以招士 皮冠以招虞人 臣不見皮冠 故不敢進 乃舍之 仲尼曰 守道不如守官〕"

〔周德〕에서 〔舊章〕까지

○ 正義曰 : 여기는 仲尼가 ≪春秋≫를 編修한 이유를 밝힌 내용으로 우선 史策이 마땅함을 잃은 뜻을 말하였다. 생각건대 周公이 전한 법과 典策이 모두 보존되었다면 어찌 仲尼가 다시 筆削을 가하겠는가. 다만 史官이 그 직책을 제대로 지키지 못하여 포폄이 中道를 잃어 赴告와 策書가 대부분 옛 법도와 어긋나게 된 것이다. 이 때문에 중니가 이러한 법도를 정비하여 후세에 남긴 것이다. 襄公 31년의 傳文에 卿大夫를 일컬으면서 "능히 그 관직을 지킨다."라고 하였고, 昭公 20년의 傳文에 "도리를 지키는 것이 관리의 제도를 지키는 것만 못하다."라고 하였으니, 이것은 신하가 관리가 됨에 각기 지키는 바가 있음을 말한 것이다. 周나라의 德이 쇠퇴하자 나라에 법도가 없어 소인배들이 자리를 차지하였기 때문에 관리가 그 직책을 제대로 지키지 못하게 된 것이다. 비록 뭇 관리들이 직책을 지키지 못한 것을 확대하여 말한 것이지만, 요컨대 그 본뜻은 사관이 자신이 맡은 바를 제대로 지키지 못하였음을 말한 것이다.

소공 31년의 傳文에서 "≪春秋≫의 서술〔稱〕은 글이 은미하되 뜻은 분명하고, 말은 완곡하되 시비는 밝게 분변하였다. 윗사람〔上之人〕이 능히 이 ≪춘추≫의 大義를 밝힌다면"이라고 한 내용에 대하여 注에 "'上之人'은 높은 지위에 있는 사람이다."라고 하였으니, 저기에서는 賢德한 사람이 天子나 諸侯의 지위에 있어야 능히 포폄하고 권계하는 ≪춘추≫의 대의를 밝힐 수 있다는 것을 말한 것이다. 주나라 덕이 쇠퇴하자 일을 맡은 관리들이 이미 그 직책을 제대로 지키지 못하고, 위에 있는 사람 또한 賢聖한 인물이 아니었기 때문에 포폄하고 권계하는 ≪춘추≫의 대의를 밝히지 못하여 赴告를 〈비롯한 여러 가지〉 기록한 것들이 대부분 옛 법도와 어긋나게 만든 것이다.

文公 14년의 傳文에 "천자의 崩이나 제후의 薨을 魯나라에 부고하지 않으면 〈≪춘추≫에 기록하지 않고,〉 禍福도 고하지 않으면 〈기록하지 않는다.〉"라고 하였다. 그렇다면 이웃 나라와 서로 일을 전함에 흉한 일에 대해서는 '訃'라고 말하고 나머지 다른 일에 대해서는 '告'라고 말하는데, 대비하여 말하는 글에서는 〈'訃'와 '告'를〉 구별하고, 〈그렇지 않고〉 자유롭게 말하는 글에서는 〈'訃'와 '告'를〉 통용한다. 소공 7년의 傳文에서 "衛나라 齊惡이 周나라에 가서 喪을 고하였다."라고 하였으니, 이 흉한 일에서도 '告'라고 일컬었다. 부고 가운데 옛 법도와 어긋나는 경우는 隱公 3년에 平王이 〈실제로〉 壬戌日에 崩하였지만 庚戌日에 붕하였다고 부고한 것, 桓公 5년에 陳侯 鮑가 卒하였을 때 甲戌日과 己丑日에 두 차례 부고한 것, 그리고 동맹하지 않은 나라의 군주에 대해 이름을 기록해 부고하거나 동맹한 나라의 군주에 대해 이름을 기록해 부고하지 않은 것 등의 부류가 이것이다.

策書에 기록한 것이 옛 법도와 대부분 어긋나는 경우는 중니가 이미 수정하여 고쳤기 때문에 다시 알 수는 없지만, 바로 중니가 수정하였다는 이유만으로도 〈애초의 기록들이 옛 법도와〉 대부분 어긋났음을 알 수 있다.

仲尼因魯史策書成文하야 **考其眞僞**하고 **而志其典禮**하야 **上以遵周公之遺制**하고 **下以明將來之法**하니라

그러므로 仲尼가 魯나라 史官이 策에 기록한 成文에 의거하여 그 진위를 교감하고 그 典禮를 기록하여, 위로는 周公이 남긴 제도를 따르고 아래로는 장래의 법도를 밝혔다.

【疏】'仲尼'至'之法' ○ 此明仲尼所因幷制作之意. 所脩之經, 以魯爲主, 是因魯史策書成定之舊文也. 考謂校勘, 志謂記識. 考其眞僞, 眞者因之, 僞者改之. 志其典禮, 合典法者褒之, 違禮度者貶之. 上以遵周公之遺制, 使舊典更興, 下以明將來之法, 令後世有則, 以此故脩春秋也. 前代後代, 事終一揆, 所賞所罰, 理必相符. 仲尼定春秋之文, 制治國之法, 文之所褒, 是可賞之徒, 文之所貶, 是可罰之類. 後代人主, 誠能觀春秋之文, 揆當代之事, 辟所惡而行所善, 順褒貶而施賞罰, 則法必明, 而國必治, 故云'下以明將來之法'也. 不敎當時而爲將來制法者, 孔子之時, 道不見用, 旣知被屈, 冀範將來. 將來之與今時, 其法亦何以異, 但爲時不見用, 故指之將來, 其實亦以敎當代也.

〔仲尼〕에서 〔之法〕까지

○ 여기는 仲尼가 〈기존의 史策에〉 의거하여 아울러 ≪春秋≫를 제작한 뜻을 밝힌 것이다. ≪춘추≫를 編修할 때의 기준은 魯나라를 위주로 하였으니, 이는 노나라 史官이 策에 기록하면서 이루어놓은 옛글에 의거하였다. '考'는 校勘을 말하고, '志'는 기록을 말한다. 그 진위를 교감하되 진실한 것은 그대로 두고 거짓된 것은 고쳤다. 그 典禮를 기록하되 典法에 합치되는 것은 칭찬하고 禮度에 어긋나는 것은 폄하하였다. 위

로는 周公이 남긴 제도를 따라서 옛날의 제도가 다시 일어나도록 하였고 아래로는 장래의 법도를 밝혀서 후세에 법도가 있도록 하였으니, 이러한 이유로 ≪춘추≫를 편수한 것이다.

이전 시대든 이후 시대든 일은 끝내 하나의 이치로 귀결되고, 상을 주거나 벌을 내리는 일은 이치상 반드시 서로 들어맞는다. 중니가 ≪춘추≫의 글을 비정하고 나라를 다스리는 법을 만들었으니, ≪춘추≫에서 칭찬한 글은 상을 줄 만한 부류이고 폄하한 글은 벌을 내릴 만한 부류인 것이다. 후세의 군주가 참으로 ≪춘추≫의 글을 살펴서 당대의 일을 헤아려 악행을 물리치고 선행을 실천하며 포폄을 따라 상벌을 시행한다면, 법도가 필시 밝아지고 나라는 필시 잘 다스려질 것이기 때문에 '아래로는 장래의 법도를 밝혔다.〔下以明將來之法〕'라고 말하였다.

당시를 교화하지 않고 장래의 제도와 법도를 만든 것은 孔子의 시대에는 그의 道가 쓰임을 받지 못하였기에 굴복될 것을 이미 알고서 장래를 기약한 것이다. 장래와 지금의 시대에 그 법도가 또한 어찌 다르겠는가마는, 지금의 시대에 쓰임을 받지 못하기 때문에 장래를 특정한 것이지 실제로는 또한 당대를 교화한 것이다.

其敎之所存이나 **文之所害**는 **則刊而正之**하야 **以示勸戒**하고

〈舊史에 기재된 일 중에〉 가르침이 될 만한 점은 있으나 文辭가 가르침을 해친 것은 산삭하고 바로잡아 勸戒의 뜻을 보였고

【疏】'其敎'至'勸戒' ○ 此說仲尼改舊史之意. 敎之所存, 謂名敎善惡, 義存於此事. 若文無褒貶, 無以懲勸, 則是文之害敎. 若僖二十八年"天王狩于河陽", 傳云"晉侯召王, 以諸侯見, 且使王狩. 仲尼曰'以臣召君, 不可以訓', 故書曰'天王狩于河陽'", 杜以晉文之意本欲尊周, 將率諸侯共朝天子, 自嫌彊大, 不敢至周, 喩王出狩, 得盡臣禮. 尋其蹤緖, 心是跡非. 又昭十九年"許世子止弑其君買", 傳云"許悼公瘧. 五月戊辰, 飮大子止之藥, 卒. 書曰'弑其君', 君子曰'盡心力以事君, 舍藥物可也'" 許止進藥, 不由於醫, 其父飮之, 因玆而卒. 名敎善惡須存於此者也. 不罪許止, 不沒晉文, 無以息簒逆之端, 勸事君之禮, 故隱其召王之名, 顯稱弑君之惡. 如此之例, 皆是文之害敎, 則刊削本策, 改而正之, 以示後人, 使聞善而知勸, 見惡而自戒. 諸仲尼所改新意, 皆是刊而正之也.

〔其敎〕에서 〔勸戒〕까지

○ 여기는 仲尼가 舊史를 개정한 뜻을 말한 것이다. 가르침이 될 만한 것은 名敎(名分을 바로잡는 禮敎)와 善惡의 의리가 이 일에 있는 것을 말한다. 만약 文辭에 褒貶이 없고 勸戒가 없으면 이것은 文辭가 가르침을 해친 것이다.

예컨대 僖公 28년의 經文 "天王이 河陽에서 사냥하였다.〔天王狩于河陽〕"에 대한 傳文에서 "晉侯가 천왕을 불러 제후를 거느리고 朝見하고, 또 천왕에게 사냥하게 하였다. 이에 대해 중니는 '신하로서 임금을 부른 것은 가르침이 될 수 없다.'고 하였다. 그러므로 經에 '天王狩于河陽'이라고 기록한 것이다."라고 하였으니, 이에 대해서 杜預는 晉 文侯의 뜻은 본래 周나라를 존경하여 제후를 거느리고 함께 天子에게 조현하고자 하였으나, 晉나라가 강대함을 스스로 혐의쩍게 여겨 감히 周나라로 가서 조현하지 않고 천왕이 나와서 사냥하도록 설득하여 신하의 禮를 다한 것으로 보았다. 그 종적을 살펴보면 뜻은 옳지만 자취는 틀린 것이다.

또 昭公 19년의 경문 "許나라 世子 止가 그 임금 買를 시해하였다.〔許世子止弑其君買〕"에 대한 전문에서 "許 悼公이 瘧疾을 앓았다. 5월 戊辰日에 太子 止가 올린 藥을 마시고 卒하였다. 經에 '弑其君'이라고 기록하였으니, 군자는 이를 두고 말하기를 '마음과 힘을 다하여 임금을 섬긴다면 藥物을 올리지 않는 것이 옳다.'라고 하였다."라고 하였다. 止가 약을 올리면서 醫員을 경유하지 않았는데, 그 부친이 그것을 마시고 이 때문에 卒한 것이다. 그러하니 名敎와 善惡이 이 일에 반드시 있는 것이다.

그런데 許止에게 죄를 묻지 않고 진 문후를 패망시키지 않아 簒逆할 단서를 그치게 하거나 임금을 섬기는 禮를 권면함이 없기 때문에, 진 문후가 천왕을 부른 명분을 숨기고 태자 止가 임금을 시해한 악행을 드러낸 것이다. 이와 같은 사례들이 모두 문사가 가르침을 해친 경우이니, 〈이러한 것들을〉 본래의 史策에서 산삭하고 바로잡아 후인들에게 보여서 그들로 하여금 善을 듣고 勸勉하며 惡을 보고 스스로 경계하도록 한 것이다. 중니가 바로잡아 새로 발명한 여러 가지 뜻은 모두 산삭하고 바로잡은 것들이다.

其餘는 則皆卽用舊史하니 史有文質하야 辭有詳略하니 不必改也라

그밖에는 모두 舊史를 따랐으니, 이는 史官에는 文華한 사람도 있고 質朴한 사람도 있어서 말이 자세한 경우도 있고 간략한 경우도 있으니 고칠 필요가 없기 때문이다.

【疏】'其餘'至'改也' ○ 此說仲尼不改舊史之意. 其餘, 謂新意之外皆卽用舊史也. 始隱終麟, 二百餘載, 史官遷代, 其數甚多, 人心不同, 屬辭必異, 自然史官有文有質, 致使其辭有詳有略, 旣無所害, 故不必改也. '史有文質', 謂居官之人, '辭有詳略', 謂書策之文. 史文則辭華, 史質則辭直, 華則多詳, 直則多略, 故春秋之文詳略不等也. 螟·螽·蜚·蜮, 皆害物之蟲, 蜚·蜮言有, 螟·螽不言有, 諸侯反國, 或言'自某歸', 或言'歸自某', 晉伐鮮虞, 吳入郢, 直擧國名, 不言將帥, 及郊與用郊, 皆無所發, 諸侯出奔, 或名, 或不名, 明是立文乖異, 是其史舊有詳略, 義例不存於此, 故不必皆改也.

〔其餘〕에서 〔改也〕까지

○ 여기는 仲尼가 舊史를 고치지 않은 뜻을 말한 것이다. '그밖에〔其餘〕'라는 것은 새로 발명한 뜻을 제외하고는 모두 舊史를 따랐음을 말한 것이다. 隱公에서 시작하여 麒麟을 잡았다는 글로 끝을 맺을 때까지 200여 년 동안 史官이 계속 교체되어 그 수가 매우 많았는데, 그들의 마음이 똑같지 않아 글을 쓴 것이 반드시 달랐으므로 자연스레 사관에는 文華한 사람도 있고 質朴한 사람도 있어서 말이 자세하거나 간략한 경우가 생긴 것이니, 이런 점은 이미 문제가 될 게 없기 때문에 고칠 필요가 없었던 것이다. '史有文質'은 사관의 자리에 있는 인물을 말한 것이고, '辭有詳略'은 史策에 기록한 글을 말한다. 사관이 문화하면 그 말이 문화하고 사관이 질박하면 그 말이 직설적이니, 말이 문화하면 대부분 자세하고 말이 직설적이면 대부분 간략하기 때문에 ≪春秋≫의 글은 상세하기도 하고 간략하기도 하여 균일하지 않은 것이다.

螟·螽·蜚·蜮은 모두 사물을 해치는 벌레들인데, 蜚·蜮의 災害에는 '有'자를 넣어 말하고, 螟·螽의 災害에는 '有'자를 넣어 말하지 않았다. 제후가 나라로 돌아오는 일에 대해서는 '自某歸(어떤 나라로부터 돌아왔다.)'라고 말하기도 하고, '歸自某(어떤 나라에서 돌아왔다.)'라고 말하기도 하였다. 晉人이 鮮虞를 토벌하고 吳人이 郢으로 진입하는 일에 대해서는 나라 이름만 언급하고 그 장수는 말하지 않았다. 郊外에 도착하거나 郊祭에 이른 일에 대해서는 모두 출발한 곳을 말하지 않았다. 제후가 出奔한 일에 대해서는 이름을 말하기도 하고 이름을 말하지 않기도 하였다. 이러한 사례들은 분명히 글을 쓴 것이 일치하지 않은 점들이 있는 것이다. 그러하니 사관의 기록에는 자세하거나 간략한 경우가 있고, 여기에는 특별한 義例가 있지 않기 때문에 반드시 모두 고칠 필요가 없는 것이다.

故傳曰 其善志라하고 又曰 非聖人이면 孰能脩之리오하니

그러므로 傳에 "記述을 잘했다."라고 하였고, 또 "聖人이 아니면 누가 이렇게 編修할 수 있었겠는가."라고 하였으니,

【疏】'故傳'至'脩之' ○ 上傳, 昭三十一年, 言春秋之書其是善志記也[1]. 下傳, 成十四年, 言若非聖人, 誰能脩春秋, 使成五例也[2]. 下傳旣非同年, 而云又者, 言又重上事之辭, 止又其傳, 非又其年也.

1) 昭三十一年 言春秋之書其是善志記也:≪春秋左氏傳≫ 昭公 31년의 傳文에서 "≪春秋≫에 齊豹를 '盜'라고 기록하고 三叛人의 이름을 기록한 것은 不義를 징벌하고 악행과 무례를 꾸짖은 것이니 이는 참으로 기술을 잘한 것이다.〔春秋書齊豹曰盜 三叛人名 以懲不義 數惡無禮 其善志也〕"라고 하였다.

2) 成十四年……使成五例也:≪春秋左氏傳≫ 成公 14년의 傳文에서 "≪春秋≫의 기술은 그 문사는 간략하되 뜻은 드러나고, 사실을 서술하되 뜻은 은미하게 하고, 완곡하게 기록하되 법도를 이루고, 사실을 다 기록하되 왜곡하지 않고, 악을 징계하고 선을 권장한 것이니, 聖人이 아니면 누가 이렇게 編修할 수 있었겠는가?〔春秋之稱 微而顯 志而晦 婉而成章 盡而不汙 懲惡而勸善 非聖人 誰能脩之〕"라고 하였고, 마지막 말에 대한 杜預의 注에서 "史策을 편수하여 이 다섯 가지의 例를 만든 것이다.〔脩史策成此五者〕"라고 하였다.

〔故傳〕에서 〔脩之〕까지

○ 위의 傳文은 昭公 31년에 "≪春秋≫의 글은 記述을 잘했다."라고 한 것을 이르고, 아래의 傳文은 成公 14년에 "聖人이 아니면 누가 이렇게 編修할 수 있었겠는가. 이를 통해 다섯 가지의 例를 만들었다."라고 한 것을 이른다. 아래의 傳文은 같은 해의 내용이 아닌데도 '又'라고 말한 것은 위의 일에 거듭하여 말한다는 언사이니, '또한 그 傳〔又其傳〕'을 말한 것일 뿐이지 '또한 그 해〔又其年〕'를 말한 것이 아니다.

蓋周公之志를 仲尼從而明之하니라

周公의 記事하는 원칙을 仲尼께서 따라 밝히신 것이다.

【疏】'蓋周'至'明之' ○ 旣以'蓋'爲疑辭, 而知事必然者, 案傳, 君子論春秋之美而云'善志'. 春秋旣是舊名, 明稱舊記爲善, 故知上傳之言蓋, 言周公之志也. 脩者, 治舊之名. 傳善聖人而言脩舊, 明脩前聖之道, 故知下傳之言蓋, 仲尼之明周公也. 上已言'蓋周之舊典禮經', 此復重云'蓋周公之志'者, 上明春秋記事之法舊史之遵周公也, 此明仲尼因舊史之文, 還脩周公之法, 故重言蓋. 敍此以上論經, 以下論傳.

〔蓋周〕에서 〔明之〕까지

○ '蓋'자로 의문사를 삼았으나 그 일이 필연적임을 알 수 있는 것은, 살펴보건대 傳에서 君子가 ≪春秋≫의 훌륭함을 말하여 '記述을 잘하였다.'라고 하였기 때문이다. 여기서 말한 ≪춘추≫는 이미 지난 옛 史書의 이름이니, 옛 사서의 기술이 잘된 것을 분명히 말한 것이다. 그러므로 위의 전(蓋周之舊典禮經也)에서 말한 '蓋'는 바로 주공의 기술을 말한 것임을 알 수 있다.

'脩'는 옛것을 修整한다는 명칭이다. 傳에 聖人을 훌륭하게 여기면서 옛것을 수정하였다고 말하였으니, 이는 옛 성인(주공)의 道를 〈공자가〉 수정하여 밝힌 것이다. 그러므로 아래 전(蓋周公之志)에서 말한 '蓋'는 바로 중니께서 주공의 도를 밝힌 것임을 알 수 있다.

위에서 이미 '蓋周之舊典禮經'이라 말하고, 여기에서 다시 거듭 '蓋周公之志'라고 말한 것은 위에서는 ≪춘추≫의 記事한 법이 옛 사서가 주공의 正典을 따랐음을 밝힌 것이고, 여기서는 중니께서 옛 사서의 문장에 의지하여 도로 주공의 기술하는 법으로 수정하였음을 밝힌 것이다. 그 때문에 거듭 '蓋'를 말하였다. 이 이상의 서술은 ≪춘추≫의 '經'을 말한 것이고, 이하는 '傳'에 대해 말하였다.

左丘明受經於仲尼하야 **以爲經者**는 **不刊之書也**라 **故傳或先經以始事**하고 **或後經以終義**하며 **或依經以辯理**하고 **或錯經以合異**하야 **隨義而發**하니라

左丘明이 仲尼께 經을 전해 받아서 經은 削除하여 고칠 수 없는 글이라고 여겼다. 그러므로 傳을 지을 적에, 經文보다 앞서 일의 시작을 설명하기도 하고, 경문 뒤에 전을 이어 앞의 경문에서 말한 뜻을 終結하기도 하며, 경문에 의거해 〈경문의〉 事理를 分辨하기도 하고, 경문을 섞어 〈글을 만들어〉 書法이 다른 것을 합치기도 하여, 뜻에 따라 發論하였다.

【疏】'左丘'至'而發' ○ 正義曰：丘明爲經作傳，故言受經於仲尼，未必面親授受使之作傳也. 此說作傳解經而傳文不同之意，丘明以爲經者，聖人之所制是不可刊削之書也，非傳所能亂之. 假使傳有先後，不畏經因錯亂，故傳或先經爲文以始後經之事，或後經爲文以終前經之義，或依經之言，以辨此經之理，或錯經爲文，以合此經之異，皆隨義所在而爲之發. 傳期於釋盡經意而已，是故立文不同也. 大(태)史公十二諸侯年表序云"自孔子論史記，次春秋，七十子之徒口受其傳. 魯君子左丘明懼弟子各(有妄)〔安〕[1]其意，失其眞，故具論其語，成左氏春秋." 沈氏云嚴氏春秋[2]引觀周篇[3]云"孔子將脩春秋，與左丘明乘如周，觀書於周史，歸而脩春秋之經，丘明爲之傳，共爲表裏." 藝文志云"左丘明，魯史也." 是言丘明爲傳，以其姓左，故號爲左氏傳也. 先經者，若隱公不書卽位，先發仲子歸于我，衛州吁弑其君完，先發莊公娶于齊. 如此之類，是先經以始事也. 後經者，昭二十二年，王室亂，定八年，乃言劉子伐孟以定王室，哀二年，晉納蒯聵于戚，哀十五年，乃言蒯聵自戚入衛. 如此之類，是後經以終義也. 依經者，經有其事，傳辯其由. 隱公不書卽位，而求好於邾，故爲蔑之盟. 案其經文，明其歸趣，如此之類，是依經以辯理也. 錯經者，若地有兩名，經傳互擧，及經侵傳伐，經伐傳侵，於文雖異，於理則合. 如此之類，是錯經以合異也. 傳文雖多，不出四體，故以此四句明之也.

1) (有妄)〔安〕: 저본에는 '有妄'으로 되어 있으나, 阮元의 校勘記에 의거하여 '安'으로 바로잡았다.
2) 嚴氏春秋 : 漢나라 嚴彭祖가 지은 公羊春秋이다. 엄팽조는 한나라 下邳 사람으로, 顔安樂과 함께 眭孟에게 공양춘추를 수학하여 顔嚴學派를 세웠다. 벼슬은 博士와 太子太傅 등을 역임하였다.
3) 觀周篇 : ≪孔子家語≫의 편명이다. 현재 전하는 ≪공자가어≫ 〈관주편〉에는 ≪嚴氏春秋≫에서 인용한 이 말이 없다.

〔左丘〕에서 〔而發〕까지

○ 正義曰 : 左丘明이 經을 위하여 傳을 지었다. 그러므로 "仲尼께 경을 전해 받았다"라고 말했으니, 반드시 직접 주고받으면서 전을 짓도록 한 것은 아니다. 이는 전을 지어 경의 뜻을 해석하였으나 傳文이 〈經文과〉 같지 않은 뜻을 말한 것이다. 좌구명이 경은 聖人(孔子)이 지은 바로서 산삭하여 고칠 수 없는 글이니, 전으로 어지럽혀서는 안 된다고 생각하였다.

가령 전에는 경보다 앞에 있는 것도 있고 뒤에 있는 것도 있으니, 경을 두려워하지 않으면 그대로 혼란하여 질서가 없게 된다. 그 때문에 전은 경보다 앞서 글을 만들어 뒤의 경에서 말한 일을 시작하기도 하고, 경의 뒤에 글을 만들어 앞의 경에서 말한 뜻을 종결하기도 하며, 경의 말에 의거하여 이 경의 事理를 분변하기도 하고, 경문을 섞어 글을 만들어 이 경문과 다른 書法을 합치하기도 하니, 모두 뜻이 있는 바에 따라 發論하였다. 전은 경의 뜻을 남김없이 다 해석함을 기약했을 뿐이다. 이 때문에 문장을 쓴 것이 동일하지 않다.

太史公의 ≪史記≫ 〈十二諸侯年表序〉에 "공자께서 史書에 기록한 내용을 토론하여 ≪春秋≫를 編纂함으로부터 70명의 門徒들이 마주 대하여 말로 傳受하였다. 魯나라의 君子 좌구명이 제자들이 각기 자기들의 견해로 편안히 해석하여 공자의 참뜻을 잃을까 우려하였다. 그 때문에 공자의 말씀을 상세히〔具〕 論述하여 ≪左氏春秋≫를 완성하였다."라고 하였다. 沈氏(沈文阿)는 "≪嚴氏春秋≫에서 ≪孔子家語≫의 〈觀周篇〉을 인용하여 '공자께서 ≪춘추≫를 纂修하려고 하여 좌구명과 함께 수레를 타고 周나라에 가서 주나라 史籍을 읽고 돌아와 ≪춘추≫의 경을 찬수하시자 좌구명이 경을 위하여 전을 지으니, 경과 전이 함께 안과 밖(서로 보충하는 역할)이 된다.' 하였다."라고 하였다. ≪漢書≫ 〈藝文志〉에 "좌구명은 노나라 太史이다."라고 하였으니, 이는 좌구명이 전을 지었는데, 그의 姓이 '左'이기 때문에 책 이름이 ≪左氏傳≫이 되었다고 말한 것이다.

'先經'이란 경에서 魯 隱公의 즉위를 쓰지 않았는데, 전에서 먼저 仲子가 우리나라에 시집왔다고 발언한 일과 경에서 衛나라 州吁가 그의 君主 完을 시해한 일을 말했는데, 전에서 먼저 衛 莊公이 齊나라 여자에게 장가든 일을 발언한 경우와 같은 것이다. 이와 같은 類가 바로 '先經以始事'이다. '後經'이란 전에서 昭公 22년에 周 王室이 어지러워졌다고 하였는데, 경에서는 定公 8년에 비로소 劉子가 盂을 토벌하여 왕실을 안정시켰다고 발언한 일과 전에서 哀公 2년에 晉나라가 蒯聵를 戚에 들여보냈다고 하였는데, 경에서는 애공 15년에 비로소 괴외가 척에서 위나라에 들어갔다고 발언한 경우와 같은 것이다. 이와 같은 유가 바로 '後經以終義'이다.

'依經'이란 경에서 그 사건을 말한 것이 있는데, 전에서 그 사유를 변론한 경우이다. 은공의 즉위를 쓰지 않았으나 邾나라에 友好를 구하였기 때문에 蔑에서 盟約을 하였다. 그곳의 경문을 살펴보면 그 귀추를 밝혔으니, 이와 같은 유가 바로 '依經以辯理'이다. '錯經'이란 두 이름의 地名이 있으면 경과 전에서 번갈아 든 것이니, 경은 '侵' 전은 '伐'로, 경은 '伐' 전은 '侵'으로 써서 글자는 다르나 事理는 일치한다. 이와 같은 유가 바로 '錯經以合異也'이다. 전문이 많으나 이 네 가지 體例에 벗어나지 않기 때문에 이 네 文句로 밝힌 것이다.

其例之所重은 **舊史遺文**일새 **略不盡擧**하니 **非聖人所脩之要故也**일새니라

그 例가 중복된 것은 옛 史籍에서 남긴 글이므로 省略하고 다 거론하지 않았으니, 이는 聖人께서 편수하신 要旨가 아니기 때문이다.

【疏】'其例'至'故也' ○ 此說有經無傳之意. 例之所重者, 若桓元年"秋, 大水", 傳云"凡平原出水爲大水". 莊七年"秋, 大水". 此則例之所重, 皆是舊史遺餘策書之文. 丘明略之, 不復(부)發傳, 非聖人所脩之要故也. 言遺者, 舊史已沒, 策書遺留, 故曰遺文.

〔其例〕에서 〔故也〕까지

○ 이곳은 經에는 있으나 傳에는 없는 뜻을 설명하였다. 例가 중복된 것이란, 經의 桓公 원년에 "가을에 큰물이 졌다."라고 하였는데, 傳에 "물이 平原으로 넘쳐 흐르는 것을 큰물이라 한다."라고 하였다. 경의 莊公 7년에 "가을에 큰물이 졌다."라고 하였으니, 이는 例가 겹친 것으로서 모두 옛 사적에서 남긴 策書의 글이다. 左丘明이 생략하고 다시 전을 만들지 않았으니, 이는 聖人께서 纂修한 중요한 글이 아니기 때문이다. '遺'라고 말한 것은 옛 사적은 이미 없어졌으나, 책서에는 남아 있기 때문에 '遺文'이라고 한 것이다.

身爲國史하야 **躬覽載籍**하고 **必廣記而備言之**라 **其文緩**하고 **其旨遠**하니라 **將令學者 原始要終**하고 **尋其枝葉**하야 **究其所窮**하니라

左丘明은 나라의 史官이 되어 몸소 많은 서적을 읽고 〈經에 기록되지 않은 일까지〉 반드시 널리 기록하고 자세히 말하였다. 그래서 그 文辭가 婉曲하고 그 뜻이 深遠하다. 좌구명은 학자들에게 그 일의 原初를 窮究하여 그 일의 결과를 판단하고 枝葉을 찾아 그 本原의 窮極을 究明하게 하였다.

【疏】'身爲'至'所窮'. ○ 此說無經有傳之意. ○ 正義曰：說文云"籍, (部)〔簿〕[1)]書也". 張衡東京賦[2)]曰"多識前世之載", 載亦書也. '躬覽載籍', 所見者博, 以義有所取, 必廣記而備言之. 非直解經, 故其文緩. 遙明聖意, 故其旨遠. 將令學者本原其事之始, 要截其事之終, 尋其枝葉, 盡其根本, 則聖人之趣雖遠, 其賾可得而見. 是故經無其事, 而傳亦言之, 爲此也. '原始要終'及'其旨遠', 竝易下繫辭文也. '尋其枝葉', 以樹木喩也. 究亦窮也, 言窮盡其所窮之處也.

1) (部)〔簿〕: 저본에는 '部'로 되어 있으나, ≪說文解字≫에 의거하여 '簿'로 바로잡았다.
2) 張衡東京賦 : 張衡은 後漢 南陽 西鄂(현재 河南城 南召) 사람으로, 字가 平子이다. 五經에 통달하고 문장에 능하여 〈兩京賦〉를 지었다. 天文·曆算에 능통하여 水力으로 움직이는 渾天儀와 지진을 측정하는 候風地動儀를 최초로 제작하였다. 그가 지은 〈東京賦〉는 洛陽의 풍물에 관한 내용을 읊은 것으로 ≪文選≫에 실려 있다.

〔身爲〕에서 〔所窮〕까지

○ 이곳은 經에는 없으나 傳에는 있는 뜻을 설명하였다.

○ 正義曰 : ≪說文解字≫에 "'籍'은 簿書(문서와 장부)이다."하였다. 張衡의 〈東京賦〉에 "지난 시대의 載籍을 많이 안다."라고 하였는데, '載' 또한 책이다. '躬覽載籍'은 읽어본 것이 넓어서 의리상 취할 만한 것이 있으면 반드시 널리 기록하고 자세히 말한 것이다. 그러면 단지 經文만을 해석할 뿐이 아니기 때문에 그 문장이 婉曲하고, 멀리 聖人의 뜻을 밝힐 수 있으므로 그 뜻이 深遠하다. 학자들에게 그 일의 原初를 추구하여 그 일의 결과를 판단하고, 그 枝葉을 찾아 그 근본을 모두 究明하게 하였다. 그러면 성인의 意趣가 심원하더라도 그 심오한 뜻을 알 수가 있다. 그러므로 經에는 그 일을 기록한 사항이 없으나 傳에 역시 말한 것은 이를 위해서이다. '原始要終'과 '其旨遠'은 모두 ≪周易≫ 〈繫辭傳 下〉의 글이다. '尋其枝葉'은 나무를 가지고 비유한 말이다. '究' 역시 '窮(다하다)'의 뜻이니, 그 궁구하는 곳을 남김없이 다한다는 말이다.

優而柔之하야 **使自求之**하고 **饜而飫之**하야 **使自趨之**하니라 **若江海之浸**하고 **膏澤之潤**하니 **渙然冰釋**하고 **怡然理順然後**에 **爲得也**라

그리하여 〈文辭를〉 풍성하게 기록함으로써 〈학자들의 마음을〉 여유 있게 하여 스스로 뜻을 찾게 하고, 〈大義를〉 넉넉하게 기록해 〈학자들의 마음을〉 좋아하게 하여 스스로 深奧한 意趣로 나아가게 하였다.

그래서 江海가 大地를 적시고 단비가 만물을 윤택하게 하듯이 두루 널리 기록하니, 학자들은 오해가 봄 얼음처럼 풀리고 조용하고 편안히 모든 事理가 조리를 이룬 뒤에야 진실을 터득하게 될 것이다.

【疏】'優而柔之'至'然後爲得也' ○ 此又申說無經之傳有利益之意. '優而柔之, 使自求之', 大戴禮子張問入官(學)[1]之篇有此文也. 其'饜而飫之', 則未知所出. 優柔, 俱訓爲安, 寬舒之意也. 饜飫, 俱訓爲飽, 饒裕之意也. 謂丘明富博其文, 優游學者之心, 使自求索其高意精華, 其大義飽足學者之好, 使自奔趨其深致, 言其廣記備言, 欲令使樂翫不倦也. 江海以水深之故, 所浸者遠, 膏澤以雨多之故, 所潤者博. 以喩傳之廣記備言, 亦欲浸潤經文, 使義理通洽. 如是而求之, 然後渙然解散, 如春冰之釋, 怡然心說(열), 而衆理皆順, 然後爲得其所也. 江海, 水之大者, 故擧以爲喩. 脂之澤者爲膏, 言雨之爲潤, 若脂膏然, 故稱膏澤也.

1) (學) : 저본에는 '學'이 있으나, ≪大戴禮記≫ 〈子張問入官〉과 阮元의 교감에 의거하여 衍文으로 처리하였다.

〔優而柔之〕에서 〔然後爲得也〕까지

○ 이곳은 또 經에 기록이 없는 傳의 글이 이익이 있다는 뜻을 설명하였다. '優而柔之 使自求之'는 ≪大戴禮記≫ 〈子張問入官〉篇에 이 글이 있다. '饜而飫之'는 어느 典籍에서 나온 것인지 알지 못한다. '優'와 '柔'는 訓이 모두 '安'이니, 너그럽고 편안한 뜻이다. '饜'과 '飫'는 훈이 모두 '飽(배부름, 만족함)'니, 풍족하고 넉넉한 뜻이다. 이는 左丘明이 그 문장을 풍성하게 하고 학자들의 마음을 여유 있게 하여 스스로 經의 높고 오묘한 뜻과 大義의 精粹를 찾게 하고, 그 대의가 학자들의 좋아하는 마음을 풍족하게 하여 스스로 깊은 意趣로 달려가게 하였으니, 널리 기록하고 자세히 말하여 학자들에게 즐겁게 익히고 게으르지 않게 하고자 했음을 말한 것이다.

강과 바다의 물은 깊기 때문에 적시는 범위가 광대하고, 단비는 비의 양이 많기 때문에 윤택하게 하는 구역이 넓다. 이 말로 傳의 널리 기록하고 자세히 말한 것을 비유하고, 또 經文에 젖어들어 義理에 통달하도록 한 것이다. 이와 같이 구한 뒤에야 마치 봄의 얼음이 녹는 것처럼 완전히 풀리고, 조용하고 편안한 마음이 즐거워서 모든 事理가 조리를 이룬 뒤에야 합당한 바를 얻을 것이다. 강과 바다는 물 중에서 큰 것이기 때문에 이를 들어 비유하였다. 비계가 녹은 것이 기름이 되니, 비가 내려 윤택하게 함이 마치 기름과 같기 때문에 '膏澤'이라고 말한 것이다.

其發凡以言例는 **皆經國之常制**와 **周公之垂法**과 **史書之舊章**을 **仲尼從而脩之**하야 **以成一經之通體**니라

傳에서 '凡'字를 들어 例를 말한 것들은 모두 나라를 다스리는 통상의 制度와 周公이 전한 법과 史書의 옛 典章을 仲尼께서 그대로 따라 編修하여 ≪春秋≫ 한 經의 전체 체제로 만든 것이다.

【疏】'其發'至'通體' ○ 正義曰：自此至'非例也', 辯說傳之三體. 此一段, 說舊發例也, 言發凡五十, 皆是周公舊法. 先儒之說春秋者多矣, 皆云丘明以意作傳, 說仲尼之經, 凡與不凡, 無新舊之例. 杜所以知發凡言例, 是周公垂法, 史書舊章者, 以諸所發凡, 皆是國之大典, 非獨經文之例. 隱七年, 始發凡例, 特云"謂之禮經", 十一年, 又云"不書於策". 建此二句於諸例之端, 明書於策者, 皆是經國之常制, 非仲尼始造策書, 自制此禮也. 何則. '(夫)〔天〕災[1)]無牲[2)]', '卒哭'[3)], '作主'[4)], '諸侯薨于朝會, 加一等'[5)], '夫人不薨于寢, 則不致'[6)], 豈是仲尼始造此言也. '公行告廟', '侯伯分災', 二'凡'之末, 皆云禮也[7)], 豈是丘明自制禮乎. 又公女嫁之送人尊卑, 哭諸侯之親疏等級, 王喪之稱'小童', 分至之書'雲物'[8)], 皆經無其事, 傳亦發凡. 若丘明以意作傳, 主說仲尼之經, 此旣無經, 何須發傳. 以是故知發凡言例, 皆是周公垂法, 史書舊章, 仲尼從而脩之, 以成一經之通體也. 國之有史, 在於前代, 非獨周公立法, 史始有章. 而指言周公垂法者, 以三代異物, 節文不同, 周公必因其常文而作, 以正其變者, 非是盡變其常也. 但以一世大典, 周公所定, 故春秋之義, 史必主於常法, 而以周公正之. 然凡是周公之禮經, 今案周禮竟無凡例, 爲當禮外別自有凡, 爲當凡在禮內. 今者所據, 禮內有凡. 知者, 案周禮大宰職於'八法'[9)]之內有'官成' '官法', 鄭衆注云"官成者, 謂官府之有成事品式. 官法者, 謂職所主之法度". 然則此凡者是史官之策書成事法式也. 釋例終篇云"稱凡者五十, 其別四十有九", 蓋以母弟二凡[10)], 其義不異故也. 計周公垂典, 應每事設法, 而據經有例, 於傳無凡多矣, 釋例四十部, 無凡者十五. 然則周公之立凡例, 非徒五十而已. 蓋作傳之時, 已有遺落, 丘明采而不得故也. 且凡雖舊例, 亦非全語, 丘明採合而用之耳. 終篇云"諸凡雖是周公之舊典, 丘明撮其體義, 約以爲言, 非純寫故典之文也. 蓋據古文覆逆而見之, 此丘明會意之微致", 是其說也.

1) (夫)〔天〕災：저본에는 '夫'로 되어 있으나, 莊公 25년의 傳文과 阮元의 〈校勘記〉에 의거하여 '天'으로 바로잡았다. '天災'는 일식・월식・홍수 등을 이른다.
2) 無牲：天災가 발생했을 때 弭災하기 위하여 폐백만을 쓰고 犧牲은 쓰지 않는다는 말이다. 莊公 26년 傳에 보인다.

3) 卒哭 : 卒哭은 슬픔이 일어나면 아무 때나 哭하는 것을 그치고 朝夕으로만 곡하는 것을 이른다. 諸侯가 薨하면 다섯 달 만에 장사 지내고, 다섯 번 虞祭를 지내고 그 다음날 졸곡을 지내는 것이 禮이다.
4) 作主 : 卒哭祭를 지내고 祔廟할 때 神主를 만드는 일을 가리킨다. 위의 '卒哭'과 이곳의 '作主' 모두 僖公 31년 傳에 보이는데, 희공을 장사 지낸 뒤 늦게 작주한 일을 비난하였다.
5) 諸侯薨于朝會 加一等 : 僖公 4년 傳에 보인다.
6) 夫人不薨于寢, 則不致 : 僖公 8년 傳에 보인다.
7) 公行告廟……禮也 : '公行告廟'는 桓公 2년 傳에 보이고, '侯伯分災'는 僖公 원년 전에 '諸侯分灾討逆'으로 보이는데, 이 두 일의 끝에 모두 "禮에 맞는 일이다".라고 하였다.
8) 雲物 : 僖公 5년 傳에 보인다.
9) 八法 : 官府를 다스리는 여덟 가지 法으로, 곧 官屬·官職·官聯·官常·官治·官成·官法·官刑·官計이다.
10) 母弟二凡 : 宣公 17년 傳의 "범례에 의하면 태자의 母弟를 공이 생존해 있을 적에는 '公子'라 하고, 공이 죽어 없을 적에는 '弟'라고 한다. 모든 '弟'라고 일컬은 것은 다 모제이다.〔凡大子之母弟 公在曰公子 不在曰弟 凡稱弟 皆母弟也〕"라고 한 말을 이른다.

〔其發〕에서 〔通體〕까지

○ 正義曰 : 여기서부터 '非例也'까지는 傳의 세 가지 체제를 변별하여 설명한 것이다. 이 한 단락은 옛 典章을 설명하여 體例를 말하였으니, 50조의 '凡'자를 말한 것은 모두 周公이 정한 옛 법도이다. ≪春秋≫를 해설한 先儒가 많았으나 모두 左丘明이 자신의 뜻으로 전을 지어 仲尼께서 編修한 經을 해설하였기 때문에 '凡'자를 말한 것과 '凡'자를 말하지 않은 것에 新舊의 체례가 없다고 하였다. 杜預는 이 때문에 '凡'자를 말하여 체례를 언급한 것은 바로 주공이 전한 법도와 史書의 옛 전장임을 알았으니, 모든 '凡'자를 말한 것은 다 국가의 중요한 전장이지, 단지 經文의 체례만은 아니다.

隱公 7년에 처음으로 범례를 말하고는 특별히 "이를 禮의 常道라 한다."라고 하였고, 은공 11년에는 또 〈범례를 말하고〉 "史策에 기록하지 않는다."라고 하였다. 이 두 문구로 모든 범례의 단서를 세워 책에 기록한 것은 모두 나라를 경영하는 정상적인 제도임을 밝혔으니, 仲尼께서 처음으로 策書를 지으면서 스스로 이 禮를 만든 것은 아니다.

무엇 때문인가? '天災에는 희생을 쓰지 않는다.'와 '卒哭'과 '神主를 만든다.'와 '제후가 조회에서 薨하면 한 등급을 추가한다.'와 '부인이 正寢에서 薨하지 않으면 종묘에 들이지 않는다.'와 같은 범례를 어찌 중니께서 처음으로 이런 말을 만들었겠는가? 〈桓

公 2년의〉 '公이 종묘에 告하였다.'와 〈僖公 원년의〉 '侯伯이 災害를 분담한다.'의 두 범례의 끝에 모두 '예이다.'라고 하였으니, 어찌 좌구명 자신이 예를 만들었겠는가? 또 공의 딸이 시집 갈 때 그를 호송하는 사람의 높고 낮은 등급과 제후의 喪에 弔哭하는 사람의 親疏 등급과 王이 喪中에 자신을 '小童'이라 일컫는 것과 春分·秋分과 夏至·冬至에 '雲物'로 기록한 일이 모두 경에는 없는데 전에 이 역시 범례를 들었다. 만일 좌구명이 자기의 생각으로 전을 지었다면 중니께서 편수한 경을 위주로 말했을 것이지만, 이 사례에는 이미 경이 없는데 어찌 꼭 전에서 제시했겠는가? 이 때문에 범례를 들어 체례를 말한 것은 모두 주공이 전한 법도이고 사서의 옛 전장이니, 중니께서 이를 따라 편수하여 ≪春秋≫ 한 經의 전체 체제를 만들었음을 아는 것이다.

나라에 史官을 둔 것은 앞 시대에 있었던 일이니, 비단 주공이 법도를 세워 사서에 처음으로 전장을 둔 것은 아니다. 그런데 주공이 법도를 전했다고 꼭 집어 말한 것은, 三代는 각각 實情이 다르고 예절 규범이 똑같지 않으니 필시 주공이 일정불변의 禮文에 의지해 법도를 만들어 그 변한 것을 바로잡은 것이지, 그 일정불변의 예문을 모두 변경한 것은 아니다. 다만 한 시대의 중요한 전장은 주공이 정하였기 때문에 ≪춘추≫의 의리는 사관이 반드시 常法을 위주로 기술하고 주공이 바로잡은 것이다. 그러나 '凡'은 바로 주공이 정한 禮의 상도이지만 지금 ≪周禮≫를 살펴보면 결국 凡例가 없으니, 당연히 예 밖에 저절로 '범'이 있고, 〈동시에〉 예 안에도 '범'이 있다는 것이다. 지금 의거한 바는 예 안에 '범'이 있다는 것이다. 이를 아는 것은, 살펴보건대 ≪주례≫ 〈太宰職〉의 '八法' 안에 '官成'과 '官法'이 있는데, 鄭衆의 注에 "'官成'이란 官府의 일을 완성하는 법식이고, '官法'이란 官職이 주관하는 법도이다."라고 하였다. 그렇다면 여기서의 '범'은 사관이 策書의 직무에 관한 일을 완성하는 법식이다. ≪春秋釋例≫ 〈終篇〉에 "'凡'을 일컬은 것이 50조이고 그 '別'이 49조이다."라고 하였으니, 이는 同母弟에 대한 두 '범'은 그 뜻이 다르지 않기 때문이다. 주공이 전한 전장을 따져보면 응당 매사에 그 법도를 설정해야 되는데, 經에 의거한 범례는 있으나 傳에 '범'이 없는 경우가 많으니, ≪춘추석례≫ 40部에 '범'이 없는 것이 15조이다. 그렇다면 주공이 범례를 확립한 것은 단지 50조일 뿐만이 아니니, 아마 전을 지을 때 이미 유실되어 좌구명이 채집하였으나 찾지 못했기 때문일 것이다. 또한 '범'이 舊例이기는 하나 역시 완전한 말은 아니기 때문에 좌구명이 채집해 모아서 사용했을 뿐이다. ≪춘추석례≫ 〈종편〉에 "모든 '범'은 주공이 전한 舊典이지만 좌구명이 그 體例와 意義를 뽑아 요약하여 말한 것이지, 故典의 글을 순수하게 베낀 것은 아니다. 아마 옛글에 의거하여 미리 예측해 보였을 것이니, 이것이 좌구명이 깨달은 은미한 意趣일 것이다."라고 하였으니, 이것이 그에 대한 설명이다.

然丘明撮凡爲言, 體例不一, 於一凡之內, 事義不同, 亦有因經所有, 連釋經之所無, 如"王曰小童, 公侯曰子[1]"是也. 亦有略其經之所無, 直釋經之所有, 如"凡祀, 啓蟄而郊, 龍見而雩[2]", 不言礿祀, 以經無故也, 如此之類是也. 所以然者, 蓋以舊凡語少, 經雖無事, 則亦連文引之, 所以兼引"王曰小童". 若舊凡語多, 經無者則略之, 經有者則載之, 所以略其礿祀, 獨擧郊雩. 故莊十一年"王師敗績于某", 杜注云"事列於經, 則不得不因申其義". 是舊凡多者, 唯擧經文也. 發凡之體, 凡有二條, 一是特爲策書, 一是兼載國事. 特爲策書者, 凡告以名則書之類是也. 兼載國事者, 凡嫁女于敵國之類是也. 雖爲國事, 但他書有者, 亦不在凡例, 如天子七月而葬, 旣於禮文備有, 故丘明作傳不在凡例也. 此諸凡者自是天下大例, 其言非獨爲魯故. 哭諸侯之條, 旣發凡例, 乃云故魯爲諸姬[3], 明知正凡所言, 非止魯事. 且送女例云"於天子, 則諸卿皆行", 魯無嫁女於天子之理. 祭祀例云"啓蟄而郊", 自非魯國不得有郊天之事, 明是採合故典, 裁約爲文也.

1) 王曰小童 公侯曰子 : 僖公 9년 傳에 보인다.
2) 凡祀……龍見而雩 : 桓公 5년 傳에 보인다.
3) 魯爲諸姬 : 襄公 12년 傳에 "魯君이 여러 姬姓 제후를 위해서는 周廟에 臨哭한다.〔魯爲諸姬臨於周廟〕"라고 하였다.

그러나 좌구명이 뽑아서 말한 '범'의 체례가 일정하지 않아 하나의 '범' 안에 事理가 같지 않고, 또 경에 있는 일을 따라 경에 없는 사리를 이어 해석한 경우가 있다. 예컨대 "〈범례에 의하면 장례를 치르지 않았을 때〉 王은 '小童'이라 하고, 公侯는 '子'라고 한다."라고 말한 경우가 이것이다. 게다가 경에 없는 기록은 생략하고 경에 있는 기록은 곧장 해석한 곳이 있으니, 예컨대 "범례에 의하면 제사는 경칩이 되면 郊祭를 지내고, 蒼龍星이 동쪽 하늘에 나타나면 雩祭를 지낸다."라 하고, 종묘 제사인 礿祀는 말하지 않았다. 이는 경에 약사에 대한 언급이 없기 때문이니, 이와 같은 유가 바로 이것이다. 이렇게 된 원인은 舊凡의 말이 적기 때문이니, 경에 기록한 일이 없더라도 전에서는 역시 해당 글에 연결하여 구범을 인용하였기 때문에 '王曰小童'을 겸하여 인용하였다. 만일 구범의 말이 많은 경우는 경에 기록한 일이 없으면 생략하고, 경에 기록한 일이 있으면 기재하였기 때문에 약사는 생략하고 교제와 우제에만 범례를 든 것이다. 그러므로 莊公 11년 전에 "王師敗績于某(周王의 군대가 아무 군대에 크게 패배하였다)."라고 한 것에 대하여 杜預의 注에 "그 일을 經에 列記하였으니, 그 뜻을 그대로 천명하지 않을 수 없었다."라고 하였다. 이는 구범이 많은 일은 오직 경문을 든 경우이다.

범례를 든 체례는 모두 두 조항이 있다. 하나는 특별히 策에 쓰는 것이고, 하나는 國事에 겸하여 기재하는 것이다. 특별히 책에 쓰는 것은 이름을 통고하면 책에 쓰는 유가 이것이고, 국사에 겸하여 기재하는 것은 딸을 대등한 나라에 시집보내는 유가 이것이다. 국사라 하더라도 다만 다른 책에 기록되어 있는 경우는 역시 범례에 있지 않으니, 예컨대 天子는 죽은지 7개월 만에 장사를 지낸다는 규정은 이미 禮文에 상세히 들어 있기 때문에 좌구명이 전을 지으면서 범례에 두지 않은 것과 같다. 이 여러 곳에서 든 '범'은 스스로 천하의 중요한 체례이니, 그 말이 단지 魯나라만을 위하려는 것 때문은 아니다. 諸侯의 喪에 弔哭하는 조항은 범례를 말하여 곧 "그러므로 노나라가 여러 희성 제후에게 한다."라고 하였으니, 正凡으로 말한 바는 단지 노나라 일에만 그치지 않았음을 분명히 알 수 있다. 게다가 딸을 시집보낼 때의 義例에 "천자에게 보낼 적에는 여러 경들이 모두 호송하여 간다."라고 하였으니, 노나라는 딸을 천자에게 시집보낼 도리가 없다. 제사에 대한 범례에는 "경칩이 되면 교제를 지낸다."라고 하였는데 노나라는 절로 하늘에 교제를 지내는 일이 있을 수 없으니, 이는 옛 전장을 채집하여 요약해 글을 만든 것이다.

其微顯闡幽하야 **裁成義類者**는 **皆據舊例而發義**하고 **指行事以正褒貶**이니라

그리고 經에 드러낸 일은 은미하게 기록하고, 경에 은폐한 일은 드러내 밝혀 義理를 참작하여 만든 것은, 모두 舊例에 의거해 경의 뜻을 드러내고 시행한 일의 〈是非를〉 지적해 褒貶을 바로잡은 것이다.

【疏】'其微'至'褒貶' ○ 此下盡'曲而暢之', 說新意也. '微顯闡幽', 易下繫辭文也. 微謂纖隱, 闡謂著明. 舊說云"下云'經無義例', 此釋經有義例". 謂孔子脩經, 微其顯事, 闡其幽理, 裁節經之上下, 以成義之般類. 其善事顯者, 若秦穆悔過[1], 貶四國大夫[2], 以例稱'人', 觀文與常文無異. 惡事顯者, 若諸侯城緣陵[3], 叔孫豹違命[4], 城緣陵依例稱諸

侯, 與無罪文同, 叔孫豹去氏, 與未賜族者文同, 皆是微其顯事. 闡幽者, 謂闡其幽理, 使之宣著. 若晉趙盾(돈)鄭歸生楚比[5]陳乞及許大(태)子止, 皆非親弑其君, 是其罪幽隱, 孔子脩經加'弑', 使罪狀宣露, 是闡幽也. 〔其裁成義類〕[6]諸春秋褒貶之例竝是也, 蓋以爲皆據舊例而發義. 以下論丘明之傳微顯闡幽乃是經事, 故賀沈[7]諸儒皆悉同此. 劉炫以微顯闡幽皆說作傳之意. 經文顯者, 作傳本其纖微, 經文幽者, 作傳闡使明著. 顯者, 若"天王狩于河陽", 觀經文, 足知王是天子, 狩是出獵, 但不知天子何故出畿外狩耳, 故傳發"晉侯召王", 是其微顯也. 幽者, 若"鄭伯克段于鄢", 觀經不知段是何人, 何故稱克, 故傳發"武姜愛段", 是闡其幽也. 丘明作傳, 其有微經之顯, 闡經之幽, 以裁制成其義理比類者, 皆據舊典凡例而起發經義, 指其人行事是非, 以正經之褒貶, 例稱"得雋曰克[8]", 傳言"如二君, 故曰克[9]", 是其據舊例發義也, 晉侯召王使狩, 鄭伯不敎其弟, 仲尼沒其召王, 顯稱鄭伯, 丘明正述其事, 先解經文, 是指其行事以正褒貶也. 此二事尤明者耳, 其餘皆是新意也. 此序主論作傳, 而賀沈諸儒皆以爲經解之, 是不識文勢而謬失杜旨.

1) 秦穆悔過 : 僖公 33년에 秦나라가 晉나라와 殽에서 전쟁하여 크게 패배하고 秦軍의 百里孟明視・西乞術・白乙丙 세 장군이 포로로 잡혀갔는데, 그들이 文嬴(秦 穆公의 딸로 晉文公의 부인)의 요청으로 석방되어 秦나라로 돌아오자 穆公이 교외에 나가 세 사람을 맞이하면서 蹇叔의 말을 듣지 않은 일을 후회하였다.
2) 貶四國大夫 : 文公 2년 經에 "겨울에 晉人・宋人・陳人・鄭人이 秦나라를 토벌하였다."의 杜注에 "네 사람은 모두 卿이다. 秦 穆公이 잘못을 뉘우치고 나서 끝내 孟明을 등용하였기 때문에 네 나라의 대부를 貶下하여 秦나라를 높인 것이다."라고 하였다.
3) 諸侯城緣陵 : 僖公 14년 經과 傳에 보이는데, 전에 "그 일을 주관한 사람을 기록하지 않은 것은 闕文이다."라고 하였다.
4) 叔孫豹違命 : 襄公 27년 經에 "가을 7월 신사일에 豹가 제후의 대부와 宋에서 맹약하였다."라고 하였는데, 杜預에 注에 "豹가 順理에 따라 약한 임금의 命을 드러내지 않고 小是(國家의 自尊心을 세움)를 위해 임금의 명을 어겼기 때문에 〈族姓인 '叔孫'을 버리고 '豹'로만 기록하여〉 그를 貶下한 것이다."하였다. 傳에는 "그 족성을 기록하지 않았으니 임금의 명을 어긴 일을 말한 것이다.〔不書其族 言違命也〕"라고 하였다.
5) 楚比 : 楚나라 公子 比를 말한다. "楚 公子 比가 晉나라에서 楚나라에 돌아와 그의 군주 虔을 乾谿에서 시해하였다."라고 하였다.
6) 〔其裁成義類〕 : 저본에는 '其裁成義類'가 없으나, 阮元의 校勘記에 의거하여 보충하였다.
7) 賀沈 : '賀'는 南朝 宋의 經學家인 賀道養이고, '沈'은 남조 陳의 경학가인 沈文阿이다.

8) 得雋曰克 : 莊公 11년 傳에 보인다.
9) 如二君 故曰克 : 隱公 원년 傳에 보인다.

〔其微〕에서 〔褒貶〕까지

○ 이 아래의 '曲而暢之' 끝까지는 新意를 설명한 것이다. '微顯闡幽'는 ≪周易≫ 〈繫辭傳 下〉의 글이다. '微'는 細小隱微함을 이르고, '闡'은 밝게 드러냄을 이른다. 舊說에 "아래에서 '經에 義例가 없다.'라고 하였으니, 이는 경에 의례가 있음을 해석한 것이다."라고 하였으니, 孔子가 經을 編修하면서 그 드러난 일은 은미하게 기록하고 은폐한 事理는 드러내 밝혀서 경의 上下를 참작하여 의례의 종류를 만든 것을 이른다. 그중 좋은 일을 드러낸 것은, 秦 穆公이 잘못을 뉘우치자 네 나라 大夫를 폄하하여 의례로써 '人'이라 칭했는데 그 글을 보았을 때 일반적인 글과 차이가 없다. 나쁜 일을 드러낸 것은, 諸侯가 緣陵에 城을 쌓은 것과 叔孫豹가 命을 어긴 일에서 연릉에 성을 쌓은 일에는 의례를 따라 '諸侯'라 칭하였으니, 죄가 없다는 글과 같다. 그러나 숙손표에게 氏를 제거하여 쓰지 않은 것은 族姓을 주지 않았다는 글과 같으니, 이는 모두 드러난 일을 은미하게 쓴 경우이다. '闡幽'는 은폐한 사리를 밝혀 뚜렷이 드러내는 것이다. 晉나라 趙盾·鄭나라 歸生·楚나라 比·齊나라 陳乞·許나라 태자 止 같은 이는 모두 그의 군주를 직접 시해한 것은 아니어서 이에 그 죄가 은폐되었는데, 공자께서 경을 편수하시면서 '弑'자를 추가하여 죄상이 명백하게 드러났으니, 이것이 은폐한 사리가 뚜렷이 드러난 것이다. 義例를 다듬어 만든 것은 ≪春秋≫의 모든 褒貶한 예가 통틀어 이것이니, 모두 舊例에 의거하여 의례를 들었다.

아래는 左丘明의 傳에 '微顯闡幽'한 일이 곧 바로 經의 일임을 논하였다. 그러므로 賀道養·沈文阿 등 여러 儒者가 전부 이와 같으니, 劉炫은 '微顯闡幽'가 모두 전을 지은 뜻이라고 설명하였다. 經文에 드러낸 것은 그 일의 세소한 것을 근본으로 전을 지었고, 경문에 은폐한 것은 밝게 드러내는 방향으로 전을 지었다. 경문에 드러낸〔顯〕 일은 "天王이 河陽에서 사냥하였다.〔天王狩于河陽〕"와 같은 일이니, 경문을 살펴보면 王은 바로 天子이고, 狩는 바로 사냥을 나간 것임을 알 수 있다. 다만 천자가 무엇 때문에 國都의 경계 밖에서 사냥을 했는지를 알지 못할 따름이다. 그러므로 전에 "晉侯가 왕을 부른 것이다."라고 말했으니, 이것이 바로 '微顯'이다. 경문에 은폐한〔幽〕 일은, "鄭伯이 鄢에서 共叔段에게 이겼다.〔鄭伯克段于鄢〕"와 같은 일이니, 경문을 보아서는 '段'이 어떤 사람이고 무슨 까닭으로 '이겼다.〔克〕'고 말했는지 알지 못한다. 그러므로 전에서 "武姜이 공숙단을 사랑했다."고 하였으니, 이것이 은폐한 일을 뚜렷이 드러낸 경우이다.

좌구명이 전을 지어 경에 드러낸 일은 은미하게 기록하고, 경에 은폐한 일은 뚜렷이 드러내어 〈舊例를〉 참작하여 의리의 比類를 만든 것은 모두 舊典의 범례에 의거하여 경의 뜻을 啓發한 것이다. 그리하여 그 사람의 시행한 일에 대한 是非를 지적하여 경의 褒貶을 바루었으니, 범례에 의거해 "敵軍의 뛰어난 장수를 잡는 것을 극이라 한다.〔得儁曰克〕"라고 하였고, 전에 "두 임금과 같기 때문에 극이라 하였다.〔如二君 故曰克〕"라고 말했으니, 이것이 구례에 의거해 의리를 말한 것이다. 그리고 晉侯가 天王을 불러 사냥하게 하고, 鄭伯이 그 아우(共叔段)를 잘 가르치지 못한 일을 仲尼께서는 진후가 천왕을 부른 사실은 묻었고, 〈공숙단의 일에는〉 드러내놓고 정백을 말했다. 이에 좌구명이 그 일을 정확하게 기술하여 먼저 경문을 해석하였으니, 이는 그가 시행한 일을 지적하여 포폄을 바르게 한 것이다. 이 두 가지 일은 그것이 더욱 분명한 것이고, 그 나머지의 일은 모두 新意이다. 이 서문은 전을 지은 뜻을 위주로 논하였고, 하도양과 심문아 등 여러 儒者는 모두 경을 위주로 해석하였으니, 이는 文勢를 몰라 두예의 뜻을 그르친 것이다.

諸稱書 不書 先書 故書 不言 不稱 書曰之類는 皆所以起新舊發大義니 謂之變例라

傳에 '書'·'不書'·'先書'·'故書'·'不言'·'不稱'·'書曰'이라고 칭한 類들은 모두 新舊의 例를 일으켜 大義를 만든 것이니, 이를 '變例'라 한다.

【疏】'諸稱'至'變例' ○ 上旣言據舊例而發義, 故更指發義之條, 諸傳之所稱'書' '不書' '先書' '故書' '不言' '不稱'及'書曰' 七者之類, 皆所以起新舊之例, 令人知發凡是舊, 七者是新, 發明經之大義, 謂之變例. 以'凡'是正例, 故謂此爲變例, 猶詩之有變風變雅也. 自杜以前, 不知有新舊之異, 今言'謂之變例', 是杜自明之以曉人也. 稱'書'者, 若文二年"書士縠(곡), 堪其事", 襄二十七年"書先晉, 晉有信", 如此之類是也. '不書'者, 若隱元年春"正月, 不書卽位, 攝也", "邾子克, 未王命, 故不書爵", 如此之類是也. '先書'者, 若桓二年"君子以督爲有無君之心, 故先書弑其君", 僖二年, 虞師晉師"滅下陽, 先書虞, 賄故也", 如此之類是也. '故書'者, 隱三年"壬戌, 平王崩, 赴以庚戌, 故書之", 成

八年“杞叔姬卒, 來歸自杞, 故書”, 如此之類是也. ‘不言’者, 若隱元年“鄭伯克段于鄢. 不言出奔, 難之也”, 莊十八年“公追戎于濟西. 不言其來, 諱之也”, 如此之類是也. ‘不稱’者, 若僖元年“不稱卽位, 公出故也”, 莊元年“不稱姜氏, 絶不爲親”, 如此之類是也. ‘書曰’者, 若隱元年“書曰鄭伯克段于鄢”, 隱四年“書曰衛人立晉, 衆也”, 如此之類是也. 案襄元年“圍宋彭城. 非宋地, 追書也”, 隱元年“稱鄭伯, 譏失敎也”, 昭三十一年“公在乾侯. 言不能外內也”. ‘先書’, ‘故書’旣是新意, 則‘追書’亦是新意, ‘書’與‘不書’俱是新意, 則‘稱’與‘不稱’, 言與‘不言’亦俱是新意, 豈得‘不言’, ‘不稱’獨爲新意, ‘言’也‘稱’也, 便卽非乎. 釋例終篇云“諸雜稱二百八十有五”, 止有其數, 不言其目, 就文而數, 又復參差. 竊謂‘追書’也, ‘言’也, ‘稱’也, 亦是新意. 序不言者, 蓋諸類之中足以包之故也. 有田僧紹[1])者, 亦注此序, 以爲序言諸‘稱’, ‘稱’亦卽是新意, 與下七者合爲八名, 斯不然矣. 案‘書’與‘不書’, 其文相次. 若‘稱’字卽是新意, 但當言‘稱’與‘不稱’相次, 何以分爲別文. 明知杜言諸‘稱’, 自謂諸傳所稱, 不以‘稱’爲新意. 但以理而論之, ‘稱’亦當是新意耳.

1) 田僧紹 : 經學家의 한 사람인 듯한데, 어느 시대 사람인지는 미상이다. 저서로 ≪儀禮注≫ 2권이 있다.

〔諸稱〕에서 〔變例〕까지

○ 위에서 이미 舊例에 의거하여 義例를 만들었다고 말하였으므로 다시 의례를 만든 조항을 지적하였으니, 모든 傳에서 일컫은 바 ‘書’·‘不書’·‘先書’·‘故書’·‘不言’·‘不稱’ 및 ‘書曰’의 일곱 가지 유형은 모두 新舊의 例를 일으킨 것이다. 이로써 사람들에게 ‘凡’을 든 것은 바로 구례이고, 나머지 일곱 가지 유형은 바로 新例임을 알게 하여 경의 大義를 밝혔으니, 이를 變例라 이른다. ‘범’은 바로 正例이기 때문에 이를 변례라 하는 것이니, 마치 ≪詩經≫의 變風과 變雅가 있는 것과 같다. 杜預 이전에는 신례와 구례의 차이가 있음을 알지 못하였으니, 지금 ‘이를 변례라고 이른다.’는 말은 바로 두예가 스스로 밝혀서 사람들을 깨우친 것이다.

‘書’라고 일컫은 것은 예컨대 文公 2년에 “士縠이라고 기록한 것은 그 일(회맹)을 잘 감당해서이다.〔書士縠 堪其事〕”라 하였고, 襄公 27년에 “晉나라를 먼저 기록한 것은 진나라가 신의가 있어서이다.〔書先晉 晉有信〕”라고 하였으니, 이와 같은 유형이 이것이다. ‘不書’라고 일컫은 것은 예컨대 隱公 원년 봄에 “정월이다. 공의 즉위를 기록하지 않은 것은 〈은공이 君位를〉 攝行했기 때문이다.〔正月 不書卽位 攝也〕”라 하였고, “邾子克은 주왕의 책명을 받지 못했기 때문에 작위를 쓰지 않았다.〔邾子克未王命 故不書爵〕”

라고 하였으니, 이와 같은 유형이 이것이다.

'先書'라고 일컬은 것은 예컨대 桓公 2년에 "군자는 華父督이 군주를 무시하는 마음이 있다고 여겼기 때문에 먼저 그 군주를 시해하였다고 기록하였다.〔君子而督爲有無君之心 故先書弑其君〕"라 하였고, 僖公 2년에 虞나라 군대와 晉나라 군대가 연합하여 "〈괵나라의〉 하양을 멸하였는데, 경에서 우나라를 진나라 앞에 기록한 것은 〈우나라가 진나라의〉 뇌물을 받았기 때문이다.〔滅下陽 先書虞 賂故也〕"라고 하였으니, 이와 같은 유형이 이것이다. '故書'라고 일컬은 것은 예컨대 은공 3년에 "임술일에 平王이 崩하였는데, 경술일로 부고하였기 때문에 경에 경술일로 기록하였다.〔壬戌 平王崩 赴以庚戌 故書之〕"라 하였고, 成公 8년에 "杞叔姬가 졸하였다. 杞나라에서 영구히 돌아왔기 때문에 경에 기록하였다.〔杞叔姬卒 來歸自杞 故書〕"라고 하였으니, 이와 같은 유형이 이것이다.

'不言'이라고 일컬은 것은 예컨대 은공 원년에 "鄭伯이 鄢에서 共叔段을 이겼다. 출분했다고 말하지 않은 것은 말하기 어려웠기 때문이다.〔鄭伯克段于鄢 不言出奔 難之也〕"라 하였고, 莊公 18년에 "상공이 濟水 서쪽에서 戎을 추격하였다. 융이 침공해온 것을 말하지 않은 것은 그 일을 숨긴 것이다.〔公追戎于濟西 不言其來 諱之也〕"라 하였으니, 이와 같은 유형이 이것이다. '不稱'이라고 일컬은 것은 예컨대 희공 원년에 "즉위를 말하지 않은 것은 희공이 출분하여 외국에 있었기 때문이다.〔不稱卽位 公出故也〕"라 하였고, 장공 원년에 "姜氏라고 말하지 않은 것은 〈齊나라와의〉 친속 관계를 단절한 것이다.〔不稱姜氏 絶不爲親〕"라고 하였으니, 이와 같은 유형이 이것이다. '書曰'이라고 일컬은 것은 예컨대 은공 원년에 "경에 기록하기를 정백이 언에서 공숙단을 이겼다.〔書曰鄭伯克段于鄢〕"라 하였고, 은공 4년에 "경에 기록하기를 '衛나라 사람이 공자 晉을 즉위시켰다'라고 하였으니, 이는 민중의 뜻임을 말한 것이다.〔書曰衛人立晉 衆也〕"라고 하였으니, 이와 같은 유형이 이것이다.

살펴보건대 양공 원년에 "宋나라 彭城을 포위하였다. 팽성은 宋나라 땅이 아닌데 〈'宋彭城'으로 기록한 것은〉 소급하여 기록한 것이다.〔圍宋彭城 非宋地 追書也〕"라 하였고, 隱公 원년에 "經에 정백이라고 일컬은 것은 아우를 잘못 가르친 일을 비난한 것이다.〔稱鄭伯 譏失敎也〕"라고 하였고, 昭公 31년에 "소공이 乾侯에 있었다고 하였으니, 소공이 국외와 국내에서 용납되지 못함을 말한 것이다.〔公在乾侯 言不能內外也〕"라고 하였다. '先書'와 '故書'가 이미 新意라면 '追書'도 역시 신의이고, '書'와 '不書'가 모두 신의라면 '稱'·'不稱'과 '言'·'不言'도 모두 신의이다. 어찌 '不言'과 '不稱'만 신의가 되고

'言'과 '稱'은 바로 신의가 아닌 것인가? ≪春秋釋例≫ 〈終篇〉에 "여러 '雜稱'이 285조이다."라고 하여 단지 그 숫자만 있고 그 조목은 없는데, 傳文에 나아가 헤아려도 맞지 않는다. 삼가 생각하건대 '追書'·'言'·'稱'도 바로 신의이다. 그런데 서문에서 이를 말하지 않은 것은 〈신의의〉 여러 유형 가운데 충분히 포괄했기 때문이다.

田僧紹라는 사람도 이 서문에 注를 내어, "서문에 여러 '稱'을 말했는데 '稱'도 바로 신의이다."라고 하고 아래의 7가지 유형과 합하여 8명목으로 만들었으니, 이는 옳지 않다. 살펴보건대 '書'와 '不書'는 그 글이 서로 차례가 된다. 만일 '稱'자가 바로 신의라면 응당 '稱'과 '不稱'을 서로 차례로 말해야 하는데, 어찌 분리하여 별도의 글로 만들었겠는가? 杜預가 말한 여러 '稱'은 여러 傳에서 스스로 칭한 바를 이르는 것이지, '稱'으로 신의를 삼은 것은 아님을 분명히 알 수 있다. 다만 이치로써 말하면 '稱'도 당연히 신의이다.

然亦有史所不書를 **卽以爲義者**하니 **此蓋春秋新意**라 **故傳不言凡**하고 **曲而暢之也**니라

그리고 또 舊史에 기록하지 않은 것을 孔子가 곧 의리에 맞는다고 여긴 것이 있으니, 이는 아마 ≪春秋≫의 新意일 것이다. 그러므로 傳에 '凡'을 말하지 않고 자세히 말하여 그 뜻을 막힘없이 통하게 하였다.

【疏】'然亦'至'之也' ○ 此說因舊爲新也. 仲尼脩春秋者, 欲以上遵周制, 下明世教, 其舊史錯失, 則得刊而正之, 以爲變例. 其舊史不書, 則無可刊正, 故此又辯之. 亦有史所不書, 正合仲尼意者, 仲尼卽以爲義. 改其舊史及史所不書, 此二者蓋是春秋新意, 故傳亦不言凡, 每事別釋, 曲而通暢之也. '此蓋春秋新意', 其言總上, 通變例與不別書也. 擧一凡而事同者, 諸理盡見(현), 是其直也, 不言凡而每事發傳, 是其曲暢. 暢訓通, 故言曲而暢之也. 若然, 隱公實不卽位, 史無由得書卽位. 邾克實未有爵, 史無由得書其爵. 然則傳言不書, 自是舊史不書. 而以不書爲仲尼新意者, 釋例終篇杜自問而釋之, 云"丘明之爲傳, 所以釋仲尼春秋. 仲尼春秋皆因舊史之策書, 義之所在, 則時加增損, 或仍舊史之無, 亦或改舊史之有. 雖因舊文, 固是仲尼之書也. 丘明所發, 固是仲尼之意也. 雖是舊文不書, 而事合仲尼之意, 仲尼因而用之, 卽是仲尼新意. 若宣十年

'崔氏出奔衛', 傳稱'書曰崔氏, 非其罪也, 且告以族, 不以名'. 是告不以名, 故知舊史無名, 及仲尼脩經, 無罪見逐, 例不書名, 此舊史之文, 適當孔子之意, 不得不因而用之. 因舊爲新, 皆此類也." 然杜唯言史所不書, 卽以爲義, 不云史所書爲義者, 但夫子約史記而脩春秋, 史記之文, 皆是舊史所書, 因而褒貶, 理在可見, 不須更言, 但恐舊史不書, 而夫子不用, 故特言之.

〔然亦〕에서 〔之也〕까지

○ 여기서는 舊史를 이용하여 新意를 만든 일을 설명하였다. 仲尼께서 ≪春秋≫를 편수한 것은 위로는 周나라의 제도를 따르고 아래로는 세상의 교화를 밝히고자 해서이다. 구사에 잘못 기록한 일은 삭제하거나 바로잡아 變例라 하였다. 구사에 기록하지 않은 일은 삭제하거나 바로잡을 것이 없기 때문에 이를 또 辯論하였다. 또 史書에 기록하지 않았지만 그것이 중니의 뜻에 부합하는 경우는 중니께서 곧장 義理로 삼았다. 구사를 고친 것과 사서에 기록하지 않은 것 이 두 가지는 바로 ≪춘추≫의 신의이다. 그러므로 傳에서도 '凡'을 말하지 않고 사건마다 따로 해석해 자세히 말하여 막힘없이 통하게 하였다. '此蓋春秋新意'는 위의 변례를 통한 것과 별도로 기록하지 않은 것을 총괄하여 말한 것이다.

하나의 '범'을 들었으나 그 일이 같은 경우는 여러 의리가 모두 드러나니, 바로 곧장 통하는 것이고, '범'을 말하지 않았으나 사건마다 전에서 말한 경우는 바로 자세히 말하여 막힘없이 통하게 한 것이다. '暢'의 새김은 '통하다'이므로 자세히 말하여 통하게 한 것이다. 그러나 만일 隱公이 실제로 즉위하지 않았다면 史官이 즉위를 기록할 방법이 없고, 邾子 克이 실제로 爵名이 없다면 사관이 그 작명을 기록할 방법이 없다. 그렇다면 전에 '不書'라고 말한 것은 원래 구사에 기록하지 않은 것이다. 그런데 '불서'를 중니의 신의로 삼은 것을, ≪春秋釋例≫ 〈終篇〉에 杜預가 스스로 묻고 해석하여 다음과 같이 말하였다.

"左丘明이 전을 지은 것은 중니께서 편수한 ≪춘추≫를 해석하려는 까닭에서이다. 중니께서 편수한 ≪춘추≫는 모두 구사의 策書를 이용하여 의리가 있는 곳이면 때때로 增損을 가하여, 구사에 없는 일을 그대로 기록하거나 또는 구사에 있는 일을 고치거나 하였다. 구사의 글을 이용했더라도 본래 중니께서 쓰셨으니, 좌구명이 말한 것은 본래 중니의 뜻이다. 舊文에 기록하지 않았더라도 일이 중니의 뜻에 부합하는 일은 중니께서 그 일에 의거하여 썼으니 곧 바로 중니의 신의이다. 예컨대 宣公 10년의

'최씨가 위나라로 출분하였다.'라고 한 일에 대하여 전에 '「최씨」라고 기록하였으니, 그의 죄가 아니고 또 제나라가 族姓으로 통고하고 그 이름으로 통고하지 않았기 때문이다.'라고 하였다. 이는 이름으로 통고하지 않았기 때문에 구사에 이름이 없었는데 중니께서 경을 편수할 때에 미쳐 죄가 없는데 추방을 당한 경우 으레 이름을 기록하지 않았으니, 이는 구사의 글이 孔子의 뜻에 딱 맞았기에 부득이 통고한 것을 이용하여 쓴 것임을 알 수 있다. 구사를 이용하여 신의를 만든 것이 모두 이런 유형이다."

그러나 두예가 오직 "구사에 기록하지 않은 일 가운데 바로 의리에 맞는다고 여긴 것이 있다."라 말하고, "구사에 기록한 일을 의리로 여겼다."라고 말하지 않았다. 다만 夫子께서 〈노나라의〉 史記를 요약하여 ≪춘추≫를 찬수하였으니, 사기의 글이 모두 구사에 기록된 것이어서 그것을 이용하여 포폄을 하였으니, 의리를 볼 수 있음은 다시 말할 필요가 없다. 다만 구사에 기록되지 않은 일은 부자께서 이용하지 않았다고 여길까 걱정되기 때문에 특별히 말한 것이다.

其經無義例하고 因行事而言은 則傳直言其歸趣而已니 非例[1]也라

1) 非例 : 말할 만한 善惡이 없는 사건에 대해 그 귀결만을 말하고 褒貶의 例를 적용하지 않는 것이다.

그 經文에 義例가 없이 行事에 따라 말한 것은 傳에서도 〈褒貶을 가하지 않고〉 단지 그 귀결만을 말했을 뿐이니, 이는 非例이다.

【疏】'其經'至'例也' ○ 此一段說經無義例者. 國有大事, 史必書之, 其事既無得失, 其文不著善惡, 故傳直言其指歸趣向而已, 非褒貶之例也. 春秋此類最多, 故隱元年"及宋人盟于宿", 傳曰"始通也". 杜注云"經無義例, 故傳直言其歸而已. 他皆放此". 是如彼之類, 皆非例也.

〔其經〕에서 〔例也〕까지

○ 이 한 단락은 經에 義例가 없는 것을 해설한 것이다. 나라에 大事가 있으면 史官이 반드시 기록을 하는데, 그 행사에 이미 得失이 없으면 그 기록에 善惡을 드러낼 것이 없으므로 傳에서도 귀결만을 말하였을 뿐이니, 褒貶의 例가 아니다. ≪春秋≫에 이러한 유형이 매우 많다. 그러므로 隱公 원년에 "宋人과 宿에서 結盟하였다."라고 한 것에 대하여 傳에 "비로소 通好한 것이다."라고 하였다. 〈이에 대하여〉 杜預는 이르기를

"經에 義例가 없기 때문에 傳에서도 단지 그 귀결만을 말했을 뿐이다. 다른 경우도 모두 이와 같다."라고 하였으니, 바로 그와 같은 유형은 모두 非例라는 것이다.

故發傳之體有三하고 而爲例之情有五니라

그러므로 傳을 기술한 체제는 세 가지가 있고, 例의 유형에는 다섯 가지가 있다.

【疏】'故發'至'有五' ○ 正義曰：傳體有三, 卽上文發凡正例・新意變例・歸趣非例是也. 爲例之情有五, 則下文'五曰'是也. 書經有此五情, 緣經以求義爲例, 言傳爲經發例, 其體有此五事. 下文五句, 成十四年傳也. 案彼傳上文云"春秋之稱", 下云"非聖人誰能脩之." 聖人指謂孔子, 美孔子所脩, 成此五事, 五事所攝, 諸例皆盡. 下句釋其顯者以屬之耳. 此發傳之體有三, 上文三言'其'以別之, 觀文足可知耳. 劉寔[1]分變例新意以爲二事. 釋例終篇曰"丘明之傳有稱周禮以正常者, 諸稱凡以發例者是也, 有明經所立新意者, 諸顯義例而不稱凡者是也". 稱古典則立凡以顯之, 釋變例則隨辭以讃之. 杜言甚明, 尙不能悟, 其爲暗也, 不亦甚乎.

1) 劉寔：220～310. 魏나라 때 經學家로 平原 사람이며, 자는 子眞이다. 漢나라 濟北惠王 劉壽(章帝의 아들)의 후손이다. 벼슬이 司空, 太保, 太傅에 이르렀다. 저서로 ≪左氏牒例≫, ≪春秋條例≫, ≪春秋公羊達義≫ 등이 있었다고 하나 모두 일실되었다.

〔故發〕에서 〔有五〕까지

○ 正義曰：傳의 체제는 세 가지가 있으니, 바로 글의 첫머리에 '凡'자를 써서 밝힌 正例, 新意를 드러낸 變例, 귀결만을 말한 非例가 그것이다. 例의 類型에는 다섯 가지가 있으니, 下文의 '다섯 가지〔五曰〕'가 그것이다. 經을 기록하는 데에 이 다섯 가지 유형이 있고, 經에 의거하여 의리를 구하는 것이 例이니, 傳은 經을 위해 例를 밝히는 것으로 그 체제가 다섯 가지 事例가 있다는 말이다.

下文의 다섯 구절은 成公 14년의 傳이다. 살펴보건대 저 傳의 上文에 "춘추의 기록"이라고 하고, 아래에 "성인이 아니면 누가 편수할 수 있었겠는가."라고 하였다. 성인은 공자를 가리키니, 공자가 편수한 것은 이 다섯 가지 사례를 이룬 것이며, 다섯 가지 사례에 여러 가지 사례가 모두 포섭됨을 찬미한 것이다. 下句는 그 분명히 드러난 것을 해석하여 소속시킨 것일 뿐이다.

이 傳을 기술한 체제 세 가지는 윗글에서 세 번 '其'를 말해 구별하였으니, 문장을 보면 알 수 있다. 劉寔은 '新意를 드러낸 變例'를 두 가지로 나누었다. ≪春秋釋例≫ 〈終篇〉에 "좌구명의 傳에 周禮를 칭하여 常文을 바로잡는 경우가 있으니 '凡'을 칭하여 例를 일으킨 것들이 이것이고, 經이 세운 新意를 밝히는 경우가 있으니 여러 가지로 義例를 드러내고 '凡'을 일컫지 않은 것이 이것이다."라고 하였다. 옛 법도를 일컬을 적에는 '凡'을 세워 드러내고 변례를 해석할 적에는 文辭에 따라 칭찬하였다. 杜預의 말이 매우 분명한데 오히려 깨닫지 못한다면 그 暗昧함이 또한 심하지 않은가.

一曰 微而顯으로 **文見於此**로되 **而起義在彼**니 **稱族尊君命**과 **舍族尊夫人**과 **梁亡**과 **城緣陵之類 是也**라

첫째는 文辭를 微細하게 기록하여 뜻을 드러낸 것으로 문사는 여기에 보이지만 일으킨 뜻은 저기에 있는 것이니, "族을 칭한 것은 君命을 높인 것이다.", "族을 칭하지 않은 것은 夫人을 높인 것이다.", "梁나라가 망하였다.", "緣陵에 성을 쌓았다."라고 한 유형이 이에 해당한다.

【疏】'一曰'至'是也' ○'文見於此', 謂彼注云"辭微而義顯"也. '稱族尊君命', '舍族尊夫人', 成十四年傳爲叔孫僑如發也. 經曰"秋, 叔孫僑如如齊逆女. 九月, 僑如以夫人婦姜氏至自齊." 叔孫是其族也, 褒賞稱其族, 貶責去其氏. 銜君命出使稱其族, 所以爲榮, 與夫人俱還去其氏, 所以爲辱. 出稱叔孫, 擧其榮名, 所以尊君命也, 入舍叔孫, 替其尊稱, 所以尊夫人也. 族自卿家之族, 稱舍別有所尊. 是文見於此而起義在彼. 僖十九年經書梁亡, 是秦亡之也. 傳曰"不書其主, 自取之也." 僖十四年經書"諸侯城緣陵", 是齊率諸侯城之, 以遷杞也. 傳曰"不書其人, 有闕也." 秦人滅梁而曰"梁亡", 文見於此, "梁亡"見取者之無罪. 齊桓城杞而書"諸侯城緣陵", 文見於此, "城緣陵"見諸侯之有闕. 亦是文見於此, 而起義在彼. 皆是辭微而義顯, 故以此三事屬之.

〔一曰〕에서 〔是也〕까지

○'文見於此'라고 한 것은 저곳(成公 14년)의 杜注에 "文辭는 隱微하지만 뜻은 드러냈다.〔辭微而義顯〕"라고 한 것을 이른다. '稱族尊君命'과 '舍族尊夫人'은 成公 14년 傳에서 叔孫僑如를 위해 말한 것이다. 經에 "가을에 숙손교여가 齊나라에 가서 齊女를 맞이하였다.", "9월에 교여가 夫人婦姜氏를 모시고 제나라에서 돌아왔다."라고 하였다.

'叔孫'은 바로 그의 族이니, 포상할 경우에는 그 族을 稱하고, 폄척할 경우에는 그 氏를 칭하지 않는다. 君命을 지니고 出使하여 그 族을 칭하였으니 영예롭게 한 것이고, 夫人과 함께 돌아와서 그 氏를 칭하지 않았으니 치욕스럽게 한 것이다. 사신으로 나갈 때는 숙손을 칭하여 영예로운 이름을 거론하였으니 군명을 존중한 것이고, 귀국해 들어올 때는 숙손을 칭하지 않아 그 존칭을 바꾸어버렸으니 부인을 존중한 것이다. 族은 본래 卿家의 族이니, 칭하고 칭하지 않음에 따라 존중함이 구별된다. 이것이 文辭는 여기에 보이지만 일으킨 뜻은 저기에 있다는 것이다.

僖公 19년 經에 "梁나라가 망하였다."라고 썼는데, 이는 秦나라가 멸망시킨 것이다. 傳에 "멸망시킨 사람을 기록하지 않은 것은 〈양나라가 멸망을〉 자초하였기 때문이다."라고 하였다. 희공 14년 經에 "諸侯가 緣陵에 성을 쌓았다."라고 썼는데, 이는 제나라가 제후를 거느려 성을 쌓고 杞나라를 그곳으로 옮긴 것이다. 傳에 "성을 쌓은 사람을 기록하지 않은 것은 견고히 쌓지 않았기 때문이다."라고 하였다.

秦人이 양나라를 멸망시켰는데도 經에 "양나라가 망하였다."라고 한 것은 文辭를 여기에 보인 것이니, "梁亡"이라고만 해서 그것을 취한 秦나라에 죄가 없음을 보인 것이다. 齊 桓公이 기나라에 성을 쌓았으되 "제후가 연릉에 성을 쌓았다."라고 쓴 것은 문사를 여기에 보인 것이니, "城緣陵"이라고만 해서 제후들이 견고하게 쌓지 않음을 보인 것이다. 역시 문사는 여기에 보이지만 일으킨 뜻은 저기에 있는 것이다. 이 모두가 "문사는 은미하지만 뜻은 드러냈다."는 것이니, 그러므로 이 세 가지 사건을 여기에 소속시킨 것이다.

二曰 志而晦로 **約言示制**하야 **推以知例**니 **參會不地**와 **與謀曰及之類 是也**라

둘째는 史實을 기록하여 뜻을 深奧하게 한 것으로 간략한 말로 法制를 보여 이를 미루어 그 例를 알게 한 것이니, "세 나라 이상의 임금이 회합한 경우에는 회합한 地名을 기록하지 않는다.", "謀議에 참여한 경우에는 及이라고 칭한다."라고 한 유형이 이에 해당한다.

【疏】'二曰'至'是也' ○ 彼注云"志, 記也. 晦, 亦微也. 謂約言以記事, 事敘而文微." 桓二年, 秋, "公及戎盟于唐. 冬, 公至自唐." 傳例曰"特相會, 往來稱地, 讓事也. 自參以上, 則往稱地, 來稱會, 成事也." 其意言會必有主, 二人共會, 則莫肯爲主, 兩相推讓,會事不成, 故以地致. 三國以上, 則一人爲主, 二人聽命, 會事有成, 故以會致. 宣七年 "公會齊侯伐萊." 傳例曰"凡師出, 與謀曰及, 不與謀曰會." 其意言同志之國, 共行征伐, 彼與我同謀計議, 議成而後出師, 則以相連及爲文. 彼不與我謀, 不得已而往應命, 則以相會合爲文. 此二事者, 義之所異, 在於一字. 約少其言, 以示法制, 推尋其事, 以知其例. 是所記事有敍, 而其文晦微也.

〔二曰〕에서 〔是也〕까지

○ 저곳(成公 14년)의 杜注에 "志는 기록함이고, 晦는 은미함이다. 간략한 말로 사건을 기록하였기 때문에 사건은 순서대로 서술하였으나 文辭는 은미하다는 말이다."라고 하였다.

桓公 2년 가을에 "환공이 戎과 唐에서 結盟하였다. 겨울에 환공이 唐에서 돌아왔다."라고 하였는데, 그 傳例에 "特相會(公이 한 나라의 임금과 둘이서만 회합하는 것)인 경우에는 이쪽 임금이 다른 나라로 갔거나 다른 나라 임금이 이쪽 나라로 왔거나 막론하고 모두 會合한 地名만을 기록하니, 이는 主宰者가 되기를 서로 사양하여 회합의 일이 이루어지지 않기 때문이다. 세 나라 이상의 임금이 회합한 경우에는 노나라 임금이 갔을 경우에는 지명을 기록하고, 외국 임금이 왔을 경우에는 회합을 기록하니, 이는 회맹의 일이 이루어졌기 때문이다."라고 하였다. 그 뜻은 회맹은 반드시 주재자가 있어야 하고 두 사람이 함께 회합하면 서로 주재자가 되지 않으려고 하여 양쪽에서 서로 양보하여, 회맹의 일이 이루어지지지 않기 때문에 지명을 기록함을 말한 것이다. 세 나라 이상의 임금이 회합한 경우에는 한 사람이 주재자가 되고 두 사람이 명을 들으니, 회맹의 일이 이루어졌기 때문에 회합을 기록하는 것이다.

宣公 7년에 "선공이 齊侯와 회합하여 萊를 討伐하였다."라고 하였는데, 그 傳例에 "凡例에 의하면 出師를 기록함에는 謀議에 참여한 경우에는 '及'이라고 기록하고, 모의에 참여하지 않은 경우에는 '會'라고 기록한다."라고 하였다. 그 뜻은 志趣를 같이 하는 나라는 함께 정벌을 행할 적에 彼我가 함께 모의를 하여, 모의가 성사된 후 출사한 경우에는 서로 連及한 것으로 글을 만든다. 저들이 우리와 共謀하지 않았으나, 우리가 마지못해 가서 저들의 요구에 응한 경우에는 서로 회합한 것으로 글을 만든다. 이 두 가지 사례는 義例가 다른 것이 한 글자에 있으니, 그 말을 간략히 하여 法制를 보이고 그 사건을 미루어 그 例를 알게 된다. 이것이 사건을 서술함은 순서가 있으나 그 문사는 은미하다는 것이다.

三曰 婉而成章으로 **曲從義訓**하야 **以示大順**이니 **諸所諱辟**(피)와 **璧假許田之類是也**라

셋째는 婉曲하게 기술하여 篇章을 이룬 것으로 文辭를 완곡하게 기술하여 義訓을 따라 大順의 도리를 보인 것이니, 모든 諱避와 "璧을 주고 許田를 빌렸다."라고 한 유형이 이에 해당한다.

【疏】'三曰'至'是也'〔○〕彼注云"婉, 曲也. 謂屈曲其辭, 有所辟諱, 以示大順, 而成篇章." 言'諸所諱辟'者, 其事非一, 故言'諸'以總之也. 若僖十六年, 公會諸侯于淮, 未歸而取項, 齊人以爲討而止公. 十七年, 九月, 得釋始歸. 諱執止之恥, 辟而不言, 經乃書"公至自會". 諸如此類, 是諱辟之事也. 諸侯有大功者, 於京師受邑, 爲將朝而宿焉, 謂之朝宿之邑. 方岳[1]之下, 亦受田邑, 爲從巡守備湯水以共沐浴焉, 謂之湯沐之邑. 魯以周公之故, 受朝宿之邑於京師許田是也, 鄭以武公之勳, 受湯沐之邑於泰山祊(팽)田是也. 隱桓之世, 周德旣衰, 魯不朝周, 王不巡守, 二邑皆無所用, 因地勢之便, 欲相與易, 祊薄不足以當許, 鄭人加璧以易許田. 諸侯不得專易天子之田, 文諱其事. 桓元年, 經書"鄭伯以璧假許田", 言若進璧以假田, 非久易也. 掩惡揚善, 臣子之義, 可以垂訓於後. 故此二事皆屈曲其辭從其義訓, 以示大順之道. 是其辭婉曲而成其篇章也.

1) 方岳 : 山岳으로 東岳 泰山, 西岳 華山, 南岳 衡山, 北岳 恒山이다. 6년에 한 차례씩 天子가 方岳을 巡狩하면, 제후들이 각각 천자가 와 있는 방악으로 가서 朝見의 禮를 거행하였다.(≪書經≫ 〈周官〉)

〔三曰〕에서 〔是也〕까지

○ 저곳의 杜注에 "婉은 완곡함이다. 文辭를 완곡하게 만들어서 避諱한 바가 있는 것은 大順의 도리를 보여 篇章을 이루었음을 가리킨다."라고 하였다. '諸所諱辟'라고 말한 것은 그 사례가 한 가지가 아니기 때문에 '諸(모든)'라고 말하여 총괄한 것이다. 이를테면 僖公 16년에 희공이 淮에서 제후와 회합한 다음 돌아가지 않고 項을 취하자, 齊나라는 이를 〈희공이 명해〉 토벌한 것이라고 여겨 희공을 억류하였고, 17년 9월에야 석방되어 돌아왔다. 잡혀 억류된 치욕을 諱하여 회피하고 말하지 않았으며, 經에는 도리어 "공이 회합에서 돌아왔다."라고 기록하였다. 이러한 유형과 같은 것들이 휘피한 사례들이다.

크게 공을 세운 제후는 京師에서 邑을 받는데, 〈天子를〉 조회할 적에 그곳에 묵도록 하기 위한 곳으로, 이를 일러 '朝宿邑'이라고 한다. 方岳 아래에서도 田邑을 받는데, 천자의 巡守를 따라가서 끓는 물을 준비하여 함께 목욕하기 위한 곳으로, 이를 일러 '湯沐邑'이라고 한다. 魯나라는 周公의 연고로 경사에 조숙읍을 받았으니, 許田이 그곳이다. 鄭나라는 武公의 功勳으로 泰山에 탕목읍을 받았으니, 祊田이 그곳이다. 隱公, 桓公 시대에 周나라의 德이 이미 쇠미해져서 노나라가 주나라에 조회하지 않고 天王도 순수를 하지 않아 두 邑이 모두 소용이 없어서 地勢의 편의에 따라 서로 교환하고자 하였는데, 팽전이 작아서 허전에 상당하지 못하였으므로 鄭人이 璧玉을 얹어서 허전과 교환하고자 하였다. 〈그러나〉 제후는 천자의 田地를 멋대로 교환할 수 없으니, 기록에 그 사건을 숨겼다. 환공 원년 經에 "鄭伯이 〈팽전에〉 벽옥을 더 얹어 허전을 빌렸다."라고 기록하였으니, 마치 벽옥을 주고 허전을 빌린 것이지 영구히 교환한 것은 아닌 것처럼 말하였다. 惡을 숨기고 善을 드러내는 것이 臣子의 의리이니, 후대에 교훈으로 전할 만하다. 그러므로 이 두 사례는 모두 문사를 완곡하게 기술하여 義訓을 따라 大順의 도리를 보인 것이다. 이것이 문사를 완곡하게 기술하여 篇章을 이룬 것이다.

四曰 盡而不汙로 **直書其事**하고 **具文見意**니 **丹楹刻桷**과 **天王求車**와 **齊侯獻捷之類 是也**라

넷째는 사실을 다 기록하여 왜곡하지 않은 것으로, 그 사실을 솔직하게 기록하고 文辭를 구체적으로 만들어 譏諷(넌지시 나무람)의 뜻을 보인 것이니, "기둥에 붉은 칠을 하였다.", "서까래에 彫刻을 하였다.", "天王이 수레를 요구하였다.", "齊侯가 전리품을 바쳤다."라고 한 유형이 이에 해당한다.

【疏】'四曰'至'是也' ○ 彼注云"謂直言其事, 盡其事實, 無所汙曲." 禮制, 宮廟之飾, 楹不丹, 桷不刻. 莊二十三年"秋,丹桓宮楹", 二十四年, 春, "刻桓宮桷." 禮, 諸侯不貢車服, 天子不私求財. 桓十五年"天王使家父來求車". 禮, 諸侯不相遺俘. 莊三十一年"齊侯來獻戎捷". 三者皆非禮而動, 直書其事, 不爲之隱, 具爲其文, 以見譏意. 是其事實盡而不有汙曲也.

巡狩岱宗圖

巡守南岳圖

巡守西岳圖

巡守北岳圖

〔四曰〕에서 〔是也〕까지

○ 저곳의 杜注에 "그 일을 솔직하게 말하고 사실을 다 기록하여 왜곡한 바가 없음을 이른다."라고 하였다. 禮制에 宮廟의 장식은 기둥에 붉은 칠을 하지 않고 서까래에 조각을 하지 않는다. 莊公 23년에 "가을에 桓公의 廟 기둥에 붉은 칠을 하였다."라고 하였고, 24년 봄에 "환공의 묘 서까래에 조각을 하였다."라고 하였다.

禮에 따르면 諸侯는 수레와 의복을 바치지 않고 천자는 사사로이 재물을 요구하지 않는데, 桓公 15년에 "天王이 家父를 魯나라에 사신으로 보내 와서 수레를 요구하였다."라고 하였다. 예에 따르면 제후끼리는 서로 전리품을 주지 않는데, 莊公 31년에 "齊侯가 노나라에 와서 戎과의 전쟁에서 얻은 전리품을 바쳤다."라고 하였다.

이 세 가지는 모두 예가 아닌데도 행한 것인데, 그 사실을 솔직하게 기록해 숨기지 않고 文辭를 구체적으로 만들어 譏諷의 뜻을 보였다. 이것이 그 사실을 다 기록하여 왜곡함이 없다는 것이다.

五曰 懲惡而勸善으로 求名而亡하고 欲蓋而章이니 書齊豹盜와 三叛人名之類是也라

다섯째는 惡을 징계하고 善을 권장한 것으로 名聲을 구하고자 한 자에게는 그 이름을 묻어버리고, 惡名을 은폐하고자 한 자에게는 그 이름을 훤히 드러낸 것이니, '齊豹'를 '盜'라고 기록한 것, 세 叛人의 이름을 기록한 유형이 이에 해당한다.

【疏】'五曰'至'是也' ○ 彼注云"善名必書, 惡名不滅, 所以爲懲勸." 昭二十年"盜殺衛侯之兄縶(칩)", 襄二十一年"邾庶其以漆閭丘來奔", 昭五年"莒牟夷以牟婁及防玆來奔", 昭三十一年"邾黑肱以濫來奔", 是謂盜與三叛人名也. 齊豹, 衛國之卿, 春秋之例, 卿皆書其名氏, 齊豹忿衛侯之兄, 起而殺之, 欲求不畏彊禦之名, 春秋抑之, 書曰"盜". 盜者, 賤人有罪之稱也. 邾庶其·黑肱·莒牟夷三人, 皆小國之臣, 竝非命卿, 其名於例不合見經, 竊地出奔, 求食而已, 不欲求其名聞, 春秋故書其名, 使惡名不滅. 若其爲惡求名而有名章徹, 則作難之士, 誰或不爲. 若竊邑求利而名不聞, 則貪冒之人, 誰不盜竊. 故書齊豹曰"盜", 三叛人名, 使其求名而名亡, 欲蓋而名章, 所以懲創惡人, 勸奬善人. 昭三十一年傳具說此事, 其意然也. 盜與三叛俱是惡人, 書此二事, 唯得懲惡耳, 而言'勸善'者, 惡懲則善勸, 故連言之.

〔五曰〕에서 〔是也〕까지

○ 저곳의 杜注에 "선한 자의 이름은 반드시 기록하고, 악한 자의 이름을 없애지 않는 것은 권선징악하기 위함이다."라고 하였다. 昭公 20년에 "盜가 衛侯의 兄 縶을 殺害하였다."라고 기록하였고, 襄公 21년에 "邾나라 庶其가 漆閭丘를 가지고 魯나라로 도망해왔다."라고 기록하였으며, 소공 5년에 "莒나라 牟夷가 牟婁와 防玆를 가지고 노나라로 도망해왔다."라고 기록하였고, 소공 31년에 "邾나라 黑肱이 濫邑을 가지고 노나라로 도망해왔다."라고 기록하였다. 이는 盜와 세 叛人의 이름을 말한 것이다.

齊豹는 衛나라의 卿이니, ≪春秋≫의 범례로 보면 卿은 모두 그 名氏를 기록한다. 제표가 衛侯의 형에게 분노하여 일어나 살해하고 강한 권세를 가진 사람을 두려워하지 않는다는 名聲을 구하고자 하였는데, ≪춘추≫는 이를 억제하여 '盜'라고 기록하였다. 盜는 賤人으로 罪를 지은 자에 대한 칭호이다.

邾나라 庶其·黑肱·莒나라 牟夷 세 사람은 모두 小國의 신하이다. 모두 命卿이 아니므로, 범례에 의하면 그 이름을 經에 기록해서는 안 된다. 그들이 땅을 가지고 도망해온 것은 祿을 구한 것에 불과하였기에 이름이 알려지기를 바라지는 않았을 것이다. 그러므로 ≪춘추≫에서 그들의 이름을 기록하여 惡名이 없어지지 않게 한 것이다.

만약 명성을 구하려고 악행을 저질렀는데 이름이 밝게 드러난다면 難을 일으키는 사람이 누군들 하지 않겠는가. 만약 利祿을 구하려고 邑을 훔쳤는데 이름을 알리지 않는다면 탐욕스런 사람이 누가 도둑질을 하지 않겠는가. 그러므로 제표에 대해 '盜'라고 하고 세 叛人의 이름을 기록하여, 명성을 구하는 자에게는 이름을 묻어버리고 이름을 가리려는 자에게는 이름을 훤히 드러내었으니, 惡人을 징계하고 善人을 권장하기 위한 것이다. 소공 31년 傳에 이 사례에 대해 구체적으로 말하였으니, 그 뜻이 옳다. 盜와 세 叛人은 모두 악인으로, 이 두 가지 사례를 기록한 것은 오직 惡을 징계하는 것일 뿐인데, '勸善'을 말한 것은 악을 징계하는 것은 곧 선을 권장하는 것이기 때문에 연이어 말한 것이다.

推此五體하야 **以尋經傳**하야 **觸類而長之**하야 **附于二百四十二年行事**면 **王道之正**과 **人倫之紀 備矣**리라

이 다섯 가지 체제를 미루어 經과 傳의 뜻을 찾아 유사한 일에 미루어나가서, 242년간의 行事에 대비해보면 王道의 正法과 人倫의 紀綱이 완비될 것이다.

【疏】'推此'至'備矣' ○ 正義曰：上云'情有五', 此言'五體'者, 言其意謂之情, 指其狀謂之體, 體情一也, 故互見之. 一曰微而顯者, 是夫子脩改舊文以成新意, 所修春秋以新意爲主, 故爲五例之首. 二曰志而晦者, 是周公舊凡, 經國常制. 三曰婉而成章者, 夫子因舊史大順, 義存君親, 揚善掩惡, 夫子因而不改. 四曰盡而不汙者, 夫子亦因舊史, 有正直之士, 直言極諫, 不掩君惡, 欲成其美, 夫子因而用之. 此婉而成章, 盡而不汙, 雖因舊史, 夫子卽以爲義. 總而言之, 亦是新意之限, 故傳或言"書曰", 或云"不書". 五曰懲惡而勸善者, 與上微而顯不異, 但勸戒緩者, 在微而顯之條, 貶責切者, 在懲惡勸善之例, 故微而顯居五例之首, 懲惡勸善在五例之末. 五者春秋之要, 故推此以尋經傳, 觸類而增長之, 附於二百四十二年時人所行之事, 觀其善惡, 用其褒貶, 則王道之正法, 人理之紀綱, 皆得所備矣. 從首至此, 說經傳理畢, 故以此言結之. '觸類而長之', 易上繫辭文也. 二百四十二年, 謂獲麟以前[1]也. 以後經則魯史舊文, 傳終說前事, 辭無褒貶, 故不數之也. '觸類而長之'者, 若隱四年經書"翬帥師", 傳稱羽父固請, "故書曰'翬帥師', 疾之也". 十年經亦書"翬帥師", 傳雖不言"書曰"·"故書", (足)〔是〕[2]知與上同爲新意. 又隱元年傳"曰儀父, 貴之也", 則桓十七年云"儀父", 亦是貴之是也.

1) 獲麟以前：≪春秋≫ 哀公 14년 봄에 서쪽 大野에서 麒麟을 잡았다고 하였다. 杜預의 주는 이러하다. 기린은 仁慈한 짐승으로 聖王의 아름다운 祥瑞인데, 이때 聖明한 王이 없었는데도 기린이 나왔다가 잡혔으니, 공자가 周나라의 道가 興盛하지 않는 것에 가슴 아파하고 아름다운 상서가 應驗이 없는 것에 感憤하였으므로, 이 구절에서 붓을 멈추었다. 본래 기린이 잡힌 것을 보고서 느낀 바가 있어서 ≪춘추≫를 짓기를 시작하였기 때문에 獲麟으로 끝마친 것이다.

2) (足)〔是〕：저본에는 '足'으로 되어 있으나, 阮元의 교감기에 의거하여 '是'로 바로잡았다.

〔推此〕에서 〔備矣〕까지

○ 正義曰：上文에서 '情有五'라고 하고 여기서는 '五體'라고 하였는데, 그 뜻을 말할 적에는 '情'이라고 하고 그 상태를 말할 적에는 '體'라고 하니, '體'와 '情'은 한 가지이기 때문에 서로 참고해서 보아야 한다.

첫째, '문사를 세미하게 기록하여 뜻을 드러낸 것〔微而顯〕'은 夫子가 舊文을 修改하여 新意를 만든 것으로, ≪春秋≫를 편수함에 新意를 주로 삼았기 때문에 다섯 가지 體例의 첫머리가 된다. 둘째, '史實을 기록하여 뜻을 심오하게 한 것〔志而晦〕'은 周公의 옛 범례로 나라를 다스리는 常制이다. 셋째, '완곡하게 기술하여 篇章을 이룬 것〔婉而成章〕'은 부자가 舊史의 大順의 도리를 따른 것이니, 의리상 君親의 명예를 보존하고 선은 드러내고 악은 숨기는 것을 부자가 따라서 고치지 않은 것이다. 넷째, '사실을 다 기록하여 왜곡하지 않은 것〔盡而不汙〕'은 부자가 또한 舊史를 따른 것으로, 정직한 사람이 바른 말을 하고 극력으로 간하여 군주의 악을 숨기지 않아서 그 아름다움을 이루고자 한 것을 부자가 따라서 이용한 것이다. 이 '婉而成章'과 '盡而不汙'는 비록 舊史를 따른 것이지만 부자가 곧 義例로 삼은 것이다. 총괄해 말하면 이는 新意의 한계이기 때문에 傳에서 혹은 '書曰'이라 하고 혹은 '不書'라고 하였다. 다섯째, '惡을 징계하고 善을 권장한 것〔懲惡而勸善〕'은 위의 '微而顯'과 다르지 않으나, 다만 느슨하게 勸戒할 것은 '微而顯'의 條에 해당하고 절실하게 貶責할 것은 '懲惡勸善'의 사례에 해당한다. 그 때문에 '微而顯'은 다섯 가지 體例의 맨 앞에 놓였고, '懲惡勸善'은 다섯 가지 체례의 끝에 있게 된 것이다.

다섯 가지 체제는 ≪춘추≫의 요점이기 때문에 이를 미루어 經과 傳의 뜻을 찾아 유사한 일에 미루어나가서, 242년간 당시 사람의 行事에 대비하여 그 善惡을 살피고 褒貶을 활용하면 王道의 正法과 人倫의 紀綱이 다 완비될 것이다. 처음부터 여기까지 經과 傳의 논리에 대한 설명을 마쳤으므로 이 말로 총결한 것이다.

'觸類而長之'는 ≪周易≫ 〈繫辭傳 上〉에 나오는 글이다. 242년은 〈隱公 원년부터〉 麒麟을 잡기 이전까지를 이른다. 이후의 經은 魯나라 史記의 舊文으로, 傳에서 前事를 끝까지 해설하고 文辭는 褒貶이 없기 때문에 거론하지 않았다. '觸類而長之'는 이를테면 은공 4년 經에 "翬가 군사를 거느렸다."라고 기록하였는데, 傳에 羽父가 굳이 청해서 갔다는 이유로 "그러므로 經에 '翬가 군대를 거느렸다.'라고 기록하였으니, 이는 그를 미워하는 뜻에서 그의 이름을 기록한 것이다."라고 하였다. 10년 經에 또한 "翬가 군사를 거느렸다."라고 하였는데, 傳에 비록 '書曰'이나 '故書'를 말하지 않았으나 이는 윗글과 함께 마찬가지로 新意가 된다. 은공 원년 傳에 "儀父라고 한 것은 귀중하게 여긴 것이다."라고 하였는데, 桓公 17년에 "儀父"를 기록한 것도 역시 귀중하게 여긴 것이다.

或曰 春秋는 **以錯文見義**어늘 **若如所論**이면 **則經當有事同文異而無其義也**니라 **先儒所傳**은 **皆不其然**하니라

或者가 말하였다.

"≪春秋≫는 文辭를 달리하여 뜻을 나타낸 것인데, 그대의 논의대로라면 經에는 당연히 같은 사건에 문사의 표현만을 달리 하고 아무 뜻이 없는 곳이 있어야 한다. 그러나 先儒가 傳한 것은 모두 그렇지 않다."

【疏】'或曰'至'其然' ○ 正義曰：自此至'釋例詳之', 言己爲作注解之意. 論經傳之下, 卽是自述己懷, 於文不次, 言無由發, 故假稱或問而答以釋之. 春秋之經, 侵伐會盟及戰敗克取之類, 文異而義殊, 錯文以見義. 先儒知其如是, 因謂苟有異文, 莫不著義. 杜以爲仲尼所述, 據史舊文, 文害者, 則刊而正之, 不害者, 因其詳略. 此其異於先儒, 故或人據上文杜之異旨, 執先儒以問曰, 春秋以錯文見義, 其文異者, 必應有義存焉. 若如所論, 辭有詳略, 不必改也, 則經當有事同文異而無其義意者也. 先儒所傳, 皆不其然, 今何以獨異. 欲令杜自辯之.

〔或曰〕에서 〔其然〕까지

○ 正義曰：여기서부터 '釋例詳之'까지는 자기가 注解를 지은 뜻을 말하였다. 經과 傳을 논한 다음에 곧 자기 생각을 스스로 진술하였는데, 文辭에는 次序가 없고 말은 말미암아 나타낼 것이 없었기 때문에 혹자가 묻고 그에 답하는 것을 가설하여 해석한 것이다. ≪春秋≫의 經에 侵·伐·會·盟과 戰·敗·克·取 등의 類는 문사가 다르고 뜻이 다르니, 문사를 달리하여 뜻을 나타낸 것이다. 先儒는 이러한 사례를 알았으므로 따라서 만약 다른 문사가 있다면 뜻을 나타내지 않음이 없을 것이라고 여겼다.

杜預는 仲尼의 記述은 魯史의 舊文에 의거해 문사가 〈의리를〉 해친 곳은 삭제하여 바로잡고, 해치지 않은 것은 詳略을 그대로 따랐다고 하였다. 이는 선유의 생각과 달랐기 때문에, 或人이 윗글에 나오는 두예의 異旨를 근거로 선유의 입장을 가지고 묻기를 "≪춘추≫는 문사를 달리하여 뜻을 나타낸 것인데, 문사가 다른 곳은 필시 뜻이 들어 있어야 한다. 만약 논의대로 문사에 詳略이 있는 대로 두고 꼭 고치지는 않았다면 經에 당연히 같은 사건에 문사의 표현만 다르고 아무 뜻이 없는 곳이 있어야 한다. 선유가 傳한 것은 모두 그렇지 않은데, 지금 어찌하여 그대만 다른 것인가?"라고 하였으니, 두예로 하여금 스스로 변론하도록 한 것이다.

答曰 春秋雖以一字爲褒貶이나 **然皆須數句以成言**이요 **非如八卦之爻 可錯綜爲六十四也**니 **固當依傳以爲斷**이니라

내(杜預)가 다음과 같이 대답하였다.

"≪春秋≫가 비록 한 글자로 褒貶을 하였으나, 모두 몇 개의 文句를 사용하여 말을 만든 것이고 八卦의 爻를 뒤섞어 64괘를 만든 것과는 같지 않으니, 진실로 傳에 의거해 經의 뜻을 推斷하여야 한다.

【疏】 '答曰'至'爲斷' ○ 莊二十五年"陳侯使女叔來聘", 傳曰"嘉之, 故不名". 僖二十五年"衛侯燬滅邢", 傳曰"同姓也, 故名". 褒則書字, 貶則稱名, 褒貶在於一字. 褒貶雖在一字, 不可單書一字以見褒貶, 故答或人曰"春秋雖以一字爲褒貶, 皆纇數句以成言語, 非如八卦之爻, 可錯綜爲六十四也". 卦之爻也, 一爻變, 則成爲一卦, 經之字也, 一字異, 不得成爲一義, 故經必須數句以成言, 義則待傳而後曉, 不可錯綜經文, 以求義理, 故當依傳以爲斷. 文異者, 丘明不爲發傳, 仲尼必無其義, 安得傳旨之表妄說經文. 以此知經有事同文異而無其義者也. '數句'者, 謂若隱元年"秋, 七月, 天王使宰咺來歸惠公仲子之賵(봉)"及昭十三年"夏, 四月, 楚公子比自晉歸于楚, 弑其君虔于乾谿". 此皆三句以上. 春秋一部, 未必皆然. 杜欲盛破賈・服一字, 故擧多言之. 或以爲數其文句, 義亦得通. "錯綜其數", 易上繫辭文, 謂交錯綜理之.

〔答曰〕에서 〔爲斷〕까지

○ 莊公 25년에 "陳侯가 女叔을 魯나라에 보내어 와서 聘問하였다."라고 하였는데, 傳에 "그를 아름답게 여겼기 때문에 이름을 기록하지 않은 것이다."라고 하였다. 僖公 25년에 "衛后 燬가 邢나라를 격멸하였다."라고 하였는데, 傳에 "同姓國을 〈멸하였기 때문에 燬라고〉 이름을 기록한 것이다."라고 하였다. 褒彰하면 字를 기록하고 貶責하면 이름을 일컬으니, 褒와 貶은 한 글자에 달려 있다.

포폄이 한 글자에 달려 있어도 단순히 한 글자만으로 포폄을 보일 수는 없다. 그러므로 或人에게 대답하기를 "≪春秋≫가 비록 한 글자로 포폄을 하였으나, 모두 몇 개의 文句를 사용하여 말을 만든 것이고, 八卦의 爻를 뒤섞어 64괘를 만든 것과는 같지 않다."라고 한 것이다.

팔괘의 爻는 한 爻가 변하면 다른 한 卦가 되지만 經의 글자는 한 글자가 다르다고 하여 하나의 다른 뜻이 될 수 없다. 그러므로 經은 반드시 몇 개의 문구를 사용하여 말을 만들고 뜻은 傳에 의거한 뒤에 이해하니, 經文을 뒤섞어서 의리를 구할 수는 없다. 그러므로 傳에 의거하여 經의 뜻을 推斷해야 하는 것이다.

文辭의 표현을 달리 한 곳에 左丘明이 傳을 달지 않은 것은 仲尼도 별다른 뜻이 없었음이 분명한데, 어찌 傳旨의 표현으로 함부로 經文을 설명할 수 있겠는가. 이로써 經이 동일한 사건에 문사의 표현만을 달리하고 아무 뜻이 없는 이유를 알 수 있다.

'몇 개의 문구〔數句〕'라는 것은 隱公 원년에 "가을 7월에 天王이 宰咺을 보내어 惠公과 仲子의 賵을 주었다."라고 한 것, 昭公 13년에 "여름 4월에 楚나라 公子 比가 晉나라에서 楚나라로 돌아와서 그 임금 虔을 乾谿에서 시해하였다."라고 한 것과 같은 경우이니, 이는 모두 세 문구 이상이다. 그러나 ≪春秋≫ 한 책이 반드시 다 그런 것은 아니다. 두예는 賈公彦과 服虔의 한 글자를 대단히 깨뜨리고자 하였으므로 대부분을 〈그들의 설을〉 거론하여 말하였고, 혹은 몇 개의 문구를 쓰면 뜻도 통할 수 있다고 여겼다. "그 수를 뒤섞는다."는 것은 ≪周易≫ 〈繫辭傳 上〉에 나오는 문구로 뒤섞고 종합해 다스린다는 뜻이다.

古今言左氏春秋者多矣로되 今其遺文可見者十數家라

古今에 ≪左氏春秋≫를 注說한 사람이 많았으나, 오늘날 그 遺文이 전해져 볼 수 있는 것은 십수 家일 뿐이다.

【疏】'古今'至'數家' ○ 漢書儒林傳云"漢興, 北平侯張蒼及梁大傅賈誼・京兆尹張敞・大中人大劉公子皆修左氏傳. 誼爲 左氏傳訓詁, 授趙人貫公, 公傳子長卿, 長卿傳清河張禹, 禹授尹更始, 更始傳子咸及丞相翟方進, 方進授清河胡常, 常授黎陽賈護, 護授蒼梧陳欽, 而劉歆從尹咸及翟方進受. 由是言左氏者本之賈護・劉歆." 是前漢言左氏者也. 漢武帝置五經博士, 左氏不得立於學官. 至平帝時, 王莽輔政, 方始立之, 後漢廢. 雖然, 學者浸多矣, 中興以後, 陳元・鄭衆・賈逵・馬融・延篤・彭仲博・許惠卿・服虔・潁容之徒, 皆傳左氏春秋. 魏世則王肅・董遇爲之注. 此等比至杜時, 或在或滅, 不知杜之所見十數家定是何人也.

〔古今〕에서 〔數家〕까지

○ ≪漢書≫ 〈儒林傳〉에 "漢나라가 흥기하였을 때 北平侯 張蒼 및 梁大傅 賈誼, 京兆尹 張敞, 大中人 大劉公子가 모두 ≪左氏傳≫을 찬수하였다. 가의는 ≪좌씨전≫의 訓詁를 지어 趙人 貫公에게 전수하였고, 관공은 아들 貫長卿에게 전수하였고, 관장경은 清河 張禹에게 전수하였고, 장우는 尹更始에게 전수하였고, 윤경시는 아들 尹咸 및 丞

相 翟方進에게 전수하였고, 적방진은 淸河 胡常에게 전수하였고, 호상은 黎陽 賈護에게 전수하였고, 가호는 蒼梧 陳欽에게 전수하였는데, 劉歆은 윤함 및 적방진으로부터 전해 받았다. 이를 통해 보면 ≪좌씨전≫을 注說하는 자들은 가호와 유흠에 근본하는 것이다."라고 하였는데, 이는 前漢 시대에 ≪좌씨전≫을 주설한 자들이다.

漢 武帝가 五經博士를 설치하였지만 ≪좌씨전≫은 學官에 세워지지 못하였다. 漢 平帝 때에 이르러 王莽이 정사를 보좌하고 나서야 비로소 세워졌다가 後漢 때 폐지되었다. 비록 그렇기는 하지만 학자들이 점점 많아져서 中興 이후로는 陳元, 鄭衆, 賈逵, 馬融, 延篤, 彭仲博, 許惠卿, 服虔, 潁容 등의 무리들이 모두 ≪左氏春秋≫를 전하였다. 魏나라 시대에는 王肅과 董遇가 注說을 달았다. 이 사람들의 說이 杜預 때에 이르러 혹 남아 있기도 하고 혹 없어지기도 하였으니, 두예가 보았던 수십 家는 과연 누구인지 알 수 없다.

大體轉相祖述일새 **進不成爲錯綜經文**하야 **以盡其變**하고 **退不守丘明之傳**하니라 **於丘明之傳**에 **有所不通**이면 **皆沒而不說**하고 **而更**(갱)**膚引公羊穀梁**하니 **適足自亂**이라

대체로 서로 돌아가며 祖述하였기 때문에 위로는 經文을 종합하여 그 변화를 극진히 설명하지도 못하고, 아래로는 左丘明의 傳을 지키지도 못하였다. 그리고 좌구명의 傳(≪左氏傳≫)에 이해되지 않는 곳이 있으면 모두 덮어두고 설명하지 않은 채, 다시 ≪公羊傳≫과 ≪穀梁傳≫의 說을 淺近하게 끌어와서 〈해석하였으니,〉 다만 스스로 어지럽혔을 뿐이다.

【疏】'大體'至'自亂' ○ 禮記中庸云"仲尼祖述堯舜", 祖, 始也, 謂前人爲始而述修之也. 經之詳略, 本不著義, 强爲之說, 理不可通, 故進不成爲錯綜經文, 以盡其變. 於傳之外, 別立異端, 故退不守丘明之傳. 傳有不通, 則沒而不說, 謂諸家之注多有此事. 但諸注旣亡, 不可指摘. 若觀服虔・賈逵之注, 皆沒而不說者衆矣, 謂若文二年"作僖公主", 傳於僖三十三年云"作主, 非禮也. 凡君薨, 卒哭而祔, 祔而作主", 及襄九年"閏月, 戊寅, 濟于陰阪"之類是也. 膚, 謂皮膚, 言淺近引之也. 公羊・穀梁, 口相傳授, 因事起問意, 與左氏不同, 故引之以解左氏, 適足以自錯亂也.

〔大體〕에서 〔自亂〕까지

○ ≪禮記≫ 〈中庸〉에 "仲尼는 堯舜을 祖述하였다."라고 하였는데, '祖'는 시작이니, 前人을 시작으로 삼아 드러내어 밝힘을 말한 것이다. 經의 자세하고 간략함은 본디 의리를 드러내지 않는데 억지로 설명을 한다면 이치가 통할 수 없다. 그러므로 위로는 經文을 종합하여 그 변화를 극진히 설명하지 못한 것이다. 그리고 傳에 없는 내용에서 별도로 옳지 않은 설을 세웠다. 그러므로 아래로는 左丘明의 傳을 지키지 못한 것이다. 傳에 이해되지 않는 곳이 있으면 덮어두고 설명하지 않았다는 것은 諸家의 注에 이러한 일이 많았음을 이른다. 다만 제가의 주는 이미 망실되어 이러함을 지적하여 말할 수 없다.

服虔과 賈逵의 注를 본다 하더라도 모두 덮어두고 설명하지 않은 경우가 많다. 예컨대 文公 2년에 "僖公의 神主를 만들었다."라고 하였는데, 僖公 33년 傳에 이르기를 "신주를 만든 것은 禮가 아니다. 무릇 군주가 薨逝하면 卒哭하고 祔廟를 하니, 부묘할 때 신주를 만든다."라고 하였으며, 襄公 9년에 "閏月 戊寅日에 陰阪을 건넜다."라고 한 부류가 바로 이것이다. '膚'는 皮膚를 이르니, 淺近하게 끌어온 것을 이른다. ≪公羊傳≫과 ≪穀梁傳≫은 서로 口頭로 傳授하고, 사건에 따라 問意를 일으키므로 ≪左氏傳≫과 같지 않다. 그러므로 이를 끌어와서 ≪좌씨전≫을 해설하는 것은 다만 스스로 어지럽혔을 뿐이다.

預今所以爲異는 **專修丘明之傳以釋經**일새니라 **經之條貫**은 **必出於傳**하고 **傳之義例**는 **總歸諸凡**하니 **推變例以正褒貶**하고 **簡二傳而去異端**은 **蓋丘明之志也**니라

지금 나 杜預가 說을 달리하는 이유는 오로지 左丘明의 傳에 따라 經을 해석하였기 때문이다. 經의 條理는 반드시 傳에서 나오고, 傳의 義例는 모두 여러 '凡'으로 귀결하니, 變例를 미루어 褒貶을 바루고, ≪公羊傳≫·≪穀梁傳≫ 두 傳에서 義에 맞는 설을 골라 취하고 옳지 않은 설은 버렸다. 이렇게 한 것은 〈나의 私見이 아니라〉 좌구명의 本意이기 때문이다.

【疏】'預今所以'至'之志也' ○ 丘明與聖同(恥)〔時〕[1], 爲經作傳, 經有他義, 無容不盡, 故專修丘明之傳以釋經也. 作傳解經, 則經義在傳, 故經之條貫, 必出於傳也. 發凡言例, 則例必在凡, 故傳之義例, 總歸諸凡也. 若有例無凡, 則傳有變例, 如是則'推尋變例以正褒貶'. 若左氏不解, 二傳有說, 有是有非, 可去可取, 如是則簡選二傳, 取其合義而去其異端. 杜自言以此立說, 蓋是丘明之本意也. 昭三年"北燕伯款出奔齊", 傳云"書曰'北燕伯款出奔齊', 罪之也", 則知昭二十一年"蔡侯朱出奔楚", 亦是罪之也. 釋例曰"朱雖無罪, 據失位而出奔, 亦其咎也." 宣十年"崔氏出奔衛", 傳云"書曰'崔氏', 非其罪也." 不書名者非其罪, 則書名者是罪也. 襄二十一年"晉欒盈出奔楚", 杜注云"稱名, 罪之." 如此之類, 是推變例以正褒貶也. 莊十九年"公子結媵陳人之婦于鄄", 杜注云"公羊・穀梁皆以爲魯女媵陳侯之婦." 僖九年"伯姬卒", 杜注云"公羊・穀梁曰'未適人', 故不稱國." 如此之類, 是簡二傳也. 先儒取二傳多矣, 杜不取者, 是去異端也.

1) (恥)〔時〕: 저본에는 '恥'로 되어 있으나, 阮元의 교감기에 의거하여 '時'로 바로잡았다.

〔預今所以〕에서 〔之志也〕까지

○ 左丘明이 聖人과 같은 시대에 살면서 經을 위해 傳을 지어 經에 다른 뜻이 있으면 극진히 설명하지 않음이 없었다. 그러므로 오로지 좌구명의 傳에 따라 經을 해석한 것이다. 傳을 지어 經을 해석한다면 經의 뜻이 傳에 있기 때문에 經의 條理가 반드시 傳에서 나오는 것이다. '凡'을 일으켜 例를 말한다면 例는 반드시 凡에 있기 때문에 傳의 義例는 모두 여러 凡으로 귀결하는 것이다. 만약 例만 있고 凡이 없다면 傳에 變例가 있는 것이니, 이와 같다면 변례를 미루어 褒貶을 바룬다. 만약 ≪左氏傳≫에는 해석이 없고 ≪公羊傳≫・≪穀梁傳≫ 두 傳에는 해설이 있다면 취할 만한 옳은 것도 있고 버릴 만한 그른 것도 있을 것이다. 이와 같다면 두 傳에서 가려 뽑아 義에 맞는 설은 취하고 옳지 않은 설은 버린다. 杜預가 이로써 立說한 것은 대체로 〈나의 私見이 아니라〉 좌구명의 本意이기 때문이라고 스스로 말한 것이다.

昭公 3년 經에 "北燕伯 款이 齊나라로 出奔하였다."라고 하였는데, 傳에 "經에 '北燕伯款出奔齊'라고 기록하였으니, 이는 罪가 燕簡公에게 있음을 말한 것이다."라고 하였으니, 소공 21년 經에 "蔡侯 朱가 楚나라로 출분하였다."라고 한 것도 역시 죄가 蔡侯 朱에게 있음을 알 수 있다. ≪春秋釋例≫에 "蔡侯 朱가 비록 죄가 없기는 하지만, 지위를 잃고 출분한 것에 의거해보면 또한 그의 허물이다."라고 하였다. 宣公 10년 經에 "崔氏가 衛나라로 출분하였다."라고 하였는데, 전에 "經에 '崔氏'라고 기록하였으니, 이는 그의 죄가 아니기 때문이다."라고 하였다. 이름을 쓰지 않은 것이 그의 죄가 아니기 때문이라면 이름을 쓴 것은 그의 죄이기 때문이다. 襄公 21년 經에 "晉나라 欒盈이

초나라로 출분하였다."라고 하였는데, 杜注에 "이름을 칭하여 그에게 죄를 돌린 것이다."라고 하였다. 이와 같은 부류가 바로 변례를 미루어 포폄을 바룬 것이다.

莊公 19년 經에 "公子 結이 陳侯에게 出嫁하는 여자의 媵妾으로 가는 魯나라의 딸을 護送해 陳으로 가다가 鄄에 이르렀다."라고 하였는데, 두주에 "≪공양전≫과 ≪곡량전≫에는 모두 '陳侯에게 출가하는 여자의 잉첩으로 가는 노나라 딸'이라고 하였다."라고 하였다. 희공 9년 경에 "伯姬가 卒하였다."라고 하였는데, 두주에 "≪공양전≫·≪곡량전≫에는 모두 '아직 출가하지 않은 사람이다.' 하였다. 그러므로 國名을 기록하지 않은 것이다."라고 하였다. 이와 같은 부류가 바로 두 傳에서 義에 맞는 설을 골라 취하는 것이다. 先儒들은 두 傳에서 취한 것이 많았지만 두예는 취하지 않은 것은 바로 옳지 않은 설을 버린 것이다.

其有疑錯이면 則備論而闕之하야 以俟後賢하니라

傳에 의심스럽거나 착오가 있으면 구체적으로 논변하고 〈알 수 없는 곳은〉 그대로 남겨두어 後賢을 기다리기로 하였다.

【疏】'其有'至'後賢' ○ 集解與釋例每有論錯闕疑之事, 非一二也. 釋例終篇云"去聖久遠, 古文篆隸歷代相變, 自然當有錯誤, 亦不可拘文以害意, 故聖人貴聞一而知二, 賢史之闕文也. 今左氏有無傳之經, 亦有無經之傳. 無經之傳, 或可廣文. 無傳之經, 則不知其事. 又有事由於魯, 魯君親之而復不書者, 先儒或强爲之說, 或沒而不說, 疑在闕文, 誠難以意理推之." 是備論闕之之事也.

〔其有〕에서 〔後賢〕까지

○ ≪春秋經傳集解≫와 ≪春秋釋例≫에는 매양 착오가 있는 곳을 논하고 의심스러운 곳을 그대로 남겨두는 일이 있는 경우가 한두 번이 아니다. ≪춘추석례≫ 〈終篇〉에 "聖人과의 거리가 매우 멀어졌는데 古文, 篆書, 隸書 등의 書體가 대대로 서로 바뀌어 자연히 착오가 있게 되었으니, 또한 문자에 얽매여 뜻을 해쳐서는 안 된다. 그러므로 성인은 하나를 듣고 둘을 아는 것과 史官이 의심나는 곳을 빼놓고 기록하는 것을 귀히 여겼다.

지금 ≪左氏傳≫에는 傳이 없는 經이 있기도 하고 經이 없는 傳이 있기도 하다. 經이 없는 傳은 혹 문자를 확대할 수 있다. 또 魯나라에서 말미암은 일로, 魯君이 친히

행하였지만 다시 기록되지 않은 경우가 있는데, 先儒가 혹 억지로 설명을 하거나 혹 덮어두고 설명하지 않아 의심나는 곳을 빼놓고 기록한 것이 아닌가 의심스러워 참으로 뜻과 이치로 미루어 알기 어렵다."라고 하였는데, 바로 이것이 구체적으로 논변하고 〈알 수 없는 곳은〉 그대로 남겨둔 일이다.

然劉子駿은 **創通大義**하고 **賈景伯父子**와 **許惠卿**도 **皆先儒之美者也**라 **末有潁子嚴者**하니 **雖淺近**이나 **亦復名家**라 **故特擧劉賈許潁之違**하야 **以見同異**하니라

그러나 劉子駿(劉歆)은 처음으로 ≪春秋左氏傳≫의 대의를 밝게 통하였고, 賈景伯(賈逵) 父子와 許惠卿(許淑)도 모두 先儒 중에 뛰어난 자들이었다. 後漢 말엽에 또 潁子嚴(潁容)이란 자가 있었는데, 그의 학식이 비록 천근하기는 했지만 그 또한 名家였다. 그러므로 특별히 유자준, 가경백 부자, 허혜경, 영자엄 등의 설 가운데 서로 다른 곳만을 들어 異同을 나타냈다.

【疏】'然劉'至'同異' ○ 漢書楚元王傳稱"劉歆字子駿, 劉德孫, 劉向少子也. 哀帝時, 歆校秘書, 見古文春秋左氏傳, 大好之. 初, 左氏傳多古字古言, 學者傳訓詁而已, 及歆治左氏, 引傳文以解經, 經・傳相發明, 由是章句義理備焉", 是其創通大義也. 後漢賈逵, 字景伯, 扶風人也. 父徽, 字元伯, 授業於歆, 作春秋條例. 逵傳父業, 作左氏傳訓詁. 許惠卿, 名淑, 魏郡人也. 潁子嚴, 名容, 陳郡人也, 比於劉・賈之徒, 學識雖復淺近, 然亦注述春秋, 名爲一家之學. 杜以爲先儒之內, 四家差長, 故特擧其違, 以見異同. 自餘服虔之徒, 殊劣於此輩, 故棄而不論也.

〔然劉〕에서 〔同異〕까지

○ ≪漢書≫ 〈楚元王傳〉에 "劉歆의 字는 子駿으로, 劉德의 손자이며 劉向의 막내아들이다. 哀帝 때에 유흠이 校秘書로 있으면서 古文으로 쓰인 ≪春秋左氏傳≫을 보고 크게 좋아하였다. 처음에는 ≪춘추좌씨전≫에 古字와 古言이 많아서 학자들이 訓詁만 전할 뿐이었는데, 유흠이 ≪춘추좌씨전≫을 연구함에 이르러서는 傳文을 끌어와서 經을 해석하여 經과 傳이 서로 發明되니, 이로 말미암아 章句와 義理가 갖추어졌다."라고 하였는데, 이것이 처음으로 ≪춘추좌씨전≫의 대의를 밝게 통하였다는 것이다.

後漢의 賈逵는 字가 景伯이니 扶風 사람이다. 부친인 賈徽는 字가 元伯으로 유흠에게 授業하였고, ≪春秋條例≫를 지었다. 가규는 父業을 전수받아 ≪左氏傳訓詁≫를 지

었다. 許惠卿은 이름이 淑으로, 魏郡 사람이다. 潁子嚴은 이름이 容으로 陳郡 사람인데, 유흠과 가규 무리에 견주어 학식이 비록 한층 천근하기는 했지만 또한 ≪春秋≫에 注釋을 달았기 때문에 一家를 이룬 학문이라 일컬어졌다. 杜預는 先儒들 가운데 이 四家가 다소 뛰어나다고 여겼기 때문에 특별히 그들의 설 가운데 서로 다른 곳만을 들어 異同을 나타낸 것이다. 그 나머지 服虔의 무리는 이들보다 크게 열등하기 때문에 버리고 논하지 않았다.

分經之年與傳之年相附하고 **比其義類**하야 **各隨而解之**하고 **名曰經傳集解**라하니라

經의 年代와 傳의 연대를 분리하여 같은 연대끼리 붙이고, 경의 뜻과 전의 뜻을 종류별로 모아 각각 사항에 따라 해석하고 ≪春秋經傳集解≫라 이름하였다.

【疏】'分經'至'集解' ○ 丘明作傳, 不敢與聖言相亂, 故與經別行, 何止丘明・公羊・穀梁. 及毛公・韓嬰之爲詩作傳, 莫不皆爾. 經傳異處, 於省覽爲煩, 故杜分年相附, 別其經傳, 聚集而解之. 杜言集解, 謂聚集經傳爲之作解, 何晏論語集解, 乃聚集諸家義理, 以解論語, 言同而意異也.

〔分經〕에서 〔集解〕까지

○ 左丘明이 傳을 지을 때 감히 聖人의 말씀과 서로 어지러이 뒤섞이게 할 수 없었기 때문에 經과 서로 別行을 하였으니, 어찌 좌구명・公羊壽・穀梁赤만 별행을 했을 뿐이겠는가. 毛公과 韓嬰이 ≪詩≫를 위해 傳을 지을 때에도 모두 이처럼 하지 않음이 없었다. 경과 전이 다른 곳은 살펴보는 데에 있어 번거롭기 때문에 杜預가 경의 연대와 전의 연대를 분리하여 같은 연대끼리 붙이고, 경의 뜻과 전의 뜻을 구별하여 종류별로 모아 해석하였다. 두예가 말한 '集解'는 경과 전을 모아 해석한 것이고, 何晏의 ≪論語集解≫는 諸家의 義理를 모아서 ≪論語≫를 해석한 것이니, 말은 같지만 뜻은 다르다.

又別集諸例及地名・譜第・歷數하야 **相與爲部**하니 **凡四十部十五卷**이라 **皆顯其異同**하야 **從而釋之**하고 **名曰 釋例**라하니라 **將令學者觀其所聚異同之說**하야 **釋例詳之也**하니라

또 별도로 諸例 및 地名・譜第・歷數를 모아 서로 분류해 部門으로 만든 것이 모두 40部에 15卷이다. 그리고 또 모든 義例의 異同을 드러내어 이에 따라 해석

하고 ≪春秋釋例≫라 이름하였다. 장차 학자들로 하여금 모아놓은 것을 보고서 異同의 설을 알게 하기 위해 ≪춘추석례≫에 이동에 대해 자세히 언급하였다."

【疏】'又別'至'之也' ○ 春秋, 記事之書. 前人後人行事相類, 書其行事, 不得不有比例. 而散在他年, 非相比校, 則善惡不章, 褒貶不明, 故杜別集諸例, 從而釋之, 將令學者觀其所聚, 察其同異, 則於其學易(이)明故也. 言諸例及地名・譜第・歷數三者, 雖春秋之事, 於經傳無例者繁多, 以特爲篇卷, 不與諸例相同, 故言及也. 事同則爲部, 小異則附出, 孤經不及例者, 聚於終篇, 故言'相與爲部'也. 其四十部次第, 從隱卽位爲首, 先有其事, 則先次之. 唯世族土地, 事旣非例, 故退之於後. 終篇宜最處末, 故次終篇之前, 終篇處其終耳. 土地之名起於宋衛遇于垂, 世族譜起於無駭卒, 無駭卒在遇垂之後, 故地名在世族之前也.

〔又別〕에서 〔之也〕까지

○ ≪春秋≫는 사건을 기록한 책이다. 前人과 後人의 行事가 서로 비슷할 경우 그 행사를 쓸 때 비교하는 例를 두지 않을 수 없다. 사건이 다른 연도에 흩어져 있는데 서로 비교하지 않는다면 善惡이 드러나지 않고 褒貶이 분명해지지 않는다. 그러므로 杜預가 별도로 諸例를 모아 이에 따라 해석하여 장차 학자로 하여금 모아놓은 것을 보고서 그 異同의 설을 살피게 하였으니, 이와 같이 하면 春秋學에 대해 알기 쉽기 때문이다.

諸例 및 地名・譜第・歷數 세 가지를 말한 것은 비록 ≪춘추≫의 사건이라 할지라도 經과 傳에 例가 없는 경우가 많아 특별히 篇을 만든 것이 諸例와 서로 같지 않기 때문에 '및〔及〕'을 말한 것이다. 사건이 같으면 部門으로 만들고, 사건이 조금 다르면 部門에 붙여 내며, 〈例가 없는〉 단독의 經文은 ≪春秋釋例≫ 〈終篇〉에 모으기 때문에 "서로 분류해 部門으로 만들었다."고 말한 것이다. 40部의 차례는 隱公의 卽位를 첫머리로 삼아 시작하여 어떤 일이 먼저 있으면 먼저 그 일을 두어 기록한다. 오직 世族과 土地는 일이 이미 例가 없기 때문에 뒷부분에 물려놓는데, 〈종편〉이 가장 끝에 있어야 하므로 〈종편〉의 앞에 두고, 〈종편〉은 끝부분에 둔다. 토지의 명칭은 "宋公과 衛侯가 垂에서 만났다.〔宋衛遇于垂〕"는 기사에서 비롯되고, 世族의 譜는 "無駭가 卒하였다.〔無駭卒〕"는 기사에서 비롯되었는데, '無駭卒'는 기사가 '宋衛遇于垂'의 뒤에 있기 때문에 지명이 세족의 앞에 있는 것이다.

或曰 春秋之作에 **左傳及穀梁無明文**이어늘 **說者以爲仲尼自衛反魯**하야 **修春秋**하야 **立素王**하고 **丘明爲素臣**이라하며 **言公羊者**도 **亦云黜周而王魯**일새 **危行言孫**하야 **以辟**(피)**當時之害**라 **故微其文**하고 **隱其義**라하니라 **公羊**엔 **經止獲麟**하고 **而左氏**엔 **經終孔丘卒**하니 **敢問所安**하노라

혹자가 물었다.

"孔子가 ≪春秋≫를 지은 것에 대해 ≪左氏傳≫과 ≪穀梁傳≫에는 明文이 없는데, ≪좌씨전≫을 해설한 자는 '仲尼가 衛나라로부터 魯나라로 돌아와서 ≪춘추≫를 편수하여 素王이 되고 左丘明이 傳을 지어 素臣이 되었다.'라고 하고, ≪公羊傳≫을 해설한 자도 '〈孔子가 ≪춘추≫에서〉 周나라를 내치고 노나라를 王으로 여겼기 때문에 행동은 준엄히 하였으나 말은 공손히 하여 당시의 害를 피하려 하였다. 그러므로 그 文辭를 은미하게 하여 그 뜻을 숨긴 것이다.'라고 하였다. ≪공양전≫에는 經이 '獲麟'에서 끝났는데, ≪좌씨전≫에는 경이 '孔丘卒'에서 끝났다. 감히 묻건대 그대는 어느 설을 옳다고 여기는가?"

【疏】'或曰'至'所安' ○正義曰：上一問一答，說作注理畢，而更(갱)問春秋作之早晚及仲尼述作大意. 先儒所說，幷皆辟謬，須於此明之，亦以於文不次，故更假問答以明之. 一問之間，凡有四意. 其一問作之早晚，其二問先儒言孔子自爲素王，其事虛實，其三問公羊說孔子黜周王魯，其言是非，其四問左氏'獲麟'之後乃有餘經，問杜於意安否. 據杜云左傳及穀梁無明文，則指公羊有其顯說. 今驗何休所注公羊，亦無作春秋之事. 案孔舒元公羊傳本云"十有四年，春，西狩獲麟. 何以書. 記異也. 今麟非常之獸，其爲非常之獸，奈何有王者則至，無王者則不至，然則孰爲而至. 爲孔子之作春秋." 是有成文也. 左傳及穀梁則無明文，故說左氏者，言孔子自衛反魯，則便撰述春秋，三年文成，乃致得麟.

〔或曰〕에서 〔所安〕까지

○ 正義曰：위의 一問一答은 注를 지어 이치를 다 드러냄을 말하였는데, 다시 ≪春秋≫가 지어진 시기 및 仲尼가 述作한 大意에 대해 물었다. 先儒들의 해설은 모두 편벽되고 잘못되었으니 반드시 여기에서 밝혀야 하고, 또한 글에 있어 조리가 정연하지 못하기 때문에 다시 問答을 假設하여 밝힌 것이다. 한 번 질문하는 사이에 네 가지의

뜻을 담고 있다.

첫째는 ≪춘추≫를 지은 시기에 대해 질문한 것이며, 둘째는 孔子가 스스로 素王이 되었다고 선유가 말하였는데 그 일의 虛實에 대해 질문한 것이며, 셋째는 ≪公羊傳≫에서 공자가 周나라를 내치고 魯나라를 王으로 여겼다고 말하였는데 그 말의 是非에 대해 질문한 것이며, 넷째는 ≪左氏傳≫에는 '獲麟' 뒤에 남은 經文이 있는데, 杜預가 마음에 이를 옳게 여기는지를 질문한 것이다.

두예가 "〈공자가 ≪춘추≫를 지은 것에 대해〉 ≪좌씨전≫과 ≪穀梁傳≫에는 明文이 없다."고 말한 것에 의거해본다면 ≪공양전≫에는 명백한 설이 있음을 가리킨다. 그런데 지금 何休가 注解한 ≪공양전≫을 살펴보면, 또한 공자가 ≪춘추≫를 지었다는 일이 없다.

상고하건대 孔舒元의 ≪공양전≫本에는 "14년 봄에 서쪽 大野에서 사냥하다가 기린을 잡았다. 어째서 이것을 썼는가? 기이함을 기록한 것이다. 지금 기린은 非常한 짐승이니, 그 비상한 짐승이 王者가 있으면 나타나고 왕자가 없으면 나타나지 않음을 어찌하겠는가. 그렇다면 무엇 때문에 나타난 것인가? 공자가 ≪춘추≫를 지었기 때문이다."라고 하였는데, 여기에 成文이 있다. ≪좌씨전≫과 ≪곡량전≫에는 명문이 없기 때문에 ≪춘추좌씨전≫을 해설하는 자가 "공자가 衛나라로부터 노나라로 돌아오니 곧바로 ≪춘추≫를 찬술하여 3년 만에 글이 완성되자 마침내 기린을 잡는 일을 초래하였다."라고 말한 것이다.

孔子旣作此書, 麟則爲書來, 應言麟爲孔子至也. 麟是帝王之瑞, 故有素王之說. 言孔子自以身爲素王, 故作春秋, 立素王之法. 丘明自以身爲素臣, 故爲素王作左氏之傳. 漢魏諸儒, 皆爲此說. 董仲舒對策云"孔子作春秋, 先正王而繫以萬事, 是素王之文焉." 賈逵春秋序云"孔子覽史記, 就是非之說, 立素王之法." 鄭玄六藝論云"孔子旣西狩獲麟, 自號素王, 爲後世受命之君制明王之法." 盧欽公羊序云"孔子自因魯史記而修春秋, 制素王之道." 是先儒皆言孔子立素王也. 孔子家語稱齊大史子餘歎美孔子, 言云"天其素王之乎", 素, 空也, 言無位而空王之也. 彼子餘美孔子之深, 原上天之意, 故爲此言耳, 非是孔子自號爲素王. 先儒蓋因此而謬, 遂言春秋立素王之法. 左丘明述仲尼之道, 故復以爲素臣. 其言丘明爲素臣, 未知誰所說也.

孔子가 이미 이 책(≪春秋≫)을 짓자 麒麟이 이 책 때문에 왔다면, 기린은 공자를 위해 나타났다고 말해야 할 것이다. 기린은 帝王의 상서로운 짐승이기 때문에 素王의 설이 있게 된 것이니, 공자가 스스로 자신을 소왕으로 여겼기 때문에 ≪춘추≫를 지어 소왕의 법을 세웠다고 말한 것이다. 左丘明은 스스로 자신을 素臣으로 여겼기 때문에 소왕을 위하여 ≪춘추좌씨전≫을 지은 것이다.

漢魏의 諸儒들은 모두 이러한 설을 주장하였다. 董仲舒는 對策에서 "공자가 ≪춘추≫를 지을 때 먼저 王法을 바로잡으면서 만사를 연계시켰으니, 이것이 소왕의 文辭이다."라고 말하였다. 賈逵의 ≪春秋序≫에는 "공자가 魯나라 史記를 보고서 是非의 설을 만들고 소왕의 법을 세웠다."라고 말하였다. 鄭玄의 ≪六藝論≫에는 "공자가 이미 서쪽 大野에서 사냥하다가 기린을 잡자, 스스로 소왕이라 부르고 후세의 天命을 받는 君王을 위하여 明王의 법을 만들었다."라고 말하였다. 盧欽의 ≪公羊序≫에는 "공자가 스스로 노나라 사기로 말미암아 ≪춘추≫를 編修하면서 소왕의 道를 만들었다."라고 말하였다. 이것이 바로 先儒들이 모두 공자가 소왕이 되었음을 말한 것이다.

≪孔子家語≫에 齊나라 太史 子餘가 공자를 찬미한 것을 칭하면서 "하늘이 夫子를 소왕으로 삼으려는 것인가."라고 말하였는데, '素'는 空의 뜻이니, 지위가 없으면서도 부질없이 왕 노릇함을 말한 것이다. 저 자여가 공자의 깊은 뜻을 찬미하고 上天의 마음을 헤아렸기 때문에 이런 말을 했을 뿐이지, 공자가 스스로 소왕이라 불렀던 것이 아니다. 선유들은 대개 이로 인해 잘못되어 마침내 ≪춘추≫는 소왕의 법을 세운 것이라고 말하게 되었다. 좌구명이 仲尼의 道를 기술하였기 때문에 다시 素臣이 된다고 한 것인데, 좌구명이 소신이 된다고 말한 것은 누구의 說인지 모르겠다.

'言公羊'者, 謂何休之輩. '黜周王魯', 非公羊正文, 說者推其意而致理耳. 以杞是二王之後, 本爵爲上公, 而經稱杞伯, 以爲孔子黜之. 宣十六年"成周宣榭(사)火", 公羊傳曰"外災不書, 此何以書. 新周也." 其意言周爲王者之後, 比宋爲新. 緣此故謂春秋託王於魯, 以周・宋爲二王之後, 黜杞同於庶國. 何休隱元年注云"唯王者然後改元立號, 春秋託新王受命於魯", 宣十六年注云"孔子以春秋當新王, 上黜杞, 下新周而故宋", 黜周爲王者之後, 是黜周王魯之說也. 定元年公羊傳曰"定・哀多微辭, 主人習其讀而問其傳, 則未知己之有罪焉爾." 何休云"此假設而言之, 主人謂定・哀也. 習其經而讀之, 問其傳解詁, 則不知己之有罪於是. 此孔子畏時君, 上以諱尊隆恩, 下以辟(피)害容身, 愼之至也." 是其孫言辟(피)害, 微文隱義之說. '自衛反魯', '危行言孫', 皆論語文也. 鄭玄以爲據時高言高行者皆見危, 謂高行爲危行也. 何晏以危爲厲, 厲, 言行不隨俗也.

未知二者誰當杜旨. 公羊之經獲麟卽止, 而左氏之經終於孔子卒. 先儒或以爲麟後之經亦是孔子所書, 故問其意之所安也.

'言公羊(≪公羊傳≫을 해설한 자)'은 何休의 무리를 이른다. '〈공자가 ≪춘추≫에서〉 周나라를 내치고 魯나라를 王으로 여겼다.'는 것은 ≪공양전≫의 正文이 아니라 해설하는 자가 그 뜻을 미루어 이치를 지극히 한 말이다. 杞나라는 두 왕조의 후손으로 본래의 작위가 上公이 되는데 經에서 '杞伯'이라 칭하니, 이는 공자가 기나라를 내쳤다고 여긴 것이다. 宣公 16년 經에 "成周의 宣榭에 불이 났다."라고 하였는데, ≪공양전≫에 "외부의 재해는 쓰지 않는데, 이 일은 어찌하여 썼는가. 新周이기 때문이다."라고 하였으니, 그 뜻은 주나라가 王者가 된 뒤이지만 宋나라에 비해 新國이 된다고 말한 것이다. 이러한 연유 때문에 ≪춘추≫에서는 노나라에 王者를 의탁하고 주나라와 송나라를 두 왕조의 후손으로 삼으면서 기나라를 내쳐 보통의 여러 나라와 동등하게 만들었다.

하휴는 隱公 원년의 注에 "오직 왕자가 된 뒤에야 원년을 바꾸고 年號를 세우니, ≪춘추≫에는 노나라에 天命을 받을 새 왕자를 의탁하였다."라고 하였고, 선공 16년의 주에 "공자는 ≪춘추≫를 새 왕자에 해당시켜 위로는 기나라를 내치고 아래로는 주나라를 新國으로, 송나라를 故國으로 삼았다."라고 하였다. 이는 주나라를 내쳐 왕자의 후손으로 삼은 것이니, 바로 주나라를 내치고 노나라를 왕자로 여겼다는 설이다.

≪공양전≫ 定公 원년에 "定公과 哀公 때에는 은미한 文辭가 많았는데 主人이 그 經을 익혀 읽고 그 傳에 대해 물었으니, 자신이 여기에 죄가 있음을 알지 못한 것이다."라고 하였는데, 하휴가 "이것은 가설하여 말한 것이니, '主人'은 정공과 애공을 이른다. 그 經을 익혀 읽고, 그 傳의 訓詁에 대해 물었으니, 자신이 여기에 죄가 있음을 알지 못한 것이다. 이는 공자가 당시의 군주를 두려워하여 위로는 존귀한 이의 잘못을 숨기고 임금의 은혜를 성대하게 하며, 아래로는 해를 피하고 몸을 용납하게 하였으니, 삼감을 지극히 한 것이다."라고 하였으니, 이것이 바로 말을 공손히 하여 해를 피하고, 문사를 은미하게 하여 뜻을 숨겼다는 설이다.

공자가 衛나라로부터 노나라로 돌아오고, 행동은 준엄히 하였으나 말은 공손히 하였다는 것은 모두 ≪論語≫에 나오는 말이다. 鄭玄은 "당시에 고상한 말과 고상한 행동을 한 자들은 모두 위험에 빠진 것에 의거해보면, 고상한 행동은 위험한 행동이 된다고 이를 수 있다."라고 하였고, 何晏은 "危는 厲이니, 厲는 말과 행동이 時俗을 따르지 않음이다."라고 하였는데, 두 사람 가운데 누구의 설이 杜預의 뜻에 맞을지 모르겠다. ≪공양전≫의 經文은 '獲麟'에서 끝나지만 ≪춘추좌씨전≫의 경문은 '孔子卒'에서 끝나는데, 先儒가 혹 '획린' 뒤의 경문도 공자가 쓴 것이라고 말하였기 때문에 그 마음에 옳게 여기는지를 물은 것이다.

答曰 異乎余所聞이로다 **仲尼曰 文王既沒**하니 **文不在茲乎**아하니 **此制作之本意也**라 **歎曰 鳳鳥不至**하고 **河不出圖**하니 **吾已矣夫**인저하니 **蓋傷時王之政也**라

내가 대답하였다.

"〈그대의 말은〉 내가 들은 바와는 다르다. 仲尼께서 '文王이 이미 돌아가셨으니 文이 나에게 있지 않은가.'라고 하셨으니, 이것이 바로 ≪春秋≫를 지으신 本意이다. 또 중니께서 '鳳鳥가 이르지 않고 河水에서 그림이 나오지 않으니, 나도 이제 끝이로구나.'라고 탄식하셨으니, 이는 당시 王者의 정치가 〈이런 祥瑞를 부를 수 없음을〉 상심하신 것이다.

【疏】'答曰'至'政也' ○此盡末以來, 答上問四意. 但所答或先或後, 而其文不次, 欲令先有案據, 乃得遞相發明, 故不得以次而答問者. 先問作之早晩, 杜意定以獲麟乃作, 故從'仲尼曰'至'所以爲終', 明作之時節, 兼明白本意自欲制作, 感麟方始爲之, 非是先作春秋, 乃後致麟也. 旣言止麟之意, 須說始隱之由, 且欲取平王周正驗其非'黜周王魯'之證. 但旣言其終, 倒言其始, 則於文不次, 故答前義未了, 更起一問, 自'曰然則'以下盡'此其義也', 明春秋始隱之意, 答'黜周王魯'之言. 旣言王魯爲非, 遂幷辯公羊之謬. 自'若夫制作'盡'非隱之也', 答'微文隱義'之爲非也. 自'聖人包周身之防'盡'非所聞也', 答'孫言辟害'之爲虛也. 先儒以爲未獲麟而已作春秋, 過獲麟而經猶未止, 故旣答公羊之謬, 然後却辯素王爲虛, 幷說引經爲妄. 自'子路欲使門人'盡'又非通論也', 答素王素臣之問. 自'先儒以爲'盡'得其實', 答'經止獲麟'之意. '至於反袂'以下, 言其不可采用. 此章分段大意, 其文旨如此.

〔答曰〕에서 〔政也〕까지

○ 여기서부터 끝부분까지는 위의 질문한 네 가지 뜻에 답한 것이다. 다만 답하기를 혹 앞서 하기도 하고 혹 뒤에 하기도 하여 글의 조리가 정연하지 않은데, 이는 먼저 상고하고 의거할 바를 두어 서로 번갈아 밝힐 수 있도록 하고자 했기 때문에 차례로 질문에 답하지 못한 것이다.

먼저 질문한 ≪춘추≫를 지은 시기에 대해서 두예의 생각으로는 '獲麟' 뒤에 비로소 지은 것으로 단정하였기 때문에 '仲尼曰'부터 '所以爲終'까지는 ≪춘추≫를 지은 시기를 밝히고, 아울러 그 본의는 ≪춘추≫를 지으려고 하는 차에 기린이 잡힌 것에 감회가 있어 비로소 지은 것이지 먼저 ≪춘추≫를 지어서 나중에 기린을 이르게 한 것이 아님을 명백하게 밝혔다.

이미 經이 '획린'에서 끝난 뜻을 말하였으니 隱公에서부터 시작한 연유를 설명해야 하고, 또 平王과 周正을 취하여 '周나라를 내치고 魯나라를 王者로 여긴 것'이 틀렸다는 증거로 삼고자 하였다. 다만 이미 그 끝을 말하고 거꾸로 그 시작을 말한다면 글에 있어 조리가 정연할 수 없기 때문에 앞의 뜻 가운데 분명하지 못한 것에 답하고 다시 질문 하나를 일으켰다. '曰然則'부터 '此其義也'까지는 ≪춘추≫가 은공에서부터 시작한 뜻을 밝히고 '주나라를 내치고 노나라를 왕자로 여긴다'는 말에 대해 답한 것이다.

이미 노나라를 왕자로 여긴다는 말이 잘못됨을 말하고, 드디어 ≪공양전≫의 오류를 아울러 논변하였다. '若大制作'부터 '非隱之也'까지는 '문사를 은미하게 하여 그 뜻을 숨겼다'는 말이 잘못되었다고 답한 것이다. '聖人包周身之防'부터 '非所聞也'까지는 '말을 공손히 하여 해를 피하였다'는 말이 허위라고 답한 것이다.

先儒는 기린이 잡히기 전에 이미 ≪춘추≫를 지었다고 말했지만 기린이 잡힌 시기를 넘어서도 經이 끝나지 않았기 때문에, 이미 ≪공양전≫의 오류를 답한 뒤에 곧바로 素王의 설이 허위라고 논변하고 아울러 경문을 늘려 쓴 것도 요망한 짓이라고 말하였다. '子路欲使門人'부터 '又非通論也'까지는 소왕과 素臣에 대한 질문에 답한 것이다. '先儒以爲'부터 '得其實'까지는 '經이 「獲麟」에서 끝난 뜻'에 대해 답한 것이다. '至於反袂' 이하는 采用할 수 없음을 말한 것이다. 이 장에서 단락을 나눈 大意는 그 文義가 이와 같다.

問者以所聞而問, 其'異乎余所聞'一句, 歎其所據非理, 故言'異乎余所聞'. '仲尼曰'與'歎曰'二者, 皆論語文也. 孔子過匡, 匡人以兵遮而脇之, 從者驚怖, 故設此言以强之. 文王雖身旣沒, 其爲文王之道, 豈不在玆身乎. 孔子自比其身, 言己有文王之道也. 其下文又云"天之將喪斯文也, 後死者不得與於斯文也. 天之未喪斯文也, 匡人其如予何." 其意言天若未喪文王之道, 必將使我制作, 匡人不能違天以害己. 此言是有制作之本意也. 聖人受命而王, 則鳳鳥至, 河出圖. 仲尼歎曰"鳳鳥不至, 河不出圖, 吾已矣夫." 此言蓋傷時王之政, 不能致此瑞也. 先有制作之意, 而恨時無嘉瑞, 明是旣得嘉瑞, 卽便制作. 杜欲明得麟乃作, 故先表此二句. 鄭玄以爲河圖洛書, 龜龍銜負而出,如中候[1)]所說, 龍馬銜甲, 赤文綠色, 甲似龜背, 袤廣九尺, 上有列宿斗正之度, 帝王錄紀興亡之數是也. 孔安國以爲河圖卽八卦是也. 未知二者誰當杜旨.

1) 中候 : 漢나라 때 유행하던 참위서인 《尙書中候》를 가리킨다.

질문하는 자는 들은 바를 가지고 질문하니, '내가 들은 바와는 다르다'는 한 句는 〈질문한 자의〉 논거가 사리에 맞지 않음을 탄식한 것이기 때문에 '내가 들은 바와는 다르다'고 답한 것이다.

'仲尼曰'과 '歎曰' 두 구절은 모두 《論語》에 나오는 글이다. 孔子가 匡 땅을 지나갈 때 광 땅 사람들이 병기를 들고 길을 막으며 위협하자, 從者들이 놀라고 두려워하였기 때문에 공자가 이 말씀을 해주어 종자들을 굳세게 하였다. "文王은 비록 그 몸이 이미 돌아가셨지만, 그 문왕의 道는 어찌 나의 이 몸에 있지 않겠는가."라고 하였는데, 공자가 스스로 문왕의 몸에 견주어 자기에게 문왕의 도가 있음을 말한 것이다. 그 아래 글에 또 "하늘이 장차 이 文을 없애려 하였다면 뒤에 죽는 내가 이 文에 참여하지 못했을 것이다. 그러나 하늘이 이 文을 없애려 하지 않으니 광 땅 사람들이 나를 어찌하겠는가."라고 하였는데, 그 뜻은 '하늘이 문왕의 도를 없애려 하지 않으면 반드시 장차 나로 하여금 《春秋》를 짓게 할 것이니, 광 땅 사람들이 하늘의 뜻을 어기고 나를 해치지는 못할 것'이라고 말한 것이다. 이것은 공자에게 《춘추》를 지으려는 本意가 있었음을 말한 것이다.

匡人解圍

聖人이 天命을 받아 王者가 되면 鳳鳥가 이르고 河水에서 그림이 나온다. 仲尼가 "봉조가 이르지 않고 하수에서 그림이 나오지 않으니, 나도 이제 끝이로구나."라고 탄식하였으니, 이는 당시 왕자의 정치가 이런 祥瑞를 부를 수 없는 것에 대해 상심함을 말한 것이다. 공자가 먼저 ≪춘추≫를 지으려는 뜻이 있었고 당시에 아름다운 상서가 없음을 한탄하였으니, 이미 아름다운 상서를 얻고서 곧바로 ≪춘추≫를 짓기 시작한 것이 분명하다. 두예는 기린을 얻고 나서 ≪춘추≫를 지었음을 설명하고자 하였기 때문에 이 두 구를 먼저 드러내 보인 것이다.

鄭玄이 "河圖와 洛書는 거북과 용이 입에 물거나 등에 지고 나온 것으로, 예컨대 ≪尙書中候≫에서 말한 바 龍馬가 甲을 입에 물고 나왔는데 붉은 글씨에 녹색을 띠며 갑은 거북의 등과 비슷하며 길이는 9척이나 되고, 그 위에 列宿와 北斗星의 度數와 帝王의 興亡을 기록한 命數가 있다."라고 한 것이 바로 이것이고, 孔安國은 "河圖는 바로 八卦이다."라고 한 것이 바로 이것이다. 두 사람 가운데 누구의 설이 두예의 뜻에 맞을지 모르겠다.

麟鳳五靈[1]은 **王者之嘉瑞也**어늘 **今麟出非其時**하야 **虛其應而失其歸**하니 **此聖人所以爲感也**라 **絶筆於獲麟之一句者**는 **所感而起**하니 **固所以爲終也**라

1) 麟鳳五靈 : 麟・鳳・龜・龍을 4靈이라 하는데, 여기에 白虎를 더하여 5靈이라 한다.

西狩獲麟

麒麟·鳳凰 등 5靈은 王者의 아름다운 祥瑞인데, 지금 기린이 때가 아닌 세상에 나와서 그 應驗을 헛되이 하고 〈사람에게 잡혀〉 죽을 곳을 잃었으니, 이것이 聖人이 느낌이 일어 ≪春秋≫를 짓게 된 까닭이다.

'獲麟'이란 한 句에서 붓을 놓은 것은 획린에 느낌이 일어 ≪춘추≫의 저술을 시작하셨으니 '획린'으로 끝을 맺는 것이 진실로 당연하다."

【疏】'麟鳳'至'終也' ○ 麟鳳與龜龍白虎五者, 神靈之鳥獸, 王者之嘉瑞也. 今麟出於衰亂之世, 是非其時也. 上無明王, 是虛其應也, 爲人所獲, 是失其歸也. 夫此聖人而生非其時, 道無所行, 功無所濟, 與麟相類, 故所以爲感也. 先有制作之意, 復(부)爲外物所感, 旣知道屈當時, 欲使功被來世, 由是所以作春秋. 絶筆於獲麟之一句者, 麟是仲尼所感而書, 爲感麟而作, 旣以所感而起, 固所以爲終也. 答上春秋之作左傳無明文之問, 又言已所以爲獲麟乃作之意. 獨擧麟鳳而云五靈, 知二獸以外爲龜龍白虎者, 以鳥獸而爲瑞, 不出五者, 經傳讖緯莫不盡然. 禮記禮器曰"升中于天而鳳皇降, 龜龍假." 詩序曰"麟趾, 關雎之應", "騶虞, 鵲巢之應", 騶虞卽白虎也. 是龜龍白虎竝爲瑞應. 只言麟鳳便言五靈者, 擧鳳配麟, 足以成句, 略其三者, 故曰五靈. 其五靈之文出尙書緯也. 禮記禮運曰"麟鳳龜龍, 謂之四靈." 不言五者, 彼稱四靈以爲畜, 則飮食有由也. 其意言四靈與羞物爲群, 四靈旣擾, 則羞物皆備. 龍是魚鮪之長, 鳳是飛鳥之長, 麟是走獸之長, 龜是甲蟲之長. 飮食所須, 唯此四物, 四物之內, 各擧一長. 虎麟皆是走獸, 故略云四靈. 杜欲徧擧諸瑞, 故備言五靈也. 直云'絶筆獲麟', 則文勢已足, 而言'之一句'者, 以春秋編年之書, 必應盡年乃止, 入年唯此一句, 故顯言之, 以明一句是其所感也.

〔麟鳳〕에서 〔終也〕까지

○ 麒麟과 鳳凰, 龜·龍·白虎 이 다섯 가지는 神靈한 鳥獸로서 王者의 아름다운 祥瑞이다. 지금 기린이 衰亂한 세상에 나왔으니 이는 제때가 아닌 것이다. 위로 밝은 군주가 없으니 그 應驗을 헛되이 한 것이고, 사람에게 잡혔으니 그 죽을 곳을 잃은 것이다. 이는 聖人이 제때가 아닌 시대에 태어나 道를 시행하지 못하고 功을 이루지 못한 것이 기린의 경우와 비슷하기 때문에 느낌이 일어난 것이다. 이미 ≪春秋≫를 지으려는 뜻을 가졌고 다시 外物에 의해 느낌이 일어났으니, 道가 당시에는 펼쳐지지 못할 것을 이미 알고서 功이 후세에 미치게 하고자 하였기 때문에 ≪춘추≫를 지은 것이다.

'絶筆於獲麟之一句'는 기린은 仲尼가 느낌이 일어나 기록한 대상이고 또 기린에 대한 느낌이 일어 ≪춘추≫를 지었으니, 이는 이미 기린에 대한 느낌이 일어 저술을 시작한 것이므로 '獲麟'으로 끝을 맺는 것이 진실로 당연하다. 위에서 ≪춘추≫를 지은 것에 대해 ≪左氏傳≫에는 明文이 없다는 혹자의 물음에 대답하기 위해, 여기서 또 획린이 바로 ≪춘추≫를 지은 뜻이라는 자기 생각을 말한 것이다. 기린과 봉황만을 거론하면서 五靈이라고 하였으니 이 두 가지 조수 이외에도 龜·龍·백호가 포함됨을 알 수 있다. 조수를 가지고 상서로 삼는 경우는 이 다섯 가지를 벗어나지 않으니 經傳과 讖緯書에 모두 그러하다. ≪禮記≫ 〈禮器〉에서 "〈제후의 공적이〉 이루어짐을 하늘에 고하니, 봉황이 내려오고 龜와 龍이 이른다."라고 하였다. 〈詩序〉에서 "〈麟之趾〉는 〈關雎〉의 응험이다.", "〈騶虞〉는 〈鵲巢〉의 응험이다."라고 하였는데, 騶虞는 바로 백호이다. 이러한 예시들은 龜·龍·백호가 모두 상서로운 응험이 됨을 말한다. 기린과 봉황만을 말하면서 이를 곧 오령이라고 말한 것은 봉황을 기린에 짝하게 하는 것만으로 충분히 句를 이루어 나머지 세 가지를 생략한 것이기 때문에 오령이라 한 것이다. 오령에 대한 글은 ≪尙書緯≫에 나온다.

≪禮記≫ 〈禮運〉에서 "麟·鳳·龜·龍을 四靈이라 이른다."라고 하여 다섯 가지를 말하지 않았고, 거기(〈예운〉)에서는 "사령을 가축으로 삼았으므로 먹고 마심에 이를 사용함이 있는 것"이라고 하였다. 그 뜻은 사령을 음식물과 같은 부류로 여겨 사령이 이미 차려지면 음식물이 모두 갖추어짐을 말한 것이다. 용은 물고기의 으뜸이요, 봉황은 날짐승의 으뜸이요, 기린은 길짐승의 으뜸이요, 龜는 甲蟲類의 으뜸이다. 음식에 필요한 재료는 오직 이 네 가지 동물 부류뿐인데 네 가지 동물 부류 안에서 각기 그 으뜸인 것을 거론한 것이다. 백호와 기린은 모두 길짐승이기 때문에 〈백호는〉 생략하여 사령이라 말한 것이다. 杜預는 여러 가지 상서를 모두 말하고자 했기 때문에 오령이라고 갖추어 말한 것이다.

'絶筆獲麟'이라고만 말해도 文勢가 이미 충분한데 그 뒤에 '之一句(이러한 한 句)'를 말한 것은 ≪춘추≫가 編年體의 글이기 때문에 반드시 그해가 다 끝날 때까지 이르러서 기록을 그쳐야 한다. 그런데 그해에 들어가는 내용에 오직 이 句만 있기 때문에 드러내어 말하여 이 한 句가 바로 중니가 느낌이 일어난 부분임을 밝힌 것이다.

曰 然則春秋는 **何始於魯隱公**고 **答曰 周平王**은 **東周之始王也**요 **隱公**은 **讓國之賢君也**라 **考乎其時**하면 **則相接**이요 **言乎其位**하면 **則列國**이요 **本乎其始**하면

則周公之祚胤也라 **若平王能祈天永命**하야 **紹開中興**하고 **隱公能弘宣祖業**하야 **光啓王室**이면 **則西周之美**를 **可尋**이요 **文武之迹**을 **不隊**리라 **是故因其歷數**하야 **附其行事**하고 **采周之舊**하야 **以會成王義**하야 **垂法將來**니라

〈혹자가 다시 물었다.〉

"그렇다면 ≪春秋≫의 기록은 어째서 魯 隱公에서 시작하는가?"

내가 다음과 같이 대답하였다.

"周 平王은 東周의 첫 王이고, 은공은 나라를 사양한 어진 군주였다. 그 시기를 따져보면 평왕과 은공의 시기가 근접하였고, 그 지위로 말하면 列國이고, 그 始祖를 따져보면 周公의 陰德을 물려받은 후손이다.

평왕이 하늘의 長命을 구하여 先王의 뒤를 이어 중흥의 공업을 열고 은공이 조상의 공업을 크게 선양하여 周나라 왕실을 빛내고 후손에게 물려주었다면, 西周 때의 아름다움을 찾을 수 있고, 文王・武王의 업적을 실추하지 않을 수 있었을 것이다. 이 때문에 〈孔子가〉 그 연월의 歷數에 따라 그 行事를 附記하고, 주공의 옛 법도를 가려서 王者의 大義를 모아 만들어 장래에 그 법도를 전한 것이다.

【疏】'曰然'至'將來' ○ 上既解終麟之意, 未辯始隱之由, 故又假問以釋之. 不言或問而直言曰者, 以答前未了, 須更(갱)起此問, 若言問者猶是前人, 且既解絶筆, 卽因問初起, 以此不復(부)言或, 欲示二問共是一人故也. 然者, 然上語, 則者, 陳下事, 乘前起後之勢. 問者言絶筆於獲麟, 既如前解, 然則春秋初起, 何獨始於魯隱公, 不始於他國餘公, 何也. 答曰'周平王, 東周之始王也.' 遷居洛邑, 平王爲首, 是始王也. '隱公, 讓國之賢君也', 於第當立, 委位讓桓, 是賢君也. '考乎其時則相接', 隱公之初, 當平王之末, 是相接也. '言乎其位則列國', 其爵爲侯, 其土則廣, 是大國也. '本乎其始則周公之祚胤也', 魯承周公之後, 是其福祚之胤也. 若使平王能撫養下民, 求天長命, 紹先王之烈, 開中興之功, 隱公能大宣聖祖之業, 光啓周王之室, 君臣同心, 照臨天下, 如是則西周之美, 猶或可尋, 文武之迹, 不墜於地. 而平王隱公居得致之地, 有得致之資, 而竟不能然, 只爲無法故也. 仲尼愍其如是, 爲之作法, 其意言若能用我道, 豈致此乎. 是故因其年月之歷數, 附其時人之行事, 采周公之舊典, 以會合成一王之大義, 雖前事已往, 不可復追, 冀

得垂法將來, 使後人放習. 以是之故, 作此春秋. 此序一段, 大明作春秋之深意.

〔曰然〕에서 〔將來〕까지

○ 위에서 이미 '獲麟'에서 끝을 맺은 뜻은 설명하였지만 隱公에서 시작한 이유는 설명하지 않았기 때문에 여기서 또 혹자의 물음을 빌려서 풀이한 것이다. '或問(혹자가 물었다)'이라고 말하지 않고 다만 '曰(말했다)'이라고 말한 것은, 대답을 이전에 마치지 못했기 때문에 반드시 다시 이 물음으로 시작해서 물은 사람이 이전에 물었던 사람인 것처럼 말해야 하기 때문이다. 또한 이미 붓을 놓은 것에 대해 풀이하고 바로 혹자의 물음으로 문장을 시작하였으니, 이 때문에 다시 '或'자를 말하지 않음으로써 두 개의 물음이 모두 한 사람의 일이라는 것을 보이려고 하였다. '然'은 위의 말을 옳게 여긴 것이고 '則'은 아래의 일을 진술하는 것이니, 앞의 것을 이어 뒤의 것을 일으키는 文勢이다. 묻는 자는 '獲麟'에서 붓을 놓은 것은 이미 이전과 같이 풀이가 되는데 그렇다면 ≪春秋≫를 처음 기록할 때 어째서 유독 魯 隱公에서 시작하고 다른 나라와 다른 公에서 시작하지 않은 것은 어째서인지를 말한 것이다.

'周平王 東周之始王也'라는 대답은 洛邑으로 천도한 것이 平王이 처음이었으므로 첫 王이 되는 것이다. '隱公 讓國之賢君也'라는 대답은 차례상 은공이 응당 왕위에 올라야 하는데 지위를 桓公에게 사양하였으므로 어진 군주가 되는 것이다. '考乎其時則相接'이라는 대답은 은공의 초기가 평왕의 말기에 해당하였으므로 시기가 근접하였다는 것이다. '言乎其位則列國'이라는 대답은 그 작위가 侯爵이고 그 영토가 넓었으므로 大國이 되는 것이다. '本乎其始則周公之祚胤也'라는 대답은 魯나라가 周公의 뒤를 계승하였으므로 그 福祿을 물려받은 후손이 되는 것이다.

만약 평왕이 백성을 잘 보살피고 하늘의 長命을 구하여 선왕의 공렬을 이어 중흥의 공업을 열며, 은공이 聖祖의 공업을 크게 선양하여 周나라 왕실을 빛내고 君臣이 한마음이 되어 천하에 밝게 임하여 이렇게만 된다면, 西周 때의 아름다움을 찾을 수도 있고 文王・武王의 업적을 실추하지 않을 수 있었을 것이다. 그러나 평왕과 은공이 이룰 수 있는 지위에 있고 이룰 수 있는 자질을 소유했음에도 결국 그렇게 하지 못했던 것은 다만 법도가 없었기 때문이었다. 仲尼가 이러한 상황을 안타까워하여 법도를 만들었으니, 그 뜻은 자신의 道를 사용한다면 이를 이룰 수 있었을 것이라는 말이다. 이 때문에 그 연월의 歷數에 따라 당시 사람들의 行事를 附記하고, 周公의 옛 법도를 가려서 王者의 大義를 모아 만들었으니, 이미 지난 일은 다시 追咎할 수 없지만 장래에 법도를 전하여 후세 사람들로 하여금 배우고 익히도록 한 것이다. 이러한 이유로 ≪춘추≫를 지은 것이다. 서문의 여기 한 단락은 ≪춘추≫를 지은 심오한 뜻을 크게 밝힌 부분이다.

問者不直云隱公而言魯隱公者, 言魯決其不始於他國, 言隱決其不始於餘公, 挾此二意, 故并魯言之也. 其答直言隱公不云魯者, 以魯之春秋已爲韓起所說可知故也. 周自武王伐紂定天下, 恒居鎬地, 是爲西都. 周公攝政, 營洛邑於土中, 謂之東都. 成王雖暫至洛邑, 還歸鎬京. 〔爲幽王滅於西周, 平王東遷洛邑, 因謂洛邑爲東周, 謂鎬京〕[1)]爲西周. 平王始居東周, 故云'東周之始王也.' 平王四十九年而隱公卽位, 隱公三年而平王崩, 是其相接也. 詩旣醉云"永錫祚胤", 言福祚及後胤也. 尙書召誥云"用供王能祈天永命", 言用善德治民得長命也. 襄十年傳曰"而以偪陽光啓寡君", 論語曰"文武之道未墜於地", 是杜所用之文也. 春秋據魯而作, 卽是諸侯之法, 而云'會成王義'者, 春秋所書, 尊卑盡備. 王使來聘, 錫命賵含, 有天子撫邦國之義. 公如京師, 拜賜會葬, 有諸侯事王者之法. 雖據魯史爲文, 足成王者之義也. 以其'會成王義', 故得'垂法將來', 將使天子法而用之, 非獨遺將來諸侯也.

1) 〔爲幽王滅於西周 平王東遷洛邑 因謂洛邑爲東周 謂鎬京〕: 저본에는 해당 내용이 없으나, 阮元의 교감기에 "宋本에는 이 23글자가 있고 이것이 完本이 된다."라고 하였으므로 이에 의거하여 보충하였다.

묻는 자가 '隱公'이라고만 말하지 않고 '魯隱公'이라고 말한 것은 魯나라를 말하여 다른 나라에서 시작된 것이 아님을 분별한 것이고, 隱公을 말하여 다른 公에서 시작된 것이 아님을 분별한 것이다. 이러한 두 가지 뜻을 함의하기 때문에 '魯'를 함께 말한 것이다. 그 대답에서 '隱公'이라고만 말하고 '魯'를 붙여서 말하지 않은 것은 노나라의 ≪춘추≫에 대해 이미 韓起(韓宣子)가 말한 것을 통해 알 수 있기 때문이다.

周나라는 武王이 紂를 정벌하여 천하를 평정한 이후부터 항상 鎬 지역에 거하였으니 이곳이 西都이다. 주공이 섭정하여 국토의 중앙에 洛邑을 설치하였으니 이곳을 東都라 한다. 成王이 비록 낙읍에 잠시 이르렀지만 다시 鎬京으로 돌아왔다. 幽王이 서주에서 멸망하여 平王이 동쪽으로 낙읍에 천도하였기 때문에 낙읍을 東周라 하고 호경을 西周라고 하는 것이다. 평왕이 동주에 처음으로 거하였기 때문에 '東周之始王也'라고 한 것이다. 평왕 49년에 은공이 즉위하고, 은공 3년에 평왕이 崩하였으므로 이는 두 사람의 시기가 근접한 것이다.

≪詩經≫ 〈旣醉〉에 "길이 복록과 후손을 준다.〔永錫祚胤〕"라고 하였으니, 〈祚胤은〉 복록과 후손을 말한다. ≪尙書≫ 〈召誥〉에 "왕께서 하늘의 長命을 구하시는 일에 이바지하옵니다."라고 하였으니, 善德으로 백성을 다스려 장명을 얻는 것을 말한다. 襄公 10년의 傳에 "偪陽으로써 우리 寡君를 빛내고 후손에게 물려주신다면"이라고 하였고, ≪論語≫ 〈子張〉에서 "文王과 武王의 道가 아직 땅에 떨어지지 않았다."라고 하였으니, 이것들은 杜預가 인용한 글이다.

≪춘추≫는 노나라에 근거하여 지은 것이므로 제후의 법도가 되지만 '會成王義'라고 말한 것은 ≪춘추≫의 기록에는 尊卑가 모두 갖추어져 있어서이다. 周王의 使者가 來聘하여 命을 전하거나 飯含에 필요한 물자를 보내는 일은 天子가 邦國을 보살피는 뜻이 있는 것이다. 〈제후국의〉 公이 京師로 가서 拜賜하거나 會葬하는 일은 제후가 주왕을 섬기는 법도가 있는 것이다. 비록 노나라 사기에 근거하여 글을 지었으나 王者의 大義를 만들기에 충분한 것이다. '王者의 大義를 모아 만들었기〔會成王義〕' 때문에 '장래에 그 법도를 전할〔垂法將來〕' 수 있는 것이니, 상대에 천자가 이를 법도로 삼아 사용한다면 장래의 제후에만 남기는 것일 뿐만이 아닌 것이다.

所書之王은 **卽平王也**요 **所用之歷**은 **卽周正**[1)]**也**요 **所稱之公**은 **卽魯隱也**니 **安在其黜周而王魯乎**아 **子曰 如有用我者**면 **吾其爲東周乎**[2)]인저하시니 **此其義也**니라

1) 周正 : 子月(음력 11월)로 正月을 삼는 周나라의 曆을 말한다.
2) 子曰……吾其爲東周乎 : ≪論語≫ 〈陽貨〉에 "孔子께서 말씀하셨다. '나를 부르는 자가 어찌 하릴없이 하겠느냐? 만약 나를 등용하는 자가 있다면 나는 이 東方에 周나라의 道를 부흥시킬 것이다.'〔子曰 夫召我者 而豈徒哉 如有用我者 吾其爲東周乎〕"라는 내용이 보인다.

≪春秋≫에 기록한 王은 바로 平王이고, 사용한 曆은 바로 周正이고, 지칭한 公은 바로 魯 隱公이니, 周나라를 내치고 魯나라를 王으로 삼았다는 뜻이 어디에 있는가. 孔子께서 '만약 나를 등용하는 자가 있다면 나는 이 東方에 주나라의 道를 부흥시킬 것이다.'라고 하셨으니, 이것이 바로 공자의 뜻이었다.

【疏】 '所書'至'義也' ○ 旣言作春秋之意, 然後答黜周王魯之言. 經書春王正月, 王卽周平王也, 月卽周正也. "公及邾儀父", 公卽魯隱公也. 魯用周正, 則魯事周矣. 天子稱王, 諸侯稱公, 魯尙稱公, 則號不改矣. 春秋之文, 安在黜周王魯乎. 若黜周王魯, 則魯宜稱王,

周宜稱公. 此言周王而魯公, 知非黜周而王魯也. 孔子之作春秋, 本欲興周, 非黜周也, 故引論語以明之. 公山弗擾召孔子, 孔子欲往, 子路不說(열), 夫子設此言以解之, 其意言彼召我者, 而豈空然哉. 必謂我有賢能之德故也. 旣謂我有賢德, 或將能用我言. 如其能用我言者, 吾其爲東方之周乎. 言將欲興周道於東方也. 原其此意, 知非黜周, 故云此其興周之義也. 注論語者, 其意多然, 唯鄭玄獨異, 以東周爲成周, 則非杜所用也.

〔所書〕에서 〔義也〕까지

○ 이미 ≪春秋≫를 지은 뜻을 말한 뒤에 周나라를 내치고 魯나라를 王으로 삼았다는 말에 대해 대답한 것이다. 隱公 원년의 經文에서 '王正月'이라고 기록하였으니 여기서의 王은 바로 周 平王이고, 正月은 周正이다. 은공 원년의 경문에서 "公이 邾儀父와 함께"라고 했으니, 여기서의 公은 바로 魯 隱公이다. 노나라가 周正을 사용한 것은 노나라가 주나라를 섬긴 것이다. 天子를 王이라 칭하고 諸侯는 公이라 칭하는데, 노나라는 여전히 公이라 칭했으니 호칭을 바꾸지 않은 것이다. 그러니 ≪춘추≫의 글에 주나라를 내치고 노나라를 王으로 삼았다는 뜻이 어디에 있는가. 孔子가 ≪춘추≫를 지은 것은 본디 주나라를 부흥시키고자 한 것이지 주나라를 내치려는 뜻이 아니었다. 그러므로 ≪論語≫를 인용하여 그 뜻을 밝힌 것이다.

公山弗擾가 공자를 부르자 공자는 가려고 하였는데, 子路가 이를 기뻐하지 않자 夫子가 이 말을 하여 해명한 것이다. 그 뜻은 다음과 같다. 저 사람이 나를 부르는 것이 어찌 공연히 그러하겠는가. 필시 나에게 賢能한 德이 있다고 생각해서이다. 이미 내가 현능하다고 생각했으니 장차 나의 말을 능히 쓸 수 있을 것이다. 만약 나의 말을 능히 쓸 수 있을 것 같으면 나는 이 東方에 周나라의 道를 부흥시킬 것이다. 이러한 뜻이었기에 공자는 장차 동방에 주나라의 도를 부흥시키고자 한다고 말한 것이다. 그 뜻을 궁구하면 주나라를 내치는 뜻이 아님을 알 수 있으니, 그러므로 '이것은 주나라를 부흥시키려는 뜻'이라고 말하였다. ≪논어≫ 註釋家들의 뜻이 대부분 이와 같은데 오직 鄭玄만은 달라서 '東周'를 '成周'로 여겼으니, 杜預는 이를 인용하지 않았다.

若夫制作之文은 **所以章往考來**라 **情見乎辭**하니 **言高則旨遠**하고 **辭約則義微**는 **此理之常**이요 **非隱之也**니라

聖人이 지은 文辭는 지난 일을 밝히고 다가올 일을 고찰한 것이다. 그 생각을 문사에 드러냈으니, 말이 고상하면 뜻이 심원하고 문사가 간략하면 뜻이 은미한

것은 이치상 당연한 일이요 일부러 숨긴 것이 아니다.

【疏】 '若夫'至'之也' ○ 此一段答說公羊者言"微其文隱其義"之意. '若夫'者, 發端之辭. 旣答'王魯', 更起言端, 故云若夫聖人制作之文, 所以章明已往, 考校方來, 欲使將來之人鑑見旣往之事. 聖人之情, 見乎文辭. 若使發語卑雜, 則情趣瑣近, 立言高簡, 則旨意遠大, 章句煩多, 則事情易(이)顯, 文辭約少, 則義趣微略. 此乃理之常事, 非故隱之也. 文王演易, 則亦文高旨遠, 辭約義微, 豈復孫辭辟(피)害. 以彼無所辟(피), 其文亦微, 知理之常, 非爲所隱也. 其章往考來, 情見乎辭, 皆易下繫辭之文. 彼作"彰往而察來", 意不異耳.

〔若夫〕에서 〔之也〕까지

○ 이 한 단락은 ≪公羊傳≫을 설명한 자가 "그 文辭를 간략하게 만들어 그 뜻을 숨긴〔微其文 隱其義〕" 뜻을 말한 것에 대해 대답한 것이다. '若夫'라는 것은 말의 단서를 일으키는 말이다. 이미 '魯나라를 王으로 삼는다.〔王魯〕'는 문제에 대해 대답하고 여기서 다시 말의 단서를 일으켰기 때문에, 聖人이 지은 문사는 지난 일을 밝히고 다가올 일을 고찰하여 후대의 사람이 지난 일에 대해 귀감으로 삼도록 하고자 하였음을 말한 것이다.

성인의 생각은 그 문사에 드러난다. 만약 發言이 비루하고 잡박하면 그 情趣는 자잘하고 천근하며, 立言이 고상하고 간요하면 그 뜻은 원대하며, 章句가 번다하면 그 事情은 쉬이 드러나며, 문사가 요약되고 간략하면 그 義趣는 은미하다. 이것은 이치상 당연한 일이니 일부러 숨기는 것이 아니다. 文王이 ≪周易≫의 繫辭를 지은 것도 글이 고상하고 뜻이 원대하며 문사가 간략하고 의리가 은미하니, 어찌 다시 문사를 겸손하게 하여 일부러 해를 피한 것이겠는가. 저 문왕이 해를 피하지 않고 그 문사도 은미한 것을 보면 이치상 당연한 것이요, 일부러 숨기려는 뜻이 아님을 알 수 있다. 지난 일을 밝히고 다가올 일을 고찰하며 그 생각을 문사에 드러낸 것은 모두 ≪주역≫〈繫辭傳 下〉의 글이다. 저 〈계사전 하〉에서 "지난 일을 밝히고 앞의 일을 살핀다.〔彰往而察來〕"라고 한 것은 그 뜻이 다르지 않다.

聖人包周身之防하니 **旣作之後**에 **方復**(부)**隱諱以辟**(피)**患**은 **非所聞也**라

성인은 몸에 닥치는 환난의 방비를 철저히 하니, ≪春秋≫를 지으신 뒤에 다시 숨겨서 환난을 피하였다는 말은 듣지 못하였다.

【疏】'聖人'至'聞也' ○ 此一段答孫言辟害之意. 若成湯繫於夏臺, 文王囚於羑里, 周公留滯於東都, 孔子絶糧於陳蔡, 自古聖人幽囚困厄, 則嘗有之, 未聞有被殺害者也. 包周身之防者, 謂聖人防慮必周於身, 自知無患方始作之. 旣作之後, 方復隱諱以辟患害, 此事實非所聞也. 云'非所聞'者, 言前訓未之有也.

〔聖人〕에서 〔聞也〕까지

○ 이 한 단락은 말을 겸손하게 하여 해를 피했다는 뜻에 대해 대답한 것이다. 成湯이 夏臺에 구금되고 文王이 羑里이 갇히며 周公이 東都에 체류하고 孔子가 陳蔡에서 양식이 떨어졌으니, 예로부터 聖人이 유폐되고 곤액을 당한 일은 일찍이 있었지만 죽임을 당하거나 해를 입었다는 것은 듣지 못하였다. 몸에 닥치는 환난의 방비를 철저히 했다는 것은 성인이 우려되는 일을 방비함에 반드시 신상의 일까지 철저히 하였다는 것을 말함이니, 환난이 없은 뒤에 비로소 ≪春秋≫를 지었음을 절로 알 수 있다. ≪춘추≫를 지은 뒤에 다시 숨겨서 환난을 피하였다는 이 사실은 듣지 못하였다. '非所聞'은 이전의 가르침에서는 있지 않았음을 말한 것이다.

子路欲使門人爲臣에 **孔子以爲欺天**이라하니 **而云仲尼素王丘明素臣**은 **又非通論也**라

子路가 門人을 家臣으로 삼으려 하자, 孔子께서 '하늘을 속이는 것이다.'라고 하셨으니, 仲尼가 素王이 되고 左丘明이 素臣이 되었다는 것은 또한 이치에 통하는 말이 아니다.

【疏】'子路'至'論也' ○ 此一段答素王素臣爲非也. 案論語稱"孔子疾病, 子路使門人爲臣. 病間, 曰, 久矣哉, 由之行詐也. 無臣而爲有臣, 吾誰欺. 欺天乎.", 其意言子路以孔子將死, 使門人爲臣, 欲令以臣禮葬君, 冀其顯榮夫子. 夫子瘳而責之, 我實無臣, 何故而爲有臣. 吾之於人也, 於誰嘗欺. 我尙不敢欺人, 何故使吾欺天乎. 子路使門人爲臣, 纔僭大夫禮耳, 孔子尙以爲欺天, 況神器之重, 非人臣所議, 而云'仲尼爲素王, 丘明爲素臣', 又非通理之論也. 聖人之生, 與運隆替, 運通則功濟當時, 運閉則道存身後. 雖復富有天下, 無益於堯舜, 賤爲匹庶, 何損於仲尼. 道爲升降, 自由聖與不聖, 言之立否, 乃關賢與不賢. 非復假大位以宣風, 藉虛名以範世, 稱王稱臣, 復何所取. 若使無位無人, 虛稱王號, 不爵不祿, 妄竊臣名, 是則羨富貴而恥貧賤, 長僭踰而開亂逆,

聖人立教, 直當爾也. 臧文仲山節藻梲(절), 謂之不知[1], 管仲鏤簋朱紘, 稱其器小[2], 見季氏舞八佾, 云孰不可忍.[3] 若仲尼之竊王號, 則罪不容誅, 而言素王素臣, 是誣大賢而負聖人也. 嗚呼. 孔子被誣久矣, 賴杜預方始雪之.

1) 臧文仲山節藻梲(절) 謂之不知 : ≪論語≫ 〈公冶長〉에서 "臧文仲이 큰 거북을 보관하되 기둥머리 두공에는 山 모양을 조각하고 들보 위 동자기둥에는 水草를 그렸으니, 어찌 지혜롭다 하겠는가.〔臧文仲 居蔡 山節藻梲 何如其知也〕"라고 하였다.
2) 管仲鏤簋朱紘 稱其器小 : ≪孔子家語≫에서 "管仲은 簋에 조각하고 朱紘을 썼다.〔管仲鏤簋而朱紘〕"라고 하였고, ≪論語≫ 〈八佾〉에서 "管仲의 器局이 작구나.〔管仲之器小哉〕"라고 하였다.
3) 見季氏舞八佾 云孰不可忍 : ≪論語≫ 〈八佾〉에서 孔子가 季氏를 두고 평하기를 "천자의 八佾舞를 뜰에서 춤추게 하니, 이 짓을 차마 한다면 무엇을 차마 하지 못하겠는가.〔八佾 舞於庭 是可忍也 孰不可忍也〕"라고 하였다.

〔子路〕에서 〔論也〕까지

○ 이 한 단락은 仲尼가 素王이 되고 左丘明이 素臣이 되었다고 비난한 것에 대해 대답한 것이다. 살펴보건대 ≪論語≫ 〈子罕〉에서 "孔子께서 병이 심해지자, 子路가 문인으로 家臣을 삼았다. 〈공자께서〉 병이 좀 덜하시자 말씀하셨다. '오래되었구나, 由가 거짓을 행함이여! 나는 가신이 없어야 하는데 가신을 두었으니, 내 누구를 속였는가? 하늘을 속였구나!'"라고 하였으니, 그 뜻은 다음과 같다.

자로는 공자께서 돌아가시려 하자 문인을 가신으로 삼아 신하의 禮로 군주를 장사 지내 夫子를 영화롭게 만들고자 한 것이다. 부자가 병이 나아 그를 책망하면서, 자신에게는 실로 가신이 없는데 무슨 이유로 가신을 두게 하느냐고 하였다. 자신이 다른 사람에 대해서 지금까지 누구를 속인 적이 있었냐고 하고, 자신이 오히려 다른 사람을 감히 속이지 않았는데 무슨 이유로 자신이 하늘을 속이게 하느냐고 한 것이다. 자로가 문인을 가신으로 삼은 것은 겨우 大夫의 예를 함부로 사용한 것일 뿐이지만, 공자는 오히려 하늘을 속였다고 여겼으니, 더군다나 〈군주를 상징하는〉 神器의 중함은 신하가 의론할 바가 아니다. '仲尼爲素王 丘明爲素臣'이라고 말한 것은 또한 이치에 통하는 말이 아니다.

聖人이 태어나심에 운세와 함께 오르고 내리니, 운세가 통하면 功을 당세에 이루고 운세가 막히면 道가 死後에 보존되는 법이다. 비록 다시 부유하여 천하를 소유한들 堯舜에 무슨 보탬이 되겠으며, 비천하여 일반 백성이 된들 중니에게 무슨 문제가 되겠는가. 道가 융숭해지는 것은 성인이냐 성인이 아니냐에 말미암는 것이고, 말이 후세에 남겨지는 것은 현인이냐 현인이 아니냐에 관계되는 것이다. 높은 지위를 빌려서 교화를 펼치고 헛된 이름에 의지하여 세상에 본보기가 되지 않는다면, 왕이라 칭하고 신하라 칭한들 다시 무엇을 취할 게 있겠는가. 만약 지위도 없고 부릴 사람도 없는데 헛되이 왕이라 칭하거나 작위도 없고 녹봉도 없는데 함부로 신하의 이름을 훔친다면, 이것은 부귀를 탐하고 빈천을 부끄러워하며 참람함을 조장하고 亂逆을 여는 것이다.

성인이 세운 가르침은 다만 마땅함을 따를 뿐이다. 공자는 臧文仲이 큰 거북을 보관하되 기둥머리 두공에는 山 모양을 조각하고 들보 위 동자기둥에는 水草를 그린 것에 대해서 지혜롭지 못하다고 하였으며, 管仲이 簋에 조각하고 朱紘을 쓴 것에 대해서 그의 器局이 작다고 하였으며, 季氏가 천자의 八佾舞를 뜰에서 춤추게 한 것을 보고 무엇을 차마 하지 못하겠는가라고 말하였다. 중니가 왕의 칭호를 훔쳤다면 그 죄가 죽음으로도 용서되지 않을 것인데, 중니가 소왕이 되고 좌구명이 소신이 되었다고 말하는 것은 大賢을 속이고 성인을 저버리는 것이다. 아! 공자가 무함을 당한 것이 오래되었으니, 杜預에 힘입은 뒤에야 비로소 치욕이 씻어졌다.

簋

先儒以爲制作三年에 **文成致麟**은 **旣已妖妄**이요 **又引經以至仲尼卒**도 **亦又近誣**니라

先儒가 '저술을 시작한 지 3년 만에 ≪春秋≫가 완성되자 麒麟이 이르렀다.'라고 한 말은 이미 요망한 것이고, 또 經文을 '仲尼卒'까지 늘인 것도 거짓에 가깝다.

【疏】'先儒'至'近誣' ○ 此下至'爲得其實', 皆明麟後之經非仲尼所脩之意. 直言先儒, 無可尋檢, 未審是誰先生此意. 案今左氏之經, 仍終孔丘之卒. 雖杜氏之注此經亦存, 而尤責先儒引經至仲尼卒者, 蓋先儒以爲夫子自衛反魯卽作春秋, 作三年而後致麟, 雖得麟而猶不止, 比至孔丘之卒, 皆是仲尼所脩. 以是辨之, 謂之近誣, 明先儒有此說也. 服虔云"夫子以哀十一年自衛反魯而作春秋, 約之以禮, 故有麟應而至." 是其宗舊說也. 服虔又云"春秋終於獲麟, 故小邾射(역)不在三叛人中也. 弟子欲明夫子作春秋以顯

其師, 故書小邾射以下至孔子卒." 案杜於此下及哀十四年注, 皆取服義爲說, 則服氏於此一事已改先儒矣. 麟是王者之瑞, 非爲制作而來, 而云仲尼致之, 是其妖且妄也. 經是魯史之文, 非仲尼之所述, 而云仲尼脩之, 是其近誣罔也. 言近誣者, 心所不悟, 非故誣之, 故云'近誣'也.

〔先儒〕에서 〔近誣〕까지

○ 여기서부터 아래의 '爲得其實(진실에 맞는다)'까지 모두 獲麟 뒤의 經文은 仲尼가 編修한 것이 아니라는 뜻을 밝힌 것이다. 다만 '先儒'라고만 말한 것은 고증할 방법이 없어 어떤 선생이 이러한 뜻을 내었는지 확실하지 않다는 것이다.

살펴보건대 지금 ≪左氏傳≫의 經文은 孔丘의 죽음으로 끝을 맺고 있다. 비록 杜預의 注에 이 經文 또한 있지만 선유가 경문을 '仲尼卒'까지 늘인 것을 더욱 책망하였으니, 선유가 夫子가 衛나라에서 魯나라로 돌아와서 곧 ≪春秋≫를 짓기 시작했고 그 3년 뒤에 기린이 이르렀으며, 비록 기린을 잡은 일이 있었어도 여전히 저술을 그치지 않고 孔丘의 죽음에 이르기까지 모두 중니가 편수한 것이라 생각하였다. 이것을 가지고 변별하여 거짓에 가깝다고 말한 것이고, 선유에게 이런 說이 있음을 밝힌 것이다.

服虔은 "부자께서 哀公 11년에 위나라에서 노나라로 돌아와 ≪춘추≫를 지으면서 禮로써 요약하셨으므로 기린이 이에 응하여 이르렀다."라고 말했으니, 이는 옛날의 설을 따른 것이다. 복건은 또 "≪춘추≫가 '獲麟'에서 끝을 맺었으므로 小邾射이 세 叛人 안에 포함되지 않았다. 제자들이 부자께서 ≪춘추≫를 지으신 일을 밝혀서 자신들의 스승을 드러내고자 했으므로 소주역 이하부터 공자의 죽음까지 기록한 것이다."라고 말했다.

살펴보건대 두예는 이 부분의 아래와 애공 14년의 注에서 모두 복건의 뜻을 취하여 말하였으니, 복건이 이 일에 대해서는 이미 선유의 설을 고친 것이다. 기린은 王者의 祥瑞이고 ≪춘추≫를 지었기 때문에 기린이 온 것이 아닌데도 중니가 기린을 이르게 만들었다는 것은 요사스럽고 망령된 것이다. 경문은 노나라 역사를 기록한 글이고 중니가 저술한 것이 아닌데도 중니가 편수했다는 것은 거짓에 가까운 것이다. '거짓에 가깝다.〔近誣〕'라고 말한 것은 마음속에 깨닫지 못한 바가 있어서이지 일부러 거짓을 말한 것이 아니다. 그러므로 '近誣'라고 말한 것이다.

據公羊컨대 **經止獲麟**하고 **而左氏小邾射**(역)**不在三叛之數**라 **故余以爲感麟而作**하노라 **作起獲麟**이면 **則文止於所起 爲得其實**이라

≪春秋公羊傳≫에 근거하면 經文이 '獲麟'에서 끝났고, ≪春秋左氏傳≫에도 小邾射을 세 叛人의 수에 포함시키지 않았다. 그러므로 나는 획린에 느낌이 일어 ≪春秋≫의 저술을 시작하였다고 생각한다. 저술을 획린에서 시작하였다면 文辭를 시작한 일에서 마치는 것이 진실에 맞는다.

【疏】'據公'至'其實' ○ 穀梁之經亦止獲麟, 而獨據公羊者, 春秋之作, 穀梁無明文. 杜以獲麟乃作, 義取公羊, 故獨據之耳. 小邾射以句繹來奔, 與黑肱之徒義無以異. 傳稱書三叛人名, 不通數此人以爲四叛, 知其不入傳例. 麟下之經, 傳不入例, 足知此經非復孔旨. 故余以爲感麟而作春秋, 其意起於獲麟, 則文止於所起. 自此而談'爲得其實', 重明經止獲麟, 幷自成己說, 起獲麟之意也.

〔據公〕에서 〔其實〕까지

○ ≪春秋穀梁傳≫의 經文도 獲麟에서 마치는데 유독 ≪春秋公羊傳≫에 근거한 것은 ≪春秋≫를 지은 것에 대해서 ≪춘추곡량전≫에는 明文이 없기 때문이다. 杜預가 획린으로 인해 ≪춘추≫를 지었다고 한 것은 ≪춘추공양전≫에서 뜻을 취한 것이므로 유독 이에 근거하였다.

小邾射이 句繹 지방을 가지고 魯나라로 도망해 온 것은 邾黑肱의 무리가 지녔던 뜻과 다를 바가 없다. 傳文에서 세 叛人(邾庶其·邾黑肱·莒牟夷)의 이름을 일컬어 기록하면서 이 소주역까지 모두 헤아려 네 반인이라 하지 않았으니, 이를 통해 소주역을 傳文의 예시에 넣지 않았음을 알 수 있다. 획린 아래의 경문을 전문에서 예시로 넣지 않았으니 이 경문이 공자의 뜻이 아님을 알 수 있다. 그러므로 "나는 획린에 느낌이 일어 ≪춘추≫의 저술을 시작하였다고 생각한다."라고 하였으니, 그 뜻을 획린에서 일으켰으니 그 글을 〈뜻을〉 일으킨 곳에서 마쳤다는 것이다. 이후에 '진실에 맞는다.〔爲得其實〕'라고 말한 것은 경문이 획린에서 마침을 거듭 밝히고, 아울러 스스로 자신의 설이 '起獲麟'의 뜻임을 설명한 것이다.

至於反袂拭面하며 **稱吾道窮**도 **亦無取焉**이라

'소매를 뒤집어 얼굴을 닦으며 나의 道가 궁해지겠구나.'라고 하였다는 것도 나는 취하지 않는다."

【疏】'至於'至'取焉' ○ 公羊傳稱"孔子聞獲麟, 反袂拭面, 涕沾袍, 曰吾道窮矣.", 杜旣取公羊經止獲麟, 而公羊獲麟之下卽有此傳, 嫌其幷亦取之, 故云'亦無取焉'. 不取之者, 以聖人盡性窮神, 樂天知命, 生而不喜, 死而不戚, 困於陳蔡, 則援琴而歌[1], 夢奠兩楹, 則負杖而詠[2], 寧復畏懼死亡, 下沾衿之泣, 愛惜性命, 發道窮之歎. 若實如是, 何異凡夫俗人, 而得稱爲聖也. 公羊之書, 鄕曲小辯, 致遠則泥, 故無取焉. 此則上文所謂'簡二傳而去異端', 豈有反袂拭面, 涕下沾袍. 以虛而不經, 故不取也.

1) 困於陳蔡 則援琴而歌 : ≪孔子家語≫에 다음과 같은 내용이 보인다. 孔子가 陳蔡에서 곤액을 당하였다. 양식이 떨어진 지 7일이 지나자 제자들이 주리고 병이 들었다. 그런데도 공자가 거문고를 타며 노래하였다. 子路에 그 이유에 대해서 묻자, 공자가 대답하기를 "군자가 음악을 좋아하면 교만함이 없어지고, 소인이 음악을 좋아하면 두려움이 없어지는 것이다."라고 하였다. 이에 자로가 기뻐하여 干戚을 잡고 춤을 추어 세 곡이 끝난 다음 나갔다.

2) 夢奠兩楹 則負杖而詠 : ≪孔子家語≫에 다음과 같은 내용이 보인다. 孔子가 일찍 일어나 뒷짐을 지고 지팡이를 끌며 문에서 배회하면서 노래하기를 "泰山이 무너지려나 보다. 들보가 부러지려나 보다. 哲人이 쇠락하려나 보다."라고 하였다. 그리고 공자가 탄식하며 말하기를 "내가 어제 두 기둥 사이에 앉아서 祭需를 받는 꿈을 꾸었다.……나는 바로 殷나라 사람이다. 훌륭한 임금이 나오지 않으니 천하 사람들 중 누가 나의 道를 높일 수 있겠느냐. 내가 죽을 때가 되었다."라고 하고, 마침내 병석에 누웠는데 7일 만에 죽으니, 이때 나이가 72세였다.

〔至於〕에서 〔取焉〕까지

○ ≪公羊傳≫에서 "孔子가 麒麟이 잡혔다는 말을 듣고 소매를 뒤집어 얼굴을 닦고 옷이 젖도록 눈물을 흘리며 '나의 道가 궁해지겠구나.'라고 하였다."라고 말하였다. 杜預는 ≪공양전≫의 經文이 獲麟에서 마치는 것을 취하였지만, ≪공양전≫에 획린의 아래에 이러한 傳文이 있으니 이것까지 아울러 취하는 것은 혐의하였기 때문에 '또한 취하지 않는다.〔亦無取焉〕'라고 말한 것이다. 취하지 않은 이유는 다음과 같다.

聖人은 본성을 다하고 정신을 모두 쏟으며 天道를 즐기고 命運을 알아 태어나도 기뻐하지 않고 죽어도 슬퍼하지 않으니, 陳蔡에서 곤액을 당해도 거문고를 타고 노래를 부르며, 두 기둥 사이에 앉아서 祭需를 받는 꿈을 꾸어도 지팡이를 끌면서 노래를 불렀다. 그러니 어찌 다시 죽음을 두려워하여 옷이 젖도록 눈물을 흘리며 자신의 생명을 아껴서 道가 궁해졌다는 탄식을 하겠는가. 만약 진실로 이와 같다면 凡夫나 俗人과 무엇이 다르기에 성인이라 일컬을 수 있겠는가. ≪공양전≫이라는 책은 궁벽한 시골의 치우친 學說이고 자질구레한 辨說인지라 원대한 뜻에 이르면 막히기 때문에 취하지 않은 것이다. 이것은 윗글의 이른바 '≪公羊傳≫·≪穀梁傳≫ 두 傳에서 올바른 설을 골라 취하고 옳지 않은 설은 버렸다.'는 것이니, 어찌 소매를 뒤집어 얼굴을 닦고 옷이 젖도록 눈물을 흘리는 일이 있었겠는가. 이 내용은 허구이고 正道가 아니기 때문에 취하지 않은 것이다.

在陳絶糧

夢奠兩楹

春秋左傳注疏 卷2(隱元年 盡二年)

杜氏 注 孔穎達 疏

【 隱公 원년(B.C. 722) 】

春秋經傳集解 隱〔公〕第一[1]

1) 春秋經傳集解 隱〔公〕第一 : 저본에는 '公'이 없으나, "石經·淳熙本·岳本·纂圖本에 '第' 위에 '公'이 있다."라고 한 阮元의 校勘記에 의거하여 보충하였다.

唐나라 孔穎達의 疏가 첨부되기 전까지 통행하던 書名인 晉나라 杜預의 ≪春秋經傳集解≫를 가리킨다. 본래 '隱公第一'부터 '哀公第十二'까지 있었으나, 저본에는 이곳을 제외하고 모두 삭제한 뒤 '桓公', '莊公'과 같이 재위한 公의 시호만 남겨놓았다. 같은 예로 阮元 校勘本 ≪春秋公羊傳注疏≫와 ≪春秋穀梁傳注疏≫에도 모두 원래의 서명과 함께 '隱公第一'만 제시하고 있다.

○ 陸曰 : 舊夫子之經與丘明之傳各卷이어늘 杜氏合而釋之라 故曰 經傳集解라하니라 隱公名息姑요 惠公之子라 母는 聲子라 謚法에 不尸其位曰隱이라하니라 第一이라하고 此不題左氏傳은 公羊梁二傳에 旣顯姓別之하니 此不言自見이라

○ 陸曰 : 예전 夫子(孔子)가 纂修한 經과 左丘明이 지은 傳이 각각 별도의 책이었는데, 杜氏(杜預)가 경과 전을 하나로 合編하여 해석하였다. 그러므로 책 이름을 ≪春秋經傳集解≫라고 하였다. 隱公의 이름은 息姑이고 惠公의 아들이다. 어머니는 聲子이다. 謚法에 '그 작위를 주관하지 않은 행적을 隱이라 한다.'라고 하였다. '第一'이라 하고, 여기에 ≪左氏傳≫이라 쓰지 않은 것은 ≪公羊傳≫·≪穀梁傳≫ 두 傳에서 이미 姓을 드러내어 구별하였으니, 여기에 성을 말하지 않아도 저절로 〈左氏가〉 드러나기 때문이다.

【疏】 正義曰 : 五經題篇, 皆出注者之意, 人各有心, 故題無常準. 此本經傳別行, 則經傳各自有題注者, 以意裁定其本, 難可復知. 據今服虔所注, 題云 隱公左氏傳解誼第一, 不題春秋二字, 然則春秋二字, 蓋是經之題也. 服言左氏傳三字, 蓋本傳之題也. 杜旣集解經傳, 春秋此書之大名, 故以春秋冠其上. 序說左氏言已備悉, 故略去左氏, 而爲此題焉. 經傳集解四字, 是杜所加, 其餘皆舊本也. 經者, 常也, 言事有典法可常遵用也. 傳者, 傳也, 博釋經意, 傳示後人. 分年相附, 集而解之, 故謂之經傳集解. 隱公, 魯君, 侯爵. 杜君采大史公書世本, 旁引傳記, 以爲世族譜, 略記國之興滅. 譜云"魯, 姬姓, 文王子周公旦之後也. 周公股肱周室, 成王封其子伯禽於曲阜, 爲魯侯, 今魯國是也. 自哀以下, 九世二百一十七年, 而楚滅魯." 依魯世家, 伯禽至隱公凡十三君, 兄弟相及者五人. 隱公, 名息姑, 伯禽七世孫, 惠公弗皇子, 聲子所生, 平王四十九年卽位, 是歲, 歲在豕韋. 禮記檀弓曰"死諡, 周道也." 周法天子至於大夫旣死, 則累其德行而爲之諡. 周書諡法云"隱拂不成曰隱." 魯實侯爵, 而稱公者, 五等之爵, 雖尊卑殊號, 臣子尊其君父, 皆稱爲公, 是禮之常也. 字書云"第訓次也". 一者, 數之始. 此卷於次第當其一也.

○ 正義曰 : 五經의 篇章 題目은 모두 注를 단 사람의 뜻에서 나온 것이니, 사람은 저마다의 마음이 있기 때문에 제목에 일정한 준칙이 없다. 이 책은 본디 經과 傳이 따로 세상에 유행하였기에 경과 전에 저마다 주를 쓴 사람이 있어 그 책의 제목을 자기의 뜻으로 짐작하여 결정하였을 것이나 다시 알기가 어렵다.

지금 服虔이 주를 단 책에 의거하면 제목을 '隱公左氏傳解誼第一'이라 하고, '春秋' 두 글자는 쓰지 않았다. 그렇다면 '춘추' 두 글자는 바로 경의 제목이고, 복건이 말한 '左氏傳' 세 글자는 本傳의 제목인 것이다. 杜預는 경과 전을 集解하고 나서, '춘추'가 이 책의 큰 이름이기 때문에 '춘추'를 그 위에 올려놓았다. 序說에서 '左氏'에 대해 빠짐없이 모두 말했기 때문에 '좌씨'는 생략하고 이 이름으로 제목을 삼았다. '經傳集解' 네 글자는 바로 두씨가 덧붙인 것이고, 그 나머지는 모두 옛 책 그대로이다.

경은 변하지 않는 떳떳함〔常〕의 뜻이니, 일에는 典法이 있어서 항상 변함없이 遵用할 수 있음을 말한다. 전은 주석〔傳〕의 뜻이니, 경의 뜻을 널리 해석하여 후세 사람에게 전하여 보여줌을 말한다. 〈경과 전의〉 연대를 분리해 같은 연대를 함께 붙이고, 〈경과 전을〉 모아 해석하였기 때문에 '經傳集解'라고 하였다.

隱公은 魯나라의 君主로 侯爵이다. 杜君(杜預)이 ≪太史公書(史記)≫·≪世本≫의 기록을 채택하고 傳記를 두루 인용하여 ≪世族譜≫를 만들어 나라의 興起와 멸망을 대략 기술하였다. ≪세족보≫에 "노나라는 姬姓이니 周 文王의 아들 周公 旦의 후예이다. 주공이 주나라 왕실을 보좌하자 成王이 그의 아들 伯禽을 曲阜에 봉하여 魯侯를 삼았으니, 지금의 노나라가 이것이다. 魯 哀公 이후 9대 217년 만에 楚나라가 노나라를 멸하였다."라고 하였다. ≪史記≫ 〈魯世家〉에 의하면 백금에서 은공까지 모두 13군주인데 형제간에 서로 이은 자가 다섯 사람이다.

은공의 이름은 息姑이니 백금의 7대손이고, 惠公 不皇의 아들로 聲子가 낳았는데 周 平王 49년에 즉위하였으니, 이 해는 歲星이 豕韋에 있었다. ≪禮記≫ 〈檀弓〉에 "죽은 뒤 시호를 받는 것은 주나라 제도이다."라고 하였다. 주나라의 법제에 天子에서 大夫에 이르기까지 이미 죽었으면 생전의 德行을 모아서 시호를 짓는다. ≪周書≫ 〈謚法〉에 "도지개〔隱栝〕로 그 본성을 고치지 못한 행적을 '隱'이라 한다."라고 하였다. 노나라는 실제 侯爵인데 '公'이라고 일컬은 것은 다섯 등급의 爵位가 尊卑의 차이가 있으나 신하가 그 임금을 존숭하기 때문에 모두 '공'이라고 일컬으니, 이것이 禮의 떳떳함이다.

字書에 "'第'의 訓은 '차례이다' 하였다."라고 하였다. '一'은 수의 처음이니, 이 卷은 차례에 있어 처음에 해당한다는 말이다.

杜氏

두씨

【疏】○ 正義曰：杜氏, 名預, 字元凱, 畿之孫, 恕之子也. 陳壽魏志云"杜畿, 字伯侯, 京兆杜陵人也." 漢御史大夫杜延年之後[1]. 文帝時爲尙書僕射(야), 封〔豐〕[2]樂亭侯. 試船溺死, 追贈太僕, 謚戴侯也. 恕, 字務伯, 官至幽州刺史. 預, 司馬宣王女壻也. 王隱晉書云, 預, 知謀深博, 明於治亂, (當)〔常〕[3]稱德者非所企及, 立言立功, 預所庶幾也. 大觀群典, 謂公羊穀梁詭辯之言, 又非先儒說左氏, 未究丘明之意, 橫以二傳亂之, 乃錯綜微言, 著春秋左氏經傳集解. 又參考衆家, 爲之釋例. 又作盟會圖春秋長歷, 備成一家之學, 至老乃成. 預有大功名於晉室, 位至征南大將軍開府, 封當陽侯, 荊州刺史, 食邑八千戶. 時人號爲武庫[4]. 不言名而言氏者, 注述之人, 義在謙退, 不欲自言其名, 故但言杜氏. 毛君・孔安國・馬融・王肅之徒, 其所注書皆稱爲傳, 鄭玄則謂之爲注. 而此於'杜氏'之下更無稱謂者, 以集解之名, 已題在上, 故止云'杜氏'而已. 劉炫云

"不言名而云氏者, 漢承焚書之後, 諸儒各載學名, 不敢布于天下, 但欲傳之私族, 自題其氏, 爲謙之辭."

1) 漢御史大夫杜延年之後 : 이 열 글자는 ≪三國志≫ 裴宋之 注에서 傅子의 말을 인용한 것이고, 陳壽가 지은 〈魏志〉의 原文이 아니다.
2) 〔豐〕: 저본에는 '豐'이 없으나, 阮元의 校勘記에 의거하여 보충하였다.
3) (當)〔常〕: 저본에는 '當'으로 되어 있으나, 阮元의 校勘에 의거하여 '常'으로 바로잡았다.
4) 武庫 : 무기 창고에는 없는 물건이 없다는 뜻으로, 학식의 깊고 숙달된 재능이 많은 사람을 칭찬하는 말로 쓰인다.

○ 正義曰 : 杜氏의 이름은 預이고 字는 元凱이니, 杜畿의 손자이고 杜恕의 아들이다. 陳壽의 ≪三國志≫ 〈魏志〉에 "두기의 자는 伯侯이니 京兆 杜陵 사람이다."라고 하였으니, 漢나라 御史大夫 杜延年의 후예로 魏 文帝 때 尙書僕射가 되어 豐樂亭侯에 봉해졌다. 새로 지은 御船을 試乘하다가 물에 빠져죽자 太僕에 追贈하고 시호를 戴侯라 하였다. 두서의 자는 務伯이니, 벼슬이 幽州刺史까지 올랐다.

두예는 司馬 宣王(司馬懿)의 사위이다. 王隱의 ≪晉書≫에 "두예는 智謀가 精深하고 넓으며 亂을 다스리는 데 밝아 항상 德을 일컫는 자가 미칠 바가 아니니, 立言과 立功을 두예는 거의 이루었다. 〈두예는〉 여러 典籍을 두루 살펴보고 ≪公羊傳≫·≪穀梁傳≫은 궤변을 늘어놓은 말이라 하고, 또 先儒의 ≪左氏傳≫에 대한 해설은 그들이 左丘明의 뜻을 구명하지 못하고 ≪공양전≫·≪곡량전≫ 두 전의 뜻으로 제멋대로 어지럽혔다고 비난하였다. 마침내 은미하게 표현한 말을 이리저리 섞어서 ≪春秋左氏經傳集解≫를 지었다. 또 諸家의 기록을 참고하여 ≪春秋釋例≫를 만들었다. 또 ≪盟會圖≫·≪春秋長曆≫을 지어 춘추 一家의 학문을 모두 완성하였는데, 늘그막에 이르러서야 비로소 이 일을 끝낸 것이다.

두예는 晉나라 황실에 큰 功名이 있어 벼슬이 征南大將軍開府에 이르고 當陽侯에 봉해졌으며 荊州刺史와 食邑 8,000호를 받으니, 당시 사람들이 武庫라고 불렀다.

이름을 말하지 않고 氏라고 말한 것은 注를 기술한 사람이 겸손함에 뜻을 두어 자신이 이름을 말하려고 하지 않아서이다. 그러므로 다만 '杜氏'라고만 말하였다. 毛君(毛亨과 毛萇)·孔安國·馬融·王肅의 무리가 그들이 주석을 낸 책에 모두 '傳하였다'고 일컬었고, 鄭玄은 '注하였다'고 말하였다. 그런데 이곳 '두씨'의 아래에는 다시 〈전이나 주하였다고〉 일컬은 말이 없으니, 이는 '集解'라는 명칭을 이미 위에 써놓았기 때문에 '두씨'라고만 말했을 뿐이다. 劉炫은 "이름을 말하지 않고 씨라고 말한 것은 漢나라가

焚書한 秦나라를 계승하여 여러 儒者가 각기 學派의 이름을 기재하여 감히 천하에 頒布하지 못하고 단지 자기 宗族에게 전수하고자 하여 스스로 그 씨를 썼으니 謙辭이다."라고 하였다.

【傳】 惠公元妃는 孟子라

惠公의 元妃는 孟子이다.

【注】 言元妃는 明始適夫人也라 子는 宋姓이라

'元妃'라고 말한 것은 처음 맞이한 適夫人임을 밝힌 것이다. '子'는 宋나라 姓이다.

【疏】 傳'惠公元妃孟子' ○ 正義曰：惠公名弗皇, 孝公之子也. 謚法, 愛民好與曰惠. 釋詁云"元, 始也. 妃, 匹也." 始匹者, 言以前未曾娶, 而此人始爲匹. 故注云"言元妃, 明始適夫人也." 妃者, 名通適妾. 故傳云"陳哀公元妃鄭姬, 生悼大子偃師. 二妃, 生公子留. 下妃, 生公子勝." 元者, 始也, 長也. (一元之字)〔元之一字〕[1], 兼始適兩義, 故云'始適夫人'也. 然則有始而非適, 若孟任[2]之類是也. 亦有適而非始, 若哀姜[3]之類是也. 妃者, 配匹之言, 非有尊卑之異, 其尊卑殊稱, 則曲禮所云"天子之妃曰后, 諸侯曰夫人, 大夫曰孺人, 士曰婦人, 庶人曰妻", 是也. 鄭玄以爲后之言後, 蓋執治內事在夫之後也. 夫之言扶, 言能扶成人君之德也. 孺之言屬, 言其繫屬人也. 婦之言服, 言其服事人也. 妻之言齊, 言與夫齊等也. 庶人之賤, 見其齊等也. 以上因其爵之尊卑, 爲立別號, 其實皆配夫, 通以妃爲稱. 少牢饋食禮云"以某妃配某氏", 是大夫之妻, 亦稱妃也. 孟仲叔季兄弟姊妹, 長幼之別字也. 孟伯俱長也, 禮緯云"庶長稱孟", 然則適妻之子長者稱伯, 妾子長於妻子, 則稱爲孟, 所以別適庶也. 故杜注文十五年及釋例皆云"慶父(보)[4]爲長庶, 故或稱孟氏." 沈氏亦然. 案傳趙莊子[5]之妻, 晉景公之姊, 則趙武適妻子也, 而武稱趙孟. 荀偃[6]之卒也, 士匄[7]請後, 曰"鄭甥[8]可", 則荀吳妾子也, 而吳稱知伯. 豈知氏常爲適而稱伯, 趙氏恒爲庶而稱孟者也. 蓋以趙氏趙盾(돈)[9]之後, 盾爲庶長, 故子孫恒以孟言之, 與慶父同也. 推此言之, 知知氏荀首[10]之後, 傳云"中行(항)伯之季弟", 則俱是適妻之子. 但林父(보)[11]·荀首竝得立家, 故荀首子孫, 亦從適長稱伯也. 或可春秋之時, 不能如禮, 孟伯之字, 無適庶之異, 蓋從心所欲而自稱之耳. 契(설)姓子, 宋是殷後, 故子爲宋

姓. 婦人以字配姓, 故稱孟子.

1) (一元之字)〔元之一字〕: 저본에는 '一元之字'로 되어 있으나, 阮元의 校勘記에 의거하여 '元之一字'로 바로잡았다.
2) 孟任 : 孟任은 魯나라 大夫 黨氏의 딸인데, 魯 莊公이 처음 맞이한 여인이다. 장공이 처음에 누대를 쌓고 당씨의 집을 굽어보다가 맹임을 보고는 그를 찾아 갔는데, 맹임이 문을 닫고 받아들이지 않았다. 그러자 장공이 부인을 삼겠다고 하니 서로 맹세하고 장공을 따라 아들 子般을 낳았으나 適夫人이 되지는 못하였다. 장공 32년 傳에 보인다.
3) 哀姜 : 齊侯의 딸로 魯 莊公의 適婦人이다. 孟任 보다 뒤에 맞이하였으나 宗廟에 幣帛을 바치고 謁見하여 적부인이 되었다. 장공 24년 經과 傳에 보인다.
4) 慶父(보) : 춘추시대 魯나라 公子로 桓公의 아들이고, 莊公의 아우이다. 장공이 죽은 뒤 哀姜과 간통하고, 장공의 아들 子般과 閔公을 시해하여 莒나라로 도망쳤다가 僖公이 즉위한 뒤에 목매어 자살하였다. 그의 후손이 孟孫氏가 되어 노나라 국정에 참여하였다.
5) 趙莊子 : 춘추시대 晉나라의 正卿으로 盾의 아들이고, 晉 成公의 사위이다. 진나라와 楚나라가 邲에서 전쟁할 때 下君을 거느리고 참전했던 鄭軍을 구원하였다. 뒤에 屠岸賈가 趙氏를 도륙할 때 함께 살해되었는데, 그의 유복자 趙武가 살아남아 재기하였다. 후일 진나라가 三晉으로 分立할 때 그의 후손이 趙나라를 세웠다.
6) 荀偃 : 춘추시대 晉나라의 正卿이다. 진나라가 三軍에 三行(항)을 더 만들어 六軍을 만들었을 때 그의 祖父 荀林父가 中行의 將이 되었고, 그도 中軍將을 맡았기 때문에 中行偃이라고도 한다. 欒書와 함께 厲公을 시해하고 悼公을 세웠다. 平公 연간에 齊나라가 魯나라를 침입하자, 제나라를 침공하여 노나라를 구원하였다.
7) 士匄 : 춘추시대 晉나라의 正卿이다. 燮의 아들인데 范이 食邑이었기 때문에 范匄라고도 하며, 諡號가 宣이므로 范宣子로도 부른다. 그가 執政할 때 諸侯들에게 무거운 貢物을 부과하여 원망을 들었다.
8) 鄭甥 : 荀偃의 아들 荀吳를 말한다. 그의 어머니가 鄭나라 여자이기 때문에 鄭甥이라고 하였다. 晉나라의 正卿으로 진나라 후기의 名將이다. 시호가 穆이기 때문에 中行(항)穆子라고도 한다. 太原에서 無終과 群狄을 쳐서 물리쳤고, 鮮虞를 공격하여 鼓를 빼앗았으며, 陸渾을 멸망시키는 등 진나라 주변의 遊牧部落을 討平하였다.
9) 趙盾(돈) : 춘추시대 晉나라의 正卿으로 中軍元帥이다. 諡號가 宣이기 때문에 宣子, 또는 宣孟이라고도 한다. 重耳가 文公이 되는 과정에서 크게 보좌한 趙衰(조최)의 아들이다. 襄公이 죽은 뒤 秦나라에 있던 公子 雍을 맞이하여 靈公으로 즉위시켰으나 뒤에 영공이 자신을 죽이려고 하자 달아났다. 그의 아우인 穿이 영공을 시해한 뒤에 다시 돌아와 영공의 아우 黑臀을 成公으로 세웠다.

10) 荀首 : 춘추시대 晉나라의 中軍左(次卿)로, 智氏의 始祖이다. 荀息의 손자이고, 荀林父의 아우인데, 智邑(지금의 山西省 永濟市 서북 지역)을 采邑으로 받았기 때문에 그 후손이 따로 智氏가 되었다.

11) 林父(보) : 춘추시대 晉나라의 正卿으로 中行將이다. 字는 伯이고, 諡號는 桓이기 때문에 中行伯, 또는 中行桓子라고도 한다. 城濮에서 楚나라 군대와 전쟁할 때 文公의 兵車를 몰고 참전하여 楚軍을 대패시켰다. 뒤에 赤狄路氏를 공격하여 멸망시켰다.

傳의 〔惠公元妃孟子〕

○ 正義曰 : 惠公의 이름은 弗皇이니 孝公의 아들이다. 諡法에 '백성을 사랑하고 남에게 주기를 좋아하는 행적을 惠라 한다.'라고 하였다. ≪爾雅≫ 〈釋詁〉에 "'元'은 처음이요, '妃'는 짝이다."라고 하였다. '始匹'은 이전에는 한 번도 아내를 맞이하지 않아서 이 사람이 처음으로 짝이 되었다는 말이다. 그러므로 注에 "'元妃'라고 말한 것은 처음 맞이한 適夫人임을 밝힌 것이다."라고 하였다. '妃'는 正妻와 妾을 통칭하는 이름이다. 그러므로 傳에 "陳 哀公의 원비 鄭姬는 悼太子 偃師를 낳았고, 二妃는 公子 留를 낳았고, 下妃는 공자 勝을 낳았다."라고 하였다.

'元'은 처음이며, 첫째라는 뜻이다. '원'이라는 한 글자가 '始'와 '適'의 두 뜻을 겸하였기 때문에 '始適夫人(처음으로 맞이한 적부인)'이라 말한 것이다. 그렇다면 처음 맞이하기는 했으나 적부인이 아닌 경우는 孟任 같은 부류가 이것이고, 또 적부인인데 처음 맞이하지 않은 경우가 있으니 哀姜 같은 부류가 이것이다.

'妃'는 배필이라는 말이니 尊卑의 차이가 있는 것은 아니다. 존비의 칭호가 다른 것은 ≪禮記≫ 〈曲禮〉에 이른바 "天子의 배필을 后라 하고, 제후의 배필을 夫人이라 하고, 大夫의 배필을 孺人이라 하고, 庶人의 배필을 妻라고 한다."라고 한 말이 이것이다. 鄭玄은 '后'라는 말은 '뒤〔後〕'라는 뜻이라 했으니 남편의 뒤에서 안의 일을 다스린다는 것이고, '夫'라는 말은 '돕다〔扶〕'라는 뜻이라 했으니 임금의 덕을 도와 이루게 한다는 말이고, '孺'라는 말은 '예속하다〔屬〕'라는 뜻이라 했으니 남에게 매어 있다는 말이고, '婦'라는 말은 '일하다〔服〕'라는 뜻이라 했으니 남을 섬긴다는 말이고, '妻'라는 말은 '가지런하다〔齊〕'라는 뜻이니 남편과 동등하다는 말로써 庶人의 미천함이 아내와 동등함을 알 수 있다. 이상은 남편 작위의 존비를 따라 별도로 칭호를 만든 것이지만 그 실제는 모두 남편의 배필이니, 통틀어 '妃'로써 칭호를 삼는다. ≪儀禮≫ 〈少牢饋食禮〉에 "아무 妃를 아무 氏에 配享한다."라고 하였으니, 이는 대부의 아내도 妃라고 일컬은 것이다.

孟·仲·叔·季는 형제자매간의 나이가 많고 적은 서열을 구별하는 글자이다. 孟과 伯은 모두 맏이이니, ≪禮緯≫에 "서자의 맏이는 맹이라 부른다."라고 하였으니, 그렇다면 嫡妻의 아들 중에 맏이는 백이라 부르는데, 첩의 아들이 적처의 아들보다 나이가 많으면 맹이라 부르는 것은 적자와 서자를 구별하는 것 때문이다. 그러므로 杜注의 文公 15년 및 ≪春秋釋例≫에 모두 "慶父는 서자 중의 맏이가 되기 때문에 혹 孟氏라고 일컫는다."라고 하였고, 沈氏(沈文阿) 역시 그렇게 말하였다.

傳을 살펴보건대 趙莊子(趙朔)의 아내는 晉 景公의 누이이고 趙武는 적처의 아들인데 조무를 趙孟이라고 불렀다. 荀偃이 죽으려 할 때 士匄가 후계자를 묻자 "鄭甥을 세우는 것이 좋겠다."라고 하였으니, 〈그 아들〉 荀吳는 첩의 아들인데 순오를 知伯이라 불렀다. 그러니 어찌 지씨는 항상 적자가 되어야 백이라 부르고, 조씨는 항상 서자가 되어야 맹이라고 불렀겠는가. 조씨는 趙盾의 후예인데 조돈이 서자 중의 맏이기 때문에 그 자손들은 항상 조맹이라 말하니 慶父의 경우와 같다.

이를 미루어 말하면 지씨는 荀首의 후예이니, 전에 "中行伯(荀林父)의 막내아우이다."라고 하였으니 그렇다면 이는 모두 적처의 아들이다. 순림보와 순수가 함께 집안을 설립하였기 때문에 순수의 자손도 嫡長子의 신분을 따라 백이라고 불렀다. 혹 춘추시대에는 예법대로 하지 못하여 '맹'과 '백'의 글자에 嫡庶의 차이가 없었을 수 있으니, 마음에 원하는 바를 따라 스스로 불렀을 뿐이다.

契의 姓은 子이니, 宋나라는 殷나라 후예이기 때문에 송나라의 성은 子가 된다. 부인은 字를 성에 배합하기 때문에 孟子라고 부른 것이다.

【傳】 孟子卒에

맹자가 죽은 뒤에

【注】 不稱薨은 不成喪也라 無諡는 先夫死하야 不得從夫諡라

'薨'이라 일컫지 않은 것은 妃에 맞는 禮로 喪을 치르지 않아서이다. 諡號가 없는 것은 남편보다 먼저 죽어 남편의 시호를 따를 수 없기 때문이다.

【疏】 注'不稱'至'夫諡' ○ 正義曰：魯之夫人皆稱薨擧諡, 此獨無諡, 先公卒, 故特解之. 定十五年"姒氏卒", 傳曰"不成喪", 則知此不稱薨, 亦不成喪也. 案傳例"不赴則不稱薨",

然則此云不成喪者，正謂不赴於諸侯也．周禮小史"卿大夫之喪，賜謚，讀誄"．止賜卿大夫，不賜婦人，則婦人法不當謚，故號當繫夫．釋例曰"謚者，興於周之始王，變質從文，於是有諱焉．" 傳曰"周人以諱事神，名，終將諱之．" 故易之以謚．末世滋蔓，降及匹夫，爰曁婦人．婦人無外行，於禮當繫夫之謚，以明所屬．詩稱莊姜宣姜[1]，卽其義也．是言婦人於法無謚，故取其夫謚，冠於姓之上．生以夫國冠之，韓姞秦姬[2]是也．死以夫謚冠之，莊姜定姒[3]是也．直見此人是某公之妻，故從夫謚，此謚非婦人之行也．夫謚已定，妻卽從而稱之．先夫而死，則夫未有謚，或隨宜稱字，故云'無謚'，言婦人法無謚也．'先夫死，不得從夫謚'，解其不稱'惠'是也，此言其正法耳．其末世滋蔓，則爲之作謚．景王未崩，妻稱穆后，如此之類，皆非禮也．重言孟子者，服虔云"嫌與惠公俱卒"，故重言之，下仲子亦然．

1) 莊姜宣姜 : 莊姜은 춘추시대 衛나라 莊公의 부인 姜氏이고, 宣姜은 위나라 宣公의 부인 강씨이다. 부인은 謚號가 없기 때문에 남편의 시호에 자기의 姓을 붙여 장강・선강이라 불렀다. ≪詩經≫ 〈邶風 柏舟〉・〈新臺〉와 〈鄘風 牆有茨〉・〈君子偕老〉 등에 보인다.

2) 韓姞秦姬 : 韓姞은 춘추시대 韓侯의 아내이다. 周나라 卿인 蹶父의 딸인데, 姓이 姞이기 때문에 韓姞이라 하였다. ≪詩經≫ 〈大雅 韓奕〉에 보인다.
秦姬는 춘추시대 秦나라 穆公의 딸로 晉 文公(重耳)의 아내가 된 여인이다. 문공이 麗姬의 참소를 입어 秦나라에 망명하여 있을 때 목공이 자기의 딸을 중이에게 보내어 부인을 삼게 하였다.

3) 定姒 : 魯 定公의 부인 姒氏이다. 정공 15년 같은 해에 정공이 먼저 죽고 정사가 뒤어 죽었는데, 謚號가 없기 때문에 정공의 시호를 姓氏 앞에 써서 표시하였다.

注의 〔不稱〕에서 〔夫謚〕까지

○ 正義曰 : 魯나라 君主의 부인이 〈죽으면〉 모두 薨이라 하고 시호를 말하는데 이곳에만 시호가 없는 것은 惠公보다 먼저 죽었기 때문에 특별히 해석한 것이다. 定公 15년 經에 "姒氏가 卒하였다."라고 하였는데, 傳에 "妃에 맞는 예로 喪을 치르지 않았다."라고 하였으니, 그렇다면 여기에서 '薨'이라 말하지 않은 것도 '不成喪'임을 알 수 있다. 傳의 예를 살펴보면 "〈제후국에〉 부고하지 않으면 薨이라 일컫지 않는다."라고 하였으니, 그렇다면 여기에서 '不成喪'이라 말한 것은 바로 제후에게 부고하지 않았음을 말한다.

≪周禮≫ 〈春官 小史〉에 "卿大夫의 喪에 시호를 주고 誄文을 읽는다."라고 하였다.

이는 경대부만 시호를 주고 부인은 시호를 주지 않은 것이니, 그렇다면 부인은 법제상 시호에 해당되지 않기 때문에 남편의 시호에 연계됨이 당연한 것이다. ≪春秋釋例≫에 "시호는 周나라의 始王(太王)에서 시작했는데, 〈주나라는 商나라가 숭상한〉 質을 변경하여 文을 따랐으니, 이에 이름을 諱하는 일에 있게 되었다."라고 하였다. 傳에 "주나라 사람은 諱하는 일로써 神을 섬기니, 죽은 뒤에는 반드시 이름을 諱한다."라 하였기 때문에 〈죽은 뒤에는 이름을〉 시호로 바꾸었다. 末世에는 시호가 만연하여 아래로 匹夫에까지 미쳤고, 이로 인해 부인에까지 이르게 되었다. 부인은 외부에 행하는 일이 없어서 예법에 남편의 시호에 연계하여 소속을 밝히는 것이 당연하니, ≪詩經≫에서 일컬은 莊姜과 宣姜이 바로 그 뜻이다. 이는 부인은 예법에 시호가 없기 때문에 그 남편의 시호를 부인의 성 위에 올려놓았음을 말하는 것이다.

살았을 때 남편 나라의 이름으로 성 위에 올려놓은 경우는 韓姞과 秦姬가 이런 例이고, 죽었을 때 남편의 시호를 성 위에 올려놓은 경우는 장강과 定姒가 이런 예이다. 단지 이 사람은 아무 公의 아내이기 때문에 남편의 시호를 따르는 것일 뿐, 이 시호는 부인의 행적을 드러낸 것이 아님을 알 수 있다. 남편의 시호가 이미 정해지면 아내는 즉시 그 시호를 따라 부르지만, 남편보다 먼저 죽으면 남편은 아직 시호가 없어서 혹 편의를 따라 字를 부른다. 그러므로 '시호가 없다.〔無謚〕'라고 말한 것이니, 부인은 예법에 시호가 없음을 말한 것이다. '先夫死 不得從夫謚'는 〈孟子에게〉 '惠'를 일컫지 못한 이유를 해명한 것이다.

이 내용은 正法을 말한 것이다. 말세에는 〈이와 달리〉 시호가 만연하였으니 부인을 위해 시호를 지었기 때문이다. 周 景王이 崩하지 않았을 때 그 아내를 穆后라고 불렀으니, 이와 같은 부류는 모두 예가 아니다. 거듭 孟子라고 말한 것은 服虔이 "혜공과 함께 죽었다는 혐의 때문이다."라고 하였으니, 그러므로 거듭 말한 것이다. 아래의 仲子의 경우도 그렇다.

【傳】繼室以聲子하야 **生隱公**하다

聲子를 계실로 삼아 隱公을 낳았다.

【注】 聲謚也니 蓋孟子之姪娣也라 諸侯始娶하면 則同姓之國以姪娣媵이라 元妃死하면 則次妃攝治內事로되 猶不得稱夫人이라 故謂之繼室하니라

'聲'은 諡號이니, 〈聲子는〉 아마 孟子의 姪娣인 듯하다. 諸侯가 처음으로 아내를 맞이하게 되면 〈아내 되는 나라의〉 同姓의 나라에서 그 여자의 조카〔姪〕나 동생〔娣〕을 媵妾으로 보낸다. 元妃가 죽으면 次妃가 宮內의 일을 섭행하여 처리하지만, 여전히 부인이라고 일컬을 수 없기 때문에 '繼室'이라고 한 것이다.

【疏】 注'聲諡'至'繼室'〔○〕正義曰：諡法, 不生其國曰聲, 是聲爲諡也. 襄二十三年傳稱"臧宣叔[1]娶于鑄, 生賈及爲而死, 繼室以其姪", 則姪之與娣, 皆得繼室. 此既無文, 故設疑辭云'蓋孟子之姪娣也'. 成八年傳曰"凡諸侯嫁女, 同姓媵之, 異姓則否." 莊十九年公羊傳曰"諸侯娶一國, 則二國往媵之, 以姪娣從. 姪者何. 兄之子也. 娣者何. 弟也. 諸侯壹聘九女." 然則諸侯娶於三國, 國別各有三女. 此言諸侯始娶, 則同姓之國, 以姪娣媵者, 欲言媵者, 亦有姪娣, 省略爲文耳. 其實夫人與媵, 皆有姪娣. 但聲子或是孟子姪娣, 或是同姓之國媵者姪娣, 以其難明, 故杜兩解之. 初云'孟子之姪娣', 又云'同姓之國, 以姪娣媵'是也. 故釋例曰"古者諸侯之娶, 適夫人及左右媵, 各有姪娣, 皆同姓之國, 國三人, 凡九女, 參(참)骨肉至親, 所以息陰訟[2]. 陰訟息, 所以廣繼嗣", 是其義也. 然宋之同姓國, 依世本"子姓, 殷·時·來·宋·空同·黎·比·髦·自夷·蕭", 但春秋不載其國, 未知宋之同姓者是何. 釋言云"媵, 送也." 言妾送適行, 夫人姪娣亦稱媵也. 經傳之說諸侯, 唯有繼室之女, 皆無重娶之禮, 故知元妃死, 則次妃攝治內事. 次妃, 謂姪娣與媵諸妾之最貴者. 釋例曰"夫人薨, 不更(갱)聘, 必以姪娣媵繼室". 是夫人之姪娣與二媵, 皆可以繼室也. 適庶交爭, 禍之大者, 禮所以別嫌明疑·防微杜漸, 故雖攝治內事, 猶不得稱夫人, 又異於餘妾, 故謂之繼室. 妻處夫之室, 故書傳通謂妻爲室, 言繼續元妃在夫之室.

1) 臧宣叔：춘추시대 魯나라 大夫로 이름은 臧孫許이고 宣叔은 시호이다. 臧孫辰의 아들이다. 魯 成公 연간에 齊나라가 노나라를 침공했을 때 晉나라에 달려가 구원을 요청하여 제나라 군대를 물리쳤다.
2) 陰訟：음탕한 일로 爭訟을 일으켜 不和하는 것을 이른다.

注의〔聲諡〕에서〔繼室〕까지

○ 正義曰：諡法에 그 나라에서 태어나지 않은 경우를 '聲'이라 한다고 하였으니, 이 '聲'이 시호가 된다. 襄公 23년 傳에 "臧宣叔이 鑄邑의 여자를 아내로 맞이하여 賈와 爲를 낳고 죽자 그의 姪을 계실로 삼았다."라고 하였으니, 그렇다면 姪과 娣가 모두

계실이 가능한 것이다. 이미 이에 대한 글이 없기 때문에 疑辭(蓋)를 두어 '蓋孟子之姪娣也'라고 하였다.

成公 8년에 "범례에 따르면 제후가 딸을 시집보낼 때 同姓의 여자를 잉첩으로 삼고 異姓의 여자는 잉첩으로 삼지 않는다."라고 하였다. ≪春秋公羊傳≫ 莊公 19년에 "諸侯가 한 나라의 여자를 아내로 맞이하면 두 나라에서 잉첩을 보내어 姪과 娣를 따르게 한다. 姪은 누구인가? 오빠의 딸이다. 娣는 누구인가? 동생이다. 제후는 한번 아내를 맞이할 때 아홉 명의 妃를 둔다."라고 하였다. 그렇다면 제후가 세 나라에서 아내를 맞이할 적에 나라별로 각각 세 여자를 두는 것이다. 여기서 제후가 처음 아내를 맞이하게 되면 〈아내 되는 나라의〉 同姓國에서 그 여자의 조카〔姪〕나 동생〔娣〕을 媵妾으로 보낸다고 말한 것은, 잉첩에도 질제가 있다고 말하려고 하면서 생략하여 문장을 만든 것일 뿐이다.

실제로 夫人과 잉첩에 모두 질제가 있다. 다만 聲子는 혹 孟子의 질제이거나 혹 동성 나라 잉첩의 질제일 텐데 그걸 밝히기 어렵기 때문에 杜氏가 두 가지로 해석하였다. 처음에 '孟子之姪娣'라고 말하고, 또 '同姓之國 以姪娣媵'이라고 말한 것이 이것이다. 그러므로 ≪春秋釋例≫에 "예전에 제후가 아내를 맞이할 때 嫡夫人과 좌우의 잉첩에 각각 질제가 있는데, 전부 동성의 나라에서 나라마다 3명씩 갖추어 모두 아홉 여자이니, 부모 형제간의 친척을 참여시킨 것은 陰訟을 그치게 하려는 이유이다. 음송이 그쳐야 後嗣를 많이 두게 된다."라고 한 말이 바로 그 뜻이다.

그러나 宋나라의 동성국은 ≪世本≫에 의하면 "子의 姓은 殷·時·來·宋·空同·黎·比·髦·目夷·蕭이다."라고 하였다. 다만 ≪春秋≫에 그 나라 이름을 기재하지 않았으니, 〈성자를 보낸〉 송나라의 동성이 어느 나라인지 알 수 없다. ≪爾雅≫ 〈釋言〉에 "'媵'은 보냄이다."라 하였으니, 적부인이 시집가는 나라에 첩을 따라 보낸다고 말하는 것이기 때문에 부인의 질제도 '媵'이라고 일컫는 것이다.

經과 傳에서 제후를 말한 데에 繼室한 여자만 있고 거듭 아내를 맞이한 禮가 모두 없기 때문에, 元妃가 죽으면 次妃가 宮內의 일을 섭행하여 처리한다는 것을 알 수 있다. 차비는 질제와 媵의 여러 첩 중에서 가장 존귀한 자이다. ≪춘추석례≫에 "부인이 薨하면 다시 聘禮를 하지 않고 반드시 질제의 잉첩으로 계실한다."라고 하였으니, 이는 부인의 질제와 두 잉첩이 모두 계실이 될 수 있는 것이다.

適庶가 서로 다투는 일은 큰 禍亂이니, 예는 혐의를 변별하고 의심스러운 일을 밝히며 일이 작은 조짐을 보일 때 미리 막는 것이다. 그러므로 차비가 궁내의 일을 섭행하여 처리하더라도 여전히 부인이라 일컫지 못하고, 또 나머지 첩과는 다르기 때문에 계실이라고 이르는 것이다. 아내는 남편의 집에서 거처하기 때문에 書傳(典籍)에서 아내를 보통 '室'이라 이르니, 원비를 이어서 남편의 집에 있음을 말한다.

【傳】宋武公生仲子하니 **仲子生而有文在其手**하야 **曰 爲魯夫人**이라 **故仲子歸于我**하야

宋 武公이 딸 仲子를 낳았는데, 중자가 태어났을 적에 손바닥에 '魯나라의 夫人이 된다.'라는 글자 모양의 무늬가 있었다. 그러므로 중자가 우리 노나라 惠公에게 시집와서

【注】婦人謂嫁曰歸라 以手理自然成字하야 有若天命이라 故嫁之於魯라

부인이 시집가는 것을 '歸'라고 한다. 손바닥의 무늬가 자연적으로 글자 모양을 형성하여 마치 天命인 듯했기 때문에 노나라로 시집보낸 것이다.

【疏】'宋武公'至'于我' 〔○〕正義曰：宋國, 公爵. 譜云"宋, 子姓, 其先契(설), 佐唐虞爲司徒, 封於商. 成湯受命, 王有天下. 及紂無道, 周武王滅之, 而封其子武庚以紹殷後. 武庚作亂, 周公伐而誅之, 更封紂兄帝乙之元子微子啓爲宋公, 都商丘. 今梁國睢陽縣是也. 微子卒, 其弟微仲代立. 穆公七年, 魯隱公之元年也. 景公三十六年, 魯哀公之十四年, 獲麟之歲也. 昭公得之元年, 春秋之傳終矣. 其後五世百七十年, 而齊魏楚共滅宋." 依宋世家, 微子至武公凡十二君, 兄弟相及者二人, 武公是微仲九世孫. 謚法"克定禍亂曰武."

傳의 〔宋武公〕에서 〔于我〕까지

○ 正義曰：宋나라는 公爵이다. ≪世族譜≫에 "송나라는 子姓이니 그 선대는 契인데 堯·舜을 보좌하여 司徒가 되고 商에 봉해졌다. 成湯이 天命을 받아 王이 되어 천하를 소유하였다. 紂에 와서 無道한 정치를 하자 周 武王이 멸하고 그의 아들 武庚을 봉하여 殷나라의 뒤를 잇게 하였는데, 무경이 난을 일으키자 周公이 정벌하여 주살하고 다시 주의 형 帝乙의 元子 微子 啓를 봉하여 宋公으로 삼고 商丘에 도읍하게 하였다. 지금의 梁國 睢陽縣이 바로 이곳이다. 미자가 죽자 그의 아우 微仲이 대신 즉위하였다.

穆公 7년은 魯 隱公의 원년이고, 景公 36년은 魯 哀公의 14년으로 〈서쪽 大野에서〉 기린을 잡은 해이다. 昭公 得의 원년에 ≪春秋≫의 傳이 끝났다. 그 뒤 5대 170년 만에 齊·魏·楚나라가 함께 송나라를 멸하였다."라고 하였다.

≪史記≫ 〈宋世家〉에 의하면 미자에서 武公까지 모두 12君으로 형제가 서로 계승한 자가 두 사람이니, 무공은 미중의 9대손이다. 諡法에 "능히 禍亂을 안정시킨 행적을 武라고 한다."라고 하였다.

【疏】○ 注'婦人'至'於魯' ○ 正義曰:'婦人謂嫁曰歸', 隱二年公羊傳文也. 以其手之文理自然成字, 有若天之所命使爲魯夫人然, 故嫁之於魯也. 成季[1]·唐叔[2]亦有文在其手曰友·曰虞, 曰下不言爲. 此傳言"爲魯夫人"者, 以宋女而作他國之妻, 故傳加爲以示異耳. 非爲手文有爲字, 故魯夫人之上有'爲'字也. 仲子手有此文, 自然成字, 似其天命使然, 故云'有若天命'也. 隸書起於秦末, 手文必非隸書. 石經古文虞作𥄕, 魯作𠧗, 手文容或似之. 其友及夫人, 固當有似之者也. 傳重言'仲子生'者, 詳言之, 與上重言'孟子卒'其義同也. 舊說云"若河圖洛書天神言語, 眞是天命." 此雖手有文理, 更無靈驗, 又非夢天, 故言有若.

1) 成季:춘추시대 魯 桓公의 넷째 아들이고 莊公의 아우이다. 이름은 季友인데, 成季는 그의 다른 이름이다. 태어났을 때 손바닥에 '友'자 모양의 무늬가 있어서 이름을 계우라 했다고 한다. 뒤에 費邑에 봉해지고 재상이 되었다. 그의 자손은 三桓의 하나인 季孫氏가 되어 대대로 노나라의 국정을 전담하였다. ≪春秋左氏傳≫ 莊公 27년·32년, 閔公 2년 등에 보인다.

2) 唐叔:周 武王의 아들이고 成王의 아우이다. 이름이 '虞'이어서 叔虞라고도 한다. 태어났을 때 손바닥에 '虞'자 모양의 무늬가 있어서 이름을 우라 했다고 한다. 뒤에 唐(후일 晉)에 봉해졌다. ≪春秋左氏傳≫ 昭公 원년에 보인다.

○ 注의 〔婦人〕에서 〔於魯〕까지

○ 正義曰:'婦人謂嫁曰歸'는 ≪春秋公羊傳≫ 隱公 2년에 기록된 글이다. 그 손바닥의 무늬가 자연적으로 글자 모양을 형성하여, 마치 하늘이 魯나라 부인이 되도록 명한 듯하였기 때문에 노나라에 시집보낸 것이다. 成季와 唐叔도 손바닥에 글자 모양의 무늬가 있어서 〈이름을〉 '友'·'虞'라 하였는데, 다만 '曰'자 아래에 '爲'자는 말하지 않았다.

이 傳에서 "노나라 부인이 될 것이다."라고 말한 것은 宋나라 여자로서 다른 나라 군주의 아내가 될 것이기 때문에 傳에 '爲'자를 추가하여 특이함을 보인 것이고, 손바닥 무늬에 '爲'자가 있는 것은 아니기 때문에 '魯婦人'의 위에 '爲'자를 둔 것이다. 중자의 손바닥에 이 무늬가 있어서 자연히 글자 모양을 형성하여, 그것이 마치 하늘이 그렇게 명한 듯하다고 여겼기 때문에 '有若天命'이라고 말하였다.

隸書는 秦나라 말기에 생겼으니 손바닥의 무늬는 필시 예서가 아닐 것이다. 石經의 上古文字에 '虞'가 '炏'로 되어 있고, '魯'는 '岺'로 되어 있으니, 손바닥의 무늬가 혹시 비슷했을 것이다. '友'와 '夫人'은 본래 비슷한 점이 있는 글자이다.

傳에 거듭 '仲子生'이라고 말한 것은 자세히 말한 것이니, 위의 '孟子卒'을 거듭 말한 것과 그 뜻이 같다. 舊說에 "天神의 언어인 河圖洛書와 같으니, 참으로 이것이 天命이다."라고 하였다. 이는 손바닥에 무늬가 있으나 다시 영험이 없고, 또 하늘의 계시를 꿈꾸지 않았기 때문에 '有若'이라고 말한 것이다.

【傳】 生桓公而惠公薨이라

환공을 낳았는데 얼마 후 惠公이 죽었다.

【注】 言歸魯而生男이요 惠公不以桓生之年薨이라

노나라에 시집와서 아들을 낳았다는 말이고, 환공이 태어난 해에 혜공이 죽었다는 것은 아니다.

【疏】 注'言歸'至'年薨' ○ 正義曰：杜知不以桓生之年薨者, 以元年傳曰"惠公之薨也, 有宋師, 大(태)子少, 葬故有闕". 少者, 未成人之辭, 非新始生之稱. 又改葬惠公而隱公不臨, 使桓爲主. 若薨年生則纔二歲, 未堪爲喪主. 又羽父(보)[1]弑隱, 與桓同謀. 若年始十二, 亦未堪定弑君之謀. 以此知桓公之生, 非惠公薨之年也. 年之長幼, 理無所異, 杜言此者, 欲明慶父(보)爲莊公庶兄, 故顯言此以張本也. 釋例曰"今推案傳之上下, 羽父之弑隱公, 皆諮謀於桓, 然則桓公已成人也. 傳云'生桓公而惠公薨', 指明仲子唯有此男, 非謂生在薨年也. 桓已成人而弑隱, 卽位乃娶於齊, 自應有長庶, 長庶, 故氏曰孟". 是杜張本之意也.

1) 羽父(보) : 춘추시대 魯나라 大夫 公子 翬의 字이다. 桓公을 죽여 隱公의 환심을 사서 太宰가 되고자 하였으나, 은공이 자기의 요구를 들어주지 않자 환공과 함께 모의하여 은공을 시해하였다.

注의 〔言歸〕에서 〔年薨〕까지

○ 正義曰 : 杜預가 환공이 태어난 해에 혜공이 죽지 않았음을 안 것은, 隱公 원년 傳에 “혜공이 죽었을 때 宋나라와 전쟁 중에 있었고, 太子(桓公)가 어려서 장례가 이 때문에 완전하지 못한 점이 있었다.”라고 하였기 때문이다. 여기서 어렸다는 것은 成人이 되지 않았다는 말이지 새로 막 태어났음을 말하는 것이 아니다. 또 혜공을 改葬할 때 은공이 〈喪主로〉 親臨하지 않고 桓公으로 상주를 삼았다. 만일 혜공이 죽은 해에 태어났다면 이때 겨우 두 살이니 상주 노릇을 감당하지 못했을 것이다. 또 羽父가 은공을 시해할 때 환공과 함께 모의하였으니, 만일 그때 비로소 열두 살이었다면 역시 君主를 시해하는 모의를 정하는 일을 감당하지 못했을 것이다. 이런 일로 환공의 태어난 때가 혜공이 죽은 해가 아님을 안 것이다. 환공의 나이가 많고 적음은 事理에 이상함이 없으나 두예가 이것을 말한 것은 慶父가 莊公의 庶兄이 된다는 것을 밝히고자 하였기 때문이니, 그러므로 이것을 드러내 말하여 張本(장차 벌어질 일의 근원)으로 삼았다.

≪春秋釋例≫에 “지금 傳의 위아래 글을 미루어 살펴보면 우보가 은공을 시해할 적에 모두 환공에게 상의하고 계획하였으니, 그렇다면 환공은 이미 성인이 되었다. 傳에 ‘환공을 낳았는데 얼마 안 되어 혜공이 죽었다.’라고 하였으니, 仲子가 단지 이 아들만 두었음을 분명히 가리킨 것이지 환공의 출생이 혜공이 죽은 해에 있었음을 이른 것은 아니다. 환공이 이미 성인이 되어 은공을 시해하여 즉위하고는 곧 齊나라 여자를 아내로 맞이하였으니, 응당 〈그 이전에〉 長庶(여럿 중의 맏이)가 있을 것이고 〈경보는〉 장서이기 때문에 氏를 孟이라 하였다.”라고 하였으니, 이것이 바로 두예가 장본을 삼은 뜻이다.

【傳】 是以로 隱公立而奉之하니라

이 때문에 은공이 환공을 태자로 세워 받들었다.

【注】 隱公은 繼室之子니 當嗣世나 以禎祥之故로 追成父志라 爲桓尙少하야 是以立爲大(태)子하고 帥(솔)國人奉之라 爲經元年春不書卽位傳이라

은공은 繼室의 아들이니 惠公의 君位를 계승하는 것은 당연하나 〈혜공이 생전에 魯夫人이 된다는 仲子의 손바닥 글자 무늬를〉 상서로운 징조로 여겼기 때문에 〈환공을

즉위시켜〉 아버지의 뜻을 뒤따라 이루어주려고 하였다. 그러나 환공이 아직 어렸으므로 그를 太子로 세우고는 國人을 거느리고 그를 받들었다. 이것이 經의 원년 봄에 즉위를 기록하지 않은 배경이다.

【疏】注'隱公'至'位傳' ○ 正義曰：繼室雖非夫人，而貴於諸妾. 惠公不立大(태)子，母貴則宜爲君. 隱公當嗣父世，正以禎祥之故，仲子手有夫人之文，其父娶之，有以仲子爲夫人之意，故追成父志，以位讓桓. 但爲桓年少，未堪多難，是以立桓爲太子，帥國人而奉之. 已則且攝君位，待其年長，故於歲首不卽君位. 傳於'元年'之前，預發此語者，爲經不書公'卽位'傳. 是謂先經以始事也. 凡稱'傳'者，皆是爲經. 唯文五年"霍伯臼季[1]等卒"，注云"爲六年蒐於夷傳者"，以"蒐於夷"與此文次相接，故不得言張本也. 或言張本，或言起本，或言起，檢其上下，事同文異，疑杜隨便而言也. 鄭衆以爲隱公攝立爲君，奉桓爲大子. 案傳言'立而奉之'，是先立後奉之也. 若隱公先立乃後奉桓，則隱立之時，未有大子，隱之爲君，復(부)何所攝. 若先奉大子，乃後攝立，不得云'立而奉之'. 是鄭之謬也 .賈逵以爲隱立桓爲大子，奉以爲君. 隱雖不卽位，稱公改元，號令於臣子，朝正於宗廟，言立桓爲大子可矣，安在其奉以爲君乎. 是賈之妄也. 襄二十五年，齊景公立，傳云"崔杼立而相之"，以此知'立而奉之'，謂立爲大子，帥國人奉之，正謂奉之以爲大子也. 元年傳曰"大子少"，是立爲大子之文也. 大子者，父在之稱，今惠公已薨而言立爲大子者，以其未堪爲君，仍處大子之位故也. 禮記曾子問曰"君薨而世子生"，是君薨之後，仍可以稱大子也.

1) 霍伯臼季：霍伯은 춘추시대 晉나라의 卿인 先且居로 中軍의 장수인데, 霍邑에 봉해졌기 때문에 곽백이라고 불렀다. 臼季는 당시 진나라 卿인 胥臣으로 字는 季子이고 下軍의 佐인데, 臼邑에 봉해졌기 때문에 구계라고도 한다.

注의 〔隱公〕에서 〔位傳〕까지

○ 正義曰：繼室이 夫人은 아니나 여러 첩 중에서 존귀하니, 惠公이 太子를 세우지 않은 것은 어미가 존귀하면 君主가 되는 것이 당연하다고 여긴 것이다. 隱公은 당연히 아버지의 代를 계승해야 하는데 〈그렇게 하지 않은 것은〉 바로 상서가 있을 것이라는 이유 때문이다. 仲子의 손바닥에 부인이 될 것이라는 무늬가 있어서 그 아버지가 아내로 맞이하였고, 중자를 부인으로 삼겠다는 뜻이 있었기 때문에 〈君位를 桓公에게 양보하여〉 아버지의 뜻을 뒤따라 이루어주려고 한 것이다. 다만 환공의 나이가 어려

서 많은 어려움을 감당하지 못할 형세이기 때문에 환공을 태자로 세워서 國人을 거느리고 그를 받들었다. 그리고 자기는 군위를 攝行하면서 그의 나이가 장성하기를 기다렸기 때문에 섭정하는 해의 처음에 君主로 卽位하지 않았다.

傳에서 '원년' 이전에 미리 이 말을 하여 經에 은공의 즉위를 쓰지 않은 배경으로 삼았으니, 이를 "經文에 앞서 뒤에 보이는 경문의 배경을 설명한 것"이라고 이른다. 모든 '傳'이라 일컬은 것은 다 경문을 설명한 배경인데, 다만 文公 5년 傳의 "霍伯과 臼季 등이 죽었다."는 기사에 대한 注에 "문공 6년에 夷에서 군사 훈련을 기록한 전의 배경이다."라고 한 것은, "蒐於夷"를 이 글의 차례와 서로 연결된다고 여겼기 때문이니, 그러므로 張本이라고 말하지 않은 것이다. 혹은 '張本', 혹은 '起本', 혹은 '起'라고 말했는데, 위아래 글을 고찰해보니 일은 동일한데 글만 달리 썼으니 아마 두예가 그때마다 편의를 따라 말한 듯하다.

鄭衆은 은공이 대신 서서 군주가 되어 환공을 받들어 태자로 삼았다고 하였다. 그러나 傳에서 말한 '立而奉之'를 살펴보건대 이는 먼저 태자로 세우고 난 후에 받든 것이다. 만일 〈정중의 말처럼〉 은공이 먼저 즉위하고 난 뒤에 비로소 환공을 받들었다면 은공이 즉위했을 때 태자가 있지 않은 것이니, 은공이 군주가 되었는데 다시 무슨 섭행을 하겠는가? 만일 먼저 환공을 태자로 받든 뒤에 비로소 섭행이 되었다면 〈'奉之而立'이라고 해야지〉 '立而奉之'라고 할 수 없으니, 이는 정중의 잘못된 해석이다.

賈逵는 은공이 환공을 세워 태자로 삼아 군주로 받들었다고 하였다. 그러나 은공이 즉위하지는 않았더라도 公이라 일컫고 개원하였으며, 신하를 호령하고 〈새해 처음에〉 宗廟에 나가 제사〔朝正〕를 드렸으니, 환공을 세워 태자를 삼았다고 말하는 것이 옳다. 그를 받들어 군주를 삼았다는 뜻이 어디에 있는가. 이는 가규의 터무니없는 말이다.

襄公 25년에 齊 景公이 즉위하였는데 傳에 "崔杼立而相之(최저가 경공을 세우고 자신은 國相이 되었다)."라고 하였으니, 이것으로 '立而奉之'는 '그를 세워서 태자로 삼고 國人을 이끌고 받들었다.'는 뜻임을 알 수 있으니 바로 그를 받들어 태자로 삼았음을 이른 말이다. 원년 傳에 "大子少(태자가 어려서)"라고 하였으니, 이것이 그를 세워 태자로 삼았다는 글이다. 태자는 아버지가 생존해 있을 때의 칭호인데, 지금 惠公이 이미 죽었는데 그를 세워서 태자를 삼았다고 말한 것은 그가 군주 노릇을 감당할 수 없어서 그대로 태자의 자리에 있었기 때문이다. 《禮記》 〈曾子問〉에 "임금이 죽고 나서 世子가 출생하였다."라고 했으니, 이는 임금이 죽은 뒤에도 그대로 태자라고 일컬을 수 있는 것이다.

元年이라 春王正月이라

원년이다. 봄 周王 정월이다.

【注】 隱公之始年이요 周王之正月也라 凡人君卽位에 欲其體元以居正[1]이라 故不言一年一月也라 隱雖不卽位나 然攝行君事라 故亦朝廟告(곡)朔[2]也라 告朔朝正[3]例는 在襄二十九年이요 卽位例는 在隱莊閔僖元年이라

1) 體元以居正 : 天地의 元氣를 本體로 삼아 항상 正道에 몸을 두고 政敎를 폄을 이른다. 주로 帝王의 卽位를 가리키는 말로 쓰인다.
2) 朝廟告(곡)朔 : 天子가 매년 季冬에 다음 해의 新曆을 諸侯에게 頒賜하면 제후는 그 曆書를 받아 祖廟에 보관하였다가 매월 朔日이 되면 종묘에 삭일을 고하고, 그 달의 政事를 살펴본 뒤 종묘에 제사를 올리는 일이다.(≪春秋左氏傳≫ 文公 6년 經, 閏月不告朔 注)
3) 告朔朝正 : 宗廟에 보관한 曆書로 朔日을 고하고 朝會를 보는 일을 이른다.

隱公의 첫해 周王의 정월이다. 君主가 즉위하면 體元居正하려고 한다. 그러므로 1년 1월이라고 하지 않는다. 은공이 즉위하는 의식은 거행하지 않았으나 군주의 일을 攝行하였기 때문에 그 역시 朝廟告朔하였다. 告朔朝正의 例는 襄公 29년에 기록되어 있고, 즉위의 例는 隱公·莊公·閔公·僖公 원년에 기록되어 있다.

【疏】 經'元年春王正月' ○ 正義曰 : 此'經'字幷下'傳'字, 亦杜氏所題, 以分年相附. 若不有'經'字, 何以異傳. 不有'傳'字, 何以別經. 又公羊穀梁二傳, 年上皆無'經'·'傳'字, 故知杜所題也. 釋詁云"'元', 始也. '正', 長也". 此公之始年, 故稱元年. 此年之長月, 故稱正月. 言"王正月"者, 王者革前代, 馭天下, 必改正朔[1], 易服色[2], 以變人視聽. 夏以建寅之月[3]爲正, 殷以建丑之月[4]爲正, 周以建子之月[5]爲正, 三代異制, 正朔不同, 故禮記檀弓云"夏后氏尙黑, 殷人尙白, 周人尙赤." 鄭康成依據緯候[6], 以正朔三而改, 自古皆相變. 如孔安國以自古皆用建寅爲正, 唯殷革夏命而用建丑, 周革殷命而用建子. 杜無明說, 未知所從. 正是時王所建, 故以'王'字冠之, 言是今王之正月也. '王'不在春上者, 月改則春移, 春非王所改, 故'王'不先春. '王'必連月, 故'王'處春下. 周以建子爲正, 則周之二月三月, 皆是前世之正月也, 故於春每月書'王'. '王二月'者, 言是我王之二月,乃殷之正月也. '王三月'者, 言是我王之三月, 乃夏之正月也. 旣有正朔之異, 故每月稱王以別之. 何休云"二月三月皆有王者, 二月殷之正月也, 三月夏之正月也. 王者存二王之後 ,使統其正朔, 服其服色, 行其禮樂, 所以尊先聖, 通三統[7], 師法之義, 恭讓之禮." 服虔亦云"孔子作春秋, 於春每月書'王', 以統三王之正". 其意以爲'王二月'·'王三月'乎, 王是夏殷之王, 謂大禹成湯也. 爲周室之臣民, 尊夏殷之舊主, 每月書'王', 敬奉前代, 揆之人情, 未見其可. 杞宋, 二王之後, 各行己祖正朔. 宋不行夏, 杞不行殷, 而使天下諸侯徧視二代, 考諸典籍, 未之或聞. 杞宋不奉周正, 周人悉尊夏殷, 則是重過去而忽當今, 尊亡國而慢時主, 其爲顚倒, 不亦甚乎. 且經之所言'王二月'·'王三月', 若是夏殷之王, 當自皆言正月, 何以言'王二月'·'王三月'. 謂之二月三月, 其王必是周王, 安得以爲夏殷王也. 若如公羊之說, 春秋黜周王魯, 則杞非王後, 夏無可尊, 復通夏正何也. 但春之三月, 不必月皆有事, 若入年已有'王正月'者, 則二月不復書'王', 已有'王二月'者, 則三月不復書'王'. 以其上月已是此王之月, 則下月從而可知, 故每年之春, 唯一言'王'耳.

1) 改正朔 : 古代의 帝王이 易姓受命하면 반드시 歲首와 朔日을 改定하던 일을 이른다. 正은 年始이고, 朔은 月初이다.
2) 易服色 : 車馬와 제사에 올리는 犧牲의 색깔을 바꾸는 일을 이른다. 服色은 거마와 희생의 털 색깔이다.
3) 建寅之月 : 옛날 北斗七星의 斗柄이 회전하는 방향으로 달을 계산하였는데, 두병이 12辰 중의 寅方(正東)을 가리키면 곧 夏曆의 음력 正月이다.
4) 建丑之月 : 북두칠성의 斗柄이 丑方(東北 間方)을 가리키면 하력의 음력 12월이다.
5) 建子之月 : 북두칠성의 斗柄이 子方(正北)을 가리키면 하력의 음력 11월이다.
6) 緯候 : 緯書와 ≪尙書中候≫의 合稱으로, 緯書의 통칭으로 쓰인다.
7) 三統 : 夏·殷·周 三代의 正朔을 이른다. 하나라는 북두칠성의 斗柄이 寅方을 가리키는 달을 正月로 삼아 人統이라 하고, 은나라는 丑方을 정월로 삼아 地統이라 하고, 주나라는 子方을 정월로 삼아 天統이라 하였다. 三正이라고도 한다.

經의 〔元年春王正月〕

○ 正義曰 : 이 '經'자는 아래의 '傳'와 아울러 역시 杜氏(杜預)가 쓴 것이니, 〈경과 전의〉 연대를 분리해 〈같은 연대를〉 서로 붙였다. 만일 '경'자가 없으면 어떻게 '전'을 구별하며, '전'자가 없으면 어떻게 '경'을 분별하겠는가? 또 ≪春秋公羊傳≫과 ≪春秋穀梁傳≫ 두 전은 年 위에 모두 '경'자와 '전'자가 없기 때문에 이것으로 두씨가 써넣었음

을 알 수 있다. ≪爾雅≫ 〈釋詁〉에 "元은 처음이다."라고 하고, "正은 첫째이다."라고 하였다. 이 해가 隱公의 첫 해이기 때문에 元年이라 말한 것이고, 이 해의 첫째 달이기 때문에 正月이라고 말한 것이다.

"王正月"이라고 말한 것은 王이 前代의 王朝를 변혁하여 천하를 통치하게 되면 반드시 正朔을 고치고 服色을 바꾸어 사람들의 이목을 변경하였기 때문이다. 그래서 夏나라는 建寅의 달을 正月로 삼았고, 殷나라는 建丑의 달을 정월로 삼았으며, 周나라는 建子의 달을 정월로 삼았다. 三代에 제도를 다르게 하여 정삭이 같지 않았기 때문에 ≪禮記≫ 〈檀弓〉에 "夏后氏는 흑색을 숭상하고, 은나라 사람은 백색을 숭상하고, 주나라 사람은 적색을 숭상하였다."라고 하였다.

鄭康成은 緯候에 의거하여 세 가지 정삭으로 개정하여 예부터 모두 서로 변경하였다고 하였다. 孔安國 같은 이는 예부터 건인의 달로 정월을 삼았는데, 오직 은나라는 하나라의 國命을 바꾸어 건축의 달을 정월로 썼고, 주나라는 은나라의 국명을 바꾸어 건자의 달을 정월로 썼다고 하였다. 두예는 이에 대한 분명한 말이 없는데, 무엇을 근거로 이런 말을 했는지 모르겠다. 정월은 바로 당시의 王이 세우는 것이기 때문에 '王'자를 첫머리에 두어 이는 현재 왕의 정월임을 말한 것이다. '王'자를 '春'자 위에 두지 않은 것은 달이 바뀌면 봄이 옮겨지니, 봄은 왕이 바꾸지 못하기 때문에 '王'자를 '春'자보다 먼저 두지 않은 것이다. '王'은 반드시 달과 이어지기 때문에 '王'자가 '春'자 아래에 있게 된 것이다.

주나라는 건자의 달로 정월을 삼았으니, 그렇다면 주나라의 2월·3월은 모두 夏·殷 前代의 정월이다. 그러므로 봄의 매월에 '王'자를 썼다. '王二月'은 바로 우리 왕의 2월을 말하는 것이니 곧 은나라의 정월이고, '王三月'은 바로 우리 왕의 3월을 말하는 것이니 곧 하나라의 정월이다. 이미 正朔의 다름이 있기 때문에 매월에 '王'을 말하여 구별하였다. 何休는 "2월·3월에 모두 '王'자가 있으니, 2월은 은나라의 정월이고 3월은 하나라의 정월이다. 왕은 하·은 두 왕의 후예를 存置하여 그들의 정삭을 통합하고 服色을 사용하며 禮樂을 행하게 하여 先聖을 존경하고 三統을 통용하였으니, 이는 선성을 본받고 공손 겸양하는 예의이다."라고 하였다. 服虔도 "孔子께서 ≪春秋≫를 지어 봄의 매월에 '王'자를 써서 하·은·주 三王의 정월을 계승하였다."라고 하였다. 그 뜻은 '왕이월'·'왕삼월'의 왕은 바로 하·은나라의 왕이니, 大禹와 成湯을 이른다.

그러나 주 왕실의 臣民이 되어 하·은나라의 옛 君主를 존경하여 〈봄의〉 매월에 '왕'

자를 써서 전대를 공경히 받드는 일이 人情으로 헤아렸을 적에 옳은지 알지 못하겠다. 杞나라와 宋나라는 하·은 두 왕의 후예로 각기 자기 조상의 정삭을 시행한다. 송나라는 하나라의 정삭을 시행하지 않고 기나라는 은나라의 정삭을 시행하지 않았는데, 천하 제후로 하여금 하·은 두 代의 제도를 두루 살펴보고 典籍을 고찰하게 하더라도 〈이런 일이 있는 것을〉 조금도 듣지 못할 것이다. 기나라와 송나라는 주나라의 정월을 받들지 않는데 주나라 사람이 모두 하나라와 은나라의 제도를 존숭하였다면 이는 과거를 중시하고 현재를 소홀히 하며 망한 나라를 존중하고 당시의 군주를 경시하는 것이니, 뒤바뀐 행위가 매우 심하지 않은가. 더구나 經에서 말한 '왕이월'·'왕삼월'이 만일 하나라와 은나라의 왕이라면 모두 정월이라고 말하는 것이 스스로 마땅한데, 무엇 때문에 '왕이월'·'왕삼월'이라고 말하겠는가? 이월·삼월이라고 이른 곳의 왕은 반드시 周王이니, 어찌 하나라·은나라의 왕이 되겠는가? 만일 ≪春秋公羊傳≫의 ≪春秋≫는 주나라를 내치고 魯나라를 왕으로 삼았다는 說과 같다면, 기나라는 왕의 후예가 아니니 하나라를 존숭할 만한 이유가 없는데 다시 夏正을 통용하는 것은 무엇 때문인가?

다만 봄 석 달 중에 달마다 반드시 사건이 있는 것은 아니니, 만일 새해에 들어서 이미 '왕정월'이란 글이 있으면 2월에는 다시 '왕'자를 쓰지 않고, 만일 이미 '왕이월'이란 글이 있으면 3월에는 다시 '왕'자를 쓰지 않았다. 그 위의 달이 이미 이 왕의 달이면 아래의 달은 이를 따라 알 수가 있기 때문에 매년 봄에 다만 한번 '왕'을 말했을 뿐이다.

春秋之例, 竟時無事, 乃書首月以記時. 此下(二)〔三〕[1]月有會盟之事, 則不得空書首月也, 正月無事而空書首月者, 以人君於始年初月, 必朝廟告朔, 因卽人君之位, 以繼臣子之心, 故君之始年必書曰'元年春王正月'.'公卽位', 史策之正法也. 隱公攝行君事, 雖不卽位, 而亦改元朝廟, 與人更始, 異於常年之正月, 故史特書其事, 見此月公宜卽位, 而自不卽位, 莊·閔·僖元年, 皆書'春王正月', 與此同也. 定公元年不書正月者, 正月之時定公未立, 卽位在於六月, 歲首未得朝正, 公之卽位別見下文, 正月無所可見, 故不書也. 然則定以六月卽位, 卽位乃可改元. 正月已稱元年者, 未改之日, 必乘前君之年, 旣改之後, 方以元年紀事. 及其史官定策[2], 雖有一統, 不可半年從前, 半年從後, 雖非年初, 亦統此歲, 故入年卽稱元也. 釋例曰"'癸亥, 公之喪至自乾侯. 戊辰, 公卽位.'

喪在外, 踰年乃入, 故因五日改殯之節, 國史用元年卽位之禮, 因以此年爲元年也." 古法既然, 故漢魏以來, 雖秋冬改元, 史於春夏卽以元年冠之, 是有因於古也. 受命之王必改正朔, 繼世之王奉而行之, 每歲頒於諸侯, 諸侯受王正朔, 故言'春王正月', 王卽當時之王. 序云"所書之王卽平王", 是其事也. 公羊傳曰"王者孰謂. 謂文王也". 始改正朔, 自是文王所爲, 頒於諸侯, 非復文王之歷, 受今王之歷, 稱文王之正, 非其義也.

1) (二)〔三〕: 저본에는 '二'로 되어 있으나, 阮元의 校勘記에 의거하여 '三'으로 바로잡았다.
2) 定策 : 君主를 옹립한 뒤에 그 사실을 簡策에 써서 宗廟에 고유하는 일이다. 定冊으로도 쓴다.

≪春秋≫의 例에 한 철이 끝날 때까지 일이 없으면 곧 첫째 달을 써서 철을 기록한다. 이 아래의 3월에 會盟한 일이 있으니 공연히 첫 달을 쓸 수가 없는데 정월에 일이 없으면서 공연히 첫 달을 쓴 것은, 임금이 새해 첫 달에 반드시 祖廟告朔하고 이어서 임금의 자리에 나아가 臣子의 마음을 귀속시키기 때문에 임금이 즉위한 첫해에는 반드시 '元年春王正月'이라고 쓰는 것이다. '公卽位'는 史策의 바른 법도이다. 隱公이 君主의 일을 攝行하여 즉위식을 거행하지는 하지 않았으나 역시 改元하고 祖廟하여 사람들과 새롭게 개시〔更始〕하였으니, 일반적인 해의 정월과 다르다. 그러므로 史官이 특별히 그 일을 써서 이 달에 公이 즉위식을 거행하는 것이 당연하였으나 스스로 즉위식을 거행하지 않았음을 보였다. 莊公·閔公·僖公 원년에 모두 '春王正月'이라고만 쓰고 〈'즉위'를 쓰지 않은 것은〉 여기의 경우와 같다.

定公 원년에 정월을 쓰지 않은 것은 정월의 시기에 정공이 즉위하지 않았고, 즉위한 것은 6월이어서 歲首에 종묘에 제사 드리는 朝正을 하지 않았다. 정공의 즉위는 아래 글에서 따로 보이고 정월에는 볼 수 있는 곳이 없기 때문에 쓰지 않은 것이다. 그렇다면 정공이 6월에 즉위하였으니 즉위하고 나서 비로소 개원할 수 있다. 정월에 이미 원년이라고 말한 것은 개원하지 않은 날짜는 반드시 이전 군주의 해에 계산하고, 이미 개원한 이후에야 비로소 원년으로써 사실을 기록하기 때문이다. 사관이 定策을 하면 정권이 하나로 통일되었더라도 반년은 앞쪽에 종속하고 반년은 뒤쪽에 종속할 수 없으니, 새해의 처음이 아니더라도 역시 이 해에 통합시켜야 하므로 새해에 들어오면 곧장 원년이라고 일컫는 것이다.

≪春秋釋例≫에 "'癸亥日에 公의 靈柩가 乾侯에서 돌아왔다. 戊辰日에 공이 즉위하였다.'라고 하였다. 영구가 국외에 있으면 1년이 지난 뒤에 비로소 入國하기 때문에

이어 5일 만에 改殯(改葬)하는 예절을 행하고, 國史는 元年卽位의 禮法을 쓰며 이어 이 해로 원년을 삼는다."라고 하였다. 옛 법도가 이미 그렇기 때문에 漢나라・魏나라 이후로 가을이나 겨울에 개원했더라도 史書에 곧장 원년을 봄이나 여름의 위에 올려 놓았으니, 이는 옛 법도에 기인함이 있는 것이다.

天命을 받은 왕은 반드시 正朔을 바꾸고 선대를 계승한 왕은 〈그 정삭을〉 받들어 행하여, 해마다 제후에게 반포하면 제후는 왕이 반포한 정삭을 받기 때문에 '春王正月'이라고 말하였으니, '王'은 곧 당시의 왕이다. 杜預의 序文에 "기록한 왕은 곧 平王이다."라고 말한 것이 바로 그 일이다. ≪春秋公羊傳≫에 "왕은 누구를 이르는가? 文王을 이른다."라고 하였다. 처음 정삭을 바꾼 일은 바로 문왕이 한 것이지만 제후에게 반포한 것은 다시 문왕이 만든 曆書가 아니고 현재 왕의 역서를 받은 것이니, 문왕의 정월이라 일컫는 것은 맞는 뜻이 아니다.

【疏】 注'隱公'至'元年' ○ 正義曰：傳云'王周正月', 知是周王之正月也. 說公羊者云"元者氣之始, 春者四時之始. 王者受命之始, 正月者政敎之始, 公卽位者一國之始." 春秋緯稱黃帝受圖有五始, 謂此五事也. 杜於左氏之義, 雖無此文, 而五始之理, 亦於杜無害. 此非左氏褒貶之要, 自是史官記事之體, 故晉宋諸史, 皆言元年春王正月帝卽位是也. 元年正月, 實是一年一月而別立名, 故解之云"凡人君卽位, 欲其體元以居正, 故不言一年一月也". 言欲其體元以居正者, 元正實是始長之義, 但因名以廣之, 元者, 氣之本也, 善之長也. 人君執大本, 長庶物, 欲其與元同體, 故年稱元年. 正者, 直方之間語也. 直其行, 方其義. 人君當執直心, 杖大義, 欲其常居正道, 故月稱正也. 以其君之始年, 歲之始月, 故特假此名以示義, 其餘皆卽從其數, 不復改也. 書稱"月正元日", 意同於此. 又解無事而書正月之意. 隱雖不卽位, 然攝行君事, 而亦朝廟告朔, 改元布政, 故書首年始月, 以明其應卽位而不爲也. 天子之封諸侯也, 割其土壤, 分之臣民, 使之專爲己有, 故諸侯於其封內各得改元. 傳說鄭國之事云"僖之元年, 朝於晉." "簡之元年, 士子孔[1]卒", 是諸侯皆改元. 非獨魯也. 劉炫爲規過云"元正爲取始長之義, 不爲體元居正", 規釋杜云'欲其體元以居正', 謂人君體是元長以居正位, 不欲在下陵奪, 處位不終. 是劉妄解杜意, 不爲體其元善居於正道, 以規杜氏, 其理非也. 劉炫又難何休云"唯王者然後改元立號, 春秋託新王受命於魯, 故因以錄卽位. 若然, 新王受命, 正朔必改, 是魯得稱元, 亦應改其正朔, 仍用周正, 何也. 旣託王於魯, 則是不事文王, 仍奉王正, 何也." 諸侯改元, 自是常法, 而云'託王改元', 是妄說也.

1) 士子孔 : 춘추시대 鄭나라 大夫인 公子 志의 字이다. 당시 上卿인 公子 嘉의 자도 子孔이었기 때문에 서로 구별하기 위하여 공자 지의 자는 士子孔이라 하였다. 이 기사는 襄公 19년 傳에 보인다.

注의 〔隱公〕에서 〔元年〕까지

○ 正義曰 : 傳에 '王周正月'이라 하였으니, 바로 周王의 正月임을 알 수 있다. ≪春秋公羊傳≫을 해석한 자가 "元은 天氣의 시작이고 春은 사철의 시작이며, 王은 天命을 받은 시작이고 正月은 政教를 펴는 시작이며, 公卽位는 한 나라의 시작이다."라고 하였다. ≪春秋緯≫에 '黃帝가 〈鳳凰이 물고 온〉 圖書를 받았을 적에 五始가 있었다.'라고 일컬었으니, 오시란 이 다섯 가지 일을 이른다. 杜氏가 ≪左氏傳≫의 뜻을 말한 데에 이 글은 없으나 오시의 이치는 두씨의 견해에 방해될 것이 없다. 이는 ≪춘추좌씨전≫의 褒貶에 관한 요체가 아니고 바로 史官이 일을 기록한 文體이기 때문에 晉나라와 南朝 宋 등 여러 史書에 모두 '元年春王正月帝卽位'라고 말한 것이 이것이다.

원년 정월은 실상 1년 1월인데 별도로 명칭을 만들었기 때문에, 이를 해석하여 "임금이 즉위하여 體原居正하려고 하기 때문에 1년 1월이라고 말하지 않은 것이다."라고 하였다. '欲其體元以居正'이라 말한 것은 元正은 실상 始長의 뜻인데 단지 명칭을 따라 뜻을 확장한 것이니, 元은 천기의 근본이고 善의 으뜸이다. 임금이 大本을 잡아 庶物을 성장시켜 원기와 본체를 같이 하고자 하기 때문에 〈즉위한〉 해를 원년이라 일컫는 것이다. 正은 直과 方 사이의 말이니, 그 행실을 곧게 하고 의를 방정하게 한다는 뜻이다. 임금은 의당 바른 마음을 잡고 大義에 의지하여 항상 正道로 처신하려고 하기 때문에 '月'에 '正'을 칭한 것이다. 그 군주의 첫 해는 새해의 첫 달이기 때문에 특별히 이 명칭을 빌려서 뜻을 보인 것이고, 그 나머지는 모두 곧장 그 숫자를 따라 말하고 다시 다른 명칭으로 고치지 않았다. ≪書經≫ 〈虞書 舜典〉에 "月正元日(정월 초하루)"이라고 일컬은 것도 이것과 같은 뜻이다.

또 〈두예는〉 일이 없어도 정월이라고 쓴 뜻을 해석하였다. 隱公이 즉위식은 거행하지 않았지만 군주의 일을 섭행하고 또 祖廟告朔하며 개원하여 政事를 펼쳤기 때문에, 첫 해와 첫 달을 써서 응당 즉위식을 거행해야 했으나 하지 않은 것을 밝혔다. 天子가 諸侯를 봉할 적에 토지를 분할하고 臣民을 나누어 오로지 제후 자신의 소유로 만들게 했기 때문에 제후가 그의 封地 안에서 각각 改元할 수 있다. 傳에 鄭나라의 일을 말하면서 "僖公 원년에 晉나라에 朝見하였다.", "簡公 원년에 士子孔이 죽었다."라고 하였으니, 이는 〈다른 나라의〉 제후도 모두 개원한 것으로 단지 魯나라뿐이 아니다.

劉炫의 ≪規過≫에 "元正(원년 정월)은 始長(처음과 첫째)의 뜻을 취한 것이지 體元居正 하는 것이 아니다."라고 하였다. 杜氏가 '欲其體元以居正'을 바로잡아 해석하여 "임금의 몸은 바로 善의 으뜸으로 正位에 처하고서 아래에 있는 이가 침범하거나 탈취하여 처한 지위를 마치지 못하게 됨을 바라지 않는 것이다."라고 하였다. 이는 유현이 두씨의 뜻을 터무니없이 해석한 것이다. 유현은 그 선의 으뜸을 본체로 삼아 정도에 몸을 두는 것으로 여기지 않고 두씨의 해석을 바로잡으려는 것이니, 그 이치는 옳지 않다.

유현은 또 何休의 설을 힐난하여 "오직 왕이라야 그런 뒤에 개원하여 年號를 세울 수 있으니, ≪春秋≫는 新王이 魯나라에서 천명을 받은 것으로 가탁하였기 때문에 따라서 즉위를 기록하였다. 만일 그렇다면 신왕이 천명을 받은 경우에 반드시 正朔을 고쳐야 하니 이것이 노나라가 원년을 일컬은 것이고, 또 응당 그 정삭을 고쳐야 되는데 周나라의 정삭을 그대로 사용한 것은 무엇 때문인가? 이미 노나라에 왕을 가탁했으면 이는 文王을 섬기지 않는 것인데 그대로 주왕의 정삭을 받든 것은 무엇 때문인가?"라고 하였다. 제후가 개원하는 것은 바로 常法인데 '왕에 가탁하여 개원하였다.'라고 말했으니, 이는 터무니없는 말이다.

說公羊者云"元者氣之始, 春者四時之始, 王者受命之始, 正月者政教之始, 公卽位者一國之始." 春秋緯云"黃帝坐於扈閣[1], 鳳皇銜書致帝前, 其中得五始之文". 謂此五事. 何休又云"公卽位者一國之始, 政莫大於正始, 故春秋以元之氣正天之端, 以天之端正王之政, 以王之政正諸侯之卽位, 以諸侯之卽位正竟內之治. 諸侯不上奉王之政, 則不得卽位, 故先言正月而後言卽位. 政不由王出, 則不得爲政, 故先言王而後言正月. 王者不奉天以制號令, 則無法, 故先言春而後言王. 天不深正其元, 則不能成其化, 故先言元而後言春. 五者同日竝見, 相須成體", 非比辭也. 何休自云諸侯不得改元, 則元者王之元年, 非公之元年, 公卽位不在王之元年, 安得同日竝見其成體也. 卽以託王於魯史之改元, 元旣爲魯所改, 則政不由王出, 安得以王之政正諸侯. 元尊而王卑, 年大而月小, 年之有元, 改而無忌, 王之立政必云須奉, 舍其大而事其細, 敬所卑而慢所尊, 以此立教, 必不可行. 聖人有作, 豈當爾也. 黃帝之作五始者, 爲天子法乎, 爲諸侯法乎. 諸侯不得改元, 必非諸侯法, 若非諸侯法, 安得有公卽位乎. 無公卽位, 則闕一始, 何得爲五始也. 若是天子法, 不得言王正月王卽位. 何休云"以王之政正諸侯之卽位", 然王者豈復以己之政正己卽位. 不通若此, 何以行之. 言左氏者, 或取爲說, 是逐狂東走也. 隱莊閔僖四公元年, 傳皆說不書卽位之由, 故指以爲例. 隱不行卽位, 又謙不告至, 而歲首告朔朝正, 所以尊敬祖考也. 若不行卽位, 又不朝正, 則與臣子無別, 不成爲君, 故告朔朝廟也.

1) 扆閣 : 옛날 신하들이 侍衛하는 제왕의 殿閣이다.

≪公羊傳≫을 해석한 자가 "元은 天氣의 시작이고 봄은 사철의 시작이며, 왕은 천명을 받은 시작이고 정월은 政教의 시작이며, 公卽位는 한 나라의 시작이다."라고 하였다. ≪春秋緯≫에 "黃帝가 扆閣에 앉아 있을 때 봉황이 圖書를 입에 물고 황제 앞에 와 바쳤는데 그 안에서 五始의 글을 얻었다."라고 하였으니, 이(正始)는 여기에서 말한 다섯 가지 일〔五事〕를 말한다.

하휴는 또 "公卽位는 한 나라의 시작이니 政事는 그 시작을 바루는 것보다 큰 일이 없다. 그러므로 ≪춘추≫는 원기로 하늘의 처음 시작을 바루고 하늘의 처음 시작으로 왕의 政令을 바루며, 왕의 정령으로 제후의 즉위를 바루고 제후의 즉위로 국경 안의 정치를 바룬다. 제후가 위로 왕의 정령을 받들지 않으면 즉위할 수 없기 때문에 먼저 정월을 말하고 뒤에 즉위를 말하였다. 정령이 왕으로부터 나오지 않으면 정치를 하지 못하기 때문에 먼저 왕을 말하고 뒤에 정월을 말하였다. 왕이 하늘을 받들어 號令을 제정하지 않으면 法이 없기 때문에 먼저 春을 말하고 뒤에 왕을 말하였다. 하늘이 그 원기를 깊게 바루지 않으면 그 化育을 이루지 못하기 때문에 원을 먼저 말하고 봄을 뒤에 말하였다. 이 다섯 가지 일은 같은 날 모두 드러내어 서로 의존하여 체제를 이루는 것이다."라고 하였으니, 적합한 말이 아니다.

하휴가 스스로 제후는 改元하지 못한다고 말했으니, 元은 왕의 元年이지 公의 원년이 아니다. 공의 즉위가 왕의 원년에 있지 않으면 어떻게 같은 날 모두 드러내어 체제를 이루겠는가? 만일 노나라 史書의 개원에 왕을 가탁했다면 元은 이미 노나라가 고친 것이다. 그렇다면 정령이 왕으로부터 나오지 않은 것이니, 어떻게 왕의 정령으로 제후를 바루겠는가? 元은 높고 왕은 낮으며 年은 크고 月은 작아서, 年에 元을 두는 일을 꺼리지 않고 고칠 것이다. 왕이 세운 정령은 반드시 받들어야 한다고 말하면서 그 큰 것은 버리고 작은 것을 일삼으며 낮은 것을 공경하고 높은 것을 소홀히 하는 것이니, 이 때문에 敎化를 세우더라도 반드시 시행되지 않는다. 성인이 나온다면 어찌 합당하다 하겠는가?

黃帝가 五始를 만든 것은 天子의 법을 만든 것인가, 제후의 법을 만든 것인가? 제후가 개원할 수 없다면 반드시 제후의 법이 아니고, 만일 제후의 법이 아니라면 어찌 공이 즉위하는 일이 있겠는가? 공의 즉위가 없으면 一始가 부족하니 어떻게 오시가 되겠는가? 만일 이것이 천자의 법이라면 '王正月'·'王卽位'라고 말하지 못할 것이다. 하휴가 "왕의 정령으로 제후의 즉위를 바룬다."고 하였다. 그러나 왕이 어찌 다시 자기가 제정한 정령으로 자기의 즉위를 바루겠는가? 이와 같이 사리에 통하지 않는데 어떻게 시행되겠는가? ≪左氏傳≫을 말하는 자가 간혹 이를 취하여 해설하니 이는 미치광이를 쫓아 동쪽으로 달려가는 꼴이다.

隱功·莊公·閔公·僖公 등 네 공의 원년에 傳에서 모두 즉위를 쓰지 않은 이유를 설명하였기 때문에 이를 지목하여 例를 삼았다. 은공은 즉위식을 거행하지 않고 또 겸양하여 제후에게 통고하지 않았으나, 歲首에 告朔朝正한 일은 祖考를 존경한 것이다. 만일 즉위식을 거행하지 않고 또 朝正을 하지 않는다면 臣子와 구별이 없어서 군주가 되지 못하기 때문에 고삭조묘를 한 것이다.

三月에 公及邾儀父(보)盟于蔑하다

3월에 隱公이 邾儀父와 蔑에서 結盟하였다.

【注】附庸之君이 未王命이면 例稱名이라 能自通于大國하야 繼好息民이라 故書字貴之라 名例在莊五年이라 邾는 今魯國鄒縣也라 蔑은 姑蔑이니 魯地라 魯國卞縣南有姑城이라

附庸國의 임금이 天王의 命爵을 받지 않았다면 이름을 칭하는 것이 例이다. 〈그러나 邾君은〉 스스로 大國과 交通하여 우호를 계속하고 백성을 安息하게 하였으므로 字를 기록하여 존귀하게 대우한 것이다.

이름을 기록한 例는 莊公 5년에 보인다. 邾는 지금 魯나라 鄒縣이다. 蔑은 姑蔑로, 노나라 땅이다. 노나라 卞縣 남쪽에 姑城이 있다.

【疏】'三月'至'于蔑' ○ 正義曰：公, 隱公也. 及, 與也, 與彼邾君字儀父者盟于蔑地. 譜云"邾,曹姓. 顓頊之後有六, 終產六子, 其弟五子曰安, 邾卽安之後也. 周武王封其苗

裔邾俠爲附庸, 居邾. 今魯國鄒縣是也. 自安至儀父十二世, 始見春秋. 齊桓行霸, 儀父附從, 進爵稱子, 文公徙於繹. 桓公以下, 春秋後八世而楚滅之." 諸侯俱受王命, 各有寰宇, 上事天子, 旁交隣國. 天子不信諸侯, 諸侯自不相信, 則盟以要之. 凡盟禮, 殺牲歃血[1], 告誓神明, 若有背違, 欲令神加殃咎, 使如此牲也. 曲禮曰"約信曰誓, 涖牲曰盟". 周禮天官玉府職曰"若合諸侯, 則共珠槃玉敦(대)", 夏官戎右職曰"盟則以玉敦辟盟[2], 遂役之, 贊牛耳桃茢"[3], 秋官司盟職曰"掌盟載之法, 凡邦國有疑會同, 則掌其盟約之載及其禮儀. 北面詔明神[4]". 鄭玄以爲槃敦皆器名也, 珠玉以爲飾. 合諸侯者, 必割牛耳, 取其血, 歃之以盟, 敦以盛血, 槃以盛耳. 將歃, 則戎右執其器爲衆陳其載辭, 使心皆開辟, 司盟之官乃北面讀其載書, 以告日月山川之神. 旣告, 乃尊卑以次歃, 戎右傳敦血, 以授當歃者, 令含其血. 旣歃, 乃坎其牲, 加書於上而埋之. 此則天子會諸侯, 使諸侯聚盟之禮也. 凡天子之盟諸侯十二歲于方岳[5]之下, 故傳云"再會而盟, 以顯昭明." 若王不巡守及諸侯有事朝王, 卽時見曰會, 殷見曰同, 亦爲盟禮. 其盟之法, 案覲禮爲"壇十有二尋, 深四尺, 加方明于其上. 方明者, 木也, 方四尺. 設六玉, 上圭下璧, 南方璋, 西方琥, 北方璜, 東方圭". 朝諸侯於壇訖, 乃加方明於壇而祀之. 列諸侯於庭, 玉府共珠槃玉敦, 戎右以玉敦辟盟, 遂役之, 贊牛耳桃茢. 司盟北面詔告明神, 諸侯以次歃血. 鄭注覲禮云"王之盟, 其神主日, 王官之伯盟, 其神主月, 諸侯之盟, 其神主山川." 是盟禮之略也.

1) 歃血 : 盟約을 할 때 정성의 표시로 짐승의 피를 입가에 바르거나 혹은 마시는 의식이다. 이 의식에서 짐승의 피를 받은 그릇을 차례대로 돌려 제일 먼저 마시거나 입가에 바르는 나라가 盟主가 되고, 다음으로 나라의 강약에 따라 이 피를 담은 그릇을 돌려 가며 마시는 순서가 정해져 있다.
2) 玉敦辟盟 : 鄭玄은 "먼저 옥대를 잡고 맹약하는 사람들의 성심을 열어보이는 것이다." 라고 하였고, 孫詒讓은 "피를 담은 옥대의 뚜껑을 열고 삽혈하여 맹약하는 것이다." 라고 하였는데, 여기서는 정현의 설에 의거하여 번역하였다.
3) 桃茢 : '복숭아 나뭇가지와 빗자루'라는 뜻으로, 부정한 것을 제거함을 이른다.
4) 明神 : 鄭玄의 注에 의하면 神 중에서 밝게 살피는 신으로, 日月山川을 이른다.
5) 方岳 : 東岳 泰山, 南岳 衡山, 西岳 華山, 北岳 恒山의 四岳이다. 6년에 한 차례씩 天子가 方岳을 巡狩하면 제후들이 각각 천자가 와 있는 방악으로 가서 朝見의 禮를 거행하였다.(≪書經≫ 〈周官〉)

經의 〔三月〕에서 〔于蔑〕까지

○ 正義曰：公은 隱公이다. 及은 與(～와)이니, 저 字가 儀父인 邾君과 蔑 땅에서 결맹한 것이다. ≪春秋國名譜≫에 “邾는 曹姓이다. 顓頊의 후예가 여섯인데, 종신토록 여섯 아들을 낳았고, 그중 다섯 번째 아들이 安이다. 邾는 곧 安의 후예이다. 周나라 武王이 그 후예인 邾俠을 봉하여 附庸이 되어 邾에 거주하였으니, 지금 魯나라 鄒縣이 이곳이다. 安에서부터 儀父에 이르기까지 12世이니, ≪春秋≫에 처음 보인다. 齊나라 桓公이 霸業을 행할 적에 儀父가 붙좇아 따라서 작위가 올라 子라고 칭하였고, 文公 때 繹邑으로 遷都하였다. 桓公 이후로 ≪춘추≫에는 8世 후에 楚나라에 멸망하였다.”라고 하였다.

諸侯는 모두 王命을 받아 각기 영토를 소유하여 위로 天子를 섬기고 이웃 나라들과 외교를 맺는다. 천자가 제후를 믿지 않으면 제후들은 당연히 서로 믿을 수 없으니, 結盟을 필요로 한다. 결맹의 禮는 희생을 죽이고 歃血하며 神明에게 고해 맹세하되, 만약 맹약을 위배하는 자가 있다면 신으로 하여금 재앙과 허물을 내리게 해서 이 희생처럼 만들기를 바란 것이다. ≪禮記≫ 〈曲禮 下〉에 “말로써 믿음을 약속하는 것을 ‘誓’라 하고, 희생에 나아가 〈약속하는〉 것을 ‘盟’이라 한다.”라고 하였다.

≪周禮≫ 〈天官 玉府職〉에 “만약 제후들과 회합하면 珠盤과 玉敦를 제공한다.”라고 하였다. 〈夏官 戎右職〉에 “맹세할 적에는 옥대로써 먼저 맹약하는 사람들의 마음을 열게 하고 맹세가 이루어지면 쇠귀를 잘라 피를 받아서 복숭아 나뭇가지로 부정을 몰아내는 일을 돕는다.”라고 하였다. 〈秋官 司盟職〉에 “盟書를 記載하는 방법을 관장하는데, 서로 不協하는 邦國끼리 회동할 때 맹약의 내용을 적은 글과 맹약에서 행하는 禮儀를 관장한다. 그리하여 북쪽으로 향하여 〈맹약한 글을 가지고〉 밝은 신에게 고한다.”라고 하였다. 鄭玄은 槃과 敦는 모두 그릇 이름으로, 珠玉으로 장식을 한다고 하였다. 제후들과 회합하는 자는 반드시 쇠귀를 잘라 피를 받아 삽혈하며 맹약을 하는데, 敦에는 피를 담고 槃에는 귀를 담는다. 삽혈을 할 적에는 戎右가 그릇을 잡고 대중을 위해 載辭를 진설해서 사람들의 마음을 모두 열게 하며, 司盟의 관리는 곧 북쪽으로 향해서 그 載書를 읽어 日月과 山川의 신에게 고한다. 고한 다음에는 곧 尊卑에 따라서 차례로 삽혈을 하는데, 戎右가 敦에 담긴 피를 전해 삽혈할 자에게 주어서 그 피를 마시게 한다. 삽혈한 다음에는 곧 희생을 구덩이에 넣어 그 위에 글을 놓고 묻는다. 이것은 천자가 제후들과 회합할 적에 제후로 하여금 모여서 맹세하게 하는 예이다.

천자가 제후와 方岳 아래에서 12년마다 맹약한다. 그래서 傳(昭公 13년)에 “12년마다 맹약하여 信義를 밝혔다.”라고 하였다. 왕이 巡守하여 제후에게 가지 않고 제후가 일이 있어 왕에게 조회하는 경우에는 비정기적으로 뵙는 것을 '會'라고 하고 사계절에 무리지어 뵙는 것을 '同'이라고 하는데, 역시 맹약의 禮이다. 맹약의 법은 ≪儀禮≫ 〈覲禮〉를 살펴보면, "壇은 12尋(96자)에 깊이는 넉 자〔尺〕로 만들며, 그 위에 方明을 세운다. 方明은 나무인데 사방 넉 자이다. 六玉을 진설하되 위에는 圭, 아래에는 璧을 두며, 남쪽엔 璋, 서쪽엔 琥, 북쪽엔 璜, 동쪽엔 圭를 둔다."라고 하였다. 壇에서 제후를 조회하기를 마치면 곧 壇에 方明을 세워 제사 지낸다. 뜰에 제후를 배열하고 玉府는 珠槃과 玉敦를 제공하고, 戎右는 옥대로써 맹약하는 사람들의 마음을 열게 하며, 맹세가 이루어지면 옥대를 전달해 피를 마시게 하되, 쇠귀를 잘라 피를 받아서 복숭아 나뭇가지로 부정을 몰아내는 일을 돕는다. 司盟이 북면하여 明神에게 詔告하면 제후들은 차례로 삽혈한다. 〈근례〉에 단 鄭注에 "왕이 맹약할 적에는 해를 主神으로 하고, 王官의 伯이 맹약할 적에는 달을 주신으로 하고, 제후가 맹약할 적에는 山川을 주신으로 한다."라고 하였다. 이것이 맹약하는 예의 대략이다.

若諸侯之盟亦有壇, 知者故柯之盟, 公羊傳稱曹子以手劒劫桓公于壇[1]是也. 其盟神則無復(부)定限, 故襄十一年傳稱"司愼司盟, 名山名川, 群神群祀, 先王先公[2], 七姓十二國之祖"是也. 其盟用牛牲, 故襄二十六年傳云"(歃)〔歆(감)〕[3]用牲", 又哀十七年傳云"諸侯盟, 誰執牛耳"是也. 其殺牛, 必取血及耳, 以手執玉敦之血進之於口, 知者, 定八年"涉佗捘衛侯之手及捥", 又襄九年傳云"與大國盟, 口血未乾"是也. 既盟之後, 牲及餘血幷盟載之書加於牲上, 坎而埋之, 故僖二十五

圭

璋

璧

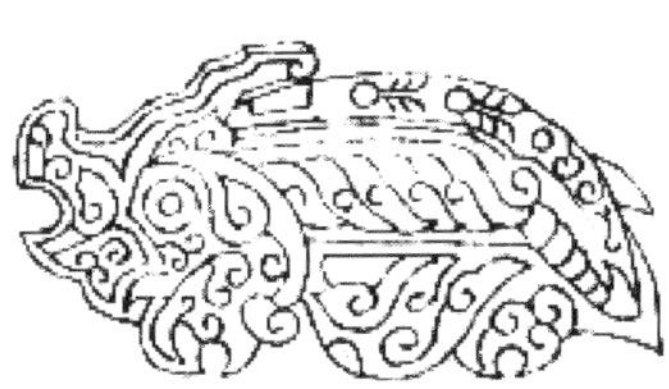

琥

璜

年傳云"宵, 坎血加書"是也. 春秋之世, 不由天子之命, 諸侯自相與盟, 則大國制其言, 小國尸其事, 官雖小異, 禮則大同. 故釋例曰"盟者殺牲載書, 大國制其言, 小國尸其事, 珠槃玉敦, 以奉流血而同歃", 是其事也. 其盟載之辭, 則傳多有之. 此時公求好於邾, 邾君來至蔑地, 公出與之盟. 史書魯事, 以公爲主, 言'公及', 及者, 言自此及彼, 據魯爲文也. 桓十七年"公會邾儀父盟于趡", 彼言'會', 此言'及'者, 彼行會禮, 此不行會禮故也. 故劉炫[4]云"策書之例, 先會後盟者, 上言'會', 下言'盟'. 唯盟不會者, 直言'及'". 此爲不行會禮, 故言'及'也. 或可史異辭, 非先會而盟, 則稱會. 知者, 文七年公會諸侯晉大夫盟于扈, 傳云"公後至", 則是不及其'會', 而經稱'會', 故知盟稱會者, 未必先行會禮也.

1) 曹子以手劍劫桓公于壇 : 五霸 가운데 한 사람인 齊 桓公이 魯 莊公과 齊나라 고을인 柯邑에서 맹약을 체결할 때, 장공의 신하 曹沫이 비수로 환공을 협박하여 이전에 제나라가 침략하여 차지하고 있던 汶水 북쪽의 토지를 돌려받았다.
2) 先王先公 : 先王은 諸侯의 太祖로 宋나라가 帝乙을 始祖로 삼고, 鄭나라가 厲王을 시조로 삼는 것과 같다. 선공은 처음 제후로 봉해진 임금이다.
3) (歃)〔歃(감)〕 : 저본에는 '歃'으로 되어 있으나, 阮元의 교감기에 의거하여 '歃'으로 바로잡았다.
4) 劉炫 : 隋나라 景城 사람으로, 자는 光伯이다. 젊어서부터 聰敏으로 이름이 났고, 일찍이 諸儒와 더불어 五禮를 修定하였으며, 저서로 ≪論語≫ · ≪孝經≫ · ≪春秋≫ · ≪尙書≫ · ≪毛詩≫ 등의 述義와 ≪春秋攻昧≫ · ≪五經正名≫ · ≪注詩序≫ · ≪算術≫ 등이 있다.

曹沫手劍劫齊侯

제후의 맹약의 경우에도 壇이 있었음을 알 수 있는 것은 柯邑의 맹약에 대해 ≪春秋公羊傳≫에서 曹子가 壇에서 손에 칼을 쥐고 桓公을 협박하였다고 칭한 것이 그 사례이다. 神에게 맹세하는 것은 다시 정해진 제한이 없다. 그래서 襄公 11년 傳에 "司愼(불경한 자를 살피는 神), 司盟(盟約을 감시하는 신)과 名山, 名川과 群神(여러 天

神), 群祀(천신 외에 祀典에 든 신)와 先王, 先公과 七姓 12개 나라 조상"을 들었으니, 바로 그 사례이다. 그 맹약에 소의 희생을 쓰기 때문에 襄公 26년 傳에 "구덩이를 파고 희생을 잡는다."라고 하였고, 또 哀公 17년 傳에 "제후의 會盟에 누가 소의 귀를 잡습니까?"라고 하였으니, 바로 그 사례이다. 그 소를 죽여서는 반드시 피와 귀를 가져다가 손에 玉敦의 피를 집어 입으로 가져간다는 것을 알 수 있으니, 定公 8년에 "涉佗(晉나라 大夫)가 衛侯의 손을 밀쳐서 위후의 팔뚝에 피가 튀었다."라고 하였고, 또 양공 9년 傳에 "大國(晉나라)과 結盟하고 입에 바른 피가 마르지도 않았다."라고 하였으니, 바로 그 사례이다. 이미 맹약을 한 뒤에 희생과 남은 피는 맹약하는 내용을 기재한 글과 아울러 희생의 위에 놓고 구덩이에 넣어 묻는다. 그래서 僖公 25년 傳에 "밤이 되자 구덩이를 파고 〈희생을 잡아〉 피를 마시고 盟書를 〈희생 위에〉 올려놓는다."라고 하였으니, 바로 그 사례이다.

춘추시대에 천자의 命을 통하지 않고 제후들끼리 독자적으로 결맹을 할 경우에는 대국은 그 맹약의 내용을 정하고 소국은 그 행사를 주관한다. 官位에 따라 비록 조금 다르지만 禮는 대체로 같다. 그래서 ≪春秋釋例≫에 "맹약을 할 적에 희생을 죽이고 맹약하는 내용을 적은 글을 올려두는데, 대국은 그 맹약하는 내용을 정하고 소국은 그 행사를 주관하여 珠槃과 玉敦에 흐르는 피를 받들어 함께 마신다."라고 하였으니, 바로 그 사례이다. 맹세의 내용을 기재한 말은 傳에 많이 있다.

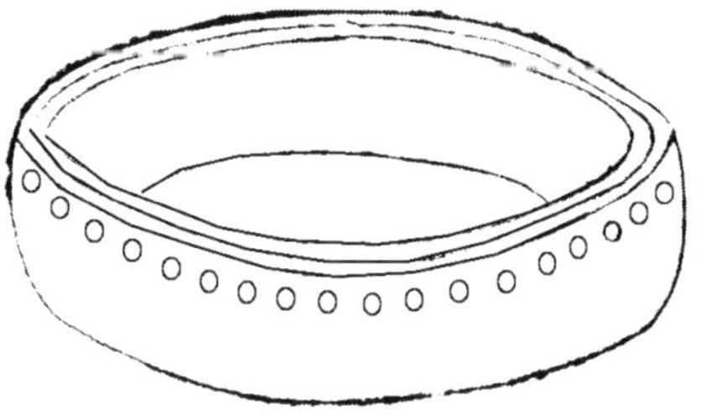
珠槃

敦

이때 隱公이 邾나라와 우호를 맺고자 하여 邾君이 蔑 땅에 왔고, 은공이 가서 그와 결맹한 것이다. 史書는 魯나라의 일이므로 은공을 위주로 하여 '公及'이라고 하였으니, 及은 여기에서 저기에 미치는 것으로, 노나라에 의거해서 글을 쓴 것이다. 桓公 17년에 "환공이 주의보와 趡에서 결맹하였다."라고 하였는데, 저기서는 '會'라고 하고, 여기서는 '及'이라고 한 것은 저기서는 회합의 禮를 거행하였고, 여기서는 회합의 예를 거행하지 않았기 때문이다. 그래서 劉炫이 이르기를 "策書의 例에 회합을 우선하고 맹약을 나중에 하는 경우 위에는 '會'라고 하고 아래에는 '盟'이라 한다. 맹약만 하고 회합을 하지 않은 경우에는 단지 '及'이라고만 쓴다."라고 하였다. 이 경우는 회합의 예를 거행하지 않았기 때문에 '及'이라고 말한 것이다. 어떤 경우에는 史官이 글을 다르게 쓰기도 하는데, 회합을 우선하지 않고 맹약하면 '會'라고 칭한다는 것을 알 수 있다. 文公 7년에 "문공이 제후 및 晉나라 大夫와 扈에서 결맹하였다."라고 하였고, 傳에 "公이 늦게 도착하였다."라고 하였으니, 이는 회합에 이른 것이 아닌데 經에서 '會'라고 일컬었다. 따라서 맹약을 할 때 '會'라고 일컫는 것은 꼭 회합의 예를 거행하는 것을 우선으로 하는 것은 아님을 알 수 있다.

【疏】 ○ 注'附庸'至'姑城' ○ 正義曰：傳言'未王命', 知是附庸也. 莊五年"郳犁[1]來來朝", 傳曰'未王命', 解其稱名之意. 是知附庸之君例稱名也. 禮記王制云"不合於天子, 附於諸侯, 曰附庸." 鄭玄云"不合謂不朝會也. 小城曰附庸. 附庸者, 以國附於大國, 未能以其名通." 是說附庸之義也. 王制又云"天子之元士[2]視附庸", 然則附庸貴賤與天子之元士同也. 其禮則四命[3], 知者, 天子大夫視子男, 卿視伯, 三公視公侯, 所視皆多一命, 明知附庸多於元士一命. 又諸侯世子未誓, 執皮帛, 視小國之君, 公之孤四命亦執皮帛, 及附庸亦執皮帛, 故知四命也. 然則天子大夫四命稱字, 附庸稱名者, 以王朝之臣故特尊之而稱字. 釋例曰"名重於字, 故君父之前自名, 朋友之接自字, 是以春秋之義, 貶責書其名, 斥所重也, 褒厚顯其字, 辟所諱也". 然則應字而名則是貶, 應名而字則是貴, 故宰咺(훤)[4]書名以貶之, 儀父書字以貴之. 傳文唯言"貴之", 不說可貴之狀. 賈・服以爲儀父嘉隱公有至孝謙讓之義而與結好, 故貴而字之, 善其慕賢說(열)讓. 知不然者, 案傳云"公攝位而欲求好於邾", 是公先求邾, 非邾先慕公, 復何足貴. 且書曰'儀父'乃是新意[5], 仲尼以事有可善乃得書字善之, 不是緣魯之意以爲褒貶, 安得以其慕賢便足貴之. 又桓十七年"公及邾儀父盟于趡", 桓公不賢不讓, 彼經亦書'儀父', 故知'貴之'之言不爲慕賢說讓也. 附庸不能自通, 不與盟會, 今能自通大國, 繼好息民, 故知爲此貴而字之, 不貴來朝而貴其盟者, 朝事大國, 則附庸常道, 齊盟結好, 非附庸所能, 故盟則貴之, 朝從常法.

1) 郳犁 : 郳는 曹姓이고 顓頊의 후손이다. 附庸國으로, 東海昌慮縣 동북에 郳城이 있다. 犁來는 郳君의 이름이다.

2) 天子之元士 : 周나라 때 천자의 士로, ≪禮記≫ 〈王制〉에 "천자에게는 3명의 公과 9명의 卿과 27명의 大夫와 81명의 元士가 있다.〔天子 三公 九卿 二十七大夫 八十一元士〕"라고 하였으며, ≪孟子≫ 〈萬章 下〉에 "천자의 경은 땅을 받음을 侯에 견주고, 대부는 땅을 받음을 伯에 견주고, 元士는 땅을 받음을 子·男에 견준다.〔天子之卿 受地視侯 大夫 受地視伯 元士 受地視子男〕"라고 하였다.

3) 四命 : 九命으로 나뉜 爵位 등급 중 四命의 등급에 해당하는 벼슬이다. 周나라의 官階에는 一命부터 九命까지 있었는데, 일명이 가장 낮고, 구명이 가장 높다. ≪周禮≫ 〈大宗伯〉에 "一命受職, 再命受服, 三命受位, 四命受器, 五命受則, 六命賜官, 七命賜國, 八命作牧, 九命作伯"이라고 하였다.

4) 宰咺(훤) : 宰는 官名이고, 咺은 人名이다. 咺이 死者에게 주는 물품을 장사 지내기 전에 미리 주지 않았고, 산 사람에 대한 弔喪을 슬퍼할 때에 미쳐 하지 않았으며, 仲子가 아직 죽지도 않았는데 死者에게 주는 賵을 미리 전하였기 때문에 그를 깎아 내려 이름을 기록한 것이다.

5) 新意 : 孔子가 ≪春秋≫를 編修하면서 舊史의 誤謬를 삭제해 是正한 것과 舊史에 기록하지 않은 것이 義에 맞다고 여긴 이 두 가지를 新例라 한다.

注의 〔附庸〕에서 〔姑城〕까지

○ 正義曰 : 傳에 "〈邾儀父가 아직〉 周王의 策命을 받지 않았다."라고 하였으니, 附庸國임을 알 수 있다. 莊公 5년에 "郳의 犁來가 魯나라에 와서 朝見하였다."라고 하였고, 傳에 "〈犁來가〉 아직 주왕의 책명을 받지 않았다."라고 하였는데, 郳君의 이름을 칭한 뜻에 대해 해석한 것이다. 이에 부용국의 군주는 이름을 칭하는 것이 例임을 알 수 있다.

≪禮記≫ 〈王制〉에 "〈사방 50리가 되지 못하는 나라는〉 天子의 조정에 모이지 못하여 諸侯에게 붙으니, 이것을 附庸이라고 한다."라고 하였고, 鄭玄은 "不合은 조회하지 못함을 이른다. 小城을 부용이라고 한다. 부용은 國事를 大國에 붙어서 하니, 자기 국명으로 〈직접 외국과〉 통할 수 없다."라고 하였다. 이는 부용의 의미를 설명한 것이다.

〈왕제〉에 또 "천자의 元士는 부용에 견준다."라고 하였는데, 그렇다면 부용의 貴賤은 천자의 원사와 동등하다. 그 禮는 四命임을 알 수 있는 것이니, 천자의 大夫는 子·男에 견주고, 卿은 伯에 견주고, 三公은 公·侯에 견주는데, 견주는 바가 대부분 一命이니, 부용 대부분 원사의 一命에 해당함을 분명히 알 수 있다. 또 제후의 世子로 아직 천자의 명을 받아 嗣子가 되지 못하고 皮帛을 잡는 경우는 小國의 군주에 견주며, 公의 孤는 四命이니 또한 皮帛을 가지며, 부용 역시 皮帛을 가지기 때문에 사명임을 알 수 있다. 그렇다면 천자의 대부는 사명으로 字를 칭하는데 부용은 이름을 칭한 것은, 王朝의 신하이므로 특별히 존중해서 字를 칭한 것이다. ≪春秋釋例≫에 "이름이 字보다 중하기 때문에 君父의 앞에서는 스스로 이름을 말하고, 朋友가 만날 적엔 스스로 字를 말한다. 이 때문에 ≪春秋≫의 義例에 貶責할 경우에 그 이름을 적어 중한 바를 배척하고, 褒彰할 적에는 그 字를 드러내어 諱하는 바를 피해준다."라고 하였다. 그렇다면 字를 써야 하는데 이름을 쓴 것은 폄척한 것이고, 이름을 써야 하는데 字를 쓴 것은 존귀하게 한 것이다. 그래서 宰咺은 이름을 써서 폄척하였고, 주의보는 字를 써서 존귀하게 한 것이다.

傳文에 오직 '貴之'라고만 하고 존귀하게 여길 만한 실상은 설명하지 않았다. 賈公彦과 服虔은 주의보가 지극히 효성스럽고 겸양하는 의리가 있는 隱公을 아름답게 여겨 우호를 맺었으므로 존귀하게 여겨 字를 쓴 것이니, 현자를 尊慕하고 겸양을 좋아하는 것을 좋게 여긴 것이라고 하였다. 그러나 그렇지 않음을 알 수 있으니, 傳을 살펴보면 "은공이 攝位하여 邾나라와 우호를 맺고자 하였다."라고 하였는데, 이는 은공이 먼저 주나라에 우호를 구한 것이지 邾君이 먼저 공을 존모한 것이 아니다. 또 어찌 존귀하게 여길 것이 있겠는가. 또 '儀父'라고 쓴 것은 바로 新意이니, 仲尼가 일에 善하게 여길 만한 점이 있어서 字를 써서 稱善한 것이지 魯나라와 관련지을 의도로 포폄한 것은 아니다. 그가 은공의 어짊을 존모했다고 하여 곧 尊貴하게 여겼다는 이치가 어디에 있겠는가. 또 桓公 17년에 "환공이 주의보와 趡에서 결맹하였다."라고 하였는데, 환공은 어질지도 겸양하지도 않았는데, 저 經文에 또한 '儀父'라고 적었다. 그러므로 '貴之(존귀하게 여겼다)'는 말은 어짊을 존모하고 겸양을 좋아해서가 아닌 것이다. 부용국은 스스로 외국과 通交하거나 더불어 결맹·회합을 할 수가 없는데, 지금 스스로 대국과 통교하여 우호를 계속하고 백성을 安息하게 하였으므로 이를 존귀하여 대우하여 字를 쓴 것임을 알 수 있다.

來朝한 것을 존귀하게 여긴 것이 아니라 結盟한 것을 귀하게 여긴 것은 來朝하여 대국을 섬기는 것이 부용국의 常道이고, 한마음으로 맹약하고 우호를 맺는 것은 부용국이 할 수 있는 것이 아니기 때문이다. 그러므로 결맹은 귀하게 여겼고, 來朝는 상법을 따른 것이다.

夏五月에 鄭伯克段于鄢하다

여름 5월에 鄭伯이 共叔段을 鄢에서 이겼다.

【注】不稱國討而言鄭伯은 譏失教也라 段不弟라 故不言弟하야 明鄭伯雖失教而段亦凶逆이라 以君討臣而用二君之例者는 言段强大儁傑로 據大都以耦國이니 所謂'得儁曰克'[1)]也라 國討例在莊二十二年하고 得儁例在莊十一年하며 母弟例在宣十七年이라 鄭在滎陽宛陵縣西南이라 鄢은 今潁川鄢陵縣이라

1) 得儁曰克 : 杜預 注에 의하면, '儁'은 共叔段처럼 재주와 힘이 대중을 복종시키기에 충분하고, 위엄과 권한이 자신의 위치를 공고히 하기에 충분한 자를 이름이다. 그러나 앞으로는 外寇로서 강한 敵이 되지도 못하고, 뒤로는 교활하고 용감하여 임금이 둘인 것 같은 난리를 일으키지만 사실은 임금이 아니기 때문에, 그런 자를 잡고 승리하면 저들이 '敗績'했다고 말하지 않고 다만 '克'한 상대의 이름만을 기록할 뿐이라고 하였다.

鄭나라가 討伐하였다고 칭하지 않고 '鄭伯'이라고 말한 것은 아우를 잘못 가르친 것을 나무란 것이다. 段도 아우답지 못했기 때문에 아우라고 말하지 않아서, 정백이 비록 잘못 가르치기는 하였으나 段도 凶逆임을 밝혔다. 임금으로서 신하를 쳤는데 두 나라 임금이 서로 전쟁한 例를 사용해서 〈'克'이라고 한 것은〉 段이 강대하고 준걸한 사람으로 大都에 雄據하여 城을 國都의 규모대로 쌓았기 때문이니, 이른바 '得儁(敵의 首領을 잡음)을 克이라 한다.'는 例를 사용한 것이다.

'國討'의 例는 莊公 22년에 보이고, 得雋의 例는 장공 11년에 보이고, 母弟의 例는 宣公 17년에 보인다. 鄭나라는 滎陽 宛陵縣 서남에 있다. 鄢은 지금의 潁川 鄢陵縣이다.

【疏】'夏五月'至'于鄢' ○ 正義曰 : 鄭國, 伯爵. 譜云"鄭, 姬姓, 周厲王子・宣王母弟桓公友之後也. 宣王封友於鄭, 今京兆鄭縣是也. 及幽王無道, 方遷其民於虢鄶, 虢鄶之君分其地, 遂國焉. 今河南新鄭縣是也. 莊公二十二年, 魯隱公之元年也. 聲公二十年, 獲麟之歲也, 二十三年而春秋之傳終矣. 聲公三十七年卒. 自聲以下, 五世八十七年, 而韓滅鄭". 此鄭伯, 莊公也. 謚法"勝敵克壯曰莊."

經의 〔夏五月〕에서 〔于鄢〕까지

○ 正義曰 : 鄭나라는 伯爵이다. ≪春秋國名譜≫에 "정나라는 姬姓으로 周 厲王의 아들이자 宣王의 母弟인 桓公 友의 후예이다. 선왕이 友를 鄭에 봉하였으니, 지금의 京兆 鄭縣이 바로 그곳이다. 幽王이 無道한 정사를 자행할 적에 바야흐로 虢과 鄶에 백성을 옮겼는데, 虢과 鄶의 군주가 그 땅을 분할하여 마침내 나라를 세웠다. 지금 河南

新鄭縣이 바로 그곳이다. 莊公 22년은 魯 隱公의 원년이다. 聲公 20년은 麒麟을 잡은 해이고, 23년에 ≪春秋≫의 傳이 끝난다. 성공은 37년에 졸하였다. 성공 이후로 5세 87년 만에 韓나라가 정나라를 멸망시켰다."라고 하였다.

여기 鄭伯은 莊公이다. 謚法에 "적을 이기고 의지가 강한 군주에게 '莊'이라는 시호를 쓴다."라고 하였다.

【疏】 ○ 注'不稱'至'陵縣' ○ 正義曰：國討者, 謂稱國若人. 稱國稱人, 則明其爲賊, 言一國之人所欲討也. 今稱鄭伯, 指言君自殺弟, 若弟無罪然, 譏其失兄之教, 不肯早爲之所, 乃是養成其惡, 及其作亂, 則必欲殺之, 故稱'鄭伯', 所以罪鄭伯也. 傳例母弟稱弟, 段實母弟, 以其不爲弟行, 故去弟以罪段也. 兩罪之者, 明兄雖失教而段亦凶逆也. 釋例曰"兄而害弟者, 稱弟以章兄罪, 弟又害兄, 則去弟以罪弟身. 統論其義, 兄弟二人交相殺害, 各有曲直, 存弟則示兄曲也. 鄭伯旣失教, 若依例存弟, 則嫌善段, 故特去弟, 兩見其義." 是其說也. 襄三十年"天王殺其弟佞夫", 傳曰"罪在王", 則與鄭伯同譏, 而佞夫不去弟者, 釋例曰"佞夫稱弟, 不聞反謀也. 鄭段去弟, 身爲謀首也". 然則佞夫不與反謀, 罪王而不罪佞夫, 故稱弟也. 傳例戰敗克取, 兩國之文, 段實鄭臣而言克段, 故申明傳意以解之. '得儁曰克', 莊十一年傳例也. '國討例在莊二十二年'者, 彼經書"陳人殺其公子御寇", 實君殺大子, 而稱'陳人'者, 陳人惡其殺大子之名, 故不稱君父, 以國討公子告也. 傳稱"陳人殺其大子御寇", 以實言之, 明經所書國討之例也. 彼無凡例而言例者, 正以此傳云"稱鄭伯, 譏失教也", 言稱是仲尼之變例[1]也. 稱君爲罪君, 則知稱人爲國討. 序云"推變例以正褒貶", 卽此類也. 推以爲例, 故言例在彼年. 諸注言'例在'者, 未必皆有凡例也. 地理志河南郡有宛陵・新鄭, 各自爲縣. 晉世分河南而立滎陽, 廢新鄭而入宛陵, 故鄭在宛陵西南也. 又地理志潁川郡有鄢陵縣.

1) 變例：〈春秋左氏傳序〉에 의거하면 傳에 '書'라 칭한 곳도 있고, '不書'라 칭한 곳도 있으며, '先書'라 칭한 곳도 있고, '故書'라 칭한 곳도 있으며, '不言'이라 칭한 곳도 있고, '不稱'이라 칭한 곳도 있고, '書曰'이라 稱한 곳도 있는데, 이 모두 新舊의 例를 일으켜 大義를 드러낸 것으로 이를 '變例'라 한다고 하였다.

○ 注의 〔不稱〕에서 〔陵縣〕까지

○ 正義曰：'國討(鄭나라가 토벌하였다)'는 나라를 칭하기를 사람처럼 한 것이다. 나라를 칭하기를 사람을 칭하듯이 하는 것은 賊으로 규정함을 분명히 한 것이니, 온 나라

사람들이 토벌하고자 한다는 것을 말한 것이다. 지금 鄭伯을 칭하여 군주가 스스로 아우를 죽이는 것을 지적해 말하고 아우는 죄가 없는 것처럼 하였으니, 그가 형으로서의 가르침을 잃어 기꺼이 일찌감치 조치하지 못하고 도리어 아우의 악을 養成하였고, 난리를 일으키기에 이르러서는 반드시 죽이고자 한 것을 비판하였다. 따라서 '鄭伯'이라고 칭한 것이니, 정백에게 죄를 주려고 한 것이다. 傳例에 母弟는 弟라고 칭하니, 段은 실제로 모제인데 그가 아우답게 행동하지 않았으므로 弟를 없애서 段에게 죄를 준 것이다. 양쪽에 죄를 준 것은 형이 비록 교육을 잘못하기는 하였으나 段도 凶逆임을 밝힌 것이다. ≪春秋釋例≫에 "형으로서 아우를 해치는 경우는 弟를 칭하여 형의 죄를 드러내고, 아우가 형을 해치면 弟를 없애서 아우 그 자신에게 죄를 준다. 그 뜻을 통틀어 논하면 형제 2인이 서로 살해하는 경우에 각기 曲直이 있는데 弟를 남겨놓으면 형의 잘못임을 보인 것이다. 정백이 이미 교육을 잘못하였으되, 만약 例에 따라 弟를 남겨둔다면 段을 선하게 여긴 것이라는 혐의가 있게 되기 때문에 특별히 弟를 없애서 양쪽 모두에게 義例를 드러낸 것이다."라고 하였으니, 바로 그 내용이다.

襄公 30년에 "天王이 그 아우 佞夫를 죽였다."라고 하였고, 傳에 "죄가 왕에게 있다."라고 하였으니, 정백과 똑같이 비판하면서도 佞夫를 〈칭할 때〉 弟를 없애지 않은 것은 ≪춘추석례≫에 "영부를 弟라고 칭한 것은 모반 사실을 듣지 못하였기 때문이다. 鄭나라 段을 〈칭할 때〉 弟를 없앤 것은 자신이 모반의 우두머리가 되었기 때문이다."라고 하였다. 그렇다면 영부는 모반에 참여하지 않았으므로 왕에게 죄를 주고 영부에게는 죄를 주지 않은 것이니, 그래서 弟를 칭한 것이다. 傳例에 戰·敗·克·取는 두 나라 사이에 사용하는 글인데, 段은 사실 정나라 신하임에도 段에게 이겼다고 말하였으므로 傳의 뜻을 거듭 밝혀 해석한 것이다.

'得儁曰克(得儁을 克이라 한다)'은 莊公 11년의 傳例이다. '國討例在莊二十二年'이라고 한 것에 대하여 저 經文에 "陳人이 그 公子 御寇를 죽였다."라고 하였는데, 실은 임금이 太子를 죽인 것이다. 그런데 '陳人'이라고 칭한 것은 陳人이 태자를 죽였다고 소문이 나는 것을 싫어하였으므로 君父를 칭하지 않고 國人이 공자를 죽인 것으로 魯나라에 통고하였기 때문이다. 傳은 "陳人이 그 太子 御寇를 죽였다."라고 하였으니, 진실에 의거해 말해서 經에서 쓴 國討의 例를 밝힌 것이다.

저것은 凡例에 없는데 例라고 말한 것은 바로 이 傳에 "정백이라고 칭한 것은 아우를 잘못 가르친 것을 비판한 것이다."라고 하였으니, '칭하다'라고 말한 것이 仲尼의

變例이다. 君을 칭하는 것이 군주를 죄주는 것이라면 사람을 칭하는 것이 國討임을 알 수 있다. 序에 "변례를 미루어 褒貶을 바로잡는다."라고 한 것이 이 유형이다. 미루어 例를 만들기 때문에 "例가 저 해에 있다."고 말하는 것이다. 〈그러나〉 여러 곳의 注에서 '例在'라고 한 것이 꼭 모두 凡例가 있다는 것은 아니다.

≪漢書≫ 〈地理志〉에 河南郡에 宛陵과 新鄭이 나오는데, 〈당시에〉 각각 縣으로 되어 있었다. 晉나라 시대에 河南을 나누어 滎陽縣을 세우고, 新鄭縣을 없애 宛陵縣에 편입시켰으므로 鄭나라가 宛陵의 西南 쪽에 있게 된 것이다. 또 〈지리지〉에 潁川郡에 鄢陵縣이 있다고 하였다.

秋七月에 天王이 使宰咺(훤)來歸(궤)惠公仲子之賵(봉)[1]하다

1) 賵(봉) : 喪家에 주는 車馬 등의 물품이다. ≪春秋公羊傳≫ 隱公 원년에 "車馬를 賵이라 하고, 財貨를 賻라 한다."라고 하였다.

가을 7월에 天王이 宰咺을 보내와서 惠公과 仲子의 賵을 주었다.

【注】 宰는 官이요 咺은 名也라 咺賵死不及尸하고 弔生不及哀하여 豫凶事라 故貶而名之라 此天子大夫稱字之例라 仲子者는 桓公之母라 婦人無諡라 故以字配姓이라 來者는 自外之文이요 歸者는 不反之辭라

宰는 官名이고, 咺은 人名이다. 咺이 死者에게 주는 물품을 葬事 지내기 전에 맞추어 주지 않았고, 산 사람에 대한 弔喪을 슬퍼할 때에 맞추어 하지 않았으며, 〈仲子가 아직 죽지도 않았는데〉 死者에게 주는 賵을 미리 전하였기 때문에 그를 깎아내려 이름을 기록한 것이다. 이것이 天子의 大夫에 대해 字를 칭한 例이다. 仲子는 桓公의 어머니이다. 婦人은 諡號가 없기 때문에 字를 姓에 붙인 것이다. 來는 국외로부터 왔다는 말이고, 歸는 도로 가져가지 않는다는 말이다.

【疏】 '秋七月'至'之賵' ○ 正義曰 : 天王, 周平王也. 譜云"周, 黃帝之苗裔, 姬姓, 后稷之後也. 后稷封於邰(태). 及夏之衰, 后稷之子不窋(굴)失其官, 竄於西戎. 至大王, 爲狄所逼, 去邠居岐. 文王受命, 武王克殷, 而王有天下. 幽王爲犬戎所殺, 平王遷都王城, 今河南縣是也. 平王四十九年, 魯隱公之元年也. 敬王又遷成周, 今洛陽是也. 敬王三

十九年, 獲麟之歲也. 四十三年而敬王崩. 敬王子元王九年, 春秋之傳終矣. 元王以下, 十一世二百二十六年而周亡也. 周本紀武王至平王凡十三王, 兄弟相及者一人, 平王是武王十一世孫也." 惠公薨在往年, 明年仲子始薨, 蓋於時有疾, 王聞其疾, 謂之已薨, 故使大宰大夫名咺者來至於魯, 幷歸惠公仲子之賵. 賵者, 助喪之物. 文五年注云"車馬曰賵". 士喪既夕禮云"公賵, 玄纁束帛兩馬", 士之制, 只得駕兩馬, 故云賵兩馬. 大夫以上, 皆駕四馬. 此宰咺來賵, 蓋用四馬也. 公羊傳曰"喪事有賵, 賵者蓋以馬, 以乘馬束帛. 車馬曰賵", 穀梁傳曰"乘馬曰賵", 皆謂宰咺用乘馬來也. 惠公仲子不言及者, 是幷致二賵, 或是史異辭, 蓋二者各以乘馬, 不宜以一乘之馬賵二人也. 服虔云"賵, 覆也. 天王所以覆被臣子". 案士喪既夕禮, 兄弟所知悉, 皆致賵, 非獨君之賵臣. 以賵爲覆則可矣, 其言"覆被臣子"則非也. 何休亦云"賵, 猶覆也", 蓋謂覆被亡者耳.

經의 〔秋七月〕에서 〔之賵〕까지

○ 正義曰 : '天王'은 周나라 平王이다. ≪春秋國名譜≫에 "周나라는 黃帝의 후예며, 姬姓으로 后稷의 후손이다. 후직이 邰에 봉해졌는데, 夏나라가 쇠망할 무렵에 후직의 아들 不窋이 관직을 잃고 西戎으로 내쫓겼다. 太王에 이르러 狄人의 핍박으로 邠을 떠나 岐로 가서 살았다. 文王이 天命을 받았고, 武王이 殷나라를 이기고 왕이 되어 천하를 장악하였다. 幽王이 犬戎에게 살해되고 平王이 王城으로 遷都하였으니, 지금의 河南縣이 바로 그곳이다. 평왕 49년은 魯 隱公 원년이다. 敬王이 또 成周로 천도하였으니, 지금의 洛陽이 바로 그곳이다. 경왕 39년은 麒麟을 잡은 해이다. 43년에 경왕이 붕어하였다. 경왕의 아들 元王 9년에 ≪春秋≫의 傳이 끝난다. 원왕 이후로 11세 226년이 지나 주나라가 멸망하였다. ≪史記≫ 〈周本紀〉에 무왕으로부터 평왕에 이르기까지 13王이고 형제끼리 전한 경우가 1人인데, 평왕은 바로 무왕의 11세손이다."라고 하였다.

惠公이 죽은 것은 작년의 일이고 이듬해에 仲子가 죽었으니, 〈중자가〉 그때 병이 있었는데 평왕이 병이 있다는 것을 듣고 이미 죽었으리라 여겼으므로 太宰大夫로 이름이 咺인 자를 魯나라에 보내왔고, 아울러 혜공과 중자의 賵을 준 것이다. 賵은 喪家에 扶助하는 물건이다. 文公 5년 注에 "車馬를 '賵'이라 한다."라고 하였고, ≪儀禮≫ 〈士喪既夕禮〉에 "公의 賵은 검은색과 분홍색의 束帛과 두 필의 말이다."라고 하였는데, 士의 禮制는 단지 두 필의 말을 수레에 메울 수 있기 때문에 "두 필의 말을 賵으로 한다."라고 한 것이다. 大夫 이상은 모두 네 필의 말을 메울 수 있다. 여기에서 宰咺이 와서 賵을 준 것은 아마 네 필의 말을 사용한 것일 것이다. ≪春秋公羊傳≫에 "喪事에는 賵을 주는데, 賵은 말을 써서 〈가지고 오고 賵하는 재물은〉 乘馬와 束帛으로 한다. 車馬를 '賵'이라 한다."라고 하였고, ≪春秋穀梁傳≫에 "乘馬를 '賵'이라 한다."라고 하였으니, 모두 宰咺이 乘馬를 사용하여 온 것을 말한다.

혜공과 중자를 언급하지 않은 것은 합쳐서 2賵을 보냈거나 史官이 말을 다르게 적은 것인데, 두 사람에게 각기 乘馬로 주었을 것이고 1乘의 말을 두 사람에게 賵하지 않았을 것이다. 服虔은 "賵은 덮음〔覆〕이다. 天王이 臣子를 덮어주는 것이다."라고 하였다. 〈사상기석례〉를 살펴보건대 형제로서 잘 아는 대상에게는 모두 賵을 보내니, 군주가 신하에게만 賵을 주는 것이 아니다. 賵으로 덮는다고 하면 괜찮지만 "臣子를 덮어준다."라고 하면 잘못이다. 何休도 또한 "賵는 覆과 같다."라고 하였으니, 죽은 자를 덮어줌을 이른다.

【疏】 ○ 注'宰官'至'之辭' ○ 正義曰：傳言"緩, 且子氏未薨, 故名". 是不應名而名之也. 貶乃書名, 知法應書字, 故云'此天子大夫稱字之例'. 傳無明例, 故推此以爲例也. 周禮天官"大宰卿一人, 小宰中大夫二人, 宰夫下大夫四人". 宰夫小宰皆是大夫, 未知宰咺是何宰也. 宰夫職曰"凡邦之弔事, 掌其戒令與其幣器財用". 鄭玄云"弔事, 弔諸侯諸臣, 幣, 所用賻也". 旣掌弔事, 或卽充使, 此蓋宰夫也. 仲子乃惠公妾耳, 王使賵之者, 隱立桓爲大子, 成桓母爲夫人, 天王知其然, 故遣賵惠公, 因卽賵之. 杜言"仲子者桓公之母", 正見此意. 不然, 仲子爲桓母, 傳有明文, 不須解也. 男子之有謚者, 人君則配王·配公, 大夫或配子, 或配字, 皆不以字配姓. 婦人於法無謚, 故以字配姓, 言其正法然也. 釋例曰"婦人無外行, 於禮當繫夫之謚, 以明所屬." 是言婦人不合謚也. 繫夫謚者, 夫人而已, 衆妾不合繫夫, 正當以字配姓也. 其聲子[1]·戴嬀[2]有謚者, 皆越禮妄作也.

1) 聲子：杜預의 注에 의하면 惠公의 元妃인 孟子의 姪娣로 추측된다. 제후가 처음으로 아내를 맞이하는 경우에는 그 여자 나라의 同姓國에서 그 여자의 조카나 동생뻘 되는 여자를 媵妾으로 보낸다. 元妃가 죽으면 次妃가 원비를 대신해 宮內의 일을 처리하는데, '夫人'이라고는 칭할 수 없기 때문에 '繼室'이라고 한 것이다.

2) 戴嬀：杜預의 注에 의하면 衛 莊公이 陳나라에서 맞이한 아내인 厲嬀의 동생으로, 桓公을 낳았다. 장강은 환공을 자기의 아들로 삼았다. 嬀는 陳나라의 姓이다. 厲와 戴는 모두 諡號이다.

注의 〔宰官〕에서 〔之辭〕까지

○ 正義曰：傳에 "〈시기가 이미〉 늦었고 또 子氏(仲子)는 아직 죽지도 않았으므로

〈폄하하여〉 이름을 기록하였다."라고 하였으니, 이는 이름을 기록해서는 안 되는데 기록하였다는 것이다. 폄하하여 이름을 썼다고 하였으니, 법도로 보면 字를 써야 한다는 것을 알 수 있다. 그러므로 '이것이 天子의 大夫에게 字를 칭한 例이다.'라고 한 것이니, 傳에 명확한 例가 없으므로 이를 미루어 例를 삼은 것이다. ≪周禮≫ 〈天官〉에 "太宰는 卿 1인이고, 小宰는 中大夫 2인이고, 宰夫는 下大夫 4인이다."라고 하였다. 宰夫와 小宰는 모두 大夫인데, 宰咺이 어떤 宰인지는 알 수 없다. 〈天官 宰夫〉에 "무릇 나라의 弔事가 있을 적에 戒令과 幣器, 財用을 관장한다."라고 하였다. 鄭玄은 "弔事는 諸侯와 신하들을 조문하는 것이고, 幣는 〈조문할 때〉 사용하는 賻助이다."라고 하였다. 이미 弔事를 관장하여 혹 사신에 충원된 듯하니, 이 사람(宰咺)은 아마도 宰夫일 것이다.

仲子는 곧 惠公의 妾일 뿐인데 王使가 賵을 준 것은 隱公이 桓公을 太子로 세우고 成桓의 어머니를 夫人으로 삼았으니, 天王이 그러한 사실을 알았으므로 혜공에게 賵를 보내고 이어 그녀에게도 賵을 준 것이다. 杜預가 "중자는 환공의 어머니이다."라고 한 것은 바로 그러한 뜻을 보인 것이다. 그렇지 않다면 중자가 환공의 어머니라는 것은 傳에 분명한 글이 있으니, 굳이 해설할 필요가 없었을 것이다.

남자에게 시호를 두는 것은 군주는 王을 붙이고 公을 붙이며, 大夫는 혹은 子를 붙이고 혹은 字를 붙이는데, 모두 字를 姓에 붙이지는 않는다. 婦人은 법도에 시호가 없기 때문에 字를 姓에 붙인 것이니, 正法이 그러함을 말한 것이다. ≪春秋釋例≫에 "부인은 바깥일을 행하지 않으니, 禮에 남편의 시호에 연계하여 소속을 밝힌다."라고 하였는데, 이는 부인에게 시호를 주지 않음을 말한 것이다. 남편의 시호에 연계하는 것은 부인뿐이며, 妾은 남편의 시호에 연계할 수 없고 바로 字로써 姓에 붙여야 한다. 聲子나 戴嬀 등의 시호가 있는 것은 모두 禮를 僭越하여 함부로 붙인 것이다.

九月에 及宋人盟于宿하다

9월에 隱公이 宋人과 宿에서 結盟하였다.

【注】客主無名은 皆微者也라 宿은 小國으로 東平無鹽縣也라 凡盟以國地者는 國主亦與盟이니 例在僖十九年이라 宋은 今梁國睢陽縣이라

客과 主(宋과 魯)의 이름을 기록하지 않은 것은 모두 지위가 낮은 자들이기 때문이다. 宿은 작은 나라로, 東平無鹽縣이다. 그 나라 땅에서 결맹하면 그 나라의 임금도 결맹에 참여하니, 그 例가 僖公 19년에 보인다. 宋나라는 지금의 梁國 睢陽縣이다.

【疏】 注'客主'至'陽縣' ○ 正義曰：春秋之例，若是命卿，則名書於經．此盟客主無名，故知皆是微者．公羊傳曰"孰及之．內之微者也"．穀梁傳曰"及者何．內卑者也．宋人，外卑者也"．卑微，言非卿也．客謂宋，主謂魯．直言及者，他國可言某人，魯史不得自言魯人，直言及彼，是魯及可知．其微人與他國聚會，亦直言會，與此同也．會盟之地，地必有主．擧地者，地主之國或與或否，故地主之國亦序於列．其經擧國名以爲盟地者，國主與在其中，不復(부)序之於列，以其可知故也．例在僖十九年者．彼經書"會陳人蔡人楚人鄭人，盟于齊．" 傳曰"陳穆公請脩好於諸侯，以無忘齊桓之德．冬，盟于齊，脩桓公之好也．" 言脩桓公之好，齊人必與可知也．齊人不序於列而以齊爲盟地，是其盟以國地者，國主與盟之例．此亦推以爲例，非凡例也．然則桓十四年"公會鄭伯于曹"，卽亦是例，而遠指僖十九年者，此旣是盟，故取盟爲例．其實會亦然也，故彼注云"以曹地，曹與會"是也．僖二十七年"楚人陳侯蔡侯鄭伯許男圍宋．公會諸侯盟于宋．" 宋不與盟亦地以宋者，彼注云"宋方見圍，無嫌於與盟，故直以宋地．" 然則宣十四年"楚子圍宋"，十五年"公孫歸父會楚子于宋"，亦是不嫌宋與，故地以宋也．地理志，"梁國睢陽縣，故宋國，微子所封"也．

注의 〔客主〕에서 〔陽縣〕까지

○ 正義曰：≪春秋≫의 例에 卿으로 임명된 경우에는 經에 이름을 쓴다. 그런데 이곳은 結盟한 일에 대해 客과 主의 이름이 없기 때문에 모두 지위가 낮은 자라는 것을 알 수 있다. ≪春秋公羊傳≫에 "누가 결맹을 하였는가? 국내의 지위가 낮은 자이다."라고 하였고, ≪春秋穀梁傳≫에 "결맹한 자가 누구인가? 국내의 지위가 낮은 자이다. '宋人'은 외국의 지위가 낮은 자이다."라고 하였다. '卑微'는 卿이 아님을 말한다. 客은 宋나라이고, 主는 魯나라이다. 단지 '及'이라고 말한 것은 他國은 '某人'이라고 말할 수 있지만 노나라 史官은 스스로 '魯人'이라고 말할 수 없으니, 단지 저와 함께하였다고만 말하더라도 노나라가 함께한 것임을 알 수 있다. 벼슬이 낮은 사람이 타국과 모여 會盟을 할 적에도 단지 '會'라고만 말하는 것도 이와 마찬가지 경우이다. 회맹하는 곳의 땅은 반드시 주인이 있다. 땅을 거론하는 것은 땅의 주인 나라가 혹 회맹에 참여하기

도 하고 참여하지 않기도 하기 때문에 땅의 주인 나라도 반열에 넣는 것이다. 經에 國名을 거론하면서 會盟하는 땅을 쓰는 것은 그 나라의 군주(땅의 주인)가 회맹에 참여하였으므로 다시 반열에 넣지 않아도 알 수 있기 때문이다.

例가 僖公 19년에 있다. 저 經에 "陳人, 蔡人, 楚人, 鄭人과 회합하여 齊나라에서 맹약하였다."라고 하였고, 傳에 "陳 穆公이 제후들 간에 서로 우호를 닦아서 齊 桓公의 德을 잊지 말자고 청하였다. 겨울에 제나라에서 맹약하였으니 환공이 〈霸者였을 때 달성한〉 우호를 천명한 것이다."라고 하였다. 제 환공이 달성한 우호를 닦는다고 말했으면, 齊人이 반드시 참여하였다는 것을 알 수 있다. 齊人을 列國에 넣지 않았으나 제나라가 회맹하는 땅으로 삼았으니, 이것이 회맹을 자기 나라 땅에서 하는 경우는 그 땅의 군주가 회맹에 참여하는 例이다. 이 역시 미루어 例를 삼은 것이지 凡例가 아니다. 그렇다면 桓公 14년에 "환공이 鄭伯과 曹에서 회합하였다."라고 한 것도 곧 이 例인데, 〈굳이〉 멀리 僖公 19년을 가리켜 예를 든 것은 이곳에서는 이미 盟約까지 하였으므로 맹약한 일을 취해 例를 삼은 것이다. 〈그러나〉 실제로는 회합의 경우도 그리 하기 때문에 저 注에 "曹나라 땅에서 회합하였으니, 조나라도 회합에 참여한 것이다."라고 하였으니, 바로 이것이다.

僖公 27년에 "楚人, 陳侯, 蔡侯, 鄭伯, 許男이 宋나라를 포위하였다. 僖公이 제후와 회합하여 송나라와 結盟하였다."라고 하였다. 송나라가 회맹에 참여하지 않았는데도 송나라 땅이라고 한 것에 대해, 저 注에 "송나라가 현재 포위를 당하고 있으나 맹약에 참여하는 것은 혐의스러울 것이 없다. 그러므로 〈회맹의 장소를〉 송나라 땅이라고 기록한 것이다."라고 하였다. 그렇다면 宣公 14년에 "楚子가 송나라를 포위하였다."라고 하였고, 15년에 "公孫歸父가 송나라에서 초자와 회합하였다."라고 하였으니, 역시 송나라가 참여하는 것이 혐의스러울 것이 없으므로 장소를 송나라 땅으로 기록한 것이다. ≪漢書≫ 〈地理志〉에 "梁國 睢陽縣은 옛 宋나라로, 微子가 봉해진 곳이다."라고 하였다.

冬十有二月에 祭(채)伯來하다

겨울 12월에 祭伯이 魯나라에 왔다.

【注】祭伯은 諸侯爲王卿士者라 祭는 國이요 伯은 爵也라 傳曰非王命也라하야 釋其不稱使라

祭伯은 제후로서 왕의 卿士가 된 자이다. 祭는 國名이고, 伯은 爵名이다. 傳에 "王命이 아니었다."라고 기록하여, '使'로 칭하지 않은 이유를 해석하였다.

【疏】 注'祭伯'至'稱使' ○ 正義曰：僖二十四年傳富辰說周公封建親戚以蕃屛周, 而云"邢茅胙祭", 則祭之初封畿外之國也. 穆王之時有祭公謀父[1], 今有祭伯, 世仕王朝, 蓋本封絶滅, 食采於王畿也. 莊二十三年"祭叔來聘", 注"以爲祭叔爲祭公, 來聘魯. 天子內臣, 不得外交". 是祭於此時爲畿內之國, 仍有封爵, 故言諸侯爲王卿士也. 釋例曰"王之公卿皆書爵, 祭伯·凡伯是也, 大夫稱字, 南季·榮叔是也, 元士中士稱名, 劉夏·石尙是也, 下士稱人, '公會王人于洮'是也. 其或稱祭公, 擧官而言之, 此其定例也." 然春秋之世有王之卿士無采地者, 若王叔·陳生·伯輿之屬是也. 但未知書經其稱云何. 杜旣云公卿稱爵, 而王子虎及劉卷卒稱名者, 彼是天王爲赴, 以名告魯, 如諸侯之例, 薨則稱名, 此云公卿稱爵者, 謂聘使往還, 與彼爲異也. 又襄十五年注云"天子卿書字"者, 以傳云"劉夏逆王后于齊, 卿不行, 非禮也".[2] 以劉夏非卿書名, 若卿則應書字, 以名字相對, 故擧以言焉, 其實卿書爵也. 此祭伯若王使來, 當云"天王使祭伯來聘", 亦如"天王使凡伯來聘". 今以自來爲文, 明非王命而私行也. 劉炫云"卿而無爵, 或亦書字, 大夫有爵, 或亦書爵". 傳稱"王叔陳生與伯輿爭政", 俱是卿士, 竝不言爵. 又滕侯之先爲周卜正, 書稱齊侯呂伋爲虎賁氏, 則大夫或有爵也. 然則大夫有爵, 不可舍爵而書字, 卿而無爵, 不可越字而書名. 蓋有卿士亦書字·大夫亦書爵也. 王臣之見經者衆, 祭伯·凡伯·毛伯·單伯·召伯·君子·單子·劉子, 其間未必無大夫. 榮叔·南季·家父叔服, 其間未必無卿. 但無明證, 故依例解之. 襄十五年注云"天子卿書字", 是言天子卿有書字之理.

1) 祭公謀父：周나라 卿士로, 대대로 甲兵의 職을 맡았다. 穆王의 遊行을 諫하였다.

2) 又襄十五年注云……非禮也：원문에는 "劉夏逆王后于齊 卿不行 非禮也"가 모두 傳의 내용인 것처럼 되어 있으나, 실제로 "劉夏逆王后于齊"는 經이고, "卿不行 非禮也"만 傳에 해당한다. 그러나 이를 經에 속한 내용까지 따로 분리하여 번역하면 문맥이 연결되기 어렵기 때문에, 우선 모두 傳의 내용인 것처럼 번역하고 역주하였다.

注의 〔祭伯〕에서 〔稱使〕까지

○ 正義曰：僖公 24년 傳에 富辰이, 周公이 親戚을 封建하여 周나라 왕실의 울타리로 삼았다고 말하는 중에 "邢, 茅, 胙, 祭나라"를 거론하였으니, 祭나라는 초기에 畿外

에 봉해진 나라이다. 穆王 때 祭公 謀父가 있었고 지금 祭伯이 있으니, 대대로 王朝에 벼슬하였으되 본래 봉해진 나라는 끊어져 멸망하고 王畿에 식읍을 받았다. 莊公 23년에 "祭叔이 와서 聘問하였다."라고 하였고, 注에 "〈≪春秋穀梁傳≫에는〉 '祭叔來聘'을 '祭公來聘魯'라 하였다. 天子의 內臣(畿內의 諸侯)은 外交를 할 수 없다."라고 하였다. 이는 채나라가 이 시기에 畿內의 나라이면서 그대로 封爵을 갖고 있었기 때문에 제후로서 왕의 卿士가 된 자라고 한 것이다.

≪春秋釋例≫에 "왕의 公卿은 모두 작위를 쓰는데, 祭伯・凡伯이 이런 경우이다. 大夫는 字를 칭하니, 南季・榮叔이 이런 경우이다. 元士와 中士는 이름을 칭하니, 劉夏・石尙이 이런 경우이다. 下士는 人이라 칭하니, '公이 洮에서 王人과 회합하였다.'라고 한 것이 이 경우이다. 혹은 祭公이라 칭하고 관작을 들어 말하니, 이것이 定例이다."라고 하였다. 그러나 춘추시대에 왕의 경사로 采地가 없는 자가 있으니, 王叔・陳生・伯輿 등이 이 경우이다. 다만 經에 그 칭호를 쓴 것이 어떤 까닭인지 알 수 없다.

杜預가 이미 공경은 작위를 칭한다고 말하였는데 王子虎와 劉卷이 卒하였을 때 이름을 칭한 것은, 저 경우는 天王이 부고하면서 이름으로 魯나라에 고하였으므로 諸侯의 例대로 죽은 경우에 이름을 칭한 것이고, 여기서 公卿은 작위를 칭한다고 한 것은 聘使가 오가는 것을 이르니 저 경우와 다르다. 또 襄公 15년 注에 "天子의 卿은 字를 기록한다."라고 한 것은 傳에서 "劉夏가 齊나라에 가서 王后를 맞이하였다. 卿이 가지 않았으니, 禮에 맞지 않았다."라고 하였기 때문이다. 유하는 卿이 아니라서 이름을 썼으니, 만약 卿이라면 字를 썼을 것이다. 이름과 자를 相對로 하였으므로 거론해 말한 것인데, 그 실상은 卿은 작위를 쓴다는 것이다. 이 祭伯이 만약 王使로 왔다면 '天王使祭伯來聘(天王이 祭伯을 보내어 聘問하였다)'이라고 하여 또한 '天王使凡伯來聘(天王이 凡伯을 보내어 빙문하였다)'의 용례와 같이 하였을 것이다. 지금 스스로 왔다고 글을 썼으니, 王命이 아니라 사사로이 왔음이 분명하다.

劉炫이 이르기를 "卿으로서 작위가 없으면 혹 字를 쓰기도 하며, 大夫로서 작위가 있으면 혹 작위를 쓰기도 한다."라고 하였다. 傳(襄公 10년)에 "王叔陳生과 伯輿가 정권을 다투었다."라고 하였으니, 두 명 모두 卿士인데 아울러 작위를 말하지 않았다. 또 滕侯의 선조가 周나라 卜正인데, ≪尙書≫ 〈周書 顧命〉에 齊侯 呂伋을 虎賁氏로 삼았다고 칭하였으니, 대부도 혹 작위가 있는 것이다. 그렇다면 대부에게 작위가 있으면 작위를 없애고 字를 써서는 안 되며, 卿이면서도 작위가 없으면 字를 넘어 이름을 써서는 안 되니, 〈이처럼〉 卿士에게도 字를 쓰고 大夫에게도 작위를 쓰는 경우가 있다.

王의 신하가 經에 나오는 경우가 많은데, 祭伯・凡伯・毛伯・單伯・召伯・君子・單子・劉子 등은 그중에 꼭 대부가 없지는 않을 것이고, 榮叔・南季・家父叔服 등은 그중에 꼭 卿이 없지는 않을 것이다. 다만 증명할 수가 없기 때문에 例에 의거하여 해설한 것이다. 양공 15년 注에 "천자의 卿은 字를 쓴다."라고 하였으니, 이는 천자의 卿은 字를 쓰는 이치가 있음을 말한 것이다.

公子益師卒하다

公子 益師가 卒하였다.

【注】 傳例曰公不與小斂이라 故不書日은 所以示厚薄也라하니 春秋不以日月爲例나 唯卿佐之喪獨記日以見(현)義者는 事之得失로 既未足以褒貶人君이요 然亦非死者之罪니 無辭可以寄文이라 而人臣輕賤하니 死日可略이라 故特假日以見義라

傳例에 "隱公이 小斂에 참여하지 않았기 때문에 사망일을 기록하지 않은 것이다."라고 한 것은 君恩의 厚薄을 보이기 위한 까닭이다. ≪春秋≫에 日과 月로 例를 삼지 않았으나, 卿佐의 喪에만 유독 날짜를 기록하여 뜻을 드러낸 것은 일의 得失로 임금을 褒貶할 수 없고 그렇다고 죽은 자의 죄도 아니니 무어라고 글을 만들 수 없기 때문이다. 그런데 신하는 임금에 비해 가볍고 천하기 때문에 죽은 날짜를 생략할 수 있으므로 특별히 날짜를 빌려 뜻을 드러낸 것이다.

【疏】 注'傳例'至'見義' ○ 正義曰 : 傳文與上下作例者, 注皆謂之傳例. 釋例曰"君之卿佐, 是謂股肱, 股肱或虧, 何痛如之. 疾則親問焉, 喪則親與小斂大斂, 愼終歸厚[1)]之義也." 故仲尼脩春秋, 卿佐之喪, 公不與小斂, 則不書日, 示厚薄戒將來也. 卽以新死小斂爲文, 則但臨大斂及不臨其喪, 亦同不書日也. 襄五年, 冬, 十二月, "辛未, 季孫行父卒". 傳曰"大夫入斂, 公在位". 是公與小斂, 則書日之事也. 其翬・柔・溺等生見經傳, 死而不書卒者, 皆不以卿禮終也. 文十四年, 秋, "九月, 甲申, 公孫敖卒于齊". 已絶卿位, 公不與小斂而書日卒者. 釋例曰"公孫敖縱情棄命, 既已絶位, 非大夫也. 而備書於經者, 惠叔毁請於朝, 感子以赦父, 敦公族之恩, 崇仁孝之敎, 故傳曰'爲孟氏, 且國故也'". 是言雖不與斂, 恩實過厚, 故書日也. 莊三十二年"秋, 七月, 癸巳, 公子牙卒", 時公有疾.[2] 昭二十五年"冬, 十月, 戊辰, 叔孫婼卒", 二十九年"夏, 四月, 庚子, 叔詣卒", 時公孫在外. 成十七年, 冬, 十一月, "壬申, 公孫嬰齊卒于貍脤", 在外而卒. 皆公不與斂而書日者. 釋例曰"其或公疾在外, 大夫不卒於國, 而猶存其日者, 君子不責人以所不得備, 非不欲臨也". 然則爲其有故, 不得以責公, 故皆書日也. 公孫嬰齊書所卒之地, 餘皆不書地者, 釋例曰"魯大夫卒其竟內, 則不書地, 傳稱'季平子行東野, 卒于房'是也". 而先儒以爲雖以卿禮終, 而不臨其喪, 皆沒而不書. 杜知不臨其喪亦同不書日者, 案慶父之死不以卿禮終, 而經不書, 足知唯據不以卿禮終者經始不書, 明以卿禮終, 雖全不臨喪, 亦同書卒, 但不書日耳. 春秋諸書日與不日, 傳皆不發, 唯此發傳, 故特解之云"春秋不以日月爲例, 唯卿佐之喪獨託日以見義也." 言事之得失未足以褒貶人君者, 春秋之文, 褒爲厚賞, 貶爲大罰, 君之於臣, 有恩則常事不足以加賞, 無恩則小失不足以致罰, 故云"未足以褒貶"也. 止欲貶責死者, 君自無恩, 然亦非死者之罪, 意欲以爲勸戒, 無辭可以寄文, 而人臣對君爲輕賤, 死日可略去, 故於此一條特假日以見義, 其餘則不以日月爲例, 故無傳也.

1) 愼終歸厚 : ≪論語≫ 〈學而〉에 "愼終追遠 民德歸厚矣(초상을 삼가서 치르고 돌아가신 분을 추모하면 백성의 덕이 후한 데로 돌아갈 것이다.)"라고 한 曾子의 말을 인용한 것이다.

2) 秋……時公有疾 : 牙는 慶父의 母弟 僖叔이다. 鴆毒을 마시고 죽었으나, 罪가 있다고 고하지 않았으므로 '卒'이라고 기록한 것이다. 사망일을 기록한 것은 莊公이 질병이 있었기 때문에 小斂에 참여하지 않은 것을 詰責하지 않은 것이다.

注의 〔傳例〕에서 〔見義〕까지

○ 正義曰 : 傳文의 위아래 글로 例를 삼는 것을 注에 모두 '傳例'라고 하였다. ≪春秋釋例≫에 "군주의 卿佐는 바로 股肱의 신하를 말하는데, 고굉의 신하가 죽으면 얼마나 애통하겠는가. 병이 들면 친히 위문하고 喪이 나면 친히 小斂·大斂에 참여하니, 초상을 삼가서 치르고 〈돌아가신 분을 추모하여 백성의 덕이〉 후한 데로 돌아가도록 하는 의리이다."라고 하였다. 그래서 仲尼가 ≪春秋≫를 편수할 때 경좌의 상에 公이 소렴에 참여하지 않으면 날짜를 쓰지 않음으로써 厚薄을 보여 將來를 경계하였다. 만약〔卽〕 사망한 지 얼마 안 된 사람의 소렴에 〈참여하는 여부로 예를 들어〉 글을 썼다면, 단지 대렴에 임하는 것과 장례에 임하지 않는 경우도 마찬가지로 날짜를 쓰지 않는다.

襄公 5년 겨울 12월에 "辛未日에 季孫行父가 卒하였다."라고 하였고, 傳에 "大夫를 入斂할 때 양공이 가서 阼階에 있었다."라고 하였으니, 이는 공이 소렴에 참여하면 날짜를 쓰는 사례이다. 翬, 柔, 溺 등이 살아 있을 적에는 經과 傳에 보이지만 죽었을 적에 卒하였다고 쓰지 않는 것은 모두 죽음을 卿의 禮로 대우하지 않은 것이다.

文公 14년 가을에 "9월 甲申日에 公孫敖가 齊나라에서 卒하였다."라고 하였으니, 이미 卿의 지위가 끊어져서 문공이 소렴에 참여하지 않았으나 卒한 날짜를 쓴 것이다. ≪춘추석례≫에 "公孫敖가 제멋대로 굴고 명령을 저버려서 이미 지위가 끊어졌으니 大夫가 아니었다. 그런데 經에 〈대부의 예로〉 갖추어 써준 것은 惠叔이 哀毁한 모습으로 조정에 청하였으므로 자식에게 감동하여 아비를 용서하였으니 公族의 은혜를 돈독히 하고 仁孝의 교화를 높인 것이다. 그래서 傳에 '〈穆伯이〉 孟氏의 祖父이고 또 魯나라의 公族이기 때문이다.'라고 한 것이다."라고 하였다. 이는 비록 斂에 참여하지 않았더라도 은혜가 실상 과분하였으므로 날짜를 쓴 것이다.

莊公 32년에 "가을 7월 癸巳日에 公子牙가 卒하였다."라고 하였는데, 이때 장공이 병이 있었다. 昭公 25년에 "겨울 10월 戊辰日에 叔孫婼가 卒하였다."라고 하고, 29년에 "여름 4월 庚子日에 叔詣가 卒하였다."라고 하였는데, 이때 소공이 外國에 나가 있었다. 成公 17년 겨울 11월에 "壬申日에 公孫嬰齊가 貍脤에서 卒하였다."라고 하였는데, 외국에서 졸한 것이다. 이 모두 公이 斂에 참여하지 않았으나 날짜를 쓴 경우이다. ≪춘추석례≫에 "혹 公이 병들고 외국에 있거나 大夫가 자기 나라에서 卒하지 않았는데도 날짜를 그대로 쓴 경우는 君子가 그 사람이 예를 갖추지 않음을 질책하지 않은 것이니, 斂에 가기 싫어서 안 간 것이 아니기 때문이다."라고 하였다. 그렇다면 까닭이 있어서 참여하지 못하였기에 公을 질책할 수 없었으므로 모두 날짜를 기록한 것이다.

공손영제는 卒한 땅을 기록하였는데, 다른 경우는 모두 그 땅을 기록하지 않았다. ≪춘추석례≫에 "노나라 대부는 竟內에서 卒하면 땅을 기록하지 않는데, 傳에 '季平子가 東野를 巡行하고 房 땅에서 卒하였다.'라고 한 것이 이 경우이다."라고 하였다. 그런데 先儒들은 비록 卿의 禮로 죽음을 대우하더라도 喪에 가지 않으면 모두 덮어 없애고 〈卒 자체를〉 기록하지 않는다고 하였다. 〈이에 대하여〉 杜預는 그 상에 가지 않은 경우에도 〈소렴에 참여하지 않은 경우와〉 마찬가지로 날짜를 쓰지 않는다고 이해하였다.

살펴보건대 慶父가 죽었을 적에 卿의 禮로 죽음을 대우하지 않아 經에 쓰지 않았으니, 오직 卿의 예로 죽음을 대우하지 않은 경우에는 經에 처음부터 쓰지 않은 것을 알 수 있다. 그렇다면 卿의 예로 죽음을 대우하는 경우에는 비록 〈公이〉 전혀 상에 가지 않았더라도 마찬가지로 卒은 쓰고 날짜만 쓰지 않는 것이 분명하다. ≪春秋≫에 날짜를 쓰고 쓰지 않은 경우들에 대해 傳에 다 말하지는 않았는데 오직 여기에서만 傳에 말하였으므로, 특별히 해설하여 이르기를 "≪춘추≫에 日과 月로 例를 삼지 않았으나 오직 卿佐의 喪에만 유독 날짜를 기록하여 뜻을 드러내었다."고 한 것이다.

일의 得失로 임금을 褒貶할 수 없다고 말한 것은 ≪춘추≫의 글에 褒는 후한 상이 되고 貶은 큰 벌이 되므로, 군주가 신하에 대해 은혜가 있는 것은 常事이므로 상을 줄 수가 없고 은혜가 없으면 작은 실수이므로 벌을 줄 수가 없다. 그래서 "포폄할 수가 없다."라고 한 것이다. 다만 죽은 자를 貶責하고자 할 경우에 군주는 자연히 은혜가 없고 또 죽은 자의 죄도 아니니 勸戒를 하고자 생각하더라도 무어라고 글을 만들 수 없는데, 人臣은 군주에 비해 가볍고 천하기 때문에 죽은 날짜를 생략할 수 있으므로 여기 한 조목에 특별히 날짜를 빌려 뜻을 드러낸 것이다. 다른 경우에는 日과 月로 例를 삼지 않았기 때문에 傳에서 말한 것이 없는 것이다.

【傳】 元年이라 春王周正月이라

원년이다. 봄 周王 正月이다.

【注】 言周以別夏殷이라

周나라를 말하여 夏・殷나라와 구별하였다.

【傳】 不書卽位는 攝也일새니라

經에 즉위를 기록하지 않은 것은 〈隱公이 桓公을 대신해〉 攝行하였기 때문이다.

【注】 假攝君政이라 不脩卽位之禮라 故史不書於策하니 傳所以見異於常이라

임시로 임금의 政事를 代理하였다. 즉위의 禮를 거행하지 않았으므로 史官이 策에 기록하지 않았으니, 傳에 정상과 달랐음을 드러내었다.

【疏】'不書卽位攝也' ○ 正義曰：攝訓持也. 隱以桓公幼少, 且攝持國政, 待其年長, 所以不行卽位之禮. 史官不書卽位, 仲尼因而不改, 故發傳以解之. 公實不卽位, 史本無可書. 莊閔僖不書卽位, 義亦然也. 舊說賈服之徒以爲四公皆實卽位, 孔子脩經, 乃有不書, 故杜詳辨之. 釋例曰"遭喪繼位者, 每新年正月, 必改元正位, 百官以序, 故國史皆書卽位於策以表之. 隱旣繼室之子, 於第應立, 而尋父娶仲子之意, 委位以讓桓. 天子旣已定之, 諸侯旣已正之, 國人旣已君之, 而隱終有推國授桓之心, 所以不行卽位之禮也. 隱莊閔僖, 雖居君位, 皆有故而不脩卽位之禮, 或讓而不爲, 或痛而不忍, 或亂而不得, 禮廢事異, 國史固無所書, 非行其禮而不書於文也." 潁氏說, 以爲魯十二公國史盡書卽位, 仲尼脩之, 乃有所不書. 若實卽位, 則爲隱公無讓, 若實有讓, 則史無緣虛書. 是言實不卽位, 故史不書也. 傳於隱閔云"不書卽位", 於莊僖云"不稱卽位"者, 釋例曰"丘明於四公發傳, 以'不書''不稱'起文, 其義一也". 劉賈潁爲傳文生例云"恩深不忍, 則傳言'不稱', 恩淺可忍, 則傳言'不書'". 博據傳辭殊, 多不通. 案殺欒盈則云"不言大夫"[1], 殺良霄則云"不稱大夫"[2], 君氏卒則云"不曰薨", "不言葬, 不書姓"[3], 鄭伯克段則云"稱鄭伯", 此皆同意而別文之驗也. 傳本意在解經, 非曲文以生例, 是言'不書''不稱'義同之意也.

1) 不言大夫：襄公 23년에 나온다.
2) 不稱大夫：襄公 30년에 나온다.
3) 不言葬 不書姓：隱公 3년에 나온다.

傳의〔不書卽位攝也〕

○ 正義曰：攝은 '잡다〔持〕'라는 뜻이다. 隱公은 桓公이 어려서 잠시〔且〕 國政을 쥐고서 장성하기를 기다렸기 때문에 즉위의 禮를 거행하지 않은 것이다. 史官이 卽位를 기록하지 않았고 仲尼는 이어 고치지 않았으므로 傳에서 드러내 해설하였다. 公이 실제로 즉위하지 않으면 사관은 본래 쓸 수 있는 것이 없다. 莊公·閔公·僖公은 즉위를 기록하지 않았으니, 그 뜻은 역시 같다. 舊說에 賈公彦과 服虔의 무리는 네 公이 모두 실제로는 즉위하였는데, 孔子가 經文을 편수할 적에 기록하지 않은 경우가 있었으므로 杜預가 자세히 분변한 것이라고 하였다.

≪春秋釋例≫에 "喪을 당해 君位를 계승한 자는 매번 新年 正月이면 반드시 改元해 정식으로 즉위하고 百官의 位次를 정한다. 그러므로 나라의 사관도 즉위한 일을 다 史策에 써서 드러낸다. 은공은 이미 繼室의 아들이니 서열에 따라 즉위했어야 하지만,

아버지(惠公)가 仲子(桓公의 어머니)를 맞아들인 뜻을 좇아 君位를 환공에게 양보하였다. 天子가 이미 정해주었고 諸侯는 이미 바로잡았으며 國人이 이미 임금으로 받들었으나, 은공은 끝내 나라를 미루어 환공에게 전수할 마음을 갖고 있었으므로 즉위의 예를 거행하지 않은 것이다. 은공・장공・민공・희공은 비록 君位에 있었으나 모두 까닭이 있어서 즉위의 예를 거행하지 않았다. 혹은 讓位해서 하지 않았고, 혹은 병을 앓아 차마 하지 못하였고, 혹은 난리가 나서 할 수가 없어서였으니, 예를 폐한 이유는 일마다 다르고 나라의 사관은 본래 쓴 것이 없는 것이지, 禮를 거행하였으되 글에 쓰지 않은 것은 아니다."라고 하였다.

穎容은 "魯나라 12公은 노나라 사관이 즉위를 모두 기록하였는데 중니가 편수할 적에 쓰지 않은 점이 있다. 만약 실제로 즉위하였다면 은공은 양위한 사실이 없는 것이고, 만약 실제로 양위한 사실이 있다면 사관은 허위로 기록할 연유가 없는 것이다."라고 말하였다. 이 설은 곧 실제로 즉위하지 않았기 때문에 사관이 기록하지 않았다는 것이다. 傳에 은공・민공에 대해 "즉위를 기록하지 않았다."라고 하였고, 장공・희공에 대해 "즉위를 칭하지 않았다."라고 하였는데, ≪춘추석례≫에 "左丘明이 네 公에 대해 傳에 밝혀 '不書', '不稱'이라고 글을 썼으나 그 뜻은 동일하다."라고 하였다.

劉炫・가공언・영용은 傳文에 대해 例를 만들어 이르기를 "은혜가 깊어 차마 어쩔 수 없는 경우에는 傳에 '不稱'이라고 하였고, 은혜가 얕아 차마 어쩔 수 있는 경우에는 傳에 '不書'라고 하였다."라고 하였는데, 傳의 文辭를 다르게 쓴 것을 두루 근거해보면 대부분 통하지 않는다. 살펴보건대 欒盈을 죽였을 적에는 "大夫를 말하지 않았다."라고 하였고, 良霄를 죽였을 적에는 "대부로 칭하지 않았다."라고 하였으며, 君氏가 卒하였을 적에 "'薨'이라 말하지 않았다.", "葬事를 말하지 않았고, 姓을 기록하지 않았다."라고 하였고, 鄭伯이 段을 이겼을 적에는 "鄭伯이라고 칭하였다."라고 하였으니, 이 모두는 뜻은 동일한데 文辭를 다르게 쓴 증거이다. 傳의 본의는 經을 풀이하는 것이지 글을 왜곡하여 例를 만드는 것은 아니다. 여기 '不書', '不稱'이라고 한 것은 의미가 같다는 뜻이다.

膏肓[1]何休以爲古制諸侯幼弱, 天子命賢大夫輔相爲政, 無攝代之義. 昔周公居攝, 死不記崩, 今隱公生稱侯, 死稱薨, 何因得爲攝者. 周公攝政, 仍以成王爲主, 直攝其政事而已, 所有大事稟王命以行之. 致政之後乃死, 故卒稱薨, 不稱崩. 隱公所攝則位亦攝之, 以桓爲大(태)子, 所有大事皆專命以行, 攝位被殺, 在君位而死, 故生稱公, 死稱

薨, 是與周公異也. 且(公羊)〔何休〕以爲諸侯無攝, 鄭康成引公羊難云"宋穆公云'吾立乎, 此攝也.' 以此言之, 何得非左氏." 是鄭意亦不從何說也. 下傳曰"公攝位而欲求好於邾", 是位亦攝也. 又曰"惠公之薨也", "大子少", 是以桓爲大子也. 所以異於正君者, 元年不卽位, 行還不告廟, 不臨惠公之葬, 不成聲子之喪,[2] 尊仲子爲夫人, 薨則赴於諸侯, 又爲之立廟, 此是謙之實也. 隱公讓位賢君, 故爲春秋之首. 所以不入頌者, 魯僖公之時, 周王歲二月, 東巡守至于岱宗, 柴. 季孫行父爲之請於周, 大史克爲之作頌, 故得入頌. 隱公無人爲請, 故不入頌也.

1) 膏肓 : 後漢 何休가 公羊學을 좋아하여 지은 春秋學 저술의 하나로, 左氏學은 고황에 든 병처럼 고칠 수 없는 缺點이 있다고 비판하는 내용이다.

2) 不成聲子之喪 : 夫人이 薨하면 同盟國에 부고하고, 장사 지낸 뒤 그날 중으로 묘소에서 돌아와 正寢에서 虞祭를 지내며, 卒哭하고서 祖姑의 廟에 祔祭하는 것을 가리킨다. 聲子는 이러한 예를 제대로 갖추지 않았다는 것이다.

≪左氏膏肓≫에서 何休는 이렇게 말하였다. 古制에 제후가 幼弱할 경우에는 천자가 賢大夫에게 명하여 輔相이 되어 정사를 보도록 하였지, 攝政하는 뜻은 없었다. 옛날 周公이 居攝하고 죽었을 때 '崩'이라고 기록하지 않았는데, 지금 隱公은 살았을 때 '侯'라고 칭하고 죽었을 때 '薨'을 칭하였으니, 어떻게 攝者라고 할 수 있겠는가. 주공이 섭정함에 그대로 成王이 군주가 되었으니, 다만 정사만 대신하였을 뿐이지 大事가 있을 적에는 王命을 받아 시행하였다. 정사를 돌려준 뒤에 곧 죽었으므로 죽음을 '薨'이라 칭하고 '崩'이라 칭하지 않았다. 은공이 대신한 것은 君位 역시 대신한 것으로 환공을 太子로 삼아서 大事가 있을 적에는 모두 오로지 자기 명으로 시행하였다. 군위를 섭정하다 피살되었으므로 살아 있을 적에는 '公'이라 칭하고 죽어서는 '薨'이라 칭하였으니, 이는 주공과는 다르다.

또 하휴는 제후는 섭정을 하는 것이 없다고 하였는데, 鄭康成(鄭玄)이 ≪春秋公羊傳≫을 인용하여 논란하기를 "宋 穆公은 '내가 즉위하였는가. 이는 대신한 것이다.'라고 하였으니, 이것으로 말해본다면 어떻게 左氏를 비난할 수 있겠는가."라고 하였다. 이는 정현의 뜻 역시 하휴를 따르지 않은 것이다. 아래 傳에 "은공이 攝位하여 邾나라와 우호를 맺고자 하였다."라고 하였으니, 이는 군위 역시 대신했다는 것이다. 또 말하기를 "惠公이 薨하였다.", "태자(桓公)가 어렸다."라고 하였으니, 이는 환공을 태자로 삼은 것이다. 정식으로 군주가 된 경우와 다르기 때문에 원년에 즉위를 기록하지 않았고, 출행에서 돌아와 종묘에 고하지 않았으며, 혜공의 장례에 나오지 않았고, 聲子(은공의 어머니)의 상에 禮를 다 갖추지 않았으며, 仲子(환공의 어머니)를 夫人으로 높여 薨하였을 때 諸侯에게 부고하고 또 그를 위하여 종묘에 세웠으니, 이는 바로 謙讓의 실제이다.

은공은 군위를 양보한 賢君이기 때문에 ≪春秋≫의 첫머리에 놓였다. 魯頌에 들어가지 않은 까닭은 魯 僖公 때 周王이 그해 2월에 동쪽 지방을 巡守하여 岱宗(泰山)에 이르러 柴祭를 지냈는데, 이때 季孫行父는 周王에게 청하여 太史 克이 頌을 지어주었으므로 頌에 들어갈 수 있었고, 隱公은 아무도 청하지 않았으므로 頌에 들어갈 수 없었던 것이다.

【傳】 三月에 **公及邾儀父**(보)**盟于蔑**하니 **邾子克也**라

3월에 隱公이 邾儀父와 蔑에서 結盟하였으니 邾子의 이름은 克이다.

【注】 克은 儀父名이라

克은 儀父의 이름이다.

【傳】 未王命이라 **故不書爵**하다 **曰儀父**는 **貴之也**라

邾儀父가 아직 王命을 받지 못했기 때문에 爵位를 기록하지 않았다. 經에 '儀父'라고 한 것은 귀중하게 여긴 것이다.

【注】 王未賜命以爲諸侯하고 其後儀父服事齊桓以奬王室하니 王命以爲邾子라 故莊十六年經書邾子克卒이라

王이 아직 命을 내려 제후로 삼지 않았기 때문에 〈經에 邾儀父라고 썼고,〉 그 후에 儀父가 齊 桓公을 섬겨 王室을 돕자, 왕이 명을 내려 邾子로 삼았다. 그러므로 莊公 16년 經에 "邾子 克이 卒하였다."라고 기록하였다.

【疏】 注'王未'至'克卒' ○ 正義曰：莊十三年齊桓會諸國于北杏, 邾人在焉. 及十六年而書"邾子克卒", 故知由事齊桓乃得王命也. 賈・服以爲北杏之會時已得王命, 蓋以北杏之會邾人在列, 故謂其已得命也. 列與不列在於主會之意, 不由有爵與否. 襄二十七年宋之盟, 齊人請邾, 宋人請滕, 邾・滕不列於會, 故不書邾・滕. 襄五年戚之會, 穆叔以屬鄫爲不利, 使鄫大夫聽命于會, 故經書"鄫人". 然則爲人私屬則不列於會, 不爲人私屬則列於會, 不可據列會以否以明有爵也. 昭四年申之會, 淮夷列焉, 未必有爵也. 郳今無爵, 得與魯盟北杏, 會齊何須有爵. 莊十五年會于鄄, 傳曰"齊始霸", 則齊桓爲霸自鄄會始耳. 北杏之時, 諸侯未從, 霸功未立, 桓尙未有殊勳, 儀父何足可紀. 且齊桓未有功於王, 焉能使王命之. 其得王命, 必在北杏之後, 但未知定是何年耳. 服虔云"爵者, 醮也, 所以醮盡其材也."

注의 〔王未〕에서 〔克卒〕까지

○ 正義曰 : 莊公 13년 齊 桓公이 北杏에서 諸侯와 會合할 때 〈그 자리에〉 郳人도 있었다. 16년에 이르러 "郳子 克이 卒하였다."라고 하였으므로 제 환공을 섬긴 것으로 말미암아 王命을 얻었음을 알 수 있다. 賈公彦과 服虔은 북행의 회합 때 이미 왕명을 얻었으니, 북행의 회합에 郳人이 참여하였기 때문에 이미 왕명을 얻은 것이라고 하였다. 그러나 참여하였는지 참여하지 않았는지는 회합을 주관하는 측의 뜻에 달려 있는 것이지, 爵이 있고 없는 데서 말미암는 것은 아니다.

襄公 27년 宋의 회맹에서 齊나라는 郳나라를 〈屬國으로 삼기를〉 청하고, 宋나라는 滕나라를 〈속국으로 삼기를〉 청하니, 주나라와 등나라는 회맹에 참여하지 않았으므로 주나라와 등나라는 기록하지 않았다. 양공 5년 戚의 회맹에서 穆叔이 鄫나라를 속국으로 삼는 것이 불리하다고 여겨 증나라 大夫에게 회합에 〈참여하여 晉侯의〉 명을 듣게 하였다. 그래서 經에 '鄫人'이라고 기록한 것이다. 그렇다면 남의 속국이 되었으면 회합에 참여하지 않고 남의 속국이 되지 않았으면 회합에 참여하는 것이니, 회합에 참여하였는지 참여하지 않았는지에 근거하여 작위가 있음을 증명할 수는 없다.

昭公 4년 申의 회합에 淮夷가 참여하였는데, 꼭 爵이 있었던 것은 아니다. 주나라가 지금 爵이 없이 魯나라와 북행에서 맹약하였는데, 제나라와의 회합에 어찌 爵이 있어야 하겠는가. 장공 15년 鄄에서 회합하였는데, 傳에 "제나라가 비로소 霸者가 되었다."라고 하였으니, 제 환공이 패자가 된 것은 鄄의 회합에서 시작되었다. 북행에서 회합할 때는 제후들이 아직 따르지 않고 霸功도 수립하지 않아 환공에게 아직 특별한 功勳이 없었는데, 儀父가 어찌 기록될 수 있었겠는가. 또 제 환공이 王을 위한 공이 있지 않았는데, 어찌 왕으로 하여금 命을 내리게 할 수 있겠는가. 그가 왕명을 얻은 것은 반드시 북행의 회합 뒤인데, 다만 어느 해인지 확정하여 알 수 없다. 服虔은 "爵은 醮(다함)이니, 자기 재능을 다하도록 하는 것이다."라고 하였다.

【傳】公攝位하고 而欲求好於邾라 故爲蔑之盟하다

隱公이 〈桓公을 대신해〉 攝位하고 邾나라와 우호를 맺고자 하였으므로 蔑에서 결맹한 것이다.

【注】解所以與盟也라

邾나라와 결맹한 이유를 해석한 것이다.

【傳】夏四月에 費伯帥(솔)師城郎하다 不書는 非公命也라

여름 4월에 費伯이 군대를 거느리고 가서 郎에 성을 쌓았다. 經에 기록하지 않은 것은 은공의 命이 아니었기 때문이다.

【注】費伯은 魯大夫라 郎은 魯邑이니 高平方與縣東南有郁郎亭이라 傳曰君擧必書[1]라하니 然則史之策書皆君命也라 今不書於經도 亦因史之舊法이라 故傳釋之라 諸魯事를 傳釋不書他皆倣此라

1) 君擧必書 : ≪春秋左氏傳≫ 莊公 23년 傳 기사에 "임금의 擧動은 반드시 기록하는 것이니, 법도에 맞지 않는 일을 기록한다면 후손들이 무엇을 보고 본받겠는가?〔君擧必書 書而不法 後嗣何觀〕"라고 한 데서 보인다.

費伯은 魯나라 大夫이다. 郎은 노나라 邑이다. 高平 方與縣 동남쪽에 郁郎亭이 있다. 傳에 "임금의 擧動은 반드시 기록한다."라고 하였으니, 그렇다면 史官이 策에 기록한 것은 모두 임금의 命인 것이다. 지금 經에 기록하지 않은 것은 또한 史策의 옛 법을 따른 것이기 때문에 傳에 이렇게 해석한 것이다. 노나라의 여러 일들에 대해 傳에 '不書'라고 해석한 다른 곳도 그 例가 모두 이와 같다.

【疏】注'費伯魯大夫'至'倣此' ○ 正義曰 : '史之策書皆君命'者, 謂君所命爲之事乃得書之於策, 非謂君命遣書方始書也. 又解史策不書, 經亦不書之意. 仲尼書於經者, 亦因史之舊法, 舊史不書, 則亦不書, 故傳發此事, 釋經不書之意. '諸魯事, 傳釋不書, 他皆倣此', 謂下"盟于翼"·"作南門"[1]之類是也.

1) 盟于翼 作南門 : ≪春秋左氏傳≫ 隱公 원년 傳 기사에 "은공이 허락하지 않았는데도

公子 豫(魯나라 大夫)가 드디어 제멋대로 군사를 거느리고 가서 邾人·鄭人과 翼에서 結盟하였다. 經에 기록하지 않은 것은 은공이 명한 일이 아니기 때문이다. 새로 南門을 지었으나 經에 기록하지 않은 것도 은공이 명한 일이 아니기 때문이다.〔公弗許 遂行 及邾人鄭人盟于翼 不書 非公命也 新作南門 不書 亦非公命也〕"라고 한 데서 보인다.

注의 〔費伯魯大夫〕에서 〔倣此〕까지

○ 正義曰 : '史之策書皆君命'은 임금이 명하여 시행한 일이라야 策에 기록할 수 있음을 이른 것이지, 임금이 명하여 기록하게 한 뒤에야 비로소 기록함을 이른 것이 아니다. 또 사책에 기록되지 않았으면 經에도 기록하지 않은 뜻을 해석한 것이다. 仲尼가 경에 기록한 것은 또한 사책의 옛 법을 따른 것이다. 옛 사책에 기록되지 않았으면 경에도 기록하지 않았기 때문에 傳에서 이 일을 드러내어 경에 기록하지 않은 뜻을 해석한 것이다. '諸魯事 傳釋不書 他皆倣此'는 아래에 "翼(邾나라 땅)에서 結盟하였다."는 구절과 "南門을 지었다."는 구절과 같은 따위를 이른 것이 이것이다.

【傳】 初에 鄭武公娶于申하니 曰武姜[1)]이라

1) 武姜 : 姜은 申나라의 姓으로, 남편의 諡號인 武를 따라 자신의 시호로 삼은 것이다.

당초에 鄭 武公이 申나라에서 아내를 맞이하였으니, 그녀가 武姜이다.

【注】 申國은 今南陽宛縣이라

申나라는 지금의 南陽郡 宛縣이다.

【疏】 '初 鄭武公娶于申 曰武姜' ○ 正義曰 : 杜[1)]以爲凡倒本其事者, 皆言初也. 賈逵[2)]云"凡言初者, 隔其年, 後有禍福, 將終之, 乃言初也."

1) 杜 : 三國時代 晉나라의 杜預(222~284)로, 字는 元凱이다. 河南尹, 秦州刺史 등을 역임하고 鎭南大將軍이 되었다. 晉 武帝 太康 원년(280)에 군사를 거느리고 吳나라를 쳐서 멸망시킨 軍功으로 當陽縣侯에 봉해졌다. 儒家의 경전에도 조예가 깊었는데, 특히 ≪春秋左氏傳≫을 좋아하여 春秋學으로서의 左氏學을 집대성하였다. 저서로 ≪春秋左氏經傳集解≫, ≪春秋釋例≫ 등이 있다.(≪晉書≫ 권34 〈杜預列傳〉)
2) 賈逵 : 後漢 扶風 平陵 사람으로 經學家이다. 家學을 전수하여 약관의 나이에 ≪左氏傳≫과 五經에 통하였다. 今文經學家 李育과 논쟁을 통하여 古文經學의 지위를 끌어올렸다는 평가를 받았다. 한편 天文에도 밝아 編訢·李梵·李崇 등과 함께 四分曆을

수정하였다. 저서로 ≪春秋左氏傳解詁≫·≪國語解詁≫가 있다.

傳의 〔初 鄭武公娶于申 曰武姜〕

○ 正義曰：杜預는 "무릇 그 일의 본원을 거슬러 올라 찾는 것을 모두 '당초〔初〕'라고 말한다."라고 하였다. 賈逵는 "무릇 '당초'라고 말하는 것은 그해를 지나 나중에 재앙이나 복록이 생겨 장차 이대로 끝날 경우에 '당초'라고 말한다."라고 하였다.

賈逵

【疏】 ○ 注'申國今南陽宛縣' ○ 正義曰：外傳[1]說伯夷[2]之後曰"申呂雖衰, 齊許猶在"[3], 則申呂與齊許俱出伯夷, 同爲姜姓也. 國語曰"齊許申呂由大姜"[4], 言由大姜而得封也. 然則申之始封, 亦在周興之初, 其後中絶, 至宣王[5]之時, 申伯以王舅改封於謝. 詩大雅崧高之篇, 美宣王褒賞申伯[6]云"王命召伯, 定申伯之宅", 是其事也. 地理志"南陽郡宛縣, 故申伯國". 宛縣者, 謂宣王改封之後也. 以前, 則不知其地.

1) 外傳：左丘明이 지었다는 ≪國語≫를 가리킨다. 경전 문구의 뜻풀이에만 중점을 둔 주석서를 內傳이라 하고, 관련 사실을 널리 기록하여 本義를 추론한 주석서를 外傳이라고 하는데, 春秋의 내전은 ≪春秋左氏傳≫을, 외전은 ≪國語≫를 이른다.

2) 伯夷：舜임금의 신하 이름이니, 姜姓으로 齊나라 姜太公의 先祖이다. ≪書經≫ 〈虞書 舜典〉에 "帝舜이 '아, 四岳아. 나의 三禮를 맡을 자가 있는가.'라고 물으니, 여럿이 '伯夷입니다.'라고 답하였다."라고 하였다.

3) 申呂雖衰 齊許猶在：≪國語≫ 권3 〈周語 下〉에 보인다.

4) 齊許申呂由大姜：≪國語≫ 권2 〈周語 中〉에 보인다. 太姜은 周나라 太王의 妃이자 文王과 武王의 祖母이다.

5) 宣王：쇠퇴하던 周나라를 중흥시킨 賢君으로, 이름은 靜이다. 厲王이 죽은 뒤 즉위하여 文王과 武王, 成王과 景王의 유풍을 받들어 내정을 안정시키고, 오랑캐 玁狁(험윤)을 정벌하여 문왕과 무왕 때의 영토를 회복하였다.(≪史記≫ 권4 〈周本紀〉)

6) 詩大雅崧高之篇 美宣王褒賞申伯：毛書에 의하면, 〈崧高〉는 尹吉甫가 宣王을 찬미한 시로, 천하가 다시 평화로워지자 선왕이 제후국을 세우고 제후들을 친근하게 대하여 申伯을 포상하였다고 하였다. 朱熹의 ≪詩經集傳≫에 의하면, 선왕이 자신의 외숙인 신백을 謝邑에 봉해주어 그 후손으로 하여금 제후로서 해야 할 일을 대대로 지켜서 남쪽 지방의 본보기가 되라고 당부한 시라고 하였다. 또 謝邑은 지금의 鄧州 南陽縣이니 주나라의 남쪽 지방이라고 하였다.(≪詩經集傳≫ 〈大雅 崧高〉)

○ 注의〔申國今南陽宛縣〕

○ 正義曰：≪國語≫에 伯夷의 後裔에 대해 말하면서 "申나라와 呂나라는 비록 衰亡하였지만 齊나라와 許나라는 아직도 건재하다."라고 하였으니, 그렇다면 신나라·여나라·제나라·허나라는 모두 백이에게서 나와 똑같이 姜姓인 것이다. ≪국어≫에 "제나라·허나라·신나라·여나라는 太姜으로 말미암았다."라고 하였는데, 이는 태강으로 말미암아 封해질 수 있었음을 말한 것이다. 그렇다면 신나라가 처음 봉해진 것은 또한 周나라가 흥성했던 초기에 있었고, 그 뒤로 중간에 끊어졌다가 周 宣王의 시대에 이르러 申伯이 王의 叔父로 謝邑에 다시 봉해진 것이다. ≪詩經≫ 〈大雅 崧高〉篇에 선왕이 신백을 褒賞한 것을 찬미하면서 "왕이 召伯에게 명하사, 申伯의 집을 정해주게 하였네."라고 하였는데, 이것이 그 일이다.

≪漢書≫ 〈地理志〉에 "南陽郡 宛縣은 옛 신백의 나라가 있었던 곳이다."라고 하였으니, 완현은 선왕이 신백에게 다시 봉해준 이후의 땅이다. 그 이전에는 신나라의 땅이 어디에 있었는지 알지 못한다.

【傳】 生莊公及共叔段이러니

武姜이 莊公과 共叔段을 낳았다.

【注】 段出奔共이라 故曰共叔이라하니 猶晉侯在鄂일새 謂之鄂侯[1)]라

1) 猶晉侯在鄂 謂之鄂侯：≪春秋左氏傳≫ 隱公 6년 傳 기사에 "翼(晉의 舊都)의 九宗五正 頃父의 아들 嘉父(晉의 大夫)가 隨로 가서 晉侯를 맞이해 와서 鄂에 머물게 하니, 晉人이 그를 鄂侯라 하였다.〔翼九宗五正頃父之子嘉父逆晉侯于隨 納諸鄂 晉人謂之鄂侯〕"라고 하였다.

段이 共으로 出奔하였기 때문에 共叔이라고 하였으니, 이는 晉侯가 鄂에 있었으므로 鄂侯라고 한 것과 같다.

【疏】 注'段出'至'鄂侯' ○ 正義曰：賈服[1)]以共爲諡. 諡法, 敬長事上曰共. 作亂而出, 非有共德可稱, 糊口四方, 無人與之爲諡, 故知段出奔共故稱共, 猶下晉侯之稱鄂侯也.

1) 賈服：賈逵와 服虔을 가리킨다. 服虔은 後漢 滎陽 東北사람으로 經學家이다. 처음 이름은 重이고 일명은 祇인데 뒤에 虔으로 고쳤다. 일찍 太學에 들어가 수업하였고, 孝廉에 뽑혀 尙書侍郎·九江太守 등을 지냈다. 문장을 잘 짓고 ≪春秋≫에 능통하였다. 저서로 ≪春秋左氏解誼≫·≪春秋左氏音≫·≪通俗文≫·≪漢書音訓≫ 등이 있다.

注의 〔段出〕에서 〔鄂侯〕까지

○ 正義曰 : 賈逵와 服虔은 '共'을 諡號라고 하였다. 諡法에 어른을 공경하고 윗사람을 잘 섬긴 것을 '共'이라 한다. 段은 亂을 일으켰다가 出奔하였으니 칭송할 만한 共의 덕이 없으며, 사방을 떠돌며 입에 풀칠이나 했으니 시호를 줄 사람이 없다. 그러므로 段이 共으로 출분하였으므로 '共'이라 한 것임을 알 수 있으니, 아래(은공 6년)에 晉侯가 鄂에 있었으므로 鄂侯라고 한 것과 같다.

【傳】 莊公寤生[1]하야 **驚姜氏**라 **故名曰寤生**이라하야 **遂惡**(오)**之**하고

1) 寤生 : 杜預의 說과 달리, 宋나라의 林堯叟는 "杜氏의 설은 옳지 않다. 이와 같았다면 기뻐하는 것이 당연한데, 무엇 때문에 놀라 미워했겠는가. ≪史記≫에는 寤生을 難産이라고 하였는데 이 설이 옳다. 이는 난산으로 보는 것이 옳으니, 武姜이 產苦로 昏絕한 뒤에 깨어난 것이다."라고 하였고, 중국 근대의 楊伯峻은 "寤는 '牾'의 假借字이니 寤生은 逆產과 같은 말로 현대에서 발이 먼저 나오는 것을 이른다."라고 하였다.

莊公이 태어날 적에 寤生하여 姜氏(武姜)를 놀라게 하였다. 그러므로 이름을 '오생'이라 지어 마침내 그를 미워하였고,

【注】 寐寤而莊公已生이라 故驚而惡之라

잠에서 깨어보니 莊公이 이미 태어나 있었다. 그러므로 姜氏가 놀라 그를 미워한 것이다.

【疏】 '莊公寤生 驚姜氏 故名曰寤生 遂惡之' ○ 正義曰 : 謂武姜寐時生莊公, 至寤始覺其生. 故杜云"寐寤而莊公已生".

傳의 〔莊公寤生 驚姜氏 故名曰寤生 遂惡之〕

○ 正義曰 : 武姜이 잠을 잘 때 莊公을 낳았다가 잠에서 깨고 나서야 비로소 그가 태어남을 깨달았다고 이른 것이다. 그러므로 杜預가 "잠에서 깨어보니 장공이 이미 태어나 있었다."라고 한 것이다.

【傳】 愛共叔段하야 **欲立之**하야

共叔段을 총애하여 그를 太子로 세우고자 하여

【注】欲立以爲太子라

共叔段을 세워 태자로 삼고자 한 것이다.

【傳】亟(기)請於武公한대 公弗許하다 及莊公卽位하야 爲之請制어늘 公曰 制는 巖邑也라 虢叔死焉하니 佗邑이면 唯命호리이다

자주 武公에게 청하였으나 무공이 허락하지 않았다.

뒤에 莊公이 즉위함에 미쳐 武姜이 공숙단을 위해 制邑에 封해줄 것을 요청하자, 장공이 말하였다.

"제읍은 地勢가 험한 고을이어서 虢叔이 그곳에서 죽었으니, 다른 고을을 청하신다면 명대로 따르겠습니다."

【注】虢叔은 東虢君也라 恃制巖險而不脩德하니 鄭滅之라 恐段復(부)然이라 故開以佗邑이라 虢國은 今熒陽縣이라

虢叔은 東虢의 임금이다. 괵숙이 制邑의 험고함을 믿고 덕을 닦지 않으니, 鄭나라가 虢나라를 멸망시켰다. 段도 다시 그렇게 할까 염려되었기 때문에 다른 邑을 청하도록 깨우친 것이다. 虢나라는 지금의 熒陽縣이다.

【疏】注'虢叔'至'陽縣' ○ 正義曰：僖五年傳曰"虢仲虢叔, 王季之穆也".[1] 晉語稱文王"敬友二虢",[2] 則虢國本有二也. 晉所滅者, 其國在西, 故謂此爲東虢也. 鄭語史伯[3]爲桓公詐謀云"虢叔恃勢, 鄶仲恃險, 皆有驕侈怠慢之心. 君以成周之衆, 奉辭伐罪, 無不克矣",[4] 桓公從之. 是其恃險而不脩德, 爲鄭滅之之事也. 〔賈逵〕[5]云"虢叔封西, 虢仲封東", 而此云"虢叔, 東虢君"者, 言所滅之君字叔也. 傳云"虢仲譖其大夫",[6] 謂叔之子孫字曰仲也. 案傳燕國有二, 則一稱北燕, 邾國有二, 則一稱小邾. 此虢國有二而經傳不言東西者, 於時東虢已滅, 故西虢不稱西, 其幷存之日, 亦應以東西別之. 地理志云"河南郡熒陽縣". 應劭[7]云"故虢國, 今虢亭是也".

1) 虢仲虢叔 王季之穆也：이 대목에 대한 杜預의 注에 "虢仲과 虢叔은 王季의 아들로 文王의 同母弟이다. 仲과 叔은 모두 虢君의 字이다."라고 하였다. 참고로 괵중은 東虢에

封해지고 괵숙은 西虢에 봉해지며, 동괵은 鄭나라에 멸망당하고 서괵은 晉나라에 멸망당하였다.

2) 敬友二虢 : ≪國語≫ 권10 〈晉語 4〉에 보인다.
3) 史伯 : 周 幽王 때의 太史를 이른다. 이름은 穎, 字는 碩父 또는 伯陽이라는 설이 있다.
4) 虢叔恃勢……無不克矣 : ≪國語≫ 권16 〈鄭語〉에 보인다.
5) 〔賈逵〕 : 저본에는 '賈逵'가 없으나, 阮元의 校勘記에 의거하여 보충하였다.
6) 傳云虢仲譖其大夫 : ≪春秋左氏傳≫ 桓公 10년 傳 기사에 "虢仲이 그 大夫 詹父를 周王에게 참소하였다.〔虢仲譖其大夫詹父於王〕"라고 하였다. 杜預의 注에 괵중은 주왕의 卿士이고 첨보는 그의 屬大夫라고 하였다.
7) 應劭 : ?~196. 後漢 말기의 문신이자 학자로, 자가 仲遠이다. 靈帝 때 孝廉으로 천거되어 營陵令과 泰山太守 등을 지냈다. 박학다식하여 漢나라의 官職, 禮儀, 故事 등에 관한 저술을 많이 남겼다. 저서로 ≪漢官儀≫, ≪風俗通義≫, ≪漢書集解≫ 등이 있다.(≪後漢書≫ 권48 〈應劭列傳〉)

注의 〔虢叔〕에서 〔陽縣〕까지

○ **正義曰** : 僖公 5년 傳에 "虢仲과 虢叔은 王季의 아들〔穆〕이다."라고 하였다. ≪國語≫ 〈晉語〉에 文王을 칭찬하면서 "두 아우(虢仲과 虢叔)를 공경하고 우애하였다."라고 하였으니, 그렇다면 虢나라는 본디 둘이 있었던 것이다. 晉나라가 滅亡시킨 것은 그 나라가 서쪽에 있었기 때문에 이 괵국을 東虢이라 이른 것이다. 〈鄭語〉에 史伯이 鄭桓公을 위해 計巧를 내면서 "괵숙은 地勢를 믿고 鄶仲은 험고함을 믿어 모두 교만하고 사치스럽고 태만한 마음을 가지고 있습니다. 군주께서 成周의 무리를 이끌고서 정당한 명분을 내세워 그 죄악을 정벌하신다면 승리하지 못할 일이 없을 것입니다."라고 하자, 환공이 그 계책을 따랐다. 이것이 바로 괵숙이 制邑의 험고함을 믿고 덕을 닦지 않아 鄭나라에 멸망당한 일이다.

賈逵는 "괵숙은 서쪽에 봉해지고, 괵중은 동쪽에 봉해졌다."라고 하였는데, 여기서는 "괵숙은 동괵의 임금이다."라고 하였으니, 이것은 멸망당한 군주의 字가 叔임을 말한 것이다. 傳에 "괵중이 그 大夫를 참소하였다."라고 하였는데, 이것은 叔의 子孫의 字가 仲임을 말한 것이다.

傳을 상고해보면, 燕나라가 둘이 있는데 그 하나를 北燕이라 하였고, 邾나라가 둘이 있는데 그 하나를 小邾라 하였다. 이 虢나라도 둘이 있는데 ≪春秋≫의 經과 傳에서 東과 西로 말하지 않은 것은 당시에 동괵이 이미 멸망하였기 때문에 서괵을 西로 부르지 않은 것이니, 〈두 괵나라가〉 竝存했던 날에는 또한 응당 동과 서로 구별하여 불렀을 것이다. ≪漢書≫ 〈地理志〉에 "虢나라는 河南郡 滎陽縣에 있었다."라고 하였다. 應劭는 "옛 괵나라는 지금의 虢亭이 이곳이다."라고 하였다.

【傳】 請京한대 使居之하고 謂之京城大(태)叔이라하다

武姜이 京城을 요청하자, 〈莊公이 共叔段을〉 그곳에 살게 하고는 그를 京城太叔이라고 불렀다.

【注】 公順姜請하야 使段居京하고 謂之京城大叔은 言寵異於衆臣이라 京은 鄭邑이니 今滎陽京縣이라

莊公이 武姜의 청에 따라 共叔段을 京城에 살게 하고, 그를 京城太叔이라고 한 것은 衆臣보다 특별히 총애했음을 말한 것이다. 京은 鄭邑이니, 지금의 滎陽 京縣이다.

【傳】 祭(채)仲曰 都城[1]이 過百雉[2]는 國之害也니이다

1) 都城 : 宗廟와 先君의 神主가 있는 곳을 '都'라 하고, 없는 곳을 '邑'이라 한다.
2) 百雉 : 雉는 높이 1丈, 길이 3丈인 담이니, 百雉는 3백 장 길이의 성곽을 가리키는 말이다. 이는 春秋時代에 諸侯가 쌓을 수 있는 城의 한도였다.

祭仲이 말하였다. "〈國都 이외에 신하에게 봉한〉 都城이 百雉를 넘는 것은 국가의 禍가 됩니다.

【注】 祭仲은 鄭大夫라 方丈曰堵요 三堵曰雉라 一雉之牆은 長三丈이요 高一丈이라 侯伯之城은 方五里요 徑三百雉라 故其大都不得過百雉라

祭仲은 鄭나라 大夫이다. 사방 1丈을 堵라 하고, 3堵를 雉라 한다. 1雉의 담장은 길이가 3丈이고 높이가 1丈이다. 侯와 伯의 城은 사방이 5里이고 지름이 3백 雉이므로 大都도 1백 雉를 넘을 수 없다.

【疏】 注'祭仲'至'百雉' ○ 正義曰 : 注諸言'大夫'者, 以其名氏顯見於傳, 更(갱)無卑賤之驗者, 皆以大夫言之. 其實是大夫以否, 亦不可委知也. 定十二年公羊傳曰"雉者何. 五板而堵, 五堵而雉". 何休[1]以爲堵四十尺, 雉二百尺. 許愼[2]五經異義・戴禮[3]及韓詩[4]說, 八尺爲板, 五板爲堵, 五堵爲雉. 板廣二尺, 積高五板爲一丈. 五堵爲雉, 雉長

四丈. 古周禮及左氏說, 一丈爲板, 板廣二尺. 五板爲堵, 一堵之牆, 長丈高丈. 三堵爲雉, 一雉之牆, 長三丈高一丈. 以度(탁)其長者用其長, 以度其高者用其高也. 諸說不同, 必以雉長三丈爲正者, 以鄭是伯爵, 城方五里, 大都三國之(二)〔一〕[5], 其城不過百雉, 則百雉是大都定制, 因而三之, 則侯伯之城當三百雉, 計五里積千五百步, 步長六尺, 是九百丈也. 以九百丈而爲三百雉, 則雉長三丈. 賈逵・馬融[6]・鄭玄・王肅[7]之徒爲古學者, 皆云雉長三丈, 故杜依用之. 侯伯之城, 方五里, 亦無正文. 周禮冬官考工記"匠人營國, 方九里, 旁三門", 謂天子之城. 天子之城方九里, 諸侯禮當降殺(쇄), 則知公七里, 侯伯五里, 子男三里, 以此爲定說也. 但春官典命職乃稱上公九命, 侯伯七命, 子男五命, 其國家宮室車旗衣服禮儀皆以命數爲節. 鄭玄以爲國家, 國之所居, 謂城方也. 如典命之言, 則公當九里, 侯伯七里, 子男五里, 故鄭玄兩解之. 其注尙書大傳[8]以天子九里爲正說, 又云或者天子之城方十二里. 詩文王有聲箋言文王城, "方十里. 大於諸侯, 小於天子之制". 論語注以爲"公大都之城方三里", 皆以爲天子十二里, 公九里也. 其駁異義, 又云鄭伯城方五里. 以匠人・典命俱是正文, 因其不同故兩申其說. 今杜無二解, 以侯伯五里爲正者, 蓋以典命所云國家者, 自謂國家所爲之法, 禮儀之度, 未必以爲城居也.

何休

1) 何休 : 129~182. 後漢 때의 今文經學家로 자는 邵公이다. 벼슬은 議郞, 諫議大夫 등을 지냈다. 羊弼에게 ≪春秋公羊傳≫을 배워 董仲舒의 四傳弟子가 되었다. 五經 및 天文, 曆算 등에 뛰어났으며, 동중서의 뒤를 이어 금문경학을 집대성하였다. 저서로 ≪春秋公羊解詁≫, ≪公羊墨守≫, ≪左氏膏肓≫, ≪穀梁廢疾≫ 등이 있다.

2) 許愼 : 58~147. 後漢 때 古文經學家이자 文字學者로, 자는 叔重이다. 벼슬은 太尉, 南閣祭酒 등을 지냈다. 고문경학의 대가인 賈逵를 사사하였고, 馬融의 추앙을 받았다. 금문경학과 고문경학의 차이를 논설한 ≪五經異義≫를 저술하였다. 또한 문자학 연구를 중시하여 ≪說文解字≫를 저술하였는데, 이는 중국에서 가장 오래된 문자학 서적으로 〈六書說〉 등의 문자학 관련 기록 외에도 고문경학의 훈고를 집대성한 것이다. 그 외 저서로 ≪春秋左氏傳許氏義≫, ≪爾雅許氏注≫, ≪淮南鴻烈解≫ 등이 있다.

3) 戴禮 : 前漢 때의 戴德이 지은 ≪大戴禮≫와 그의 조카 戴聖이 지은 ≪小戴禮≫를 아

울러 이르는 말로, 戴經 또는 戴書라고도 한다. 대덕과 대성은 모두 后蒼에게서 禮를 배웠다. 대덕이 전한 禮 85편을 ≪대대례≫라 하고 대성이 전한 예 49편을 ≪소대례≫라고 하는데, ≪소대례≫가 바로 현전하는 ≪禮記≫이다.

4) 韓詩 : 前漢 때 韓嬰이 전수한 ≪詩經≫인 ≪韓詩≫ 및 그가 지은 ≪韓詩內傳≫과 ≪韓詩外傳≫을 아울러 가리킨다. 前漢 초기에 ≪詩經≫을 전수한 것이 ≪魯詩≫, ≪齊詩≫, ≪韓詩≫, ≪毛詩≫의 四家가 있었는데, ≪韓詩≫는 그중의 하나로 今文經傳에 속한다. 한영은 文帝 때 博士官이 되었으며, 詩人의 뜻을 추측하여 ≪한시내전≫과 ≪한시외전≫ 수만 字를 지었는데, 지금은 ≪한시외전≫만 전해진다.

5) (二)〔一〕 : 저본에는 '二'로 되어 있으나, 앞뒤의 문맥 및 ≪春秋左傳要義≫에 의거하여 '一'로 바로잡았다.

6) 馬融 : 79~166. 後漢 때 경학가로, 자는 季長이다. 盧植과 鄭玄 등의 제자를 길러내어, 훈고학의 비조로 칭해진다. 三禮, ≪효경≫, ≪논어≫, ≪시경≫, ≪주역≫, ≪상서≫ 등에 주를 달았는데 지금은 전하지 않는다.

7) 王肅 : 195~256. 三國時代 魏나라의 경학가로, 자는 子雍, 諡號는 景侯이다. 賈逵와 馬融의 古文經學을 존숭하였으며, 鄭玄에 대해서 古文을 세운 점은 인정했지만 今文說을 채용한 것은 비판하였다. 저서로 ≪尙書駁議≫, ≪毛詩駁義≫, ≪尙書王氏注≫, ≪毛詩王氏注≫ 등이 있다.

8) 其注尙書大傳 : 그 注解한 내용이 ≪尙書正義≫ 권14 〈召誥〉에 보인다.

注의 〔祭仲〕에서 〔百雉〕까지

○ **正義曰** : 注에서 모든 '大夫'라고 말한 경우는 그 이름이나 氏만 傳에 명백히 드러나고, 더 이상 卑賤한 신분을 증험할 만한 내용이 없으므로 모두 大夫로 말한 것이다. 그러나 실제로 대부인지 아닌지는 또한 자세히 알 수 없다.

≪春秋公羊傳≫ 定公 12년에 "雉란 무엇인가. 5板이 堵가 되고, 5堵가 雉가 된다."라고 하였다. 何休는 "堵는 4십 尺이고, 雉는 2백 尺이다."라고 하였다. 許愼의 ≪五經異義≫, ≪戴禮≫ 및 ≪韓詩≫의 說에는 '8尺이 板이 되고, 5板이 堵가 되고, 5堵가 雉가 된다. 板의 너비는 2尺이고, 5板을 높게 쌓은 것이 1丈이 된다. 5堵가 雉가 되고 雉의 길이는 4丈이다.'라고 하였다. 옛 ≪周禮≫ 및 ≪春秋左氏傳≫의 說에는 '1丈이 板이 되고, 板의 너비가 2尺이다. 5板이 堵가 되는데, 1堵의 담장은 길이가 1丈, 높이가 1丈이다. 3堵가 雉가 되는데 1雉의 담장은 길이가 3장, 높이가 1장이다.'라고 하였다. 그 길이를 헤아려 그 길이를 쓰고, 그 높이를 헤아려 그 높이를 쓴다.

여러 說이 같지 않은데 반드시 1雉의 길이가 3丈이라는 것을 正說로 삼은 것은 鄭나라는 伯爵으로 城이 사방 5里이고, 大都의 城은 國都의 3분의 1이니, 그 성이 1백

雉를 넘지 못한다면 1백 雉는 바로 大都의 定制이므로, 인하여 3배를 한다면 侯伯의 성은 응당 3백 雉가 될 것이다. 5里를 계산하면 총 1천 5백 步이고, 步의 길이는 6尺이니 바로 9백 丈이 된다. 9백 丈을 3백 雉로 헤아려본다면 1雉의 길이는 3丈이 된다. 賈逵, 馬融, 鄭玄, 王肅의 무리로 古文學을 하는 자들은 모두 雉의 길이가 3丈이라고 하였기 때문에 杜預도 이에 의거하여 쓴 것이다.

侯와 伯의 城이 사방 5里라는 것도 역시 正文이 없다. ≪周禮≫ 〈冬官 考工記〉에 "匠人이 國都를 경영하는데 사방 9里이고, 사방에 3門을 둔다."라고 하였는데, 이는 天子의 城을 이른 것이다. 천자의 성이 사방 9里이니, 제후의 禮를 마땅히 降等해야 한다. 그렇다면 公의 城은 사방 7里, 侯와 伯의 성은 사방 5里, 子와 男의 성은 사방 3里임을 알 수 있으니, 이로써 定說을 삼은 것이다.

다만 ≪주례≫ 〈春官 典命〉에 "上公은 9命이고, 侯와 伯은 7命이고, 子와 男은 5命이니, 그 國家·宮室·車旗·衣服·禮儀는 모두 그 命數로 절도를 삼는다."라고 하였는데, 정현의 注에 "'國家'는 國城의 백성들이 기주하는 곳이니, 城의 사방[城方]을 이른다."라고 하였다. 〈전명〉의 말과 같다면 公의 城은 응당 사방 9里가 되고, 侯와 伯의 城은 사방 7里가 되고, 子와 男은 사방 5里가 되어야 하기 때문에 정현은 두 가지로 注解하였다. 그가 ≪尙書大傳≫을 주해할 때에는 "天子의 城은 사방 9里이다."를 正說로 삼았고, 또 "혹 천자의 성은 사방 12里인 듯하다."라고 하였다. ≪詩經≫ 〈文王有聲〉에 대한 정현의 箋에 文王의 城에 대해 말하면서 "사방 10里이니, 제후의 제도보다 크고 천자의 제도보다 작다."라고 하였고, ≪論語≫ 注에 "公의 大都의 城은 사방 3里이다."라고 하여 모두 천자의 성은 사방 12里이고, 공의 성은 사방 9里라고 하였다. 정현은 ≪五經異義≫를 논박하고, 또 "鄭伯의 城은 사방 5里이다."라고 하였는데, 이는 〈匠人〉과 〈전명〉의 글이 모두 正文인데 그 내용이 서로 같지 않기 때문에 두 가지로 그 說을 편 것이다.

지금 두예는 두 가지로 주해를 하지 않고, 侯와 伯의 城은 사방 5里라는 것을 정설로 삼았으니, 이는 〈전명〉에서 말한 '國家'를 국가가 만든 법이나 禮儀의 법도라고 스스로 여기고, 필시 都城이라고 여기지 않았기 때문이다.

【傳】先王之制에 **大都**는 **不過參國之一**이요

先王의 제도에 大都의 城은 〈國都 城의〉 3분의 1,

【注】三分國城之一이라

國都 城의 3분의 1이라는 말이다.

【傳】中은 五之一이요 小는 九之一이니 今京不度하니 非制也라

中都의 城은 5분의 1, 小都의 城은 9분의 1을 넘지 못하는 법인데, 지금 京城은 법도에 맞지 않으니 선왕의 제도가 아닙니다.

【注】不合法度는 非先王制라

법도에 맞지 않는 것은 先王의 제도가 아니라는 말이다.

【疏】'大都'至'九之一' ○正義曰:定以王城方九里, 依此數計之, 則王城長五百四十雉. 其大都方三里, 長一百八十雉. 中都方一里又二百四十步, 長一百八雉也. 小都方一里, 長六十雉也. 公城方七里, 長四百二十雉. 其大都方二里又一百步, 長一百四十雉也. 中都方一里又一百二十步, 長八十四雉也. 小都方二百三十三步二尺, 長四十六雉又二丈也. 侯伯城方五里, 長三百雉. 其大都方一里又二百步, 長百雉也. 中都比王之小都. 其小都方一百六十六步四尺, 長三十三雉又一丈也. 子男城比王之大都. 其大都比侯伯之中都. 其中都方一百八十步, 長三十六雉也. 小都方百步, 長二十雉也. 考工記曰"王宮門阿[1]之制五雉, 宮隅[2]之制七雉, 城隅[3]之制九雉. 門阿之制, 以爲都城之制. 宮隅之制, 以爲諸侯之城制." 然則王之都城隅高五丈, 城蓋高三丈. 諸侯城隅高七丈, 城蓋高五丈也. 三丈以下, 不復(부)成城, 其都城蓋亦高三丈也. 周禮四縣爲都,[4] 周公之設法耳. 但土地之形不可方平如圖, 其邑竟廣狹無復定準, 隨人多少而制其都邑, 故有大都·小都焉. 下邑謂之都, 都亦一名邑. 莊二十八年傳曰"宗邑無主", 閔元年傳曰"分之都城", 俱論曲沃[5], 而都邑互言, 是其名相通也.

1) 門阿 : 門屋 또는 門樓 등과 같은 말이다.
2) 宮隅 : 宮闕의 담장 모퉁이 위에 작은 樓를 세운 것을 이른다.
3) 城隅 : 城의 담장 모퉁이 위에 작은 樓를 세운 것을 이른다.
4) 四縣爲都 : ≪周禮≫ 〈地官 小司徒〉에 "4縣이 都가 되고, 4井이 邑이 된다.〔四縣爲都 四井爲邑〕"라고 하였다.
5) 曲沃 : 晉나라의 고을 이름으로, 先君의 宗廟가 있는 곳이다.

傳의 〔大都〕에서 〔九之一〕까지

○ 正義曰 : 王의 國城을 사방 9里로 정하여 이 수효에 따라 계산하면 왕의 국성의 길이는 540雉가 된다. 왕의 大都는 사방 3里이니 길이가 180雉이고, 그 中都는 사방 1里에다 또 240步이니 길이가 108雉이고, 그 小都는 사방 1里이니 길이가 60雉이다. 公의 국성은 사방 7里이니 길이가 420雉이고, 그 大都는 사방 2里에다 또 100步이니 길이가 140雉이고, 그 中都는 사방 1里에다 또 120步이니 길이가 84雉이고, 그 小都는 사방 233步 2尺이니 길이가 46雉에다 또 2丈이다. 侯와 伯의 국성은 사방 5里이니 길이가 300雉이고, 그 大都는 사방 1里에다 또 200步이니 길이가 100雉이고, 그 中都는 왕의 小都에 比等하고, 그 小都는 사방 166步 4尺이니 길이가 33雉에다 또 1丈이다. 子와 男의 國城은 왕의 大都에 비등하고, 그 大都는 侯와 伯의 中都에 비등하고, 그 中都는 사방 180步이니 길이가 36雉이고, 그 小都는 사방 100步이니 길이가 20雉이다.

≪周禮≫ 〈考工記〉에 "王宮 門阿의 制度는 5雉이고, 宮隅의 제도는 7雉이고, 城隅의 제도는 9雉이다. 門阿의 제도로써 都城의 제도를 삼고, 宮隅의 제도로써 諸侯의 城의 제도를 삼는다."라고 하였으니, 그렇다면 왕의 都城 城隅의 높이가 5장이니 그 城의 높이는 아마도 3丈일 듯하며, 제후의 城隅의 높이가 7丈이니 그 城의 높이는 아마도 5丈일 듯하다. 3丈 이하는 다시 성의 모양새를 이루지 못하니, 그 도성의 높이도 아마 3丈일 듯하다.

≪주례≫에 "4縣이 都가 된다."는 것은 周公이 만든 법이다. 다만 土地의 형태는 그림처럼 방정하고 평평할 수 없으니, 그 邑의 境內의 너비를 측정하지 못하면 사람 수의 多少에 따라 그 都와 邑을 제정하기 때문에 大都와 小都가 있다. 下邑을 都라고 부르고, 都 또한 일명 邑이라고도 한다. 莊公 28년 傳에 "宗廟가 있는 邑에 주관하는 사람이 없다."라고 하였고, 閔公 원년 傳에 "都城을 나누어준다."라고 하였는데, 이는 모두 曲沃을 가지고 논한 것이지만 都와 邑으로 번갈아 불렀으니, 바로 그 명칭이 서로 통용된 것이다.

【傳】 君將不堪이리이다 公曰 姜氏欲之어니 焉辟(피)害리오 對曰 姜氏何厭之有리오 不如早爲之所하야

主君께서 장차 감당하시지 못하게 될 것입니다."

莊公이 말하였다.

"姜氏께서 이렇게 하기를 원하시니, 내 어찌 禍를 피할 수 있겠는가."

채중이 대답하였다.

"강씨께서 어찌 만족함이 있겠습니까. 일찌감치 조처하여

【注】 使得其所宜라

〈共叔段으로〉 하여금 알맞은 處所를 얻게 하는 것이다.

【傳】 **無使滋蔓**이니이다 **蔓**이면 **難圖也**니 **蔓**이면 **草**도 **猶不可除**온 **況君之寵弟乎**잇가 **公曰 多行不義**면 **必自斃**하리니 **子姑待之**하라

뻗어나가지 못하게 하는 것만 못합니다. 일단 뻗어나가고 나면 도모하기 어려우니, 뻗어나가고 나면 풀조차도 제거하기 어려운 법인데 하물며 주군의 寵愛하는 아우이겠습니까."

장공이 말하였다.

"불의한 짓을 많이 저지르면 반드시 스스로 패망할 것이니, 그대는 우선 기다리라."

【注】 斃는 踣也라 姑는 且也라

斃는 넘어짐이다. 姑는 우선이다.

【疏】 '無使滋蔓' ○ 正義曰：此以草喩也. 草之滋長引蔓, 則難可芟除, 喩段之威勢稍大, 難可圖謀也.

傳의 〔無使滋蔓〕

○ 正義曰：이는 풀을 가지고 비유한 것이다. 풀이 자라나 뻗어나가고 나면 풀을 베어 제거하기 어려우니, 이는 共叔段의 威勢가 점점 커지고 나면 도모하기 어려울 것임을 비유한 것이다.

【疏】 ○ 注'斃踣也' ○ 正義曰：釋言文也. 孫炎[1]曰"前覆曰踣."

1) 孫炎：三國時代 魏나라 樂安 사람으로, 자는 叔然이다. 鄭玄의 문하에서 수학하였으며, 東州의 大儒로 칭해졌다. 저서로 《爾雅音義》, 《周易春秋例》 등이 있다. 《隋書》 〈經籍志〉에 의하면 "《爾雅音義》 8권은 孫炎이 지었다."라고 하였다.

○ 注의 〔斃踣也〕

○ 正義曰：《爾雅》 〈釋言〉에 나오는 글이다. 孫炎이 "앞으로 넘어지는 것을 '踣'라 한다."라고 하였다.

【傳】既而大(태)叔命西鄙北鄙하야 貳於己한대

얼마 뒤에 太叔(共叔段)이 鄭나라의 서쪽 변방과 북쪽 변방에 명하여 〈莊公과〉 자기 양쪽에 소속되어 두 곳의 통치를 함께 받게 하자,

【注】鄙는 鄭邊邑이라 貳는 兩屬이라

鄙는 鄭나라의 변방 고을이다. 貳는 양쪽에 소속되는 것이다.

【傳】公子呂曰 國不堪貳니 君將若之何오

公子 呂가 말하였다.
"한 나라에 두 임금을 감당할 수 없으니, 주군께서는 장차 어찌할 생각이십니까.

【注】公子呂는 鄭大夫라

公子 呂는 鄭나라 大夫이다.

【疏】'國不堪貳' ○ 正義曰：兩屬, 則賦役倍, 賦役倍, 則國人不堪也.

傳의 〔國不堪貳〕

○ 正義曰：양쪽에 소속되면 賦役이 갑절로 많아지고, 부역이 갑절로 많아지면 國人이 감당할 수 없는 것이다.

【傳】欲與大叔인댄 臣請事之어니와 若弗與인댄 則請除之하야 無生民心하소서

정나라를 太叔에게 주고자 하신다면 신은 청컨대 그를 임금으로 섬기겠지만,

만약 주려 하지 않으신다면 청컨대 그를 제거하여 백성들이 딴마음을 품지 못하게 하소서.”

【注】 叔久不除하면 則擧國之民當生他心이라

태숙을 오래도록 제거하지 않으면 온 나라의 백성들이 응당 딴마음을 품을 것이라는 말이다.

【傳】 公曰 無庸하라 將自及하리라

장공이 말하였다.
“그럴 필요 없다. 禍가 장차 스스로 그에게 미칠 것이다.”

【注】 言無用除之니 禍將自及이라

그를 제거할 필요가 없으니, 화가 장차 스스로 그에게 미칠 것임을 말한 것이다.

【傳】 大叔又收貳以爲己邑하고

〈얼마 뒤에〉 태숙이 또 양쪽에 소속됐던 땅을 거두어들여 자기 고을로 만들고,

【注】 前兩屬者를 今皆取以爲己邑이라

이전에 양쪽에 소속되었던 땅을 지금 모두 취하여 자기의 고을로 삼은 것이다.

【傳】 至于廩延하니

그 영토를 廩延까지 확장하였다.

【注】 言轉侵多也라 廩延은 鄭邑이니 陳留酸棗縣北有延津이라

점점 많은 땅을 侵奪했음을 말한 것이다. 廩延은 鄭나라 邑으로, 陳留 酸棗縣 북쪽에 延津이 있다.

【傳】 子封曰 可矣라 厚將得衆하리이다

子封이 말하였다.
"때가 되었습니다. 태숙의 영토가 넓어지면 장차 많은 백성을 얻게 될 것입니다."

【注】 子封은 公子呂也라 厚는 謂土地廣大라

子封은 公子 呂이다. 厚는 土地가 廣大함을 이른다.

【傳】 公曰 不義不暱하니 厚將崩하리라

장공이 말하였다.
"임금에게 義理를 지키지 않고 형에게 親愛하지 않으니, 영토가 넓어지더라도 장차 스스로 무너지게 될 것이다."

【注】 不義於君하고 不親於兄이면 非衆所附니 雖厚必崩이라

임금에게 의리를 지키지 않고 형에게 친애하지 않으면 대중이 따르지 않으니, 아무리 영토가 넓어진다 하더라도 반드시 무너지게 된다는 말이다.

【疏】 '厚將崩' ○ 正義曰：以牆屋喩也. 厚而無基, 必自崩, 喩衆所不附, 將自敗也. 高大而壞, 謂之崩.

傳의 〔厚將崩〕
○ 正義曰：牆屋을 가지고 비유한 것이다. 장옥을 두터이 만들었다 하더라도 견고한 터전이 없으면 반드시 스스로 무너지게 되니, 이는 대중이 따르지 않으면 장차 스스로 패망하게 됨을 비유한 것이다. 높고 큰 것이 무너지는 것을 '崩'이라 한다.

【傳】 大叔完聚하고

太叔이 城郭을 견고히 쌓고 人民을 모으며

【注】 完城郭하고 聚人民이라

城郭을 견고히 쌓고 人民을 모으는 것이다.

【疏】 注'完城郭 聚人民' ○ 正義曰：服虔以聚爲聚禾黍也. 段欲輕行襲鄭, 不作固守之資, 故知聚爲聚人, 非聚糧也. '完城'者, 謂聚人而完之, 非欲守城也.

注의〔完城郭 聚人民〕

○ 正義曰 : 服虔은 '聚'를 軍糧을 모으는 것으로 여겼다. 그러나 共叔段은 경무장하여 빨리 가서 鄭나라 國都를 습격하고자 하였고, 城을 굳게 지킬 수 있는 바탕을 마련하지 않았다. 그러므로 '聚'는 人民을 모으는 것이지 군량을 모으는 것이 아님을 알 수 있다. '完城'은 인민을 모아서 성곽을 견고히 쌓음을 말한 것이지 성을 굳게 지키고자 해서가 아니다.

【傳】 繕甲兵하고 **具卒乘**하야

갑옷과 무기를 수선하고 군사와 兵車를 갖추어서

【注】 步曰卒이요 車曰乘이라

步兵을 卒이라 하고, 兵車를 乘이라 한다.

【傳】 將襲鄭하니 **夫人將啓之**려라

장차 鄭나라 국도를 기습하려 하니, 夫人(武姜)이 〈內應하여 城門을〉 열어주기로 하였다.

【注】 啓는 開也라

啓는 성문을 여는 것이다.

【傳】 公聞其期하고 **曰 可矣**로다하고 **命子封**하야 **帥**(솔)**車二百乘以伐京**하다

莊公이 거사하기로 한 날짜를 듣고는 "손을 쓸 때가 되었다."라고 하고, 子封에게 명하여 兵車 2백 乘을 거느리고 가서 京城을 치게 하였다.

【注】 古者에 兵車一乘은 甲士三人이요 步卒七十二人이라

옛날에 兵車 1乘에는 甲士가 3인이고, 步卒이 72인이었다.

【傳】京叛大叔段하니 段入于鄢이어늘 公伐諸(저)鄢하니 五月辛丑에 大叔出奔共하다

京城 사람들이 太叔段을 배반하니, 태숙단이 달아나 鄢으로 들어갔다. 장공이 또 언을 치니, 5월 신축일에 태숙단이 共國으로 달아났다.

【注】共國은 今汲郡共縣이라

共國은 지금의 汲郡 共縣이다.

【傳】書曰 鄭伯克段于鄢이라하니 段不弟라 故不言弟하고 如二君이라 故曰克이라하다 稱鄭伯은 譏失敎也니 謂之鄭志라 不言出奔은 難之也일새라

經에 "鄭伯(鄭 莊公)이 共叔段을 鄢에서 이겼다〔克〕."라고 기록하였으니, 이는 공숙단이 아우답지 못하였기 때문에 '아우〔弟〕'라고 말하지 않았고, 〈형제가 다툰 것이〉 마치 두 나라 임금이 交戰한 것과 같았기 때문에 '克'이라고 한 것이다. '鄭伯'이라고 칭한 것은 장공이 아우를 잘못 가르쳤음을 나무란 것이니, 장공의 本心이 〈공숙단을 죽이는 데 있었음을〉 말한 것이다. 〈공숙단이 싸우지 않고 달아났음에도〉 '出奔'이라 말하지 않은 것은 곤란함이 있었기 때문이다.

【注】傳言夫子作春秋에 改舊史以明義라 不早爲之所하고 而養成其惡이라 故曰失敎라 段實出奔이어늘 而以克爲文은 明鄭伯志在於殺하야 難言其奔이라

傳의 기록은 夫子가 ≪春秋≫를 지으실 때 舊史의 글을 고쳐 의리를 밝혔음을 말한 것이다. 일찌감치 조처하지 않고 그의 惡을 養成하였기 때문에 잘못 가르쳤다고 한 것이다. 共叔段이 실제로 〈싸우지 않고〉 出奔하였는데도 '克'으로 글을 만든 것은 鄭伯의 뜻이 아우를 반드시 죽이고자 하는 데 있었기 때문에 출분이라고 말하기 곤란했음을 밝힌 것이다.

【疏】'如二君 故曰克' ○ 正義曰 : 謂實非二君, 俊傑彊盛如是二君, 伐而勝之然後稱'克', 非謂眞是二君也. 若眞是二君, 則以戰襲敗取爲文. 然旣非二君, 而杜注經云"以君討臣而用二君之例", 又似眞二君者. 但杜於彼應云"以君討臣而用如二君之例", 略其'如'字,但云'而用二君'耳. 準獲麟之後史文, 夫子未脩之前, 應云"鄭伯之弟段出奔共, 與秦伯之弟鍼出奔晉[1]同也". 以其不弟, 故不言弟, 志在於殺, 故不言奔. 然則鄭伯亦是舊史之文而得爲新意者. 段以去弟爲貶, 宜以國討[2]爲文. 仍存鄭伯, 見其失教, 其文雖是舊史, 卽是仲尼新意也.

1) 秦伯之弟鍼出奔晉 : ≪春秋左氏傳≫ 昭公 원년 經 기사에 보인다.
2) 國討 : 이 經 기사에 대한 杜預의 注에 "鄭나라가 討伐하였다고 칭하지 않고 鄭伯이라고 말한 것은 아우를 잘못 가르친 것을 나무란 뜻이다.〔不稱國討 而言鄭伯 譏失敎也〕"라고 한 데서 보인다.

傳의 〔如二君 故曰克〕

○ 正義曰 : 실제 두 나라 임금은 아니지만 준걸하고 강성한 것이 마치 두 나라 임금과 같아 정벌하여 승리한 뒤에 '克'이라 칭한 것임을 말한 것이지, 실제로 두 나라 임금이라고 말한 것은 아니다. 만약 실제 두 나라 임금이라면 戰·襲·敗·取로 글을 만들었을 것이다. 그러나 이미 두 나라 임금이 아닌데도 杜預가 經을 注解하면서 '以君討臣而用二君之例(임금으로서 신하를 쳤는데 두 나라 임금이 서로 전쟁한 例를 사용하였다.)'라고 하였고, 또 실제 두 나라 임금과 비슷하였다면 단지 두예는 저것에 대하여 응당 "以君討臣而用如二君之例(임금으로서 신하를 쳤는데 마치 두 나라 임금이 서로 전쟁한 듯한 예를 사용하였다.)"라고 해야 하는데, '如'자를 생략하고 '而用二君'이라고만 했을 뿐이다.

헤아려보건대 獲麟한 뒤 史官의 글은 夫子가 아직 ≪春秋≫를 纂修하기 전이라 응당 "鄭伯의 아우 段이 共國으로 出奔한 것은 秦伯의 아우 鍼이 晉나라로 出奔한 것과 같다."라고 하였을 것이다. 共叔段이 아우답지 못하였기 때문에 '弟'라고 말하지 않았고, 莊公의 뜻이 아우를 죽이려는 데 있었기 때문에 '出奔'이라 말하지 않았다. 그렇다면 '鄭伯'은 또한 舊史의 글이기는 하지만 夫子의 새로 發明한 뜻〔新意〕이 될 수 있는 것이다. 공숙단에 대해서는 '弟'자를 제거한 것으로 폄훼하였으니 의당 鄭나라가 討伐한 것으로〔國討〕 글을 만들어야 한다. '鄭伯'을 그대로 남겨두어 장공이 아우를 잘못 가르친 것을 드러냈으니, 그 글은 비록 舊史이기는 하지만 바로 仲尼의 새로 발명한 뜻인 것이다.

【疏】 ○ 注'傳言'至'其奔' ○ 正義曰 : 經皆孔子所書, 此事特言'書曰', 必是舊文. 不然, 夫子始改, 故知傳之此辭, '言夫子作春秋, 改舊史以明義'也. '克'者, 戰勝獲賊之名. 公

伐諸鄢, 段卽奔共, 既不交戰, 亦不獲段, 段實出奔, 而以'克'爲文者, 此非夫子之心, 謂是鄭伯本志. 不欲言其出奔, 難言其奔, 志在於殺, 故夫子承其本志而書'克'也. 鄭伯之於段也, 以其母所鍾愛, 順母私情, 分之大邑, 恣其榮寵, 實其殺心. 但大(태)叔無義, 恃寵驕盈, 若微加裁貶, 則恐傷母意, 故祭仲欲早爲之所, 子封請往除之, 公皆不許, 是其無殺心也. 言'必自斃'·'厚將崩'者, 止謂自損其身, 不言惡能害國. 及其謀欲襲鄭, 禍將逼身, 自念友愛之深, 遂起初心之恨, 由是志在必殺, 難言出奔. 此時始有殺心, 往前則無殺意. 傳稱"公曰姜氏欲之, 焉辟害." 詩序曰"不勝其母, 以害其弟.[1] 經曰"父母之言, 亦可畏也." 是迫於母命, 不得裁之, 非欲待其惡成, 乃加誅戮也. 服虔云"公本欲養成其惡而加誅, 使不得生出, 此鄭伯之志意也." 言鄭伯本有殺意, 故爲養成其惡, 斯不然矣. 傳曰"稱鄭伯, 譏失教也", 止責鄭伯失於教誨之道, 不謂鄭伯元有殺害之心. 若從本以來卽謀殺害, 乃是故相屠滅, 何止失教之有. 且君之討臣, 遏其萌漸, 惡雖未就, 足得誅之, 何須待其惡成, 方始殺害. 服言本意欲殺, 乃是誣鄭伯也. 劉炫[2]云"以'克'爲文, 非其實狀, 故傳解之, 謂之鄭志." 言仲尼之意書'克'者, 謂是鄭伯本志也. 注又申解傳意, 言鄭伯志在於殺, 心欲其克, 難言其奔, 故仲尼書克, 不書奔, 如鄭伯之志爲文, 所以惡鄭伯也.

1) 不勝其母 以害其弟 : ≪詩經≫ 〈鄭風 將仲子〉에 대한 〈毛詩序〉에 "〈將仲子는〉 莊公을 풍자한 詩이다. 그 모친이 아우만 사랑함을 이겨내지 못하여 그 아우를 해쳤다. 아우인 共叔이 道理를 잃었는데 장공이 이를 제지하지 못하였고, 祭仲이 이를 諫하였으나 장공이 듣지 않아, 작은 일을 참지 못하여 큰 난리를 초래한 것이다."라고 한 데서 보인다.

2) 劉炫 : 549~617. 隋代 경학자로 자는 光伯이다. 太學博士를 지냈다. ≪僞古文尙書孔氏傳≫을 眞書로 믿었으며, ≪連山易≫·≪魯史記≫ 등을 僞造하였다. 뒤에 孔穎達이 그의 학설을 높이 평가하여 五經正義를 찬수할 때 그의 학설을 많이 흡수하였다. 저서로 ≪論語述義≫, ≪春秋述義≫, ≪尙書述義≫, ≪毛詩述義≫ 등이 있다.

注의 〔傳言〕에서 〔其奔〕까지

○ 正義曰 : 經은 모두 孔子가 기록한 것인데, 이 일에서 특별히 '書曰'이라 하였으니, 필시 舊文일 것이다. 그렇지 않다면 夫子가 비로소 改撰하였으므로 傳의 이 표현은 '부자가 ≪春秋≫를 지으실 때 舊史의 글을 고쳐 의리를 밝혔음을 말한 것'임을 알 수 있다.

'克'은 전쟁에서 승리하여 賊을 捕獲한다는 명칭이다. 莊公이 鄢을 치자 共叔段이 즉시 共國으로 달아났으니, 이미 交戰하지 않았고 또한 공숙단을 포획하지도 못하였다. 공숙단은 실로 出奔하였는데 '克'으로 글을 만들었으니, 이는 부자의 마음이 아니라 鄭伯(鄭 莊公)의 本心 때문임을 말한 것이다. 출분이라 말하려고 하지 않은 것은 출분이라고 말하기 곤란해서이니, 장공의 뜻이 공숙단을 죽이는 데 있었기 때문에 부자가 그의 본심을 받들어 '克'이라고 기록한 것이다. 정백이 공숙단에 대해서 그가 母親에게 총애를 받는 자식이기 때문에 모친의 私情을 순히 따라 그에게 큰 고을을 나누어주어 은총을 마음대로 베풀고 죽이려는 마음을 채웠다. 다만 太叔(共叔段)은 의리가 없는 사람으로 총애를 믿고 교만하였는데, 만약 조금이라도 제재를 가하면 모친의 뜻을 상하게 할까 염려하였기 때문에 祭仲은 일찌감치 조처하기를 바라고, 子封은 가서 그를 제거하기를 청하였지만 장공이 모두 허락하지 않았으니, 이는 죽이려는 마음이 없던 것이다. 장공이 '반드시 스스로 패망할 것이다.〔必自斃〕', '영토가 넓어지더라도 장차 스스로 무너지게 될 것이다.〔厚將崩〕'라고 한 것은 단지 스스로 그 몸만 훼손할 뿐이라 말한 것이고 그 악행이 나라를 해칠 수 있다고 말한 것은 아니다. 공숙단의 凶謀가 정나라 국도를 습격하고자 하여 禍亂이 장차 자신에게 닥치게 되어서야, 스스로 깊은 우애를 생각하고 마침내 한스러운 初心을 일으키니, 이로 인하여 그 뜻이 반드시 죽이려는 데 있게 되어 출분이라 말하기 곤란하였다. 이때야 비로소 죽이려는 마음을 갖게 되었고, 이전에는 죽이려는 뜻이 없었다.

傳에서 "장공이 말하기를 '姜氏께서 이렇게 하기를 원하시니, 내 어찌 禍를 피할 수 있겠는가.' 하였다."라고 하였다. 〈毛詩序〉에 "그 모친이 〈아우만 사랑함을〉 이겨내지 못하여 그 아우를 해쳤다."라고 하였고, ≪詩經≫ 〈鄭風 將仲子〉에 "부모의 말씀이 또한 두려워할 만하도다."라고 하였다. 이는 모친의 命에 몰려 아우를 제지하지 못한 것이지, 아우의 惡이 이루어지기를 기다려 誅戮을 가하고자 한 것은 아니다. 服虔은 "장공은 본디 공숙단의 악을 養成하여 주륙을 가하여 살아 나가지 못하게 하려고 하였으니, 이것이 鄭伯의 뜻이었다."라고 하였다. 이는 정백이 본디 죽이려는 뜻을 가지고 있었기 때문에 그의 악을 양성하였다고 말한 것인데, 실상은 그렇지 않다.

傳에 "鄭伯이라고 칭한 것은 〈장공이 아우를〉 잘못 가르친 것을 나무란 것이다."라고 하였는데, 이는 단지 정백이 아우를 가르치는 도리에 잘못이 있음을 나무란 것이지, 정백이 원래 죽이려는 마음을 가지고 있었다고 말한 것은 아니다. 만약 본래부터 살해하기를 도모했다면 짐짓 서로 도륙하려는 것이니 어찌 단지 잘못 가르친 죄만 있겠는가. 또 임금이 신하를 토벌하는 것은 그 나쁜 싹과 조짐을 막기 위해서니, 악이 비록 이루어지지 않았더라도 충분히 주벌할 수 있는데, 어찌 꼭 악이 이루어지기를 기다려 비로소 살해한단 말인가. 복건이 정백의 본심은 아우를 죽이려는 데 있다고 말한 것은 정백을 誣陷한 것이다.

劉炫이 "'克'으로 말을 만든 것은 그 실상이 아니기 때문에 傳에서 이를 해석하여 정백의 뜻이라고 말한 것이다."라고 하였는데, 이는 仲尼가 '克'이라 기록한 뜻이 정백의 본심 때문이라고 말한 것이다. 注에 또 傳의 뜻을 거듭 해석하여 정백의 뜻이 죽이려는 데 있음을 말하였으니, 마음속으로 克하기를 바라므로 出奔이라 말하기가 난처하였기 때문이다. 그러므로 중니가 克이라 기록하고 출분이라 기록하지 않아서 마치 '정백의 뜻〔鄭伯之志〕'처럼 글을 만들었으니, 정백을 미워한 것이다.

【傳】 遂寘姜氏于城潁하고

드디어 姜氏를 城潁에 安置하고

【注】 城潁은 鄭地라

城潁은 鄭나라 땅이다.

【傳】 而誓之曰 不及黃泉하얀 **無相見也**호리라하더니

맹세하기를 "黃泉에 가지 않고서는 서로 만나지 않을 것이다."라고 하더니

【注】 地中之泉이라 故曰黃泉이라

땅속의 샘물이기 때문에 黃泉이라 한다.

【傳】 旣而悔之하다 **潁考叔爲潁谷封人**이러니

얼마 뒤에 후회하였다. 潁考叔은 潁谷의 封人으로 있었는데

【注】 封人은 典封疆者라

封人은 封疆을 맡아 지키는 사람이다.

【疏】 注'封人典封疆者' ○ 正義曰：周禮"封人掌爲畿封而樹之"，鄭玄云"畿上有封，若今時界也"。天子封人職典封疆，知諸侯封人亦然也。傳言祭(채)仲足爲祭封人[1)]，宋高哀爲蕭封人[2)]，論語有儀封人[3)]，此言潁谷封人，皆以地名封人。蓋封人職典封疆，居在邊邑。潁谷·儀·祭，皆是國之邊邑也。

1) 祭(채)仲足爲祭封人：≪春秋左氏傳≫ 桓公 11년 傳에 "당초에 祭의 封人 仲足이 莊公에게 총애를 받아 장공이 그를 卿으로 삼았다.〔初 祭封人仲足 有寵於莊公 莊公使爲卿〕"라고 한 기사에서 온 말이다.
2) 宋高哀爲蕭封人：≪春秋左氏傳≫ 文公 14년 傳 기사에 보인다.
3) 儀封人：≪論語≫ 〈八佾〉에 보인다. 儀는 衛나라 변경 고을이다.

注의 〔封人典封疆者〕

○ 正義曰：≪周禮≫ 〈地官 司徒〉에 "封人은 王畿의 〈네 邊境에 흙으로〉 두둑을 쌓아 경계를 만들고서 그 두둑 위에 나무를 심는 일을 관장한다."라고 하였는데, 鄭玄의 注에 "王畿의 네 변경에 있는 두둑은 지금의 경계와 같다."라고 하였다. 天子의 封人은 封疆의 직무를 관장하니, 諸侯의 봉인도 그와 같음을 알 수 있다. 傳에 "祭仲足이 祭의 봉인으로 있었다."라고 하고, "宋나라 高哀가 蕭의 봉인으로 있었다."라고 하였으며, ≪論語≫에는 儀의 봉인이 있으며, 여기서는 潁谷의 봉인을 말하였는데, 모두 봉인 앞에 지명을 붙였다. 대체로 봉인은 봉강의 직무를 관장하므로 변경 고을에 거처한 듯하다. 潁谷·儀·祭는 모두 그 나라의 변경 고을이다.

【傳】 聞之하고 有獻於公하니 公賜之食한대 食舍肉이어늘 公問之한대 對曰 小人有母하야 皆嘗小人之食矣요 未嘗君之羹이라 請以遺之하노이다

이 소문을 듣고 莊公에게 獻上하는 기회를 이용해 뵙기를 청하니, 장공이 潁考叔에게 음식을 하사하였다. 영고숙이 음식을 먹으면서 고기는 먹지 않고 한 곳으로 모아놓았는데, 공이 그 까닭을 묻자 그가 대답하였다.

"小人에게는 어머니가 계신데 소인이 올리는 음식은 모두 맛보았으나 주군께서 내린 국은 맛보지 못하였습니다. 청컨대 이 고기를 어머니께 갖다 드리고자 합니다."

【注】食而不啜羹은 欲以發問也라 宋華元殺羊爲羹饗士[1)]하니 蓋古賜賤官之常이라

1) 宋華元殺羊爲羹饗士 : ≪春秋左氏傳≫ 宣公 2년 傳에 "장차 전쟁하려 할 때 華元이 羊을 잡아 士들을 먹였다.〔將戰 華元殺羊食士〕"라고 한 기사에서 온 말이다. 화원은 春秋時代 宋나라 장군이다.

潁考叔이 음식을 먹으면서 국을 마시지 않은 것은 임금이 그 까닭을 묻게 하고자 해서이다. 宋나라 華元이 羊을 잡아 국을 끓여서 士들에게 먹였으니, 〈국을 끓여준 것은〉 아마도 옛날에 賤官에게 하사하던 常例인 듯하다.

【疏】注'食而'至'之常' ○ 正義曰 : 禮公食大夫及曲禮所記大夫士與客燕食, 皆有牲體殽胾(효자), 非徒設羹而已. 此與華元饗士, 唯言有羹, 故疑是古賜賤官之常.

注의 〔食而〕에서 〔之常〕까지

○ 正義曰 : ≪儀禮≫ 〈公食大夫禮〉 및 ≪禮記≫ 〈曲禮〉에 기록된 大夫와 士가 賓客과 함께 燕食하는 예에는 모두 牲體(희생의 몸통), 殽(뼈가 붙은 고기), 胾(살코기)도 아울러 차려놓지 비단 국만 차려놓는 것은 아니다. 여기와 華元이 士들에게 먹일 때 오직 국만 끓여준다고 말하였기 때문에 옛날에 賤官에게 하사하던 常例인 듯하다고 추측한 것이다.

【傳】公曰 爾有母遺언마는 繄(예)我獨無로다

장공이 말하였다.

"그대에게는 음식을 가져다드릴 어머니가 있는데 나만 홀로 없구나."

【注】繄는 語助라

繄는 語助辭이다.

【傳】潁考叔曰 敢問何謂也잇고

영고숙이 말하였다.

"감히 여쭙습니다. 무슨 말씀이십니까?"

【注】據武姜在하야 設疑也라

武姜이 살아 있는 것에 의거하여 의문을 제기한 것이다.

【傳】 公語之故하고 且告之悔한대 對曰 君은 何患焉이니잇고 若闕地及泉하야 隧而相見이면 其誰曰不然이리잇고

장공이 자초지종을 설명하고 또 후회하고 있다고 말하니, 영고숙이 대답하였다. “주군께서는 무엇을 걱정하십니까. 만약 물이 나오는 데까지 땅을 파고 들어가 地下道에서 서로 만나신다면 누가 黃泉에서 만났다고 하지 않겠습니까?”

【注】 隧는 若今延道라

隧는 지금의 延道(墓道)와 같다.

【傳】 公從之하다 公入而賦호되 大隧之中에 其樂也融融이라하고

장공이 그의 말을 따랐다.

장공이 지하도로 들어가서 詩를 읊기를 “큰 지하도 안에는 즐거운 마음이 和樂하도다.”라고 하였고,

【注】 賦는 賦詩也라 融融은 和樂也라

賦는 詩를 읊는 것이다. 融融은 和樂한 모양이다.

【疏】 注‘賦賦’至‘樂也’ ○ 正義曰：賦詩, 謂自作詩也. 中・融・外・洩, 各自爲韻. 蓋所賦之詩有此辭, 傳略而言之也. 融融, 和樂, 洩洩, 舒散, 皆是樂之狀, 以意言之耳. 服虔云“‘入’言公, ‘出’言姜, 明俱出入互相見.”

注의 〔賦賦〕에서 〔樂也〕까지

○ 正義曰：詩를 읊는 것은 스스로 시를 지어 읊는 것을 이른다. 中, 融, 外, 洩이 각자 韻字가 된다. 대개 읊은 시 가운데 이런 말이 있을 터인데 傳에서 생략하여 말한 듯하다. ‘融融’은 화락한 모양이고 ‘洩洩’은 펴지고 흩어지는 모양이니, 모두 즐거워하는 형상으로 뜻(본심)을 말한 것이다.

복건이 “‘入’은 莊公을 두고 말한 것이고 ‘出’은 姜氏를 두고 말한 것인데, 모두 나가고 들어가며 번갈아 서로 만나보는 뜻을 밝힌 것이다.”라고 하였다.

【傳】姜出而賦호되 大隧之外에 其樂也洩(예)洩로다하야

姜氏가 지하도 밖으로 나와서 시를 읊기를 "큰 지하도 밖에는 즐거운 마음이 넘쳐나도다."라고 하였다.

【注】洩洩는 舒散也라

洩洩는 發散하는 모양이다.

【傳】遂爲母子如初하다 君子曰 潁考叔은 純孝也라

드디어 母子가 처음처럼 和睦하게 지냈다. 君子가 다음과 같이 論評하였다. "영고숙은 독실한 孝子로다.

【注】純은 猶篤也라

純은 篤實과 같다.

【疏】注'純猶篤也' ○正義曰： 爾雅釋詁訓純爲大, 則純孝純臣者, 謂大孝大忠也. 此純猶篤者, 言孝之篤厚也.

注의 〔純猶篤也〕

○ 正義曰：≪爾雅≫〈釋詁〉에 純을 大로 訓詁하였으니, 그렇다면 純孝와 純臣은 大孝와 大忠을 이른다. 여기에서 純은 篤과 같다는 것은 孝의 篤厚함을 말한 것이다.

【傳】愛其母하야 施(이)及莊公이로다 詩曰 孝子不匱하야 永錫爾類라하니 其是之謂乎인저

자신의 어머니를 사랑하는 孝誠을 미루어 장공에게까지 영향을 미쳤도다. ≪詩經≫〈大雅 旣醉〉에 '효자의 孝心은 끝이 없어 영원히 네 同類에게 영향을 미친다.'라고 하였으니, 바로 이 경우를 말한 것이다."

【注】不匱는 純孝也라 莊公雖失之於初나 孝心不忘일새 考叔感而通之하니 所謂永錫爾

類라 詩人之作은 各以情言이니 君子論之에 不以文害意[1]라 故春秋傳引詩 不皆與今說詩者同하니 後皆倣此라

1) 不以文害意 : ≪孟子≫ 〈萬章 上〉에 "詩를 解說하는 사람은 글자를 가지고 말을 해치면 안 되고 말을 가지고 본래의 뜻을 해쳐서도 안 되며, 자신의 뜻으로 본래의 뜻을 맞춰 보아야 제대로 알 수 있다.〔說詩者 不以文害辭 不以辭害志 以意逆志 是爲得之〕"라고 하였다.

끝이 없는 孝心은 純孝이다. 장공이 비록 처음에는 잘못하였으나 孝心을 잊지 않고 있었기 때문에 潁考叔이 感動시킨 것이니, 이것이 이른바 '영원히 네 同類에게 영향을 미친다.'는 것이다. 詩人의 작품은 각각 자신의 감정을 말한 것이니, 君子가 詩를 論評함에 있어 글자에 얽매어 전체의 뜻을 해치지 않아야 한다. 그러므로 ≪春秋傳≫에 시를 인용한 것이 대부분 오늘날 시를 해설하는 자들의 말과 같지 않다. 뒤에 나오는 시도 모두 이와 같다.

【疏】 '詩曰'至'謂乎' ○ 正義曰 : 詩毛傳及爾雅之訓, 匱竭永長錫予爾女也. 此詩大雅旣醉之五章, 言孝子爲孝, 不有竭極之時, 故能以此孝道長賜予女之族類. 言行孝之至, 能延及旁人, 其是此事之謂乎. 族類者, 言俱有孝心, 則是其族類也.

傳의 〔詩曰〕에서 〔謂乎〕까지

○ 正義曰 : ≪詩經≫ 毛傳과 ≪爾雅≫에 匱를 竭(다하다)로, 永을 長(길이, 영원히)으로, 錫을 予(주다)로, 爾를 女(너)로 訓詁하였다. 이 詩는 ≪시경≫ 〈大雅 旣醉〉의 5章이니, 孝子의 孝心은 다할 때가 없기 때문에 이 孝道를 너의 族類에게 길이 줄 수 있다고 말한 것이다. 〈또〉 孝行이 지극한 결과 주변 사람에게까지 영향을 미치니, 바로 이 일을 이른 것이라고 말한 것이다. '族類'란 모두 효심만 있다면 바로 족류라고 말한 것이다.

【疏】 ○ 注'不匱'至'倣此' ○ 正義曰 : 潁考叔有純孝之行, 能錫莊公, 莊公雖失之於初, 孝心不忘, 則與潁考叔同是孝之般類也. 今考叔能感而通之, 是謂永錫爾類也. 詩人之作, 各以情言. 君子論之, 不以文害意, 出孟子文也. 此云'春秋傳引詩, 不皆與今說詩者同', 何以. 昭八年注云"叔向時詩義如此[1]", 所以不同者, 此是丘明作傳稱君子之言, 容可引詩斷章, 評論得失, 彼是叔向之語, 事近前代當時譏刺, 故云"叔向時詩義如此"也. 詩注意類謂子孫族類, 此傳意以爲事之般類也.

1) 叔向時詩義如此 : ≪春秋左氏傳≫ 昭公 8년 傳에 叔向이 諫言을 올린 師曠을 칭송하면서 말하기를 "≪詩經≫에 '가엾도다, 말을 잘하지 못하는 사람이여. 말을 내지 않는 것은 자신만을 해칠 뿐이기 때문이다. 아름답도다, 말을 잘하는 사람이여. 교묘한 말을 물 흐르듯이 하여 그 몸을 安樂(休)에 처하게 한다.'라고 하였으니, 이 詩는 아마도 사광의 경우를 이른 듯하다."라고 하였는데, 杜預의 注에 "숙향의 시대에는 詩의 뜻을 이와 같이 보았다. 그러므로 오늘날 시를 해설하는 자들과는 조금 다르다.〔當叔向時 詩義如此 故與今說詩者小異〕"라고 한 데서 보인다.

○ 注의 〔不匱〕에서 〔倣此〕까지

○ 正義曰 : 穎考叔이 純孝의 행실이 있기 때문에 莊公에게까지 영향을 미쳐 장공이 비록 처음에는 잘못하였으나 孝心을 잊지 않고 있었으니, 그렇다면 장공은 영고숙과 똑같이 효심을 지닌 부류이다. 그리하여 지금 영고숙이 장공을 感動시킨 것이니, 이것이 이른바 '영원히 네 同類에게 영향을 미친다.'는 것이다.

詩人의 작품은 각각 자신의 삼정을 밝힌 것으로, 君子가 詩를 論評함에 있어 글자에 얽매어 전체의 뜻을 해치지 않아야 하니, 이는 ≪孟子≫ 〈萬章 上〉의 글에서 나온 것이다. 여기에서 '≪春秋傳≫에 시를 인용한 것이 대부분 오늘날 詩를 해설하는 자들의 말과 같지 않다.'고 하였는데, 어째서인가?

昭公 8년 傳의 杜預의 注에 "숙향의 시대에는 시의 뜻을 이와 같이 보았다."라고 하였는데, 〈시를 해석함이〉 같지 않은 까닭은 여기서는 左丘明이 傳을 지을 때 군자의 말이라 칭하면서 혹 詩를 인용하여 斷章取義하고 得失을 논평하였고, 저기서는 숙향의 말로 前代에 가까운 일을 當時에 풍자하였기 때문에 "숙향의 시대에는 詩의 뜻을 이와 같이 보았다."라고 한 것이다. ≪詩經≫의 注에서는 '類'를 '子孫의 族類'라 이른 듯하고, 이 傳에는 '일의 부류'로 여긴 듯하다.

【傳】 秋七月에 **天王**이 **使宰咺來歸惠公仲子之賵**하니 **緩**이요 **且子氏未薨**이라 **故名**하다

가을 7월에 天王이 宰咺을 魯나라에 사신으로 보내와서 惠公과 仲子의 賵을 주었으니 그 시기가 이미 늦었고, 또 子氏(仲子)는 아직 죽지도 않았는데 〈賵을 주었다.〉 그러므로 〈폄하하여〉 이름을 기록한 것이다.

【注】 惠公葬在春秋前이라 故曰緩也라 子氏는 仲子也니 薨在二年이라 賵은 助喪之物이라

惠公의 葬禮는 春秋 이전에 있었다. 그러므로 늦었다고 한 것이다. 子氏는 仲子인데, 隱公 2년에 죽었다. 賵은 喪家에 扶助하는 물건이다.

【疏】 '天王'至'故名' ○ 正義曰：緩賵惠公, 生賵仲子, 事由於王, 非咺之過. 所以貶咺者, 天王至尊, 不可貶責, 貶王之使, 足見王非. 且緩賵惠公, 專是王過, 生賵仲子, 咺亦有愆. 使者受命不受辭[1), 欲令遭時設宜, 臨機制變. 王謂仲子已薨, 令咺幷致其賵, 仲子尙存, 賵事須止. 宰咺知其未薨, 猶尙致賵, 是則不達時宜, 恥辱君命. 王則任非其人, 咺爲辱命之使, 君臣一體, 好惡同之, 貶咺亦所以責王也. 文五年"王使榮叔歸含且賵", 不指所賵之人. 此指言惠公仲子者, 彼成風未葬, 不言可知, 此則惠公已葬, 子氏未薨, 若不言其人, 則不知爲誰來賵. 文九年"秦人來歸僖公成風之襚", 亦爲年月已遠, 故指其所襚, 與此同也. 季文子求遭喪之禮以行, 亦豫凶事不貶者, 宰咺無喪致賵, 文子乃量時制宜. 備豫不虞, 古之善教,[2) 與此不同.

1) 使者受命不受辭：≪春秋公羊傳≫ 莊公 19년 기사에 "大夫가 王命만 받고 구체적인 지시사항을 받지 않은 채 국경 밖으로 나갔을 때, 사직을 평안하게 하고 국가를 이롭게 할 일이 있으면 專斷해도 된다.〔大夫受命不受辭出竟 有可以安社稷利國家者 則專之可也〕"라고 한 데서 온 말이다.

2) 季文子求遭喪之禮以行……古之善教：季文子는 魯나라 大夫이다. 계문자가 使臣으로 晉나라에 聘問가려 할 때 晉侯가 병을 앓고 있다는 소문을 듣고, 그 從者로 하여금 喪事를 만났을 경우 사용할 禮(儀物)를 조정에 구하게 한 뒤에 사행을 떠났다. 그 종자가 이 예를 어디에 사용할 것이냐고 묻자, 계문자가 "뜻밖의 사태를 미리 대비하라는 말은 옛날의 훌륭한 가르침이다. 일을 당하여 구할 곳이 없으면 실로 난처하게 될 것이니 지나치게 구한다 하여 무엇이 해롭겠는가.〔備豫不虞 古之善教也 求而無之 實難 過求何害〕"라고 대답하였다.(≪春秋左氏傳≫ 文公 6년)

傳의 〔天王〕에서 〔故名〕까지

○ 正義曰：惠公에게는 뒤늦게 賵을 주었고 仲子에게는 살아 있는데도 봉을 준 것은 그 일이 天王에게서 연유한 것이니 咺의 잘못이 아니다. 그러나 咺을 貶下한 까닭은 천왕은 至尊이라 폄하하고 질책할 수가 없고, 천왕의 使臣을 폄하하는 것만으로도 충분히 천왕의 잘못을 드러낼 수 있어서이다. 또 혜공에게 뒤늦게 봉을 준 것은 전적으로 천왕의 잘못이지만, 중자에게 살아 있는데도 봉을 준 것은 咺에게도 허물이 있다.

使者가 왕명만 받고 구체적인 지시사항을 받지 않는 것은 그로 하여금 때에 따라 알맞게 대처하고 상황에 따라 변통을 잘 부리게 하려고 해서이다. 천왕이 중자가 이미 죽었다고 생각하고 咺으로 하여금 그 봉을 아울러 가져다주게 하였더라도, 중자가 아직 살아 있다면 봉을 주는 일을 반드시 중지해야 한다. 그런데 宰咺은 중자가 아직 죽지 않았음을 알면서도 오히려 봉을 주었으니, 이것은 時宜를 통달하지 못해 君命을 욕되게 한 것이다. 천왕은 적임자가 아닌 사람을 사신에 임명하였고 咺은 군명을 욕되게 한 사신이 되었는데, 君臣은 一體이고 好惡를 함께하는 법이니 咺을 폄하함은 또한 천왕을 질책하는 것이 된다.

≪春秋左氏傳≫ 文公 5년 기사에 "王이 榮叔을 보내어 含과 賵을 주었다."라고 하였는데, 봉을 받는 사람을 가리켜 말하지 않았다. 여기서는 혜공과 중자를 가리켜 말한 것은, 저기서는 成風이 아직 安葬되지 않아 말하지 않아도 누구인지 알 수 있지만, 여기서는 혜공은 이미 안장되었고 子氏는 아직 죽지 않았으니, 만약 그 사람을 말하지 않으면 누구를 위해 와서 봉을 주는지를 알 수 없기 때문이다. 文公 9년 기사에 "秦人이 와서 僖公과 成風의 襚衣를 주었다."라고 하였는데, 또한 喪事가 일어난 年月이 이미 멀어졌기 때문에 그 수의를 받을 사람을 가리켜 말한 것이니, 여기의 경우와 같다.

季文子는 喪事를 만났을 경우 사용할 禮를 구하고서 使行을 떠났는데도 또한 凶事를 미리 준비하였다고 하여 폄하되지 않은 자이다. 宰咺은 상사가 없는데도 봉을 가져다 주었고, 계문자는 때를 헤아려 알맞게 대처하였다. 뜻밖의 사태를 미리 대비하라는 말은 옛날의 훌륭한 가르침이니, 여기의 경우와 같지 않다.

【傳】天子는 **七月而葬**하니 **同軌**[1]**畢至**하고

1) 同軌 : '바퀴의 폭이 같은 수레'라는 뜻으로, 통일된 천자국의 지배를 받는 諸侯들을 가리킨다.

天子는 죽은 지 7개월 만에 장사 지내니 同軌의 제후가 모두 조문하러 오고,

【注】言同軌하야 **以別四夷之國**이라

同軌라고 말하여 사방의 오랑캐 나라와 구별한 것이다.

【傳】 諸侯는 五月이니 同盟至하고

제후는 죽은 지 5개월 만에 장사 지내니 同盟國이 조문하러 오고,

【注】 同在方嶽[1]之盟이라

1) 方嶽 : 東嶽 泰山, 西嶽 華山, 南嶽 衡山, 北嶽 恒山인데, 여기서는 바로 그 지방의 제후를 지칭하는 말로 쓰였다. 옛날에는 天子가 5년마다 사방을 두루 巡狩하여 각 방악 밑에서 그곳 제후들의 朝見을 받고서 治績을 고찰하여 黜陟의 政事를 행하였다.

함께 方嶽의 盟約을 맺은 나라들이다.

【傳】 大夫는 三月이니 同位至하고

大夫는 죽은 지 3개월 만에 장사 지내니 同位의 官員이 조문하러 오고,

【注】 古者에 行役[1]不踰時라

1) 行役 : 使命을 띠고 外國으로 가거나 出戰하는 것이다.

옛날에는 行役이 철을 넘기지 않았다.

【傳】 士는 踰月이니 外姻至라

士는 달을 넘겨 장사 지내니 인척이 조문하러 온다.

【注】 踰月은 度月也라 姻은 猶親也라 此言赴弔各以遠近爲差하야 因爲葬節이라

踰月은 달을 넘기는 것이다. 姻은 親과 같다. 이는 弔喪 오는 것을 각각 거리의 遠近으로 〈도착하는 날짜에 따라〉 차등을 두고 이것으로 인하여 장사 지내는 節度를 삼았다는 말이다.

【疏】 '天子'至'姻至' ○正義曰：天子・諸侯・大夫・士, 位既不同, 禮亦異數, 赴弔遠近, 各有等差, 因其弔答以爲葬節. 且位高則禮大, 爵卑則事小. 大禮踰時乃備, 小事累月卽成. 聖王制爲常規, 示民軌法, 欲使各修其典, 無敢忒差. 資父事君, 生民之所極, 哀死送終, 臣子之所盡. 是以未及期而葬, 謂之不懷, 過期而葬, 謂之緩慢. 春秋從實而錄, 以示是非. 天子七月, 諸侯五月者, 死月葬月皆通數之也. 文八年八月"天王

崩", 九年二月"葬襄王", 是天子之七月也. 成十八年八月"公薨于路寢", 十二月"葬我君成公", 是諸侯之五月也. 宣八年傳云"禮, 卜葬, 先遠日, 辟(피)不懷也." 是卜遠日不吉, 乃卜近日, 辟不思親之嫌也. 則未及期而葬者, 不思其親, 理在可見, 故傳皆不言其事, 唯過期乃葬者, 傳言緩以示譏耳. 桓王以桓十五年崩, 莊三年乃葬, 積七年也. 僖公以其三十三年十一月薨, 文元年四月乃葬, 薨葬中有閏, 積七月也. 二者并過於期, 故傳皆言緩以譏之也. 衛桓公以隱四年三月爲州吁所弑, 五年四月乃葬, 積十四月也. 莊公以其三十二年八月薨, 閔元年六月乃葬, 積十一月也. 二者雖亦過期, 而國有事難, 故傳皆言"亂故, 是以緩", 原其非慢, 不以責臣子也. 然則諸侯五月而葬, 自是正法得禮, 可知不假發傳. 而葬成公之下, 傳特云"書順"者.[1] 釋例曰"魯君薨葬, 多不順制, 唯成公薨于路寢, 五月而葬, 國家安靜, 世適承嗣, 故傳見莊之緩, 擧成書順以包之." 然則特發此傳, 欲以包群公之得失, 於莊見亂故而緩, 於僖見無故而緩, 於成見順禮. 傳發三者, 則其餘皆可知也.

1) 葬成公之下 傳特云書順者 : ≪春秋左氏傳≫ 成公 18년 기사에 보인다.

傳의 〔天子〕에서 〔姻至〕까지

○ 正義曰 : 天子, 諸侯, 大夫, 士는 지위가 이미 같지 않고 禮도 等級을 달리하니, 弔喪 오는 것을 거리의 遠近으로 각각 〈도착하는 날짜에 따라〉 차등을 두고, 그 弔問하고 答拜하는 것으로 인하여 葬事 지내는 節度로 삼았다. 또 지위가 높으면 예가 크고 작위가 낮으면 일이 작으니, 큰 예는 한 철을 넘겨야 비로소 갖추어지고 작은 일은 몇 개월 만에 곧 이루어진다. 聖王은 常規를 제정하여 백성들에게 법도를 보여줌으로써 각기 그 典法을 닦아 감히 어기는 일이 없게 하고자 하였다. 아버지 섬김을 바탕으로 하여 임금을 섬기는 것은 生民들이 지극히 해야 할 바이며, 죽은 이를 애도하고 죽은 자를 장사 지내는 것은 臣子들이 힘을 다해야 할 바이다. 이 때문에 期日이 되지 않았는데도 장사 지내는 것을 '죽은 이를 그리워하지 않는다.〔不懷〕'라고 하고, 기일이 지나서야 장사 지내는 것을 '너무 늦었다.〔緩慢〕'라고 한다. ≪春秋≫에서는 사실대로 기록하여 그 是非를 보여주고 있다.

天子는 7개월 만에 장사 지내고 諸侯는 5개월 만에 장사 지내는 것은 죽은 달과 장사 지내는 달을 모두 통틀어 계산한 것이다. 文公 8년 8월에 "天王이 崩하였다."라고 하고, 문공 9년 2월에 "襄王을 장사 지냈다."라고 하였는데, 이것이 천자는 7개월 만에 장사 지낸다는 것이다. 成公 18년 8월에 "公이 路寢에서 薨하였다."라고 하고, 그해 12월에 "우리 임금 성공을 장사 지냈다."라고 하였는데, 이것이 바로 제후는 5개월 만에 장사 지낸다는 것이다. 宣公 8년 傳에 "禮에 의하면 占을 쳐서 葬日을 정할 때 먼 날을 우선적으로 택하는 것은 죽은 이를 그리워하지 않는다는 비난을 피하기 위함이다."라고 하였는데, 이것은 먼 날을 우선적으로 택하였다가 이날이 길하지 않게 되어서야 비로소 가까운 날을 택하여 돌아가신 어버이를 그리워하지 않는다는 혐의를 피한다는 말이다. 그렇다면 기일이 되지 않았는데도 장사 지내는 자는 돌아가신 어버이를 그리워하지 않는다는 것이 이치가 있는 말임을 알 수 있기 때문에 傳에는 모두 그 일을 말하지 않았고, 오직 기일이 지나서야 장사 지내는 자들에 대해서만 傳에서 '너무 늦었다.〔緩〕'라고 말하여 譏弄하는 뜻을 보였다.

周 桓王은 桓公 15년에 崩하였다가 莊公 3년이 되어서야 장사 지냈으니 총 7년이 걸렸다. 僖公은 33년 11월에 薨하였다가 文公 원년 4월이 되어서야 장사 지냈는데, 홍하고 장사 지내는 중간에 윤달이 있었으니 총 7개월이 걸렸다. 두 가지 일은 모두 기일이 지나서야 장사 지냈기 때문에 傳에서 모두 '너무 늦었다.'라고 말하여 기롱하였다. 衛 桓公은 隱公 4년 3월에 州吁에게 弑害를 당하였다가 5년 4월이 되어서야 장사 지냈으니 총 14개월이 걸렸다. 莊公은 32년 8월에 훙하였다가 閔公 원년 6월이 되어서야 장사 지냈으니 총 11개월이 걸렸다. 두 가지 일은 비록 기일이 지났기는 했지만 나라에 난리가 있었기 때문에 傳에서 모두 "난리 때문에 늦어진 것이다."라고 말하였는데, 태만해서가 아님을 헤아려서 臣子를 질책하지 않은 것이다.

그렇다면 제후는 5개월 만에 장사 지내는 것은 본디 正法으로 禮에 맞은 것이니 傳을 낼 필요가 없음을 알 수 있는데, 成公을 장사 지낸 기사 아래에 傳에서 특별히 "經에 이렇게 기록한 것은 모든 일이 順當함을 나타낸 것이다.〔書順〕"라고 하였다. 杜預의 ≪春秋釋例≫에 "魯나라 임금들이 薨하고 장사 지내는 것이 제도를 따르지 않은 경우가 많았지만, 오직 성공만은 路寢에서 薨하고 5개월 만에 장사 지냈으며, 국가가 安靜되고 嫡子가 後嗣를 계승하였다. 그러므로 傳에 莊公을 장사 지냄이 너무 늦었음을 드러낸 다음 성공을 거론하면서 '書順'이라 하여 포괄하였다."라고 하였다. 그렇다면 특별히 이 傳을 내어 여러 公들의 得失을 포괄하려고 한 것이니, 장공에 있어서는 난리 때문에 장사 지냄이 너무 늦었음을 드러내었고, 희공에 있어서는 아무 까닭 없이 장사 지냄이 너무 늦었음을 드러내었고, 성공에 있어서는 禮에 順當하였음을 드러내었다. 傳에 이 세 가지 일을 낸 것을 미루어보면 그 나머지도 모두 알 수 있다.

士踰月者, 通死月亦三月也. 襄十五年十一月"晉侯周卒", 十六年正月"葬晉悼公". 杜云"踰月而葬, 速", 是踰月亦三月也. 此注云"踰月, 度月"者, 言從死月至葬月, 其間度一月也. 士與大夫不異, 而別設文者, 以大夫與士名位旣異, 因其名異, 示爲等差, 故變其文耳, 其實月數同也. '同軌'·'同盟至'者, 謂遣使來至, 非諸侯身至. 釋例曰"萬國之數至衆, 封疆之守至重, 故天王之喪, 諸侯不得越竟而奔, 修服於其國, 卿共弔葬之禮. 魯侯無故而穆伯如周弔[1], 此天子崩, 諸侯遣卿共弔葬之經傳也." 是言禮天子之喪, 諸侯不親奔也. 其諸侯相弔, 則昭三十年傳云"先王之制, 諸侯之喪, 士弔, 大夫送葬", 是正禮也. 同位至, 待其使還也. 外姻至, 親戚畢集也. 於天子言'畢至', 以下不言畢者, 天子貴在尊極, 海內爲家, 天下聞喪, 無敢不至, 故言'畢'也. 諸侯同盟, 或來或否. 大夫出使, 本奉君命, 雖或聞喪, 未必盡來, 故不言'畢'也. 此亦例而不言凡者, 序已解訖. 何休膏肓以爲禮士三月葬. 今云踰月, 左氏爲短. 鄭康成云"人君殯數來日, 葬數往月, 大夫殯葬皆數來日來月, 士殯葬皆數往日往月. 士之三月, 大夫之踰月也." 鄭之此言天子諸侯葬數往月, 於左氏無害, 云大夫葬數來月, 恐非杜旨. 蘇寬之意, 以古禮大夫以上殯葬皆數來日來月, 士殯葬數往日往月, 空云古禮, 事無所出, 不可依用也. 劉炫云"此亦例, 不言凡者, 諸所發凡, 皆爲經張例, 此擧葬之大期, 以譏宰咺之緩, 非是爲葬發例, 故不言凡也."

1) 魯侯無故而穆伯如周弔 : 文公 8년 傳에 "穆伯이 弔喪하기 위해 周나라에 가다가 京師로 가지 않고 가지고 간 禮物을 가지고 莒나라로 도망하여 己氏를 찾아갔다.〔穆伯如周弔喪 不至 以幣奔莒 從己氏焉〕"라는 내용이 보인다.

士는 달을 넘겨 장사 지내는 것은 죽은 달까지 통틀어 계산하면 또한 3개월이다. 襄公 15년 11월에 "晉侯 周가 卒하였다."라고 하고, 16년 正月에 "晉 悼公을 장사 지냈다."라고 하였다. 杜預의 注에 "달을 넘겨 장사 지냈으니 너무 빨랐다."라고 하였는데, 이것이 바로 달을 넘기는 것도 3개월 만에 장사 지내는 것이다. 여기서의 注에 "踰月은 달을 넘기는 것이다."라고 한 것은 죽은 달부터 장사 지내는 달까지 그 사이에 1개월을 넘김을 말한 것이다. 士와 大夫가 다르지 않은데 별도로 글을 만든 것은 대부와 士의 名位가 이미 다르므로 그 명위가 다른 것으로 인하여 차등을 보여주고자 한 것이다. 그러므로 그 글을 변용했을 뿐이고 실제로는 달수가 같다.

同軌의 제후가 모두 조문하러 오고, 同盟國이 조문하러 온다는 것은 파견한 使臣이 조문하러 옴을 말한 것이지 제후가 몸소 조문하러 오는 것은 아니다. ≪춘추석례≫에 "萬國의 수는 지극히 많고 封疆의 守護는 지극히 중요하기 때문에 天王의 喪에 제후가 국경을 넘어 달려가지 못하고 그 나라에서 상복을 갖추어 입되, 卿으로 하여금 弔喪하고 장사 지내는 禮에 참여하게 하는 것이다. 〈문공 8년 傳에〉 魯侯는 아무 일도 없는데 穆伯이 周나라에 가서 조상하였으니, 이것은 天子가 崩하였을 때 제후가 卿을 보내어 조상하고 장사 지내는 예에 참여하게 했던 經傳의 글이다."라고 하였다. 이는 禮에 있어 천자의 상에 제후가 직접 달려가지 않음을 말한 것이다. 제후가 서로 조상하는 것은 소공 30년 傳에 "선왕의 제도에 제후의 喪事에는 士가 조상하고 大夫가 장례에 참여하는 것이다."라고 하였는데, 이것이 正禮이다.

同位의 官員이 조문하러 온다는 것은 〈동위의 관원이〉 使行 갔다가 돌아오는 것을 기다리는 것이고, 姻戚이 조문하러 온다는 것은 친척이 다 모이는 것이다. 천자에게 있어서는 '모두 조문하러 온다.〔畢至〕'라고 말하고 이하의 지위에 있어서는 '모두〔畢〕'를 말하지 않은 것은, 천자는 귀함이 尊極에 있고 海內를 집으로 삼아 천하 사람들이 천자의 喪事를 들으면 감히 조문하러 오지 않을 이가 없기 때문에 '모두'를 말한 것이다. 제후의 동맹국은 조문하러 오거나 혹 오지 않거나 할 터이고, 대부로서 사행을 나간 자는 본디 君命을 받들고 있어 비록 喪事의 소식을 들었다 하더라도 반드시 다 조문하러 오지는 못한다. 그러므로 '모두'를 말하지 않은 것이다. 이 역시 例이지만 凡을 말하지 않은 것은 序文에 이미 해설하였다.

何休의 ≪左氏膏肓≫에 "禮에 있어 士는 3개월 만에 장사 지낸다."라고 하였는데, 지금 여기서는 "달을 넘겨 장사 지낸다."라고 하였으니, ≪春秋左氏傳≫에서 말한 기한이 더 짧다. 鄭康成(鄭玄)이 "임금의 殯禮에는 오는 날을 세고 葬禮에는 지나간 달을 세며, 大夫의 빈례와 장례에는 모두 오는 날과 오는 달을 세며, 士의 빈례와 장례는 모두 지나간 날과 지나간 달을 센다. 士의 3개월은 대부의 踰月이다."라고 하였다. 정강성이 이처럼 천자와 제후의 장례에는 지나간 달을 센다고 한 것은 ≪춘추좌씨전≫에 문제될 것이 없겠지만, 대부의 장례에는 오는 달을 센다고 한 것은 아마도 杜預의 뜻은 아닐 듯하다.

蘇寬의 뜻은 古禮에 있어 대부 이상의 빈례와 장례에는 모두 오는 날과 오는 달을 세고, 士의 빈례와 장례는 지나간 날과 지나간 달을 센다고 여겼는데, 공연히 고례만 말하고 근거할 만한 일이 없으니 이를 의거하여 쓸 수가 없다. 劉炫은 "이 역시 例인데 凡

을 말하지 않은 것은 여러 곳의 凡을 낸 것은 모두 經을 위해 例를 열거한 것인데, 여기서는 장사 지내는 기일을 거론하여 宰咺이 너무 늦게 조문하러 온 것을 기롱한 것이지, 장례를 위해 例를 낸 것이 아니기 때문에 凡을 말하지 않은 것이다."라고 하였다.

【疏】○ 注'言同'至'之國' ○ 正義曰：鄭玄服虔皆以軌爲車轍也. 王者馭天下, 必令車同軌, 書同文. '同軌畢至', 謂海內皆至也. 四夷異俗, 不可同其文軌, 天子之喪, 不能以時赴弔, 故言同軌, 以別四夷之國也. 周禮巾車"木路以封蕃國", 蕃國卽四夷也. 既受王命, 車亦應同軌, 而言別四夷者, 四夷來朝天子, 天子賜之車服, 行於中國, 自然同軌, 其在本國, 軌必不同. 若以巾車之文, 卽言與華夏同軌, 豈亦能同文也.

○ 注의 〔言同〕에서 〔之國〕까지

○ 正義曰：鄭玄과 服虔은 모두 '軌'를 수레바퀴의 궤도로 여겼다. 王者가 天下를 다스릴 때 반드시 수레는 바퀴의 궤도를 똑같게 하고, 글은 문자를 똑같게 해야 한다. '同軌畢至'는 海內에서 〈제후가〉 모두 조문하러 온다고 말한 것이다. 사방의 오랑캐 나라는 풍속을 달리하여 그 문자와 궤도를 똑같이 할 수가 없으니, 천자의 喪事에 때맞춰 달려와 조상할 수 없기 때문에 '同軌'라고 말하여 사방의 오랑캐 나라와 구별한 것이다.

≪周禮≫ 〈春官 巾車〉에 "木路는 蕃國을 封하는 데 쓴다."라고 하였는데, 번국은 바로 사방의 오랑캐 나라이다. 이미 王命을 받았으면 수레 역시 궤도를 똑같이 할 터인데 사방의 오랑캐 나라와 구별한다고 말한 것은, 사방의 오랑캐 나라가 와서 천자에게 조회하면 천자가 수레와 복식을 하사하여 中國에 다닐 때에는 자연히 궤도를 똑같이 하겠지만, 자기의 나라에 있게 되면 궤도가 반드시 같지 않게 되기 때문이다. 만약 〈건차〉의 내용을 가지고 곧바로 華夏와 궤도를 똑같이 하는 것이라고 말한다면, 〈글의 경우에는〉 어찌 문자를 똑같이 할 수 있겠는가.

【疏】○ 注'同在方嶽之盟' ○ 正義曰：周禮司盟"凡邦國有疑會同, 則掌其盟約之載", 然則天子之合諸侯, 有使諸侯共盟之禮也. 王合諸侯, 唯有巡守, 其非巡守, 則有事而會, 會之多少, 唯王所命, 不得有同盟常禮, 禮之同盟, 唯方嶽耳. 故左氏舊說, 十二年三考, 黜陟幽明既分, 天子巡守, 柴望既畢, 諸侯遂朝, 退相與盟, 同好惡, 奬王室. 是其當方諸侯, 同有方岳之盟. 同盟情親, 吉凶相告, 故遣使會葬也.

注의 〔同在方嶽之盟〕

○ 正義曰 : ≪周禮≫ 〈司盟〉에 “무릇 邦國에 의심스러운 일이 있어 會同하게 되면 그 盟約하는 일을 관장한다.”라고 하였는데, 그렇다면 천자가 제후를 會合할 때 제후로 하여금 함께 맹약하게 하는 禮가 있는 것이다. 왕이 제후를 회합하는 것은 오직 巡狩할 때에만 있고, 순수할 때가 아니라면 일이 있을 때에만 회합한다. 회합하는 횟수는 오직 왕의 명령에 달려 있어 同盟하는 常禮가 있지 못하고, 禮에 의한 동맹은 오직 方嶽의 맹약만 있을 뿐이다. 그러므로 ≪春秋左氏傳≫의 舊說에 “12년에 세 번씩 治績을 考課하여 무능한 자를 내치고 현명한 자를 승진시키는 일을 분명하게 처리한 뒤에, 천자가 〈德義를 宣揚하기 위해〉 순수하거든 柴祭와 望祭가 끝난 뒤에 제후들이 드디어 朝會하고, 물러나 서로 맹약하여 好惡를 함께하고 王室을 돕고자 하였다.”라고 하였는데, 이것이 같은 方面의 제후들이 방악의 맹약을 함께 맺은 것이다. 동맹한 친한 사람들이 吉事와 凶事를 서로 고하기 때문에 使臣을 보내 장사 지내는 데 참여하게 하는 것이다.

【疏】 ○ 注‘古者’至‘踰時’ ○ 正義曰 : 同位, 謂同爲大夫, 共在列位者. 待其來至, 三月待之, 故知古者於法行役不踰時也. 隱五年穀梁傳曰“伐不踰時”, 明行役聘問亦不踰時也.

○ 注의 〔古者〕에서 〔踰時〕까지

○ 正義曰 : 同位는 같은 大夫로 함께 지위에 있는 자를 이른다. 〈同位가 조문하러〉 오기를 기다리는 것은 3개월 동안 기다릴 수 있기 때문에, 옛날에는 법에 있어 行役이 한 철을 넘기지 않았음을 알 수 있다. ≪春秋穀梁傳≫ 隱公 5년에 “정벌하는 일은 한 철을 넘기지 않는다.”라고 하였으니, 행역과 聘問에도 한 철을 넘기지 않았음을 분명히 알 수 있다.

【傳】 贈死不及尸하고

死者를 위해 물품을 주되 장사 지내기 전에 미치지 못하였고,

【注】 尸는 未葬之通稱이라

尸는 장사 지내기 이전을 이르는 통칭이다.

【疏】 注‘尸未葬之通稱’ ○ 正義曰 : 曲禮下云“在牀曰尸, 在棺曰柩.” 是其相對言耳. 今以旣葬乃來而云'不及尸', 知尸是未葬之通稱也. 葬則尸不復見, 未葬猶及見之, 故以葬爲限也. 釋例曰"喪贈之幣, 車馬曰賵, 貨財曰賻, 衣服曰襚, 珠玉曰含. 然而摠謂之贈, 故傳曰'贈死不及尸'也." 然則此文雖爲賵發, 其實賵賻含襚, 摠名爲贈, 但及未葬皆無所譏也. 襚以衣尸, 含以實口, 大斂之後, 無所用之. 旣殯之後, 猶致之者, 示有恩好, 不以充用也. 今讚[1]曰"雜記弔含襚賵臨之等, 未葬則葦席, 旣葬則蒲席." 是葬後得行. 此言緩者, 禮記後人雜錄, 不可與傳同言也. 或可初葬之後則可, 久則不許.

1) 今讚 : 미상이다.

注의 〔尸未葬之通稱〕

○ 正義曰 : ≪禮記≫ 〈曲禮 下〉에서 "시신이 침상에 있으면 '尸'라고 하고, 관에 들어가 있으면 '柩'라고 한다."라고 하였으니, 이는 상대하여 말한 것이다. 지금 여기서는 이미 장사를 지낸 뒤에 온 것을 가지고 '장사 지내기 전에 미치지 못하였다.〔不及尸〕'라고 하였으니, 尸는 장사 지내기 이전을 통칭한다는 것을 알 수 있다.

≪春秋釋例≫에서 다음과 같이 말하였다. "남이 喪을 당했을 적에 주는 물품으로 車馬를 賵이라 하고 財貨를 賻라고 하며, 의복을 襚라 하고 珠玉을 含이라 한다. 그러나 이것들을 총괄해서 贈이라 하기 때문에 傳文에 '死者를 위해 물품을 주되 장사 지내기 전에 미치지 못하였다.'라고 말한 것이다." 그렇다면 이 글에서 비록 賵만을 말했지만 사실은 賵, 賻, 含, 襚를 총괄하여 贈이라 한 것이다. 다만 장사를 지내기 전에 미치는 것은 모두 비난할 바가 없다. 襚로써 시신에 옷을 입히고 含으로써 시신의 입을 채우는데 大斂이 지난 후에는 사용할 일이 없다. 殯을 한 뒤에 이러한 것들을 보내는 것은 은혜로운 마음을 보이는 것이지만 보충하여 사용하지는 못한다.

≪今讚≫에서 이르기를 "≪禮記≫ 〈雜記〉에 含襚, 賵臨 등 조문하는 예를 장사 지내기 전에는 葦席에서 하고, 장사 지낸 뒤에는 蒲廣에서 한다고 하였다."라고 하였으니, 이는 장사 지낸 뒤에도 할 수 있는 예이다. 여기서는 늦었다고 말한 것은 ≪예기≫는 후대 사람의 雜錄이므로 傳文과 동일하게 말할 수는 없기 때문이다. 혹자는 初葬 뒤에는 괜찮다고 하였으니 〈이러한 경우는 그래도〉 괜찮지만, 오랜 시간이 지나면 허락받을 수 없다고 하였다.

【傳】 弔生不及哀하며

生者를 위해 조문하되 슬퍼할 때에 미치지 못하였으며,

【注】諸侯已上은 旣葬則縗麻除하야 無哭位하고 諒闇終喪이라

제후 이상은 장사 지내고 나면 衰服을 벗고 哭位를 없애고서 諒闇에서 3년의 상례를 마친다.

【疏】注'諸侯'至'終喪' ○ 正義曰：昭十五年傳"稱穆后崩", "王旣葬, 除喪." 叔向曰"三年之喪, 雖貴遂服, 禮也." 杜云"天子諸侯除喪, 當在卒哭. 今王旣葬而除, 故譏其不遂"也. 案僖三十三年傳云"卒哭而祔", 杜云"旣葬反虞則免喪, 故曰卒哭, 哭止也". 如杜此言, 則卒哭與葬相去非遠, 同在一月. 儀禮士三虞, 則天子諸侯皆同於此. 必知然者, 以卒哭是葬之餘事, 共在一月之中, 故杜云"旣葬則衰(최)麻除", 或云"旣葬卒哭衰麻除", 以其相近故也. 若據雜記云"諸侯五月而葬, 七月而卒哭", 中間旣除, 或有國事, 稱號云何. 是知葬與卒哭相連, 間無事也. 然雜記云"諸侯五月而葬, 七月而卒哭"者, 案釋例曰"禮記後人所作, 不與春秋同", 是杜所不用也. '旣葬除喪', 唯杜有此說, 正以春秋之例, 皆旣葬成君, 明葬是人君之大節也. 昭十二年傳曰"齊侯衛侯鄭伯如晉. 晉侯享諸侯, 子產相鄭伯, 辭於享, 請免喪而後聽命. 晉人許之, 禮也". 於時鄭有簡公之喪未葬, 故請免喪. 其下傳又云"六月, 葬鄭簡公". 丘明作傳, 未嘗虛擧經文, 而虛言此葬, 得非終前免喪之言也. 以此知諸侯旣葬則免喪, 喪服旣除則無哭位. 諸侯旣然, 知天子亦爾. 尙書"高宗亮陰, 三年不言", 論語云"何必高宗, 古之人皆然". 是天子諸侯除服之後皆諒陰終喪也.

注의 〔諸侯〕에서 〔終喪〕까지

○ 正義曰：昭公 15년의 傳文에 "王穆后가 崩하였다.", "王이 장사를 마친 뒤에 상복을 벗었다."라고 하였다. 이에 대해서 叔向은 "3년상은 비록 존귀한 천자라 해도 遂服(정해진 喪期를 채워 服喪함)하는 것이 예이다."라고 하였고, 杜預는 "천자와 제후가 상복을 벗는 일은 응당 卒哭 때에 있어야 한다. 지금 왕이 장사를 지내고 나서 이내 상복을 벗었기 때문에 수복하지 않은 것을 비난한 것이다."라고 하였다.

살펴보건대 僖公 33년 傳文에 "졸곡하고서 祔廟한다."라고 하였고, 이에 대해서 두예는 "장사를 지내고서 집으로 돌아와 虞祭를 지내고 나서 상복을 벗기 때문에 졸곡이라 한다. 졸곡은 곡을 그치는 것이다."라고 하였다. 두예의 이러한 말과 같다면 졸곡과 장사는 시간상 거리가 멀지 않고 같은 달에 행하는 것이다. ≪儀禮≫에서 士는 세 번

虞祭를 지낸다고 하였으니, 천자와 제후 모두 이와 마찬가지이다. 필시 이러한 줄 아는 것은 졸곡이 장사의 餘事이므로 공히 같은 달 안에 있기 때문이다. 그렇기 때문에 두예가 "장사를 지낸 다음에 衰麻服을 벗는다."라고 하였고, 혹은 "장사를 지낸 다음에 졸곡을 지내고 최마복을 벗는다."라고 하였으니 이는 시간상 거리가 가까워서이다.

만약 ≪禮記≫ 〈雜記〉의 "제후는 5개월 만에 장사 지내고 7개월 만에 졸곡을 지낸다."라는 말에 의거한다면, 중간에 이미 시간이 오래되어 혹여 國事가 있을 때 稱號를 어떻게 하겠는가. 이를 통해 장사 지내는 일과 졸곡이 연이어 있어 그 사이에 다른 일이 없다는 것을 알 수 있다. 그러나 〈잡기〉의 "제후는 5개월 만에 장사 지내고 7개월 만에 졸곡을 지낸다."라는 말에 대해서 ≪春秋釋例≫를 살펴보면 "≪예기≫는 후대 사람이 지은 것이므로 ≪春秋≫와는 동일하지 않다."라고 하였으니, 두예가 ≪예기≫를 이용하지 않은 것이다.

'장사 지낸 뒤에 상복을 벗는다.〔旣葬除喪〕'는 것은 오직 두예가 이런 말을 하였다. ≪춘추≫의 사례들을 보면 모두 장사 지낸 뒤에 군수가 되었으니, 상사 시내는 것이 人君의 大節이라는 것을 밝힌 것이다. 소공 12년 傳文에 "齊侯·衛侯·鄭伯이 晉나라에 갔다. 晉侯가 연회를 열어 제후를 접대할 때 子産이 鄭伯을 보좌하였는데, 연향에 참석하기를 사양하고서 상복을 벗은 뒤에 晉侯의 명령을 따르겠다고 청하자 晉人이 허락하였으니 禮에 맞았다."라고 하였다. 당시에 鄭나라는 簡公의 喪에 아직 장사 지내지 않았기 때문에 상복을 벗기를 청한 것이다. 그 아래의 傳文에 또 "6월에 鄭 簡公을 장사 지냈다."라고 하였다. 左丘明이 傳을 지을 적에 經文을 헛되이 거론한 적이 없는데, 이 장사의 일만을 헛되이 말한 것이라면 장사를 끝내기 전에 상복을 벗었다는 말이 아니겠는가. 이를 통해 제후는 장사 지낸 다음 상복을 벗고, 상복을 벗은 다음 哭位를 없애는 것을 알 수 있다. 제후도 이미 그러하니 천자도 마찬가지임을 알 수 있다. ≪尙書≫ 〈無逸〉에서 "殷나라 高宗이 亮陰에서 3년 동안 말하지 않았다."라고 하였고, ≪論語≫ 〈憲問〉에서 "하필 高宗뿐이겠는가. 옛사람이 모두 그러하였다."라고 하였으니, 이는 천자와 제후가 상복을 벗은 뒤에 모두 諒陰에서 상을 마친다는 것이다.

晉書杜預傳云"(大)〔泰〕始十年, 元皇后崩, 依漢魏舊制, 旣葬, 帝及群臣皆除服. 疑皇太子亦應除否, 詔諸尙書會僕射(야)盧欽論之, 唯預以爲古者天子諸侯三年之喪, 始服齊斬, 旣葬除喪服, 諒闇以居, 心喪終制, 不與士庶同禮. 於是盧欽魏舒問預證據, 預曰'春秋晉侯享諸侯, 子產相鄭伯, 時簡公未葬, 請免喪以聽命. 君子謂之得禮. 宰咺歸

惠公仲子之賵, 傳曰弔生不及哀, 此皆既葬除服諒闇之證也. 書傳之說既多, 學者未之思耳. 喪服諸侯爲天子亦斬衰, 豈可謂終服三年也.' 預又作議曰'周景王有后世子之喪, 既葬除喪而宴樂. 晉叔向譏之曰三年之喪, 雖貴遂服, 禮也. 王雖不遂, 宴樂以早, 〔亦非禮也.〕[1] 此亦天子喪事見於古也. 稱高宗不言喪服三年, 而云亮陰三年, 此釋服心喪之文也. 譏景王, 不譏其除喪, 而譏其宴樂早, 則既葬應除, 而違諒闇之節也. 堯喪, 舜諒闇三年, 故稱遏密八音. 由此言之, 天子居喪, 齊斬之制, 菲杖絰帶, 當遂其服. 既葬而除, 諒闇以終之, 三年無改於父之道, 故曰百官總己以聽於冢宰. 喪服既除, 故更(갱)稱不言之美, 明不復(부)寢苫枕塊以荒大政也. 禮記云三年之喪自天子達, 又云父母之喪, 無貴賤一也, 又云端衰喪車皆無等, 此通謂天子居喪, 衣服之制同於凡人, 心喪之禮終於三年, 亦無服喪三年之文. 天子之位至尊, 萬機之政至大, 群臣之衆至廣, 不得同之於凡人, 故大行既葬, 祔祭於廟, 則因疏而除之. 己不除則群臣莫敢除, 故屈己以除之, 而諒闇以終制, 天下之人皆曰我王之仁也. 屈己以從宜, 皆曰我王之孝也. 既除而心喪, 我王猶若此之篤也, 凡我臣子, 亦安得不自勉以崇禮. 此乃聖制移風易俗之本也.' 議奏, 皇太子遂除衰麻而諒闇終喪. 於時內外卒聞預議, 多怪惑者, 乃謂其違禮以合時. 預謂鄕人段暢曰'玆事體大, 本欲宣明古典, 知未合於當今也. 宜博采典籍, 爲之證據, 令大分明, 足以垂示將來.' 暢遂敷通危疑, 以弘指趣, 其論具存焉." 杜議引尙書傳云"亮, 信也. 陰, 默也. 爲聽於冢宰, 信默而不言." 鄭玄以諒闇爲凶廬, 杜所不用.

1) 〔亦非禮也〕: 저본에는 '亦非禮也'가 없으나, 阮元의 교감기에 의거하여 보충하였다.

≪晉書≫ 〈杜預傳〉에서 다음과 같이 말하였다.

"泰始 10년에 元皇后가 崩하자 漢魏의 옛 제도에 의거하여 장사를 지낸 뒤에 황제와 신하들이 모두 상복을 벗었다. 그런데 皇太子도 응당 상복을 벗어야 하는지 의심이 들어서 尙書會僕射 盧欽에게 詔書를 내려 논하게 하였는데, 오직 두예만이 '옛날에 천자와 제후는 3년상을 지냈는데 처음에는 齊衰와 斬衰를 입고, 장사를 지낸 뒤에는 상복을 벗고 諒闇에 거하며 心喪으로 상을 마치니, 士庶와 같은 예가 아닙니다.'라고 하였다. 이에 노흠과 魏舒가 두예에게 근거한 바를 물었는데, 두예가 대답하기를 '≪春秋≫의 기록에 晉侯가 제후를 접대할 때 子產이 鄭伯을 보좌하였는데, 당시에 簡公의 장사를 지내기 전이라 상복을 벗은 뒤에 晉侯의 명령을 따르겠다고 청하였습니다. 이에 군자가 예에 맞았다고 하였습니다. 宰咺이 〈魯나라에 사신으로 와서〉 惠公과 仲子의 賵

을 주었는데, 그 傳文에 「生者를 조문하되 슬퍼할 때에 미치지 못하였다.」라고 하였습니다. 이는 모두 장사를 지낸 뒤에 상복을 벗고 양암에서 거한다는 증거입니다. 옛 전적에 수록된 說이 이미 많은데 학자가 생각하지 못해서입니다. ≪儀禮≫ 〈喪服〉에 「제후는 천자를 위해 또한 斬衰服을 입는다.」라고 하였는데, 이것이 어찌 상복을 3년 동안 입는다는 말이겠습니까.'라고 하였다.

두예가 또 다음과 같이 의론하였다. '周 景王이 王后와 世子의 상을 당했을 적에 장사를 지낸 뒤에 상복을 벗고 宴樂을 하였는데, 晉나라 叔向이 이것을 비난하기를 「3년상은 비록 존귀한 자라도 遂服하는 것이 예이다. 왕이 비록 수복하지 않았는데 연악을 일찍 하는 것은 또한 예가 아니다.」라고 하였으니, 이 또한 천자의 喪事가 옛날에 보이는 것입니다. 高宗에 대해 칭하면서 3년 동안 상복을 입었다고 말하지 않고, 亮陰에서 3년 동안 거했다고 한 것은 心喪을 지냈다는 뜻을 풀이한 글입니다. 경왕을 비난한 것은 그가 상복을 벗었음을 비난한 것이 아니라 그가 연악을 일찍 했음을 비난한 것이니, 장사를 지낸 뒤에는 응당 상복을 벗었지만 양암에서 〈거하며 심상하는〉 예절을 어긴 것입니다. 堯임금의 상례에 舜임금이 양암에서 3년을 거했기 때문에 「음악 소리가 끊어져 조용해졌다.」라고 하였습니다. 이로써 말하자면 천자가 거상할 적에는 齊衰와 斬衰의 복제를 따르고, 菲杖(짚신과 喪杖)과 絰帶(머리와 허리에 두르는 삼으로 된 띠)는 응당 그 복제에 맞추어 착용합니다. 장사를 지낸 뒤에는 상복을 벗고 양암에 거하며 상을 마쳐서, 3년 동안 부모에 대한 도를 변치 않기 때문에 「百官들이 자기의 직책을 총괄하여 冢宰의 명을 듣는다.」라고 하였습니다. 상복을 이미 벗었기 때문에 말을 하지 않은 미덕을 다시 칭찬하였으니, 다시 거적자리 위에 흙덩이를 베고 자며 大政을 폐기하지 않음을 밝힌 것입니다. ≪禮記≫ 〈王制〉에 「3년의 服喪은 天子로부터 〈庶人에 이르기까지〉 통행한다.」라고 하고, 또 〈中庸〉에 「父母의 喪에 3년을 복상하는 것은 貴賤의 구분 없이 모두 같다.」라고 하고, 또 〈雜記 上〉에 「端衰(喪服의 上衣)와 喪車는 모두 〈귀천의〉 차등이 없다.」라고 하였습니다. 이는 모두 천자가 거상할 때에 입는 의복의 제도는 凡人과 같고, 심상의 禮는 3년에 끝난다는 것을 이른 것이니, 역시 3년 동안 상복을 입는다는 글은 없습니다. 천자의 지위는 지극히 높고 萬機의 정사는 지극히 크며, 신하들의 무리는 지극히 많으니 〈상복 입는 기간이〉 범인과 같을 수 없습니다. 그러므로 大行王을 장사 지내고서 太廟에 祔祭한 뒤에는 신하들의 上疏에 따라 상복을 벗으니, 이는 자기가 복을 벗지 않으면 신하들이 감히 복을 벗을 수 없기 때문입니다. 뜻을 굽혀 상복을 벗고서 양암에 거하며 상제를 마치면 천하 사람들이 모두 「우리 임금님은 仁慈하시다.」라고 하고, 뜻을 굽혀 時宜를 따르면 모두 「우리 임금님은 孝誠스러우시다.」라고 하며, 상복을 벗은 뒤에 심상하면 「우리 임금님은 이처럼 독실하시다.」라고 할 것이니, 모든 우리의 신하들이 또한 어찌 스스로 노력해 禮를 숭상하지 않겠습니까. 이것이 바로 성인이 예를 제정하여 移風易俗(풍속을 改善함)한 근본입니다.'

두예가 이 의론을 아뢰니, 皇太子가 마침내 衰麻를 벗고 양암에 거하며 상기를 마쳤다. 이에 안팎에서 마침내 두예의 의론을 듣고 이상하게 여기고 의심하는 자들이 예를 어겨서 時流에 맞추었다고 하였다. 두예가 鄕人 段暢에게 이르기를 '이번 事體가 몹시 크기 때문에 본디 옛 전적을 통해 밝히고자 했는데 지금과는 합치되지 않음을 알게 되었다. 마땅히 전적을 널리 조사하여 증거로 삼아 온전히 갖추어 분명히 해야만 후대에 전해줄 수 있을 것이다.'라고 하였다. 단창이 마침내 의심나는 점을 부연하여 본뜻을 넓혀서 그 논의가 온전히 보존되었다."

두예가 ≪尙書傳≫을 인용하여 말하기를 "亮은 믿는 것이요, 陰은 묵묵함이다. 冢宰에게 명을 듣고 이를 믿고 묵묵히 있으며 말을 하지 않는 것이다."라고 하였다. 鄭玄은 諒闇을 凶廬(여막)로 보았는데, 두예는 이를 참고하지 않았다.

【傳】豫凶事하니 非禮也라

凶事를 미리 행하였으니, 이것은 예가 아니다.

【注】仲子在而來賵이라 故曰豫凶事라하니라

仲子가 살아 있는데도 와서 賵을 주었기 때문에 凶事를 미리 행하였다고 한 것이다.

【傳】八月에 紀人伐夷로되 夷不告일새 故不書라

8월에 紀人이 夷國을 토벌하였는데, 夷國이 魯나라에 통고하지 않았기 때문에 經에 기록하지 않았다.

【注】夷國在城陽莊武縣이요 紀國在東莞劇縣이라 隱十一年傳例曰 凡諸侯有命에 告則書하고 不然則否라 史不書於策이라 故夫子亦不書于經이라 傳見其事하야 以明春秋例也하니

他皆倣此라

夷國은 城陽 莊武縣에 있고, 紀國은 東莞 劇縣에 있다. 隱公 11년 傳例에 "각 제후국에 큰 사건이 생겼을 때 그 일을 통고하면 기록하고 통고하지 않으면 기록하지 않는다."고 하였다. 〈紀人이 夷國을 토벌한 이 사건을〉 史官이 史策에 기록하지 않았기 때문에 夫子도 經에 기록하지 않은 것이다. 그러나 傳에서는 그 사건을 드러내어 ≪春秋≫의 例를 밝혔으니, 다른 곳도 모두 이와 같다.

【疏】 '紀人伐夷' ○ 正義曰：世族譜"紀, 姜姓, 侯爵. 莊四年, 齊滅之", 世本"夷, 妘(운)姓". 傳無其人, 不知爲誰所滅. 釋例土地名"夷國在城陽莊武縣", 莊十六年"晉武公伐夷, 執夷詭諸". 杜云"詭諸, 周大夫, 夷, 采地名", 釋例土地名注爲闕, 則二夷別也. 世族譜於夷詭諸之下注云"妘姓", 更無夷國, 則以二夷爲一. 計莊武之縣, 遠在東垂, 不得爲周大夫之采邑, 而晉取其地, 是譜誤也.

傳의 〔紀人伐夷〕

○ 正義曰：≪世族譜≫에 "紀는 姜姓이요 侯爵이다. 莊公 4년에 齊나라가 멸망시켰다."라고 하였고, ≪世本≫에 "夷는 妘姓이다."라고 하였다. 傳에는 그 사람에 〈대한 기록이〉 없으니 누구에게 멸망을 당했는지 알 수 없다. ≪春秋釋例≫ 〈土地名〉에 "夷國은 城陽 莊武縣에 있다."라고 하였고, 莊公 6년에 "晉 武公이 夷를 토벌하여 夷詭諸를 잡았다."라고 하였다. 杜預가 이르기를 "夷詭諸는 周나라 대부이고, 夷는 采地(食邑)의 이름이다."라고 하였고, ≪춘추석례≫ 〈토지명〉에는 注가 빠져 있으니, 두 가지 夷를 구별한 것이다. 반면 ≪세족보≫에 '夷詭諸' 아래의 注에서 "妘姓이다."라고 하였고 다시 夷國에 〈대한 기록이〉 없으니, 두 가지 夷를 같은 것으로 본 것이다. 생각건대 장무현은 멀리 東垂에 있어서 周나라 대부의 采邑이 될 수가 없는데도 晉나라가 그 지역을 취하였다고 하였으니, 이는 ≪세족보≫가 잘못된 것이다.

【傳】 有蜚(비)로되 不爲災일새 亦不書라

蜚가 있었으나 재해가 되지 않았기 때문에 이 또한 經에 기록하지 않았다.

【注】 蜚는 負蠜(번)也라 莊二十九年傳例曰 凡物不爲災하면 不書라하니라 又於此發之者는 明傳之所據 非唯史策이요 兼采簡牘之記라 他皆倣此라

蜚는 負蠜(벼메뚜기)이다. 莊公 29년 傳例에 “식물이 재해를 입지 않으면 기록하지 않는다.”라고 하였는데, 또 여기에서 그 例를 드러낸 것은 傳에서 근거한 바가 史策만이 아니라 簡牘의 기록도 아울러 채택한 것임을 밝힌 것이다. 다른 곳도 모두 이와 같다.

【疏】 注‘蜚負’至‘倣此’ ○ 正義曰：釋蟲云“蜚, 蠦蜰(노비). 舍人李巡皆云, 蜚蠦, 一名蜰.” 郭璞云“蜚卽負盤, 臭蟲.” 洪範五行傳云“蜚, 負蠜, 夷狄之物, 越之所生. 其爲蟲臭惡, 南方淫女氣之所生也.” 本草曰“蜚, 厲蟲也.” 然則蜚是臭惡之蟲, 害人之物, 故或爲災, 或爲不災也. 經傳皆云“有蜚”, 則此蟲直名蜚耳, 不名蜚蠦. 爾雅所釋, 當言蜚, 一名蠦蜰. 說爾雅者言蜚蠦, 一名蜰, 非也. 此蟲一名負盤, 漢書及此注多作負蠜者, 釋蟲云“草螽, 負蠜”. 彼則歲時常有, 非災蟲也, 蓋相涉誤爲蠜耳. 又明下有成例, 此不合書, 而傳發之者, 明傳之所據, 非獨正史之策, 亦兼采簡牘所有, 故傳據而言之. 案上傳“紀人伐夷”, 注云“傳見其事, 以明春秋例”, 則此有蜚, 亦明春秋例. 此云“傳之所據, 非唯史策, 兼采簡牘”, 則上“紀人伐夷”, 亦是兼采簡牘. 但“紀人伐夷”, 他國不告, 故以明例解之. 蜚是魯國之有, 故以兼采簡牘言之. 其實二注互以相通. 他如此類.

注의 〔蜚負〕에서 〔倣此〕까지

○ 正義曰：≪爾雅≫ 〈釋蟲〉에 “蜚는 蠦蜰이다. 舍人과 李巡은 모두 ‘蜚蠦로써 일명 蜰이다.’라고 하였다.”라고 하였다. 郭璞은 이르기를 “蜚는 負盤이니 악취가 나는 벌레이다.”라고 하였다. ≪洪範五行傳≫에서 이르기를 “蜚는 負蠜이니 夷狄의 사물로써 越에서 자란다. 악취가 나는 벌레이니 南方의 淫女에게서 나오는 기운이다.”라고 하였다. ≪本草≫에서 이르기를 “蜚는 厲蟲이다.”라고 하였다. 그렇다면 蜚는 악취가 나는 벌레이고 사람을 해치는 사물이기 때문에, 재해가 되기도 하고 재해가 되지 않기도 한다.

經과 傳에서 모두 “蜚가 있었다.〔有蜚〕”라고 하였으니, 이 벌레에 대해서 다만 蜚라고만 命名하고 蜚蠦라고는 명명하지 않았다. ≪이아≫의 해석에서는 응당 蜚라 말하고 일명 蠦蜰라고 하였다. ≪이아≫를 가지고 설명하려면 蜚蠦라고 말해야지 일명 蜰라고만 말하는 것은 틀렸다. 이 벌레는 일명 負盤이니, ≪漢書≫와 여기 注에서 ‘負蠜’이라고 되어 있고, 〈석충〉에서는 “草螽은 負蠜이다.”라고 하였다. 저 벌레는 歲時에 항상 존재하여 재해가 되는 벌레가 아니니, 서로 관계되어 蠜으로 잘못 본 것이다. 또한 아래에 이러한 사례가 있으니 이것도 기록하기에 적합하지 않는다는 것을 밝히고, 傳

에서 사례를 드러낸 것은 傳에서 引據한 바가 正史의 서적만이 아니라 또한 簡牘의 기록도 아울러 채택한 것임을 밝혔다. 그러므로 傳에 의거하여 이를 말하였다.

살펴보건대 위의 傳에서 "紀人伐夷(紀人이 夷國을 토벌하였다.)"라고 한 것에 대해 注에서 "傳에서 그 사건을 드러내어 ≪춘추≫의 例를 밝혔다."라고 하였으니, 여기 蜚가 있는 것도 ≪春秋≫의 例를 밝힌 것이다. 여기서 "傳에서 引據한 바가 사책만이 아니라 간독의 기록도 아울러 채택하였다."라고 하였으니, 위의 "紀人伐夷"도 간독의 기록을 아울러 채택했다는 것이다. 다만 "紀人伐夷"는 타국이 통고하지 않은 일이기 때문에 例를 밝혀서 해석한 것이고, 蜚는 魯나라에 있었던 일이기 때문에 간독의 기록도 아울러 채택하여 말한 것이다. 사실 두 가지 注는 서로 상통하는 바이다. 다른 것도 이와 같은 부류이다.

【傳】 惠公之季年에 敗宋師于黃이러니

惠公 말년에 宋師를 黃에서 패배시켰는데,

【注】 黃은 宋邑이라 陳留外黃縣東有黃城이라

黃은 宋邑이다. 陳留 外黃縣 동쪽에 黃城이 있다.

【傳】 公立而求成焉하야 九月에 及宋人盟于宿하니 始通也라

隱公이 즉위하여 宋나라와 강화하기를 요구하여 9월에 宋人과 宿에서 결맹하였으니, 두 나라가 비로소 通好한 것이다.

【注】 經無義例라 故傳直言其歸趣而已라 他皆倣此라

經에 義例가 없기 때문에 傳에 그 결과만을 말했을 뿐이다. 다른 곳도 모두 이와 같다.

【傳】 冬十月庚申에 改葬惠公이나 公弗臨일새 故不書라

겨울 10월 경신일에 혜공을 改葬하였으나 은공이 哭臨하지 않았다. 그러므로 經에 기록하지 않은 것이다.

【注】 以桓爲大子라 故隱公讓而不敢爲喪主라 隱攝君政이라 故據隱而言이라

桓公을 태자로 세웠기 때문에 隱公이 사양하고서 감히 喪主 노릇을 하지 않은 것이다. 은공이 임금의 정사를 대리하였기 때문에 은공의 입장에서 말한 것이다.

【傳】 惠公之薨也에 有宋師하고 太子少하야 葬故有闕이라 是以改葬하다

혜공이 薨하였을 때에 宋나라와 전쟁 중이었고, 太子 桓公이 어렸기 때문에 장례에 미비한 점이 있었다. 이 때문에 改葬한 것이다.

【疏】 '有宋'至'改葬' ○ 正義曰：上云"惠公之季年, 敗宋師于黃. 公立而求成焉", 則隱公未立之前, 惠公敗宋師也. 今云"惠公之薨也, 有宋師", 蓋是報黃之敗來伐魯也. 隱公將兵禦宋, 委葬事于太子, 故有闕也. 服虔以爲宋師卽黃之師也. 是時宋來伐(隱)〔魯〕, 公自與戰, 然則隱自敗宋, 還自求成, 傳何當屬敗於惠公而猶言公立也. 且薨之與葬相去旣遠, 豈有宋師薨時已來(成而後)〔葬時未〕去.

傳의 〔有宋〕에서 〔改葬〕까지

○ 正義曰：위에서 "惠公 말년에 宋나라 군대를 黃에서 패배시켰는데, 隱公이 즉위하여 宋나라와 강화하기를 요구하였다."라고 하였으니, 은공이 즉위하기 이전에 혜공이 송나라 군대를 패배시킨 것이다. 여기에서 "혜공이 薨하였을 때에 송나라와 전쟁 중이었다."라고 하였으니, 이는 〈송나라가〉 黃에서의 패배를 보복하기 위해서 魯나라를 공격한 것이다. 은공이 병사를 거느리고 송나라의 군사를 방어하였기 때문에 장례의 일을 태자에게 맡겼고, 그러므로 미비한 점이 있었던 것이다.

服虔은 '宋師'가 黃에서 패배한 〈송나라〉 군대라고 하였다. 이때에 송나라가 노나라를 공격하여 은공 자신이 전쟁 중이었다면, 은공 자신이 송나라 군대를 패배시키고 다시 자신이 송나라와 강화하기를 요구한 것이니, 傳에서는 어째서 패배시킨 일을 혜공에게 귀속시키고 오히려 은공의 즉위를 말하였겠는가. 게다가 薨하고 장례를 지내는 일은 시간상 거리가 이미 먼데, 어찌 송나라 군대가 〈혜공이〉 薨하였을 때 이미 왔다가 장례 지낼 때까지 아직 떠나지 않았겠는가.

【傳】 衛侯來會葬이나 不見公일새 亦不書하다

衛侯가 와서 會葬하였으나 隱公을 만나지 않았기 때문에 이 또한 經에 기록하지 않았다.

【注】諸侯會葬은 非禮也니 不得接公成禮라 故不書於策이라 他皆倣此라 衛國在汲郡朝歌縣이라

제후가 다른 제후의 장례에 會葬하는 것은 예가 아니니 隱公을 만나 예를 행할 수 없었다. 그러므로 史策에 기록하지 않은 것이다. 다른 곳도 모두 이와 같다. 衛나라는 汲郡 朝歌縣에 있다.

【疏】'衛侯來會葬' ○ 正義曰：衛國, 侯爵. 譜云"姬姓, 文王子康叔封之後也. 周公旣誅祿父, 以其地封康叔爲衛侯, 居殷虛, 今朝歌是也. 狄滅衛文公, 居楚丘. 成公徙帝丘. 今東郡濮陽是也. 桓公十三年, 魯隱公之元年也. 出公輒十二年, 獲麟之歲也. 悼公二年, 春秋之傳終矣. 悼公二年卒. 自悼以下, 十一世二百五十五年, 而秦滅衛也." 衛世家"桓公, 康叔十一世孫." 尙書顧命稱康叔爲衛侯, 則初封侯爵也. 世家康叔子則稱伯, 至頃侯復爲侯, 故今桓公爲侯爵.

傳의 〔衛侯來會葬〕

○ 正義曰：衛나라는 侯爵이다. ≪世族譜≫에서 이르기를 "姬姓이니, 文王이 아들 康叔을 봉한 후예이다. 周公이 祿父를 주벌한 뒤에 그 땅을 강숙에게 봉하여 衛侯로 삼았고 殷虛에 거주하였으니, 지금의 朝歌가 이곳이다. 狄이 衛 文公을 멸망시키자 楚丘에 거주하였다. 成公이 帝丘로 〈다시〉 옮기니, 지금 東郡 濮陽이 이곳이다. 桓公 13년은 魯 隱公의 원년이다. 出公 輒 12년은 기린을 사로잡은 해이고, 悼公 2년은 ≪春秋≫의 傳文이 끝나는 부분이다. 도공은 2년에 卒하였다. 도공으로부터 그 이하로 12世 동안 255년이 지나서 秦나라가 衛나라를 멸망시켰다."라고 하였다.

≪史記≫ 〈衛世家〉에서는 "환공은 강숙의 11세손이다."라고 하였다. ≪尙書≫ 〈顧命〉에서 강숙을 衛侯라고 하였으니, 이는 처음 봉한 侯爵이다. 〈위세가〉에서 강숙의 아들을 伯이라 일컬었고, 頃侯에 이르러 다시 侯가 되었기 때문에 지금 환공은 侯爵이 되었다.

【疏】○ 注'諸侯'至'倣此' ○ 正義曰：昭三十年傳云"先王之制, 諸侯之喪, 士弔, 大夫送葬." 昭三年傳稱文襄之霸, "君薨, 大夫弔, 卿共葬事." 皆不言諸侯親會葬, 是諸侯會葬非禮也. 不得接公成禮, 故不書. 此云"不見公, 不書", 介葛盧亦不見公而書者. 此則公在國而不與衛侯相見, 故不書, 彼則公身在會, 國人賓禮之, 又欲見其一年再來, 故書之也.

○ 注의 〔諸侯〕에서 〔倣此〕까지

○ 正義曰 : 昭公 30년 傳에서 "선왕의 제도에 제후의 喪事에는 士를 보내 弔喪하고 大夫를 보내 送葬한다."라고 하였으며, 소공 3년 傳에서 文公과 襄公이 霸者가 된 것을 일컬으면서 "國君의 喪에는 대부를 보내 조상하고 卿을 보내 會葬한다."라고 하였다. 여기에서 모두 제후가 직접 회장한 것을 말하지 않았으니, 제후가 다른 제후의 장례에 회장하는 것은 예가 아닌 것이다. 그래서 隱公을 만나 예를 행할 수 없었기 때문에 기록하지 않은 것이다.

여기서 "은공을 만나지 않았기 때문에 이 또한 經에 기록하지 않았다."라고 하였고, 〈僖公 29년에〉 介나라의 葛盧는 또한 희공을 만나지 않았지만 經에 기록하였다. 여기서는 은공이 도성에 있으면서 衛侯와 서로 만나지 않았으므로 기록하지 않은 것이고, 저기서는 희공 자신이 〈국외로 나가〉 朝會의 자리에 있고 나라 사람들이 國賓으로 예우하였으며 또한 그가 한 해에 두 번 왔음을 드러내고자 하였으므로 기록한 것이다.

【傳】 鄭共叔之亂에 公孫滑出奔衛하니

鄭나라 共叔段이 반란을 일으켰을 때 公孫滑이 衛나라로 도망가니,

【注】 公孫滑은 共叔段之子라

公孫滑은 共叔段의 아들이다.

【傳】 衛人爲之伐鄭하야 取廩延하다 鄭人以王師虢師伐衛南鄙하고

衛人이 그를 위해 정나라를 쳐서 廩延을 탈취하였다. 그러자 鄭人은 天王의 군대와 虢나라의 군대를 거느리고서 衛나라 남쪽 변방을 공격하고

【注】 虢은 西虢國也라 弘農陝縣東南有虢城이라

虢은 西虢國이다. 弘農 陝縣 동남쪽에 虢城이 있다.

【傳】 請師於邾하다 邾子使私於公子豫하니

郲나라에 出兵을 요청하였다. 郲子가 公子豫에게 사람을 보내어 사적으로 군대를 요청하니,

【注】公子豫는 魯大夫라 私請師라

公子豫는 魯나라 大夫이다. 사사로이 군대를 요청한 것이다.

【傳】豫請往이어늘 公弗許하니 遂行하야 及郲人鄭人盟于翼하다

공자예가 군대를 거느리고 가기를 청하였는데 隱公이 허락하지 않으니, 마침내 군대를 거느리고 가서 郲人·鄭人과 翼에서 결맹하였다.

【注】翼은 郲地라

翼은 郲나라의 땅이다.

【傳】不書는 非公命也일새니라

經에 기록하지 않은 것은 은공이 명한 일이 아니기 때문이다.

【傳】新作南門이나 不書는 亦非公命也일새니라

새로 南門을 지었으나 經에 기록하지 않은 것도 은공이 명한 일이 아니기 때문이다.

【注】非公命不書三見者는 皆興作大事일새 各擧以備文이라

公이 명한 일이 아니기 때문에 기록하지 않았다는 말이 세 번 보이는 것은, 〈이 세 가지 일이〉 모두 큰 役事이므로 각각 들어 자세히 기록한 것이다.

【傳】十二月에 祭(채)伯來하니 非王命也라

12월에 祭伯이 왔으니 이는 天王이 명한 일이 아니었다.

【傳】衆父卒하다

衆父가 졸하였다.

【注】衆父는 公子益師字라

衆父는 公子益師의 字이다.

【傳】公不與小斂이라 故不書日하다

은공이 小斂에 참여하지 않았기 때문에 經에 죽은 날을 기록하지 않은 것이다.

【注】禮卿佐之喪에 小斂大斂君皆親臨之는 崇恩厚也라 始死에 情之所篤하고 禮之所崇이라 故以小斂爲文이라 至於但臨大斂及不臨喪에 亦同不書日이라

禮에 卿佐의 喪에 小斂과 大斂 때에 모두 임금이 직접 참여하는 것은 독실히 존경하고 사랑하기 때문이다. 처음 죽었을 때에 정이 더욱 돈독하고 예가 더욱 융숭하기 때문에 소렴으로 글을 만든 것이다. 단지 대렴에만 참여하거나 그 喪에 가지 않으면 모두 죽은 날을 기록하지 않는다.

【疏】注'禮卿'至'書日'○ 正義曰：喪大記君臨臣喪之禮云"君於大夫, 大斂焉. 爲之賜, 則小斂焉." 卿是大夫之尊者也, 明小斂大斂君皆親之, 所以崇恩厚也. 小斂大斂皆應親之, 獨以小斂爲文, 故知始死情之所篤故也. 賈逵云"不與大斂, 則不書卒." 然則在殯又不往者, 復(부)欲何以裁之. 經傳無其事, 不宜妄說, 故杜以爲但臨大斂及不臨其喪亦同不書日也.

注의 〔禮卿〕에서 〔書日〕까지

○ 正義曰：≪禮記≫ 〈喪大記〉에 군주가 신하의 喪事에 임하는 禮에 대해서 이르기를 "군주는 大夫에 대해서 大斂에 임한다. 恩賜를 내리면 小斂에 임한다."라고 하였다. 卿은 대부 가운데 존귀한 자이니, 소렴과 대렴에 군주가 모두 직접 참여하는 것은 독실히 존경하고 사랑하기 때문임을 밝힌 것이다. 소렴과 대렴에 모두 군주가 응당 직접 참여해야 하는데, 유독 소렴으로 글을 만들었으므로 처음 죽었을 때의 정이 더욱 돈독해서임을 알 수 있다.

賈逵는 이르기를 "대렴에 참여하지 않으면 卒한 일을 기록하지 않는다."라고 하였다. 그렇다면 殯할 적에도 가서 참여하지 않은 것을 다시 어떻게 글로 만들겠는가. 經과

傳에 그 일이 없다면 응당 함부로 말을 해서는 안 된다. 그러므로 杜預가 단지 대렴에만 참여하거나 그 喪에 가지 않으면 모두 죽은 날을 기록하지 않는다고 한 것이다.

【隱公 2년(B.C. 721)】

二年春에 公會戎于潛하다

2년 봄에 隱公이 戎과 潛에서 회견하였다.

【注】戎狄夷蠻은 皆氐羌之別種也라 戎而書會者는 順其俗以爲禮니 皆謂居中國若戎子駒支者라 陳留濟陽縣東南有戎城이라 潛은 魯地라

戎·狄·夷·蠻은 모두 氐羌의 別種이다. 戎인데도 회견을 기록한 것은 저들이 중국의 풍속을 따라 예를 행하였기 때문이니, 모두 중국에 거주하는 戎子駒支 같은 자를 이름이다. 陳留 濟陽縣 동남쪽에 戎城이 있다. 潛은 魯나라 땅이다.

【疏】注'戎狄'至'魯地' ○ 正義曰：曲禮云"東夷·西戎·南蠻·北狄", 然則四者是九州之外別名也. 詩商頌曰"自彼氐羌", 氐羌, 西戎之國名也. 杜欲明其在遠, 無以相形, 故云"氐羌之別種", 謂是相類之物耳, 非謂四者是羌內之別也, 其實氐羌乃是戎內之別耳. 戎子駒支云"我諸戎飮食衣服, 不與華同, 贄幣不通, 言語不達", 計應不堪會盟, 故解云"言順其俗以爲禮"也. 沈氏云"會據公往, 戎爲主人, 故得隨主人之俗以爲會禮. 朝據戎來, 魯爲主人, 戎不能從主人之俗. 故朝禮不成". 戎是西方之夷, 必不遠來會魯, 故知謂居中國若戎子駒支者也. 駒支事見襄十四年[1].

1) 駒支事見襄十四年：≪春秋左氏傳≫ 襄公 14년 傳에 范宣子가 戎子駒支를 꾸짖고, 융자구지가 이에 대답한 내용이 보인다.

注의 〔戎狄〕에서 〔魯地〕까지

○ 正義曰：≪禮記≫ 〈曲禮 下〉에 "東夷·西戎·南蠻·北狄"이라 하였으니, 그렇다면 네 곳은 九州 이외에 별도의 명칭이다. ≪詩經≫ 〈商頌〉에 "저 氐羌으로부터"라고 하였으니, 저강은 서융의 나라 이름이다. 杜預가 그 지역이 멀리 있다는 것을 밝히고

자 하였으나, 형용할 수가 없었기 때문에 "저강의 別種"이라고 한 것이니 서로 유사한 종족임을 말한 것일 뿐이고, 네 종족이 羌 내부의 별종이라 말한 것이 아니니 실제 저강은 戎 내부의 별종일 뿐이다.

戎子駒支가 "우리 諸戎은 음식과 의복이 中原과 같지 않고 使臣도 交通하지 않으며 언어도 통하지 않습니다."라고 하였으니, 생각건대 응당 회맹에 참여할 수 없었을 것이다. 그러므로 두예가 해석하기를 "중국의 풍속을 따라서 예를 행하였다."라고 하였다. 沈氏(沈文阿)가 "會合하는 근거지에 公이 가면, 戎이 주인이 된다. 그러므로 主人의 풍속을 따라 회합의 예를 행하는 것이다. 朝會의 근거지에 戎이 오면 魯나라가 주인이 되어 戎이 주인의 풍속을 따를 수가 없다. 그러므로 조회의 禮가 이루어지지 못하였다."라고 하였다. 戎은 西方의 夷族으로, 반드시 멀리 와서 노나라에서 회합을 하지 않았을 것이다. 그러므로 중국에 거주하는 융자구지 같은 자를 말하는 것을 알 수 있다. 駒支의 일은 襄公 14년에 보인다.

夏五月에 莒人入向하다

여름 5월에 莒人이 向나라로 들어갔다.

【注】 向은 小國也라 譙國龍亢縣東南有向城이라 莒國은 今城陽莒縣也라 將卑師少稱人이요 弗地曰入이라 例在襄十三年이라

向나라는 작은 나라이다. 譙나라 龍亢縣 동남쪽에 向城이 있다. 莒나라는 지금의 城陽 莒縣이다. 장수의 작위가 낮고 군사가 적기 때문에 '人'이라고 칭한 것이다. 땅의 점령을 목적으로 하지 않는 것을 '入'이라 한다. 그 例는 襄公 13년에 보인다.

【疏】 '莒人入向' ○ 正義曰：世本"莒, 己姓. 向, 姜姓." 此傳云"莒人入向, 以姜氏還". 文八年傳稱"穆伯奔莒, (須)〔從〕己氏", 是莒己・向姜見於傳也. 譜云"莒, 嬴(영)姓, 少昊之後. 周武王封玆輿於莒. 初都計, 後徙莒. 今城陽莒縣是也". 世本"自紀公以下爲己姓", 不知誰賜之姓者. 十一世玆丕公方見春秋, 共公以下微弱不復見. 四世楚滅之. 向則唯此見經, 不能知其終始.

經의 〔莒人入向〕

○ 正義曰 : ≪世本≫에 "莒는 己姓이고, 向은 姜姓이다."라고 하였고, 이곳(隱公 2년) 傳에 "莒人이 군사를 거느리고 向나라로 들어가서 姜氏를 데리고 돌아왔다."라고 하였으며, 文公 8년 傳에는" 穆伯이 莒나라로 도망하여 己氏를 찾아갔다."라고 일컬었으니, 이처럼 莒의 己氏와 向의 姜氏가 傳에 보인다. ≪世族譜≫에 "莒는 嬴姓으로, 少昊의 후예이다. 周 武王이 玆與를 莒에 봉하였다. 처음에 計에 도읍하였고, 뒤에 莒로 옮겼다. 지금의 城陽 莒縣이 이곳이다."라고 하였다. ≪세본≫에 "紀公으로부터 이하는 己姓이다."라고 하였으니, 누가 姓을 하사하였는지는 모른다. 11世인 玆丕公이 비로소 ≪春秋≫에 보이는데, 共公 이하는 미약하여 다시 보이지 않는다. 4世만에 楚나라가 멸망시켰다. 向은 이 부분에만 經에 보이는데, 처음과 끝을 알 수가 없다.

【疏】 ○ 注'向小'至'三年' ○ 正義曰 : '將卑師少稱人'者, 周禮"萬二千五百人爲軍, 二千五百人爲師, 五百人爲旅". 用兵多少, 其數無常, 重其擧大事, 動大衆, 滿師則書之, 不滿則不書. 輕其衆少, 故經皆不書旅也. 師者, 衆也. 雖復五軍三軍, 悉皆以師爲名, 取其衆義, 故經亦不書軍也. 釋例曰"春秋不書軍旅, 壹皆曰'師', 從衆辭, 是其義也. 經之大例, 君自將者, 言君不言師, 卿將者, 滿師則師將竝書, 不滿則空擧將名, 大夫將者, 滿師則稱師, 不滿則稱人. 所以然者, 定四年傳曰'君行師從, 卿行旅從', 則君行必有師, 卿行必有旅, 文雖不見, 理足可明. 君將不言帥師, 卿將不言帥旅, 以其可知故也. 卿行不合師從, 今乃帥領一師, 若不言師, 則師文不見, 卿尊自合書名, 師文又須別見, 故師將竝擧, 言某帥師也. 其師少者, 卿自須見, 唯擧將名, 不云帥旅, 言衆少不足錄也. 大夫爵位卑下, 名氏不合見經, 但所帥滿師, 師自須見, 故言師不言將也. 若不滿師者, 一旅之衆, 則例所不書, 大夫位卑, 又名不當見, 則空擧其將, 謂之爲人, 人卽大夫身也. 其將尊師少及將卑師衆, 若其序列, 則將卑師衆者在上. 襄二年'晉師宋師衛寗殖侵鄭'是也." 隱五年公羊傳曰"曷爲或言率師, 或不言率師. 將尊師衆稱某率師, 將尊師少稱將, 將卑師衆稱師, 將卑師少稱人. 君將不言率師, 書其重者也". 釋例曰"大夫將滿師稱師, 不滿稱人而已. 卿將滿師則兩書, 不滿則直書名氏. 君將不言帥師, 卿將不言帥旅. 此史策記注之常". 此用公羊爲說也. 劉炫云"盟會例, 卿則書名氏, 非卿則書人. 人當名氏之處, 由是將卑師少則書人, 亦與盟會同".

○ 注의 〔向小〕에서 〔三年〕까지

○ 正義曰 : '將卑師少稱人'은 ≪周禮≫ 〈大司馬 序官〉에 "12,500인이 軍이고, 2,500인

이 師이며, 500인이 旅이다."라고 하였으니, 군대를 쓰는 데 많고 적음은 그 수가 일정하지 않다. 큰 전쟁을 일으켜 많은 군대를 움직이는 것을 중요시하여 師의 숫자를 채우면 기록하고 채우지 못하면 기록하지 않는다. 군사 수가 적은 것을 가볍게 여겼기 때문에 經에 모두 旅를 기록하지 않은 것이다. 師는 많은 수이니, 비록 五軍과 三軍을 모두 師로 명명할 수 있지만 많다는 뜻을 취하였기 때문에 經에 역시 '軍'이라고 기록하지 않은 것이다.

≪春秋釋例≫에 "≪春秋≫에 '軍'과 '旅'를 기록하지 않고 한결같이 모두 '師'로 기록한 것은 많은 수를 따른 말이니, 이것이 그 뜻이다. 經에 보이는 대체적인 例에 임금이 스스로 군대를 거느릴 경우에 '君'이라 말하고 '師'라고 말하지 않으며, 卿이 거느릴 경우에 師의 숫자를 채우면 '師'와 '將'을 나란히 쓰고 채우지 못하면 그저 장수의 이름을 거론하며, 大夫가 거느릴 경우 師의 숫자를 채우면 '師'라고 기록하고 채우지 못하면 '人'이라고 기록한다. 그렇게 한 경우는 定公 4년 傳에 '임금이 출행할 경우에는 師團이 수종하고, 卿이 출행할 경우에는 旅團이 수종한다.'라고 하였으니, 임금이 출행하면 반드시 師가 있고, 卿이 출행하면 반드시 旅가 있으니, 문장에 비록 보이지 않더라도 이치상 분명히 알 수 있다. 임금이 거느릴 적에 '帥師'라고 말하지 않고 卿이 거느릴 경우에 '帥旅'라고 말하지 않는 것은 연유를 알 수 있다. 卿이 출행할 경우에 師가 따르는 것은 합당하지 않은데, 지금 하나의 師를 거느리면서 '師'라고 말하지 않는다면 '師'가 문장에 드러나지 않고, 卿의 존귀함이 각기〔各〕라고 기록하기에 절로 부합하면 '師'는 문장에 또 별도로 드러내어야 하기 때문에 '師'와 거느리는 주체를 함께 언급하니 '아무개가 師를 거느렸다.〔某帥師〕'고 말한다. 師가 적을 경우에 卿은 절로 드러나는데 오직 장수의 이름만 거론하고 '帥旅'라고 말하지 않으니, 군사의 수가 적은 것은 기록하지 않음을 말한 것이다.

大夫는 爵位가 낮아 名氏를 經에 드러내는 것이 합당하지 않으니, 다만 거느린 군대의 수가 師를 채우면 師를 절로 드러내기 때문에 師를 말하고 장수를 말하지 않는 것이다. 만약 師를 채우지 못하면 하나의 旅 무리는 으레 기록하지 않고, 대부는 지위가 낮아 또 이름을 드러내지 않으니, 그저 거느린다는 것만 거론하여 '人'이라고 하니, 人은 바로 대부 자신이다. 장수가 높은 신분이고 군사가 적은 경우와 장수가 낮은 신분이고 군사가 많은 경우에 만일 반열의 순서를 정한다면 장수의 지위가 낮고 군대의 수가 많은 경우를 위에 쓰는데, 襄公 2년에 '晉師・宋師・衛나라 甯殖이 鄭나라를 侵

攻하였다.'는 것이 이 경우이다."라고 하였다.

≪春秋公羊傳≫ 隱公 5년에 "어떤 경우에는 '率師'라 하고, 어떤 경우에는 '率師'라고 하지 않은 것은 어째서인가? 장수의 지위가 높고 군사의 수가 많으면 '아무개가 師를 거느렸다.〔某率師〕'고 기록하고, 장수의 지위가 높은데 군사의 수가 적으면 장수만 기록한다. 장수가 지위가 낮고 군사가 많으면 '師'라고 기록하고 장수의 지위가 낮고 군사의 수도 적으면 '人'이라고 기록한다. 임금이 장수가 되었을 때 '率師'라고 말하지 않는 것은 무거운 뜻을 기록한 것이다."라고 하였다.

≪춘추석례≫에 "대부가 장수가 되었을 때 '師'의 숫자를 채우면 '師'로 기록하고, 채우지 못하면 '人'으로 기록할 뿐이다. 卿이 장수가 되었을 때 '師'의 숫자를 채우면 둘 다 기록하고, 채우지 못하면 다만 名氏만 기록한다. 임금이 장수가 되었을 때 '帥師'라고 말하지 않고, 卿이 장수가 되었을 때 '帥旅'라고 말하지 않는 것은 史策에서 注를 기록할 때에 쓰는 일정한 방식이다."라고 하였으니, 이는 ≪春秋公羊傳≫의 說을 따른 것이다.

劉炫은 "盟會의 例에 卿은 名氏를 기록하고 卿이 아닌 경우는 '人'이라고 기록한다. '人'은 名氏를 기록하는 부분에 해당하니, 이로 말미암아 장수가 신분이 낮고 군사가 적으면 '人'으로 기록하는데 역시 盟會에도 동일하다."라고 하였다.

無駭 帥師入極하다

無駭가 군사를 거느리고 極으로 쳐들어갔다.

【注】 無駭는 魯卿이라 極附庸小國이라 無駭不書氏는 未賜族이라 賜族例在八年[1)]이라

1) 賜族例在八年 : ≪春秋左氏傳≫ 隱公 8년의 經文에 "3월에 鄭伯이 宛을 魯나라에 보내어 祊을 노나라에 주었다.〔三月鄭伯使宛來歸祊〕."라고 하였는데, 이에 대한 杜預의 注에서 "宛은 鄭나라 大夫이다. 氏를 기록하지 않은 것은 아직 族을 받지 못했기 때문이다.〔宛 鄭大夫 不書氏 未賜族〕"라고 하였다.

無駭는 魯나라의 卿이다. 極은 작은 附庸國이다. 무해에게 氏를 쓰지 않은 것은 賜族하지 않았기 때문이다. 사족의 例는 隱公 8년에 보인다.

【疏】 注'無駭'至'八年' ○ 正義曰 : 春秋之例, 卿乃見經, 今名書於經, 傳言'司空', 故知

無駭是魯卿. 諸名書於經, 皆是卿也. 故於此一注, 以下不復(부)言之. 又王制云"上大夫卿", 則卿亦大夫也, 故注多以大夫言卿. 下注云"裂繻(수)紀大夫", 如此之類, 皆是卿也. 其名見於傳, 而注云大夫者, 則其爵眞大夫也. 穀梁以極爲國, 杜云'附庸'者, 沈云'以費伯帥師城郎, 因得勝極', 則極是竟內, 故云'附庸'. 凡卿出使, 必具其名氏以尊君命. 今不書氏, 故解云'未賜族', 無族可稱故也. 賈云'極, 戎邑也'. 極爲戎邑, 傳無文焉. 戎之於魯, 本無怨惡. 言脩惠公之好, 則是求與魯親. 公未信戎心, 故辭其盟耳. 秋卽與盟, 復脩戎好. 若已共戎會, 故不與盟, 旋令師入其都, 然後結好, 其爲惡行, 亦不是過, 讓位賢君, 固應不爾. 良史直筆, 焉得無譏. 傳乃本其勝之所由, 而歸功於費伯也.

注의 〔無駭〕에서 〔八年〕까지

○ 正義曰 : ≪春秋≫의 例에 卿은 經에 드러내니, 지금 이름을 經에 기록하고 傳에는 '司空'이라 말하였으므로, 無駭는 魯나라 卿이라는 것을 알 수 있다. 經에 이름을 기록할 경우에는 모두 卿이다. 그러므로 여기에 한 차례 注를 내고 아래에는 다시 말하지 않았다. ≪禮記≫ 〈王制〉에 "上大夫卿"이라고 하였으니, 卿 역시 大夫이다. 그러므로 注에 대부분 대부로 卿을 말하였다. 아래 注에 "裂繻는 紀나라의 대부이다."라고 한 것이 이와 같은 종류이니, 모두 卿이다. 그 이름이 傳에 드러났음에도 注에 '大夫'라고 한 것은 爵位가 진실로 대부이기 때문이다.

≪春秋穀梁傳≫에 極을 나라라고 하였는데 杜預가 '附庸'이라고 한 것은, 沈文阿가 "費伯이 군대를 거느리고 郎에 성을 쌓았다. 그로 인해 極을 멸망시켰다."라고 한 것을 보면 極이 竟內에 있었기 때문에 '附庸'이라고 한 것이다. 일반적으로 卿이 出使할 때에 반드시 名氏를 갖추어 君命을 높인다. 그런데 지금 氏를 기록하지 않았기 때문에 '族을 하사하지 않았다'고 풀이하였으니, 기록할 수 있는 族이 없기 때문이다.

賈逵가 "極은 戎의 邑이다."라고 하였는데, 極이 戎의 邑이라는 것은 傳에 관련된 글이 없다. 戎이 魯나라에 대해 원래 원한이 없다. 〈그런데〉 "惠公 시대의 우호를 다시 회복하기 위함이었다."라고 말한 것은 노나라와 화친을 맺기를 요구한 것이다. 隱公은 戎의 마음을 믿지 못했기 때문에 회맹을 거절한 것일 뿐이다. 가을에 결맹을 한 것은 다시 戎과의 우호를 회복한 것이다. 만약 이미 戎과 회합을 하고 나서 고의로 결맹을 하지 않고 곧장 군대를 이끌고 도성으로 들어간 뒤에 우호를 맺었다면 악행이 또한 이처럼 지나치진 않았을 것이니, 〈환공에게〉 자리를 양보하려 한 현군(은공)이 진실로 그렇게 하지 않았을 것이다. 〈만약 그렇게 하였다면〉 훌륭한 史官이 直筆하였을 것이니, 어찌 비난이 없겠는가. 〈經에서는 무해를 기록했지만〉 傳에서는 승리한 연유를 근원하여 費伯에게 공을 돌린 것이다.

秋八月庚辰에 公及戎盟于唐하다

가을 8월 경진일에 隱公이 戎과 唐에서 결맹하였다.

【注】 高平方與縣北有武唐亭이라 八月無庚辰이요 庚辰은 七月九日也니 日月必有誤라

高平 方與縣 북쪽에 武唐亭이 있다. 8월에는 경진일이 없고 경진일은 7월 9일이니, 날짜에 착오가 있는 것이 틀림없다.

【疏】 注'高平'至'有誤' ○ 正義曰：杜勘檢經傳上下月日, 制爲長歷. 此年八月壬寅朔, 其月三日甲辰, 十五日丙辰, 二十七日戊辰, 其月無庚辰也. 七月壬申朔, 則九日有庚辰. 杜觀上下, 若月不容誤, 則指言日誤, 若日不容誤, 則指言月誤, 此則上有秋, 下有九月, 則日月俱得有誤, 故云'日月必有誤'也.

注의 〔高平〕에서 〔有誤〕까지

○ 正義曰：杜預가 經傳의 上下의 月日을 교감하여 ≪春秋長歷≫을 만들었다. 이해 8월 壬寅朔은 그달의 3일은 甲辰이고, 15일은 丙辰이며, 27일은 戊辰이니, 그달에 庚辰은 없다. 7월 壬申朔은 9일에 庚辰이 있다. 두예가 상하를 보고 만일 月에 착오를 용납하지 않았다면 日을 가리켜 말한 것은 착오이고, 日에 착오를 용납하지 않았다면 月을 가리켜 말한 것은 착오이다. 이곳(八月)은 위에 '秋'가 있고 아래에 '九月'이 있으니, 日月에 모두 착오가 있다. 그러므로 '日月에 반드시 착오가 있다.'라고 말한 것이다.

九月에 紀裂繻來逆女하다

9월에 紀나라 裂繻가 와서 여자를 맞이하였다.

【注】 裂繻는 紀大夫라 傳曰卿爲君逆也라하야 以別卿自逆也라 逆女或稱使하고 或不稱使하며 昏禮不稱主人은 史各隨其實이요 而書非例也라 他皆倣此라

裂繻는 紀나라의 大夫이다. 傳에 "卿이 임금을 위해 맞이한 것이다."라고 하여, 卿이 자신의 아내를 맞이한 것과 구별하였다. 여자를 맞이하기 위해 오는 사람에게 〈그 나라 임금이 그를 使臣으로 보냈다는〉 '使'字를 쓰기도 하고 이를 쓰지 않기도 하며, 婚禮에 主人을 기록하지 않는 것은 史官이 각각 그 사실에 따라 기록한 것이고 褒貶의 例는 아니다. 다른 곳도 모두 이와 같다.

【疏】 注'裂繻'至'倣此' ○ 正義曰：此書'逆女'傳曰"卿爲君逆也". 宣五年"齊高固來逆叔姬". 傳曰"書曰'〔逆〕[1]叔姬', 卿自逆也". 是爲君逆則稱女, 自逆則書字, 故云以別卿自逆也. 釋例曰"天子娶, 則稱'逆王后', 卿爲君逆, 則稱'逆女', 其自爲逆, 則稱所逆之字, 尊卑之別也". 此不言紀侯使裂繻, 而成八年經書"宋公使公孫壽來納幣", 俱是昏禮, 而立文不同, 故解之也. 言昏禮不稱主人者, 主人謂壻也. 爲有廉恥之心, 不欲自言娶婦, 故卿爲君昏行者, 必稟君母之命. 婦人之命不得通於隣國, 若言卿輒自來, 非君所命, 故裂繻不言使也. 其無母者, 臣無所稟, 不得不稱君命, 故公孫壽言宋公使也. 史皆隨其實事而書之, 非褒貶之例也. 公羊傳曰"何以不稱使. 昏禮不稱主人. 然則曷稱. 稱諸父兄師友. 宋公使公孫壽來納幣, 則其稱主人何. 辭窮也. 辭窮者何. 無母也. 然則紀有母乎. 曰有, 有則何以不稱母. 母不通也". 是婦人之言不通外國, 故不言君使, 亦不言母命, 作自來之文也. 公羊言無母者稱父兄師友, 宋公不稱父兄者, 諸侯臣其父兄, 故不得稱也. 昏禮記曰"宗子無父母命之, 親皆沒, 己躬命之". 以宗子之尊尙不稱父兄, 況諸侯也. 其稱父兄師友, 謂大夫以下非宗子者耳. 昏禮記所云"支子則稱其宗, 弟稱其兄", 是也.

1)〔逆〕: 저본에는 '逆'이 없으나, ≪春秋左氏傳≫ 宣公 5년 傳에 의거하여 보충하였다.

注의〔裂繻〕에서〔倣此〕까지

○ 正義曰 : 여기에 '逆女'라고 기록한 것은 傳에 "卿이 임금을 위해 맞이한 것이다."라고 하였다. 宣公 5년에 "齊나라 高固가 와서 叔姬를 아내로 맞이하였다."라고 하였는데, 傳에 "經에 '逆叔姬'라고 기록하여 卿이 자신의 아내를 맞이한 것을 드러내었다."라고 하였다. 이는 임금을 위해 맞이할 때는 '女'라고 기록하고, 스스로 맞이한 경우에는 字를 쓰기 때문에 卿이 자신의 아내를 맞이한 것과 구별한 것이다. ≪春秋釋例≫에 "天子가 장가들 경우에는 '逆王后'라고 하고, 임금을 위해 맞이할 때에는 '逆女'라고 하고, 스스로 맞이할 때에는 맞이하는 사람의 字를 쓰는 것은 신분의 높고 낮음을 구별

하는 것이다."라고 하였다. 여기에서 紀侯가 裂繻를 보내었다고 말하지 않았고, 成公 8년 經에 "宋公이 公孫壽를 보내 와서 納幣하였다."라고 기록하였으니, 모두 婚禮에 관한 내용이지만 문장은 동일하지 않기 때문에 해설한 것이다.

혼례를 말하면서 主人을 말하지 않은 것은 주인이 사위〔壻〕를 말하기 때문이다. 廉恥의 마음이 있기 때문에 부인에게 장가든다고 말하려 하지 않는다. 그러므로 임금을 위해 혼례를 시행하는 卿은 반드시 임금의 어머니의 命을 여쭙는다. 婦人의 命은 이웃나라에 전달할 수 없으니, 만일 卿이 스스로 왔다고 말한다면 임금의 命이 아니기 때문에 열수를 '使(사신)'라고 말하지 않은 것이다. 어머니가 없는 경우에는 신하가 여쭐 곳이 없으니, 임금의 명이라 말하지 않을 수 없기 때문에 公孫壽가 宋公의 '使'라고 말한 것이다. 史書는 모두 실제 일을 따라서 기록하였으니, 褒貶의 例가 아니다.

≪春秋公羊傳≫에 "어찌하여 '使'라고 말하지 않은 것인가? 혼례에서는 군이 주인을 말하지 않는다. 그렇다면 누구를 일컫는가? 여러 父兄과 師友를 일컫는다. 宋公이 공손수를 보내 와서 납폐하였다고 하였으니, 주인을 일컬은 것은 어째서인가? 말이 궁색했기 때문이다. 말이 궁색하다는 것은 무슨 뜻인가? 어머니가 없다는 뜻이다. 그렇다면 紀侯는 어머니가 있었는가? 있었다. 있었다면 어찌 어머니를 일컫지 않았는가? 어머니는 통할 수 없기 때문이다."라고 하였다. 이는 婦人의 말은 외국에 통할 수 없기 때문에 임금의 사신이라고 말하지 않고, 역시 '어머니의 命'이라고 말하지 않으며, 스스로 왔다는 문장으로 쓴 것이다.

≪춘추공양전≫에서 어머니가 없는 경우에는 부형과 사우를 일컫는다고 하였는데, 송공이 부형을 일컫지 않은 것은 제후는 자신의 부형을 신하로 삼기 때문에 일컫지 않은 것이다. ≪儀禮≫ 〈士昏禮記〉에 "宗子는 아버지가 없으면 어머니가 명하고, 부모가 다 별세하였으면 자기가 직접 명한다."라고 하였다. 존귀한 종자도 오히려 부형을 일컫지 않는데 하물며 諸侯에 있어서랴. 부형과 사우를 일컫는 것은 대부 이하는 종자가 아니기 때문이니, 〈사혼례기〉에 "支子는 종자를 일컫고, 아우는 그 형을 일컫는다."라고 한 것이 이 경우이다.

冬十月에 伯姬歸于紀하다

겨울 10월에 伯姬가 紀나라로 시집갔다.

【注】 無傳이라 伯姬는 魯女니 裂繻所逆者라

傳이 없다. 伯姬는 魯나라의 딸로 裂繻가 맞이한 여자이다.

紀子帛이 莒子盟于密하다

紀子帛이 莒子와 密에서 결맹하였다.

【注】 子帛은 裂繻字也라 莒魯有怨하야 紀侯旣昏于魯하고 使大夫盟莒以和解之라 子帛爲魯結好息民이라 故傳曰魯故也라하니라 比之內大夫而在莒子上하고 稱字以嘉之也라 字例在閔元年[1]이라 密은 莒邑이니 城陽淳于縣東北有密鄕이라

1) 字例在閔元年 : ≪春秋左氏傳≫ 閔公 원년 經文에 "겨울에 齊나라 仲孫이 왔다.〔冬齊仲孫來〕"라고 하였는데, 이에 대한 杜預의 注에서 "仲孫은 제나라 大夫이다. 그가 어떤 일로 출국하였다가 魯나라에 와서 禍難을 시찰하였으나, 齊侯의 命을 받고 온 것이 아니기 때문에 '使'라고 칭하지 않은 것이다. 그가 齊나라로 돌아가서 제후에게 "힘을 다해 노나라의 화난을 안정시키소서."라고 하였기 때문에 그를 아름답게 여겨 字를 기록한 것이다.〔仲孫齊大夫 以事出疆 因來省難 非齊侯命 故不稱使也 還 使齊侯務寧魯難 故嘉而字之〕"라고 하였다.

子帛은 裂繻의 字이다. 莒나라와 魯나라는 묵은 원한이 있기 때문에 紀侯가 魯나라와 혼인한 뒤에 大夫를 시켜 莒子와 결맹하게 하여 〈두 나라 사이를〉 화해시키려 한 것이다. 이에 자백이 노나라를 위해 우호를 맺고 백성을 안식시켰기 때문에 傳에 "魯나라 때문이다."라고 한 것이다. 자백을 노나라의 大夫처럼 대우하여 莒子 위에 기록하고 字를 칭하여 훌륭하게 여겼다. 字를 칭하는 例는 閔公 원년에 보인다. 密은 莒邑이니 城陽 淳于縣 동북쪽에 密鄕이 있다.

【疏】 注'子帛'至'密鄕' ○ 正義曰 : 杜云"比之內大夫而在莒子上"者, 案諸經文, 魯大夫出會他國, 皆先書魯大夫, 下卽云及某人. 今子帛之下不云及者, 不可全同魯大夫故也.

注의 〔子帛〕에서 〔密鄕〕까지

○ 正義曰 : 杜預가 "魯나라의 大夫처럼 대우하여 莒子 위에 기록하였다."라고 한 것은 살펴보건대 여러 經文에 노나라 대부가 나가서 다른 나라에서 회합할 때에는 모두

먼저 노나라 대부를 기록하고, 그 아래에 '及某人(아무개와 함께)'이라고 언급한다. 지금 子帛의 아래에 '及(~와 함께)'이라고 언급하지 않은 것은 완전히 노나라 대부와 동일하게 할 수 없기 때문이다.

十有二月乙卯에 夫人子氏 薨하다

12월 을묘에 夫人 子氏(仲子)가 薨하였다.

【注】無傳이라 桓未爲君하니 仲子不應稱夫人이라 隱讓桓以爲大子일새 成其母喪以赴諸侯라 故經於此稱夫人也라 不反哭이라 故不書葬이라 例在三年이라

傳이 없다. 桓公이 아직 임금이 되지 않았으니 仲子를 夫人이라 칭할 수 없다. 그러나 隱公이 나라를 사양하려고 환공을 태자로 세웠기 때문에 〈夫人의 禮로〉 그 어머니의 喪을 치르려고 諸侯에게 赴告한 것이다. 그러므로 經에 이를 부인이라 칭한 것이다. 그러나 反哭하지 않았기 때문에 葬事 지낸 것을 기록하지 않았다. 그 例는 은공 3년에 보인다.

【疏】注'桓未'至'三年' ○正義曰：妾子爲君，其母成爲夫人，敬嬴齊歸是也. 仲子實妾，桓未爲君，故仲子不應稱夫人也. 今稱夫人薨，是隱成之，讓桓爲大子，成其母喪. 傳例曰"不赴則不曰薨"，故知稱薨，是赴於諸侯，故經於此稱夫人也. 五年"考仲子之宮"，公羊傳曰"桓未君，則曷爲祭仲子. 隱爲桓立，故爲桓祭其母也. 然則何言爾. 成公意也". 是言隱公成仲子爲夫人也.

注의 〔桓未〕에서 〔三年〕까지

○正義曰：妾의 아들이 임금이 되었을 때에 그 어머니는 夫人이 되니, 敬嬴과 齊歸가 이 경우이다. 仲子는 실제 妾으로 桓公이 임금이 되기 전이기 때문에 중자를 夫人으로 기록할 수가 없었다. 그런데 지금 "夫人이 薨하였다."라고 기록한 것은 隱公이 이루어준 것이니, 은공이 나라를 사양하려고 환공을 태자로 세웠기 때문에 부인의 禮로 그 어머니의 喪을 치르게 된 것이다. 傳의 例에 "제후에게 赴告하지 않으면 '薨'이라 하지 않는다."라고 했기 때문에 '薨'이라 일컬은 것을 알 수 있다. 이는 제후에게 부고하였으므로 經에서 이에 대해 '夫人'이라 일컬은 것이다.

은공 5년에 "중자의 宮(宗廟)을 완성하였다."라고 하였고, ≪春秋公羊傳≫에 "환공이 임금이 되지 않았는데, 어찌 중자를 제사 지낼 수 있었는가? 은공이 환공의 즉위를 원하였기에 환공을 위해 그 어머니를 제사 지내도록 한 것이다. 그렇다면 어째서 이렇게 말했는가? 은공의 뜻을 이루어주려고 한 것이다."라고 하였으니, 이는 은공이 중자를 부인으로 만들어주었음을 말한 것이다.

鄭人伐衛하다

鄭人이 衛나라를 쳤다.

【注】 凡師有鍾鼓曰伐이라 例在莊二十九年[1])이라

1) 例在莊二十九年 : ≪春秋左氏傳≫ 莊公 29년의 傳文에 "여름에 鄭人이 許나라를 侵攻하였다. 모든 전쟁에 鍾鼓를 울리며 공격하는 것을 '伐'이라 하고, 종고를 울리지 않으며 공격하는 것을 '侵'이라 하고, 경무장한 군대로 몰래 공격하는 것을 '襲'이라 한다.〔夏鄭人侵許 凡師 有鐘鼓曰伐 無曰侵 輕曰襲〕"라고 하였다.

전쟁에 鍾鼓를 울리며 쳐들어가는 것을 '伐'이라 한다. 그 例는 莊公 29년에 보인다.

【傳】 **二年春**에 **公會戎于潛**하니 **修惠公之好也**라 **戎請盟**이어늘 **公辭**하다

2년 봄에 隱公이 戎과 潛에서 會見하였으니, 惠公 시대의 우호를 다시 회복하기 위함이었다. 戎이 결맹을 요청하였으나 은공이 사절하였다.

【注】 許其脩好하고 而不許其盟은 禦夷狄者不壹而足이라

修好는 허락하고 결맹은 허락하지 않은 것은 夷狄을 다스리는 방법은 점차적으로 들어주고 단번에 만족하게 들어주지 않아야 하기 때문이다.

【疏】 注'許其'至'而足' ○ 正義曰 : 戎貪而無信, 盟或背之. 公未得戎意, 恐好不久成, 故不許其盟也. '禦夷狄者不壹而足', 文九年公羊傳文, 言制禦夷狄, 當以漸敎之, 不一度而卽使足也.

注의 〔許其〕에서 〔而足〕까지

○ 正義曰：戎은 탐욕이 많고 믿음이 없어 결맹을 하고서 배반하기도 하였다. 隱公이 戎의 뜻을 알지 못하여 우호가 오래도록 이루어지지 못할까 염려하였기 때문에 결맹을 허락하지 않은 것이다. '禦夷狄者不壹而足'은 ≪春秋公羊傳≫ 文公 9년의 글이니, 夷狄을 다스리는 방법은 마땅히 점차적으로 들어주고 단번에 만족하게 들어주지 않아야 한다는 말이다.

【傳】 莒子娶于向이러니 **向姜不安莒而歸**어늘 **夏**에 **莒人入向**하야 **以姜氏還**하다

莒子가 向나라에서 아내를 맞이하였는데, 向姜이 거나라에 있는 것이 마음이 편치 않아 향나라로 돌아갔다. 여름에 莒人이 군사를 거느리고 향나라로 들어가서 姜氏를 데리고 돌아왔다.

【注】 傳言失昏姻之義라 **凡得失小故**하야 **經無異文**이라 **而傳備其事**하니 **案文則是非足以爲戒**라 **他皆倣此**라

傳에서는 혼인의 의리를 상실한 것을 말하였다. 득실이 크지 않기 때문에 經에는 文辭를 달리 만들지 않았다. 그러나 傳에는 그 일을 구체적으로 서술하였으니, 傳文을 자세히 살펴보면 시비가 판별되어 경계할 바를 충분히 알 수 있을 것이다. 다른 곳도 모두 이와 같다.

【傳】 司空無駭 入極하니 **費庈父勝之**하다

司空 無駭가 군사를 거느리고 極으로 쳐들어가니, 費庈父(費伯)가 極을 멸망시켰다.

【注】 魯司徒司馬司空은 **皆卿也**라 **庈父**는 **費伯也**라 **前年城郎**호되 **今因得以勝極**이라 **故傳於前年發之**라

魯나라는 司徒・司馬・司空이 모두 卿이다. 庈父는 費伯이다. 지난해에 郎에 城을 쌓았는데, 올해에 그 성으로 인해 極을 멸망시켰기 때문에 전년의 傳에 그 일을 말한 것이다.

【傳】戎請盟이어늘 **秋**에 **盟于唐**하니 **復**(부)**修戎好也**라

戎이 결맹을 요청하자 가을에 唐에서 결맹하였으니, 다시 戎과의 관계를 회복한 것이다.

【傳】九月에 **紀裂繻 來逆女**하니 **卿爲君逆也**라

9월에 紀나라 裂繻가 와서 魯나라 딸을 맞이하였으니, 卿으로서 임금을 위해 맞이한 것이다.

【傳】冬에 **紀子帛**이 **莒子盟于密**하니 **魯故也**라

겨울에 紀나라 子帛이 莒子와 密에서 결맹하였으니, 이는 魯나라 때문이었다.

【傳】鄭人伐衛하니 **討公孫滑之亂也**라

鄭人이 衛나라를 쳤으니, 이는 公孫滑의 반란을 토벌한 것이다.

【注】 治元年取廩延之亂이라

원년에 廩延을 탈취한 반란의 죄를 다스린 것이다.

附錄

1.《春秋左傳正義 1》參考書目 / 279

2.《春秋左傳正義 1》參考圖版 目錄 / 283

3. 春秋地圖 / 284

4. 春秋列國圖 / 286

5.《春秋左傳正義》總目次 / 287

1. ≪春秋左傳正義 1≫ 參考書目

◇ 底本 및 참고본

• ≪春秋左傳正義≫, 左丘明(周) 傳, 杜預(晉) 注, 孔穎達(唐) 疏, 阮元(淸) 校刻, 十三經注疏(淸 嘉慶刊本), 中華書局, 2009.
• ≪春秋左傳正義≫, 左丘明(周) 傳, 杜預(晉) 注, 孔穎達(唐) 疏, 北京大學出版社, 2000.

◇ 春秋類

• ≪春秋左氏傳≫, 左丘明(周) 傳, 杜預(晉) 注, 純祖年間 刊, 규장각 소장본(奎中424).
• ≪春秋經傳集解≫, 左丘明(周) 傳, 杜預(晉) 注, 국립중앙도서관 소장본(世宗朝 刊行本, 古1235-8).
• ≪春秋集傳大全≫, 左丘明(周) 傳, 杜預(晉) 注, 국립중앙도서관 소장본(成宗朝 刊行本, 한古朝07-16).
• ≪春秋公羊傳注疏≫, 公羊高(周) 傳, 何休(後漢) 解詁, 徐彦(唐) 疏, 北京大學出版社, 2000.
• ≪春秋穀梁傳注疏≫, 穀梁赤(周) 傳, 范甯(東晉) 集解, 楊士勛(唐) 疏, 北京大學出版社, 2000.
• ≪春秋胡氏傳≫, 胡安國(南宋) 著, 錢偉疆 點校, 浙江古籍出版社, 2010.
• ≪春秋考徵≫, 丁若鏞(朝鮮) 撰, ≪韓國文集叢刊≫ 283, 民族文化推進會, 2002.
• ≪通志堂經解 : 春秋部≫, 納蘭性德(淸) 輯, 江蘇廣陵古籍刻印出版社, 1996.
• ≪皇淸經解 : 春秋部≫, 阮元(淸) 編, 王進祥 重編, 三貴文化社, 1984.

◇ 經部

• ≪經典釋文≫, 陸德明(唐) 撰, 文淵閣四庫全書 182, 臺灣商務印書館, 1982.

- ≪經傳釋詞≫, 王引之(淸) 撰, 江蘇古籍出版社, 2000.
- ≪三經諺解≫, 朝鮮 校正廳 諺解, 影印本, 保景文化社.
- ≪五經大全≫, 胡廣(明) 等 撰, 明 內府刊本, 影印本, 日本國立國會圖書館 所藏本.
- ≪說文解字注≫, 許愼(漢) 撰, 段玉裁(淸) 注編, 上海古籍出版社, 2011.
- ≪說文解字詁林≫, 丁福保(淸) 編纂, 雲南人民出版社, 2006.

◇ 史部

- ≪考信錄≫, 崔述(淸) 著, 世界書局, 2009.
- ≪舊唐書≫, 劉昫(五代 後晉) 撰, 中華書局, 1975.
- ≪國語≫, 左丘明(周) 撰, 文淵閣四庫全書 406, 臺灣商務印書館, 1982.
- ≪史記≫, 司馬遷(漢) 撰, 中華書局, 1974.
- ≪資治通鑑≫, 司馬光(南宋) 撰, 胡三省(元) 音註, 中華書局, 1956.
- ≪戰國策≫, 劉向(漢) 撰, 高誘(漢) 註, 文淵閣四庫全書 406~407, 臺灣商務印書館, 1982.
- ≪漢書≫, 班固(後漢) 撰, 中華書局, 2002.
- ≪後漢書≫, 范曄(南朝 宋) 撰, 中華書局, 1997.

◇ 子部

- ≪老子道德經≫, 王弼(晉) 注, 影印本, 中華書局, 1985.
- ≪白虎通義≫, 班固(後漢) 撰, 文淵閣四庫全書 850, 臺灣商務印書館, 1982.
- ≪世說新語≫, 劉義慶(宋) 撰, 文淵閣四庫全書 1035, 臺灣商務印書館, 1982.
- ≪莊子注≫, 莊周(周) 撰, 郭象(西晉) 編, 文淵閣四庫全書 1056, 臺灣商務印書館, 1982.

◇ 集部

- ≪朱子大全≫, 朱熹(南宋) 著, 中華書局, 1970.
- ≪朱子語類≫, 黎靖德(南宋) 編, 標點校勘本, 中文出版社, 1970.
- ≪朱子全書≫, 朱熹(南宋) 著, 上海古籍出版社・安徽教育出版社, 2002.
- ≪二程集≫, 程顥・程頤(北宋) 著, 王進祥(臺) 編, 漢京文化事業有限公司, 1983.

◇ 字典 및 目錄類

- ≪經籍纂詁≫, 阮元(淸) 撰, 阮氏琅嬛仙館原刻本, 影印本, 中華書局, 1982.
- ≪四庫全書總目提要≫, 紀昀(淸) 總纂, 孟蓬生(中) 外 點校, 河北人民出版社, 2000.
- ≪經學歷史≫, 皮錫瑞(淸) 著, 河洛圖書出版社, 1974.
- ≪郡經平議≫, 兪樾(淸) 撰, 春在堂全書, 世界書局, 1963.
- ≪中國歷史地圖集≫, 程光裕・徐聖謨 編, 中華文化出版事業委員會, 1957.

◇ 單行本類

〔韓國〕

- ≪譯註 春秋左氏傳≫(전8책), 정태현 譯, 전통문화연구회, 2001~2009.
- ≪譯註 國語≫(전2책), 허호구 外 共譯, 전통문화연구회, 2005~2006.
- ≪譯註 東萊博議≫(전5책), 정태현・김병애 譯, 전통문화연구회, 2010~2020.
- ≪春秋左傳≫(전3책), 장세후 譯, 을유문화사, 2012~2013.
- ≪춘추공양전≫, 박성진 譯, 지식을만드는지식, 2018.
- ≪춘추곡량전≫, 박성진 譯, 지식을만드는지식, 2018.

〔中國〕

- ≪十三經譯註≫(전15책), 上海古籍出版社, 2004.
- ≪十三經注疏整理本≫(전26책), 北京大學出版社, 2000.
- ≪十三經注疏校勘記≫(전11책), 阮元(淸) 校勘, 劉玉才 整理, 北京大學出版社, 2014.
- ≪左傳紀事本末≫(전3책), 高士奇(淸) 著, 中華書局, 1979.
- ≪春秋左傳詞典≫, 楊伯峻・徐題 編, 中華書局, 1985.
- ≪春秋左傳詁≫(전2책), 洪亮吉(淸) 著, 中華書局, 1987.
- ≪春秋左傳注≫(전4책), 楊伯峻 注, 中華書局, 1981.

〔日本〕

- ≪左氏會箋≫(전2책), 竹添鴻光 譯, ≪漢文大系≫ 11~12, 學古房, 1984.
- ≪春秋左氏傳≫(전4책), 鎌田正 譯, ≪新釋漢文大系≫ 30~33, 明治書院, 1971~1977.

- ≪春秋左氏傳≫(전3책), 竹內照夫 譯, ≪新釋漢文大系≫ 4~6, 集英社, 1983.
- ≪春秋左氏傳杜預集解≫, 岩本憲司 譯, 汲古書院, 2006.
- ≪春秋左傳正義譯注≫(전6책), 野間文史 譯, 明德出版社, 2018~2020.

〔臺灣〕

- ≪新譯左傳讀本≫(전2책), 傅武光 注譯, 三民書局, 2009.
- ≪新譯公羊傳≫, 雪克 注譯, 三民書局, 1998.
- ≪新譯穀梁傳≫, 顧寶田 注譯, 三民書局, 1998.
- ≪春秋左傳今註今譯≫(전3책), 李宗侗 譯註, 臺灣商務印書館, 1982.

〔英美〕

- *The Chinese classics : The Chun Tsew With the Tso Chuen*(전4책), James legge, Hong Kong University Press, 1960.
- *On the Authenticity and Nature of the Tso Chuan*, Bernhard Karlgren, Cheng Wen Publising Co. Taipei, 1968.
- *The Tso Chuan : Selections from China's Oldest Narrative History*, Burton Watson, Columbia University Press, 1992.
- *Narratives in Tso Chuan*, Ronald C. Egan, *Harvard Journal of Asiatic Studies* Vol.37, 323~352p, 1977.

◇ 電子文獻 및 Web DB

- 한국고전종합DB(http://db.itkc.or.kr)
- 동양고전종합DB(http://db.cyberseodang.or.kr)
- 電子版 文淵閣四庫全書, 上海古籍出版社.

2. ≪春秋左傳正義 1≫ 參考圖版 目錄

(1) 〈孔子行敎像(공자행교상)〉, 未詳, 호림박물관 소장 / 9
(2) 〈附釋音春秋左傳注疏(부석음춘추좌전주소)〉, 南宋 시기, ≪附釋音春秋左傳注疏≫ / 16
(3) 〈左丘明(좌구명)〉, 未詳, ≪至聖先賢半身像≫, 臺灣國立故宮博物院 소장 / 34
(4) 〈杜預(두예)〉, 未詳, ≪至聖先賢半身像≫, 臺灣國立故宮博物院 소장 / 34
(5) 〈公羊高(공양고)〉, 未詳, ≪至聖先賢半身像≫, 臺灣國立故宮博物院 소장 / 39
(6) 〈穀梁赤(곡량적)〉, 未詳, ≪至聖先賢半身像≫, 臺灣國立故宮博物院 소장 / 39
(7) 〈孔穎達(공영달)〉, 王圻(明) 撰, ≪三才圖會≫ / 42
(8) 〈退修詩書(퇴수시서)〉, 金振汝(鮮) 畫, ≪孔子聖蹟圖≫ / 45
(9) 〈孔安國(공안국)〉, 未詳, ≪至聖先賢半身像≫, 臺灣國立故宮博物院 소장 / 56
(10) 〈孟子(맹자)〉, 未詳, ≪至聖先賢半身像≫, 臺灣國立故宮博物院 소장 / 78
(11) 〈檮杌(도올)〉, 王圻(明) 撰, ≪三才圖會≫ / 79
(12) 〈巡狩岱宗圖(순수대종도)〉, 孫家鼐(淸) 等, ≪欽定書經圖說≫ / 117
(13) 〈巡守南岳圖(순수남악도)〉, 孫家鼐(淸) 等, ≪欽定書經圖說≫ / 117
(14) 〈巡守西岳圖(순수서악도)〉, 孫家鼐(淸) 等, ≪欽定書經圖說≫ / 117
(15) 〈巡守北岳圖(순수북악도)〉, 孫家鼐(淸) 等, ≪欽定書經圖說≫ / 117
(16) 〈匡人解圍(광인해위)〉, 未詳(鮮), ≪孔子聖蹟圖≫, 국립중앙박물관 소장 / 138
(17) 〈西狩獲麟(서수획린)〉, 未詳(鮮), ≪孔子聖蹟圖≫, 국립중앙박물관 소장 / 139
(18) 〈簋(궤)〉, ≪竊曲紋簋≫, 臺灣國立故宮博物院 소장 / 150
(19) 〈在陳絶糧(재진절량)〉, 未詳(鮮), ≪孔子聖蹟圖≫, 국립중앙박물관 소장 / 154
(20) 〈夢奠兩楹(몽전양영)〉, 未詳(明), ≪孔子聖蹟圖≫ / 154
(21) 〈圭(규)〉, 전국시대, 臺灣國立故宮博物院 소장 / 185
(22) 〈璧(벽)〉, ≪西周素璧≫, 臺灣國立故宮博物院 소장 / 185
(23) 〈璋(장)〉, 전국시대, 臺灣國立故宮博物院 소장 / 185
(24) 〈琥(호)〉, 松本幻憲(日) 編, ≪五經圖彙≫ / 185
(25) 〈璜(황)〉, 西周 중기, 臺灣國立故宮博物院 소장 / 185
(26) 〈曹沫手劍劫齊侯(조말수검겁제후)〉, 馮夢龍(明) 等 撰, ≪增像全圖東周列國志≫ / 186
(27) 〈珠槃(주반)〉, 鄂爾泰(淸) 外 撰, ≪欽定周官義疏≫ / 187
(28) 〈敦(대)〉, 鄂爾泰(淸) 外 撰, ≪欽定周官義疏≫ / 187
(29) 〈賈逵(가규)〉, 未詳, ≪至聖先賢半身像≫, 臺灣國立故宮博物院 소장 / 213
(30) 〈何休(하휴)〉, 未詳, ≪至聖先賢半身像≫, 臺灣國立故宮博物院 소장 / 219

3．春秋地圖

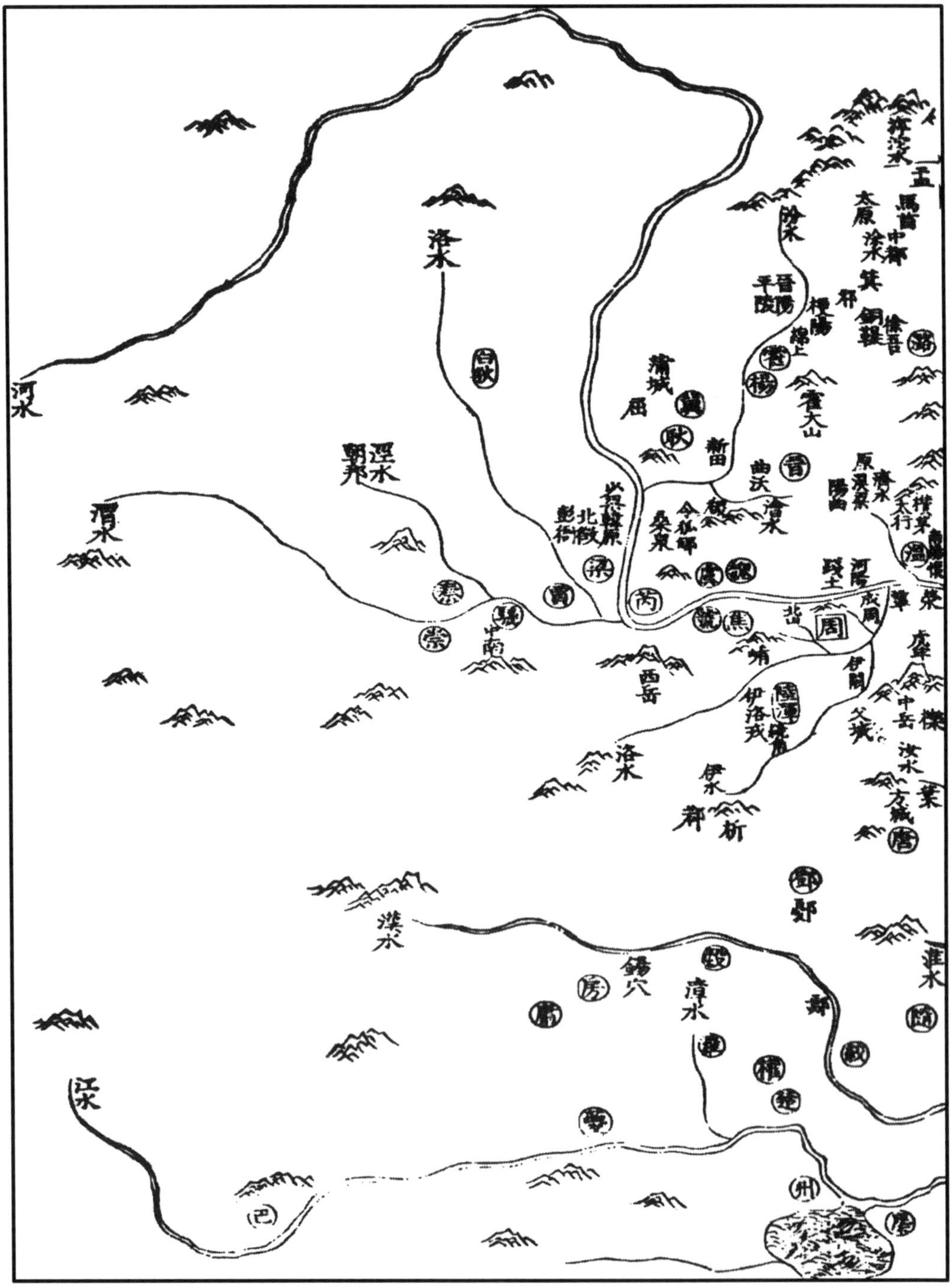

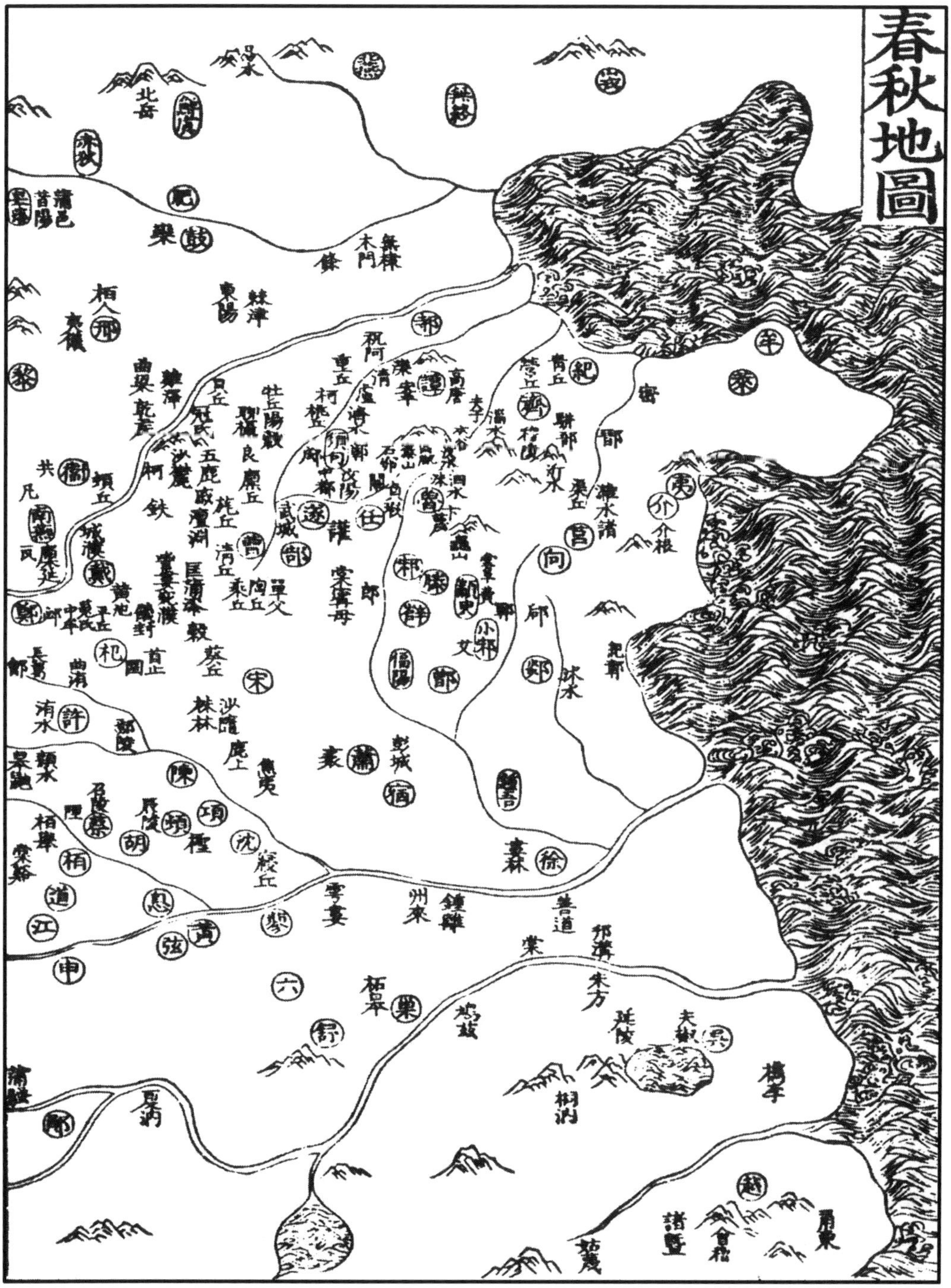
春秋地圖
宋
許
陳
徐
江
申
六
巢
黃
弦
息
胡
項
沈
向
莒
紀
萊
衛
戴
任
曹

4. 春秋列國圖

※ QR코드를 스캔하면 더 선명한 지도를 볼 수 있습니다.

(≪唐土歷代州郡沿革地圖≫, 1789)에서 轉載)

5. ≪春秋左傳正義≫ 總目次

欽定四庫全書總目 春秋左傳正義六十卷

春秋左傳正義序

春秋左傳注疏 卷1
春秋序

春秋左傳注疏 卷2
隱公 원년 ~ 2년

春秋左傳注疏 卷3
隱公 3년 ~ 5년

春秋左傳注疏 卷4
隱公 6년 ~ 11년

春秋左傳注疏 卷5
桓公 원년 ~ 2년

春秋左傳注疏 卷6
桓公 3년 ~ 6년

春秋左傳注疏 卷7
桓公 7년 ~ 18년

春秋左傳注疏 卷8
莊公 원년 ~ 10년

春秋左傳注疏 卷9
莊公 11년 ~ 22년

春秋左傳注疏 卷10
莊公 23년 ~ 32년

春秋左傳注疏 卷11
閔公 원년 ~ 2년

春秋左傳注疏 卷12
僖公 원년 ~ 5년

春秋左傳注疏 卷13
僖公 6년 ~ 14년

春秋左傳注疏 卷14
僖公 15년 ~ 21년

春秋左傳注疏 卷15
僖公 22년 ~ 24년

春秋左傳注疏 卷16
僖公 25년 ~ 28년

春秋左傳注疏 卷17
僖公 29년 ~ 33년

春秋左傳注疏 卷18
文公 원년 ~ 4년

春秋左傳注疏 卷19上
文公 5년 ~ 10년

春秋左傳注疏 卷19下
文公 11년 ~ 15년

春秋左傳注疏 卷20
文公 16년 ~ 18년

春秋左傳注疏 卷21
宣公 원년 ~ 4년

春秋左傳注疏 卷22
宣公 5년 ~ 11년

春秋左傳注疏 卷23
宣公 12년

春秋左傳注疏 卷24
宣公 13년 ~ 18년

春秋左傳注疏 卷25
成公 원년 ~ 2년

春秋左傳注疏 卷26
成公 3년 ~ 10년

春秋左傳注疏 卷27
成公 11년 ~ 15년

春秋左傳注疏 卷28
成公 16년 ~ 18년

春秋左傳注疏 卷29
襄公 원년 ~ 4년

春秋左傳注疏 卷30
襄公 5년 ~ 9년

春秋左傳注疏 卷31
襄公 10년 ~ 12년

春秋左傳注疏 卷32
襄公 13년 ~ 15년

春秋左傳注疏 卷33
襄公 16년 ~ 18년

春秋左傳注疏 卷34
襄公 19년 ~ 21년

春秋左傳注疏 卷35
襄公 22년 ~ 24년

春秋左傳注疏 卷36
襄公 25년

春秋左傳注疏 卷37
襄公 26년

春秋左傳注疏 卷38
襄公 27년 ~ 28년

春秋左傳注疏 卷39
襄公 29년

春秋左傳注疏 卷40
襄公 30년 ~ 31년

春秋左傳注疏 卷41
昭公 원년

春秋左傳注疏 卷42
昭公 2년 ~ 4년

春秋左傳注疏 卷43
昭公 5년 ~ 6년

春秋左傳注疏 卷44
昭公 7년 ~ 8년

春秋左傳注疏 卷45
昭公 9년 ~ 12년

春秋左傳注疏 卷46
昭公 13년

春秋左傳注疏 卷47
昭公 14년 ~ 16년

春秋左傳注疏 卷48
昭公 17년 ~ 19년

春秋左傳注疏 卷49
昭公 20년

春秋左傳注疏 卷50
昭公 21년 ~ 23년

春秋左傳注疏 卷51
昭公 24년 ~ 25년

春秋左傳注疏 卷52
昭公 26년 ~ 28년

春秋左傳注疏 卷53
昭公 29년 ~ 32년

春秋左傳注疏 卷54
定公 원년 ~ 4년

春秋左傳注疏 卷55
定公 5년 ~ 9년

春秋左傳注疏 卷56
定公 10년 ~ 15년

春秋左傳注疏 卷57
哀公 원년 ~ 5년

春秋左傳注疏 卷58
哀公 6년 ~ 11년

春秋左傳注疏 卷59
哀公 12년 ~ 15년

春秋左傳注疏 卷60
哀公 16년 ~ 27년

責任飜譯

許鎬九

父親 晦山公과 秋淵 權龍鉉 先生 師事
檀國大學校 東洋學研究院 招聘教授(現)
韓國古典飜譯院 附設 古典飜譯教育院 講師(現)
傳統文化研究會 理事(現)

論文 및 譯書

譯書 ≪說苑≫ ≪菊潭先生文集≫ ≪拓齋文集≫
共譯 ≪朱註論語≫ ≪朱註孟子≫ ≪國語≫ ≪退溪先生文集≫ 등

共同飜譯

鄭東和

高麗大學校 國語國文學科 博士課程 修了
檀國大學校 東洋學研究院 漢韓大辭典編纂室 編纂팀장
韓國古典飜譯院 責任研究員(現)

論文 및 譯書

論文 〈退溪 山水詩의 形象化에 대하여〉〈도학적 시 세계의 한 국면〉
共譯 ≪春秋繁露義證≫ 등

金廣泰

高麗大學校 古典飜譯協同課程 博士課程 修了
民族文化推進會 附設 國譯硏修部, 常任硏究部 卒業
韓國古典飜譯院 硏究員(前)
高麗大學校 漢字漢文硏究所 硏究敎授(前)
韓國古典飜譯院 飜譯委員(現)

論文 및 譯書

論文 〈三淵漫錄 역주〉
譯書 ≪渼湖集≫, ≪渼湖集≫, ≪芝峯集≫, ≪芝峯集≫, ≪靜觀齋集≫ 등
共譯 ≪明義錄≫, ≪承政院日記≫, ≪日省錄≫ 등 다수

權津鈺

高麗大學校 國語國文學科 博士課程 卒業
檀國大學校 東洋學硏究院 古典飜譯硏究室 先任硏究員
檀國大學校 國語國文學科 助敎授(現)

論文 및 譯書

論文 〈澤堂 李植의 騈文・古文 연찬과 산문 창작의 실제〉
〈橘山 李裕元의 學問 性向과 類書・筆記 編纂에 관한 硏究〉
共譯 ≪樂全堂集≫ ≪於于集≫ 등

十三經注疏
譯註 春秋左傳正義 1　　27,000원

2022년 10월 31일 초판 발행
2022년 11월 30일 초판 2쇄

企劃編輯　東洋古典飜譯編輯委員會
飜譯硏究管理　南賢熙
傳 左丘明　注 杜預　疏 孔穎達
責任飜譯　許鎬九
共同飜譯　鄭東和 金廣泰 權津鈺
潤　　文　南賢熙
校　　訂　郭成龍
出　　版　白俊哲
裝　　幀　김진디자인
發 行 人　朴洪植
發 行 處　社團法人 傳統文化硏究會
서울시 종로구 삼일대로 428 낙원빌딩 411호
전화 : (02)762-8401　전송 : (02)747-0083
전자우편 : juntong@juntong.or.kr
사이버書堂 : cyberseodang.or.kr
온라인서점 : book.cyberseodang.or.kr
등록 : 1989. 7. 3. 제1-936호

인쇄처 : 한국법령정보주식회사(02-462-3860)
총　판 : 한국출판협동조합(070-7119-1750)

ISBN 979-11-5794-541-2 94140
978-89-91720-93-0(세트)

※이 책은 2022년도 교육부 고전문헌 국역지원사업 지원비에 의해 초판(비매품) 간행.

전통문화연구회 도서목록

新編 基礎漢文教材

新編 四字小學·推句 고전교육연구실 編譯 11,000원
新編 啓蒙篇·童蒙先習 고전교육연구실 編譯 11,000원
新編 明心寶鑑 李祉坤·元周用 譯註 15,000원
新編 擊蒙要訣 咸賢贊 譯註 12,000원
新編 註解千字文 李忠九 譯註 13,000원
新編 原文으로 읽는 故事成語 元周用 編譯 15,000원
新編 唐音註解選 權卿相 譯註 22,000원

漢文讀解捷徑시리즈

漢文독해 기본패턴 고전교육연구실 著 15,000원
四書독해첩경 고전교육연구실 著 20,000원
한문독해첩경 文學篇 朴相水 李和春 李祉坤 元周用 著 15,000원
한문독해첩경 史學篇 朴相水 李和春 李祉坤 元周用 著 15,000원
한문독해첩경 哲學篇 朴相水 李和春 李祉坤 元周用 著 15,000원

東洋古典國譯叢書

大學·中庸集註 –개정증보판 成百曉 譯註 10,000원
論語集註 –개정증보판 成百曉 譯註 27,000원
孟子集註 –개정증보판 成百曉 譯註 30,000원
詩經集傳 上·下 成百曉 譯註 各 35,000원
書經集傳 上·下 成百曉 譯註 各 35,000원
周易傳義 上·下 成百曉 譯註 各 40,000원
小學集註 成百曉 譯註 30,000원
古文眞寶 後集 成百曉 譯註 32,000원

五書五經讀本

論語集註 上·下 鄭太鉉 譯註 各 25,000원
孟子集註 上·下 田炳秀·金東柱 譯註 各 30,000원
大學·中庸集註 李光虎·田炳秀 譯註 15,000원
小學集註 上·下 李忠九 外 譯註 各 25,000원
詩經集傳 上·中·下 朴小東 譯註 各 30,000원
書經集傳 上·中·下 金東柱 譯註 各 30,000원
周易傳義 元·亨·利·貞 崔英辰 外 譯註 各 30,000원
詳說古文眞寶大全後集 上·下 李相夏 外 譯註 各 32,000원
春秋左氏傳 上·中·下 許鎬九 外 譯註 各 36,000원~38,000원
禮記 上·中·下 成百曉 外 譯註 各 30,000원

東洋古典譯註叢書

〈經部〉

十三經注疏
周易正義 1~4 成百曉·申相厚 譯註 各 30,000원~40,000원
尙書正義 1~7 金東柱 譯註 各 25,000원~36,000원
毛詩正義 1~6 朴小東 外 譯註 各 32,000원~37,000원
禮記正義 中庸·大學 李光虎·田炳秀 譯註 20,000원
論語注疏 1~3 鄭太鉉·李聖敏 譯註 各 25,000원~40,000원
孟子注疏 1~2 崔彩基·梁基正 譯註 各 30,000원
孝經注疏 鄭太鉉·姜珉廷 譯註 35,000원
周禮注疏 1~2 金容天·朴禮慶 譯註 30,000원
春秋左氏傳 1~8 鄭太鉉 譯註 各 18,000원~35,000원
禮記集說大全 1~2 辛承云 外 譯註 各 25,000원~30,000원
東萊博議 1~5 鄭太鉉·金炳愛 譯註 各 25,000원~35,000원
韓詩外傳 1~2 許敬震 外 譯註 各 29,000원~33,000원
說文解字注 1 李忠九 外 譯註 35,000원

〈史部〉

思政殿訓義 資治通鑑綱目 1~21 辛承云 外 譯註 各 18,000원~35,000원
通鑑節要 1~9 成百曉 譯註 各 18,000원~40,000원
唐陸宣公奏議 1~2 沈慶昊·金愚政 譯註 各 35,000원~45,000원
貞觀政要集論 1~4 李忠九 外 譯註 各 25,000원~32,000원
列女傳補注 1~2 崔秉準·孔勤植 譯註 各 30,000원~38,000원
歷代君鑑 1~4 洪起殷·全百燦 譯註 各 32,000원~35,000원

〈子部〉

近思錄集解 1~3 成百曉 譯註 各 25,000원/35,000원
孔子家語 1~2 許敬震 外 譯註 各 35,000원/36,000원
老子道德經注 金是天 譯註 30,000원
大學衍義 1~5 辛承云 外 譯註 各 26,000원~30,000원
墨子閒詁 1~5 李相夏 外 譯註 各 32,000원~38,000원
說苑 1~2 許鎬九 譯註 各 25,000원
世說新語補 1~4 金鎭玉 外 譯註 各 29,000원~38,000원
荀子集解 1~7 宋基采 譯註 各 25,000원~38,000원
心經附註 成百曉 譯註 35,000원
顔氏家訓 1~2 鄭在書·盧暻熙 譯註 各 22,000원/25,000원
揚子法言 1 朴勝珠 譯註 24,000원
二程全書 1~4 崔錫起·姜導顯 譯註 各 36,000원~38,000원
莊子 1~4 安炳周·田好根 共譯 各 25,000원~30,000원
政經·牧民心鑑 洪起殷·全百燦 譯註 27,000원
韓非子集解 1~5 許鎬九 外 譯註 各 32,000원~38,000원
武經七書直解
孫武子直解·吳子直解 成百曉·李蘭洙 譯註 35,000원
六韜直解·三略直解 成百曉·李鍾德 譯註 26,000원
尉繚子直解·李衛公問對直解 成百曉·李蘭洙 譯註 26,000원
司馬法直解 成百曉·李蘭洙 譯註 26,000원
管子 1~2 李錫明·金帝蘭 譯註 各 30,000원
列子鬳齋口義 崔秉準·孔勤植·權憲俊 共譯 34,000원

〈集部〉

古文眞寶 前集 成百曉 譯註 30,000원
唐詩三百首 1~3 宋載卲 外 譯註 各 25,000원~36,000원
唐宋八大家文抄 韓愈 1~3 鄭太鉉 譯註 各 22,000원/28,000원
〃 歐陽脩 1~7 李相夏 譯註 各 25,000원~35,000원
〃 王安石 1~2 申用浩·許鎬九 共譯 各 20,000원/25,000원
〃 蘇洵 李章佑 外 譯註 25,000원
〃 蘇軾 1~5 成百曉 譯註 各 22,000원
〃 蘇轍 1~3 金東柱 譯註 各 20,000원~22,000원
〃 曾鞏 宋基采 譯註 25,000원
〃 柳宗元 1~2 宋基采 譯註 各 22,000원
明淸八大家文鈔 1 歸有光·方苞 李相夏 外 譯註 35,000원
〃 2 劉大櫆·姚鼐 李相夏 外 譯註 35,000원

東洋古典新譯

당시선 송재소·최경렬·김영죽 편역 22,000원
손자병법 성백효 역주 14,000원
장자 안병주·전호근·김형석 역주 13,000원
고문진보 후집 신용호 번역 28,000원
노자도덕경 김시천 역주 15,000원
고문진보 전집 上·下 신용호 번역 각 22,000원

동양문화총서

동양사상 해설과 원전 정규훈 外 저 22,000원
화합의 길 《중용》 읽기 금장태 저 20,000원
호설과 시장 신용호 저 20,000원

문화문고

경전으로 본 세계종교 그리스도교 이정배 편저 10,000원
〃 도교 이강수 편역 10,000원
〃 천도교 윤석산·홍성엽 편저 10,000원
〃 힌두교 길희성 편역 10,000원
〃 유교 이기동 편저 10,000원
〃 불교 김용표 편저 10,000원
〃 이슬람 김영경 편역 10,000원
논어·대학·중용 / 맹자 조수익·박승주 공역 각 10,000원
소학 박승주·조수익 공역 10,000원
십구사략 1~2 정광호 저 각 12,000원
무경칠서 손자병법·오자병법 성백효 역 10,000원
〃 육도·삼략 성백효 역 10,000원
〃 사마법·울료자·이위공문대 성백효 역 10,000원
당시선 송재소·최경렬·김영죽 편역 10,000원
한문문법 이상진 저 10,000원
한자한문전통교재 조수익·이성민 공역 10,000원
士小節 선비 집안의 작은 예절 이동희 편역 12,000원
儒學이란 무엇인가 이동희 저 10,000원
동아시아의 유교와 전통문화 이동희 저 13,000원
현대인, 동양고전에서 길을 찾다 이동희 저 10,000원
100자에 담긴 한자문화 이야기 김경수 저 12,000원
우리 설화 1~2 김동주 편역 각 10,000원
대한민국 국무총리 이재원 저 10,000원
백운거사 이규보의 문학인생 신용호 저 14,000원